oekom
verlag

Bibliografische Information Der Deutschen Bibliothek

Die Deutsche Bibliothek verzeichnet diese Publikation in der Deutschen Nationalbibliografie; detaillierte bibliografische Daten sind im Internet über http://dnb.ddb.de abrufbar.

---

oekom verlag, Gesellschaft für ökologische Kommunikation mbH
Waltherstraße 29, 80337 München

Umschlaggestaltung: Alice Wüst
Titelbild: photocase.com
Druck: DIP - Digital-Print Witten

Gedruckt auf FSC-zertifiziertem Papier

ISBN 3-936581-097-5

Uta Eser, Albrecht Müller (Hrsg.)

Umweltkonflikte verstehen und bewerten

Ethische Urteilsbildung im Natur- und Umweltschutz

Inhalt

Hedda Schlegel-Starmann
Deutsche Bundesstiftung Umwelt

Grußwort

Wissen wird als eine der wesentlichen Ressourcen der Zukunft unserer Gesellschaft diskutiert. Information im Sinne von Erschließung und Vermittlung von Wissen entwickelt sich danach zum Schlüssel zu einer zukunftsfähigen Entwicklung und steht darüber hinaus im Zeitalter der Informationstechnologie zugleich in unüberschaubarer Menge zur Verfügung. Diese Informationsflut bedarf der quantitativen wie qualitativen Sortierung, Filterung und letztlich Bewertung. Zudem sind Informationen im Gegensatz zu Daten immer wertbehaftet und weisen insbesondere, wenn aus ihnen Handlungen resultieren, eine ethische Dimension auf.

Vor diesem Hintergrund ist die Fachhochschule Nürtingen im Rahmen der Ausschreibung von Stiftungsprofessuren der Deutschen Bundesstiftung Umwelt (DBU) im Bereich des integrierten Umweltschutzes mit der Idee zur Einrichtung einer Umweltinformation und Ethik verbindenden Professur auf die DBU zugekommen. Ziel war es, mittels einer kleinen Arbeitsgruppe die fächerübergreifende Bearbeitung und konkrete Verknüpfung von Umweltinformation und Umweltethik in den planenden und wirtschaftenden Disziplinen im Umweltbereich zu etablieren. Die Deutsche Bundesstiftung Umwelt hat diese Idee aufgegriffen und die Stiftungsprofessur »Umweltinformation und Umweltethik an der FH Nürtingen« als eine von insgesamt sechs Stiftungsprofessuren und zugleich einzige Fachhochschul-Professur für fünf Jahre gefördert.

Dabei versteht die Deutsche Bundesstiftung Umwelt ihre Förderung von Stiftungslehrstühlen, die in der Vergangenheit im Rahmen von Sonderprogrammen erfolgte, als Anschub für innovative und zukunftsträchtige Fachgebiete der angewandten und integrierten Umweltforschung. Insgesamt wurden elf Stiftungslehrstühle in Deutschland im finanziellen Umfang von knapp 15 Mio. € gefördert. Diese Förderinitiative steht im Zusammenhang mit fortlaufenden Ansätzen zur Unterstützung des wissenschaftlichen Nachwuchses in der angewandten Umweltforschung. Hier ist insbesondere das Promotionsstipendienprogramm der DBU zu nennen, im Rahmen dessen hoch qualifizierte Nachwuchswissenschaftler aus allen Fachdisziplinen mit ihren Promotionsvorhaben an deutschen Hochschulen gefördert werden können, sofern sie in ihren Arbeiten ein aktuelles Umweltproblem in einem möglichst interdisziplinären Ansatz aufgreifen und lösungs- und anwendungsorientiert bearbeiten.

Vorhaben zum Schutz der Umwelt unter besonderer Berücksichtigung der mittelständischen Wirtschaft zu fördern, ist die mit Gründung der Deutschen Bundesstiftung Umwelt im Jahr 1990 gesetzlich festgeschriebene Aufgabe dieser Einrichtung. Leitbild der Fördertätigkeit ist dabei die nachhaltige Entwicklung entsprechend der Vereinbarungen der UN-Umweltkonferenz von Rio de Janeiro. In ihren Förderleitlinien formuliert die DBU die fachlichen Schwerpunkte ihrer Fördertätigkeit in Umwelttechnik, Umweltforschung und Naturschutz sowie Umweltkommunikation und

Kulturgüterschutz. Die Förderprojekte müssen dabei innovativ und modellhaft sein sowie einen Beitrag zur Umweltentlastung liefern. Die Unterstützung des wissenschaftlichen Nachwuchses im Bereich der angewandten Umweltforschung ist für die Deutsche Bundesstiftung Umwelt dabei eine wichtige Voraussetzung für zukünftige Innovationen im Sinne einer nachhaltigen Entwicklung.

Nachwuchsförderung in diesem Sinne und in der fachlichen Verknüpfung von Umweltinformation und Umweltethik ist ein Ziel des Engagements der Deutschen Bundesstiftung Umwelt für die Stiftungsprofessur »Umweltinformation und -ethik«. Darüber hinaus werden von der Stiftungsprofessur bzw. von deren anwendungsorientierter Forschung neue Impulse für die Nachhaltigkeitsdebatte erwartet. Die Stiftungsprofessur stellt dabei den wesentlichen Kern der fachbereichsübergreifenden Koordinationsstelle Umwelt an der Fachhochschule Nürtingen dar, die Querschnittsaufgaben in Lehre und Forschung wahrnimmt und die Lehre durch die Berücksichtigung von mehr grundsätzlichen Aspekten der Umweltbewertung und Umweltethik ergänzt.

Nach fünfjähriger Anschubfinanzierung durch die DBU ist es nun Zeit, Bilanz zu ziehen und in die Zukunft zu schauen. In der Förderzeit hat Herr Professor Dr. Albrecht Müller, der im Frühjahr 2001 berufen wurde, mit seinen Mitarbeitern in einer ganzen Reihe von Studiengängen fakultätsübergreifend Lehrveranstaltungen angeboten und verschiedene Forschungsprojekte erfolgreich durchgeführt. Über die Koordinationsstelle Umwelt wurden mehrere Veranstaltungsreihen ins Leben gerufen. Professur, Koordinationsstelle Umwelt sowie der Umweltschutz als Querschnittsthema sind an der Hochschule mittlerweile wohl etabliert. Mit ihrem neuen Namen »Hochschule für Wirtschaft und Umwelt« hat die Hochschule darüber hinaus ein deutliches Zeichen zugunsten des Umweltthemas gesetzt. Die Professur und die Koordinationsstelle werden nach der Anschubfinanzierung durch die DBU nun vereinbarungsgemäß von der Hochschule fortgeführt.

Die vorliegende Publikation »Umweltkonflikte verstehen und bewerten: Ethische Urteilsbildung im Natur- und Umweltschutz« ist Teil der fachlichen Bilanz. Sie stellt konkrete und aktuell diskutierte Umweltkonflikte als Ausgangspunkt ethischer Überlegungen dar, erläutert die hinter den Umweltkonflikten stehenden ethischen Fragen und setzt diese wiederum in den Zusammenhang der normativ-ethischen Theoriediskussion. Konkrete Fallbeispiele stehen jedoch im Vordergrund, so dass dieser Band einen praxisorientierten Beitrag zur umweltethischen Diskussion leistet und an Umweltfragen Interessierten mit verschiedensten fachlichen Hintergründen einen interessanten und qualifizierten Einstieg in die umweltethische Diskussion ermöglicht. Ganz im Sinne der Förderintention der DBU leistet diese Publikation damit einen wichtigen Beitrag zur interdisziplinären Diskussion unserer Umweltsituation, der zentralen Umweltfragen und möglicher Lösungsansätze.

Uta Eser und Albrecht Müller

Anwendungsorientierte Umweltethik: Konkrete Umweltkonflikte als Anlass ethischer Reflexion

*»Der Mensch – das ist für mich eine zu abstrakte Kategorie.
Welche Menschen, wann, wo und warum?
Ich betrachte die Dinge lieber konkret.«*

Eduardo Galeano, Zeitungsinterview, November 2003

Welchen Beitrag leistet die Umweltethik zum Verständnis und zur Lösung aktueller Umweltprobleme? Wie lässt sich umweltethischer Sachverstand auf konkrete Umweltkonflikte beziehen? Welche Tatsachen muss man kennen, welche Philosophie vertreten, um zu einem angemessenen ethischen Urteil zu finden? Solche Fragen stehen im Zentrum dieses Bandes. Unser Anliegen ist es, Personen, die beruflich oder ehrenamtlich mit Umweltkonflikten zu tun haben, umweltethische Unterstützung anzubieten. Dabei geht es uns einerseits um ein besseres Verständnis der unterschiedlichen Dimensionen konkreter Konflikte, andererseits aber auch um die Befähigung zu einer begründeten Beurteilung der betroffenen Güter, Werte und Normen.

Unter *Umweltkonflikten* verstehen wir soziale Konflikte, die sich auf Umweltgüter bzw. -probleme beziehen: Dieser Band behandelt Konflikte um Zugang zu und Verteilung von Ressourcen (Sachs, Zinser und Müller), Konflikte über angemessene Instrumente einer nachhaltigen Energieversorgung (Ott und Karafyllis) und Konflikte über Zielsetzungen des Naturschutzes (Potthast und Eser). Damit treffen wir eine auch theoretisch bedeutsame Vorentscheidung: Umweltkonflikte begreifen wir als Konflikte zwischen Menschen mit unterschiedlichen Interessen, Bedürfnissen und Werten, nicht als Konflikte zwischen »Mensch« und »Natur«.

Unter Umweltethik verstehen wir nicht einen inhaltlich bestimmten Ethikansatz, sondern einen Gegenstandsbereich der Ethik. Obwohl innerhalb der Ethik die Unterscheidung von Metaethik, normativer Ethik und *angewandter* Ethik gebräuchlich ist (siehe auch den Beitrag von Marcus Düwell), sprechen wir lieber von *anwendungsorientierter* Ethik, um dem verbreiteten Missverständnis vorzubeugen, es gäbe einen allgemein anerkannten und gültigen Kodex ethischer Normen, den man nur auf bestimmte Fälle anzuwenden brauche (vgl. Hastedt 1989 und Engels 2001, 370). Dies ist offenbar nicht der Fall. Vielmehr steht die Umweltethik vor dem Problem, dass gar nicht klar ist, welche (anerkannten und verbindlichen) ethischen Normen im Einzelfall »anzuwenden« sind, und ob die existierenden Normen für die behandelten Fälle überhaupt ausreichen. Oftmals ergibt sich aus neuen Fragestellungen eben auch die Notwendigkeit neuer Richtlinien, die es vor dem Auftreten des behandelten Problems noch gar nicht gab.

Die Umweltethik formierte sich erst in den 70er Jahren des 20. Jahrhunderts als eigenständige philosophische Disziplin. Anlass waren Ausmaß und Reichweite der von Menschen verursachten Umweltveränderungen, die als Umweltkrise ins Bewusstsein einer breiteren Öffentlichkeit traten. Die Erschöpfung nicht erneuerbarer Ressourcen, die Verschmutzung von Luft, Wasser und Böden, die Nutzung der Atomenergie, das Artensterben und anthropogene Klimaveränderungen waren und sind Themen, mit denen sich die Umweltethik befasst. Diese sehr konkreten Themen sind auch mit grundsätzlicheren Überlegungen verbunden: Wie konnte es überhaupt soweit kommen, dass menschliches Wirtschaften den Planeten Erde zu zerstören droht? Sind der biblische Herrschaftsauftrag oder das anthropozentrische Weltbild der Moderne als wesentliche Ursache der Umweltkrise zu erachten? Ist es daher erforderlich, das Mensch-Natur-Verhältnis aus ethischer Perspektive ganz neu zu bestimmen? Aber auch: Inwiefern stellt menschliches Handeln, das die Natur betrifft, überhaupt ein Thema für die Ethik dar? Sind Bodenerosion und Habitatzerstörung nur deshalb moralisch relevant, weil sie menschliche Interessen und Bedürfnisse beeinträchtigen oder erstrecken sich unsere moralischen Pflichten auch auf andere Lebewesen, womöglich auf die Erde als Ganze?

All diese Fragen werden in der philosophischen Umweltethik sehr unterschiedlich beantwortet. Gelegentlich droht der Disput um die angemessene Begründung, der theoretisch natürlich zentral ist, den Blick auf die praktischen Probleme zu verstellen, zu deren Lösung die Umweltethik einmal angetreten ist. In dieser Publikation wollen wir daher den umgekehrten Weg wählen. Wir machen konkrete Umweltkonflikte zum Ausgangspunkt ethischer Überlegungen und erschließen von strittigen Einzelfällen kommend das unübersichtliche Terrain der Umweltethik. Die Beiträge des vorliegenden Buchs gehen jeweils von Fallbeispielen »aus dem wirklichen Leben« aus. Wir haben die Autoren gebeten, den behandelten Konflikt anhand von Zeitungsartikeln, Stellungnahmen oder Internetseiten zu dokumentieren. Um nicht vorschnell in die »Begründungsfalle« zu geraten, gilt es zunächst einmal zu unterscheiden, wo überhaupt normative und wo schlicht faktische Dissense bestehen. Eine strittige Sachlage wird in den Beiträgen ebenso angesprochen wie strittige Werte, Güter und Normen. Besonderes Augenmerk gilt dabei auch den Beweggründen, Argumenten und Interessen der beteiligten Konfliktpartner. Denn nur so kann einer anwendungsorientierten Ethik, die ja mit empirischen Ungewissheiten und normativen Dissensen umgehen muss, eine Urteilsfindung gelingen.

Indem wir in diesem Band Umweltkonflikte als Konflikte zwischen Menschen thematisieren, stellen wir die Begründungsdebatte zunächst hintan. Die Frage nach dem moralischen Status der Natur (oder einzelner Organismen, Arten oder Ökosysteme) stellt sich uns nicht in dieser Allgemeinheit, sondern immer nur bezogen auf den konkreten Fall und konkrete Akteure. Und sie ist eingebunden in einen umfangreichen Fragenkomplex nach den Motiven und Interessen der Beteiligten: Wer will welches Stück Natur zu welchem Zweck in welcher Weise nutzen? Wer hat aus welchen Gründen dagegen Bedenken? Wie überzeugend sind die Argumente, die beide Seiten für ihre Sache anführen? Wie strittig sind die Fakten, Werte und Normen, auf die Bezug genommen wird? Anhand solcher konkreten Fragen versuchen unsere Autoren, sich einem sachgerechten ethischen Urteil über das von ihnen gewählte Fallbeispiel zu nähern.

Gleichwohl nehmen die vorliegenden Beiträge immer wieder auf die Begründungsfrage Bezug. Daher skizzieren wir die verbreitetsten Positionen kurz, bevor wir uns den einzelnen Beiträgen zuwenden.

Begründungstypen der Umweltethik

Warum überhaupt stellt Natur ein Thema für die Ethik dar? Müssen Menschen in ihrem Umgang mit Natur nur das Wohlergehen anderer Menschen moralisch berücksichtigen oder haben auch Tiere, Pflanzen, Ökosysteme oder die Erde als Ganze einen begründbaren Anspruch auf moralische Berücksichtigung? Auf diese Begründungsfrage gibt es unterschiedliche Antworten.

Als *anthropozentrisch* werden Positionen bezeichnet, die den Schutz von Natur mit menschlichen Belangen begründen. Über unmittelbare Nutzungsinteressen (Nahrung, Kleidung, Wohnung etc.) hinaus berücksichtigen sie auch ideelle, ästhetische und spirituelle Werte der Natur - als Werte für Menschen. Von ihren Kritikern wird die anthropozentrische Position oft verkürzt, indem sie den Nutzenbegriff zu eng fassen. In einem anspruchsvolleren anthropozentrischen Begründungsrahmen ist Natur jedoch nicht bloß eine Ressource, über die Menschen nach Belieben verfügen können. Welchen Wert anthropozentrische Ansätze dem Schutz der Natur beimessen, hängt sehr davon ab, wie viel Bedeutung sie dem Naturerleben für ein gelingendes Menschsein beimessen.

Im Unterschied zu den anthropozentrischen erachten *nicht-anthropozentrische* Positionen die Natur oder Teile der Natur aufgrund eines eigenen moralischen Status für schutzwürdig. Folgende Begründungstypen werden herkömmlich unterschieden:[1]

Pathozentrische Ethiken berufen sich in ihrer Begründung auf die Leidensfähigkeit von Lebewesen. Die moralische Pflicht, Leiden zu vermeiden oder zu vermindern, wird hier auf alle Lebewesen bezogen, die ebenfalls leidensfähig sind. Pathozentrische Argumente werden oft in der Tierethik angeführt. Während sie im Hinblick auf Tierexperimente oder Haltungsbedingungen von Nutztieren einschlägig sind, können sie den Schutz bedrohter Arten oder Ökosysteme nicht begründen oder stehen diesen sogar entgegen. Denn hierbei kann in der Regel auf das Leiden individueller Tiere keine Rücksicht genommen werden.

Biozentrische Ethiken vertreten die Auffassung, das Wohl eines jeden Lebewesens besitze einen eigenständigen moralischen Status. Unabhängig von ihrer subjektiven Leidensfähigkeit, so die Argumentation, könne man bei allen Lebewesen sinnvoll davon sprechen, dass es ihnen gut oder schlecht gehe. Indem Menschen durch ihr Handeln dieses Wohlergehen befördern oder beeinträchtigen können, sei es auch moralisch bedeutsam. Für eine anwendungsorientierte Ethik, die für konkrete Akteure in konkreten Situationen und Zusammenhängen praktische Handlungsempfehlungen geben will, bieten biozentrische Argumente wenig Entscheidungshilfe. Jeder Eingriff in die Umwelt beeinträchtigt bestimmte Lebewesen, während er andere befördert. Für die entscheidende Frage, wie der Wert der einen gegen den Wert der anderen und beide wiederum gegen den Wert des Wohlergehens von Menschen abzuwägen sind, können biozentrische Ansätze keine Kriterien benennen. Da sie sich auf das Wohlergehen individueller Organismen beziehen, ist es ihnen darüber hinaus kaum möglich, für die Erhaltung von Arten (also überindividuellen, theoretischen Einheiten) zu argumentieren. Solange es den Mitgliedern der verbleibenden Spezies gut ginge, gäbe es keinen Grund, das Aussterben bedrohter oder seltener Arten zu verhindern.

Um diese Schwächen zu beheben, stellen *ökozentrische Ansätze* das Funktionieren des Ökosystems in den Mittelpunkt. Die Begründung umweltethischer Normen wird hier in der systematischen Verbundenheit der ganzen Natur gesehen. Nicht das Wohlergehen einzelner Lebewesen, sondern das Wohl des Ganzen hat moralischen Wert. Die ökologische Einsicht in die gegenseitige Abhängigkeit aller Teile voneinander wird in diesen Ansätzen normativ gewendet, indem der

Mensch im Ökosystem als Gleicher unter Gleichen gilt, und damit moralische Pflichten nicht nur gegenüber Menschen, sondern in *gleicher Weise* gegenüber allen anderen Teilen des Ökosystems bestehen. Damit wird im Hinblick auf die gängige Praxis eine Beweislastumkehr begründet, die den moralischen Intuitionen vieler für den Schutz der Umwelt und der Natur Engagierter entgegenkommt. Der gewichtigste Einwand gegen diese Perspektive ist, dass sie Individualinteressen dem Wohl eines Ganzen unterordnet. Damit drohe sie, das zentrale humanistische Prinzip - die Würde des Menschen und eines jeden Menschen - zu untergraben. Angesichts dieses weit reichenden und ernst zu nehmenden Bedenkens ist der von seinen Verfechtern erhoffte praktische Ertrag des ökozentrischen Ansatzes unverhältnismäßig gering. Denn was jeweils zum Wohle des »Systems« ist, ist nicht ohne weiteres zu bestimmen. Um unterschiedliche Systemzustände zu *bewerten*, bleibt der Rückgriff auf menschliche Maßstäbe und Wertvorstellungen unvermeidlich.

Jenseits der Unterscheidung von Anthropozentrik und Physiozentrik sind inklusive Ansätze zu verorten, die das Verhältnis von Mensch und Natur nicht exklusiv als eines der Über- oder Unterordnung bestimmen wollen, sondern der ambivalenten Rolle von Menschen in der Natur gerecht zu werden versuchen. Als Bedürfniswesen sind Menschen der übrigen Natur gleichzustellen, als Vernunftwesen aber in der Lage (und verpflichtet) ihr Handeln an moralischen Maßstäben auszurichten.

Eine Einigkeit auf der Begründungsebene zeichnet sich innerhalb der philosophischen Debatte bislang nicht ab. Gleichwohl vertreten immer mehr an der Anwendungsorientierung der Umweltethik Interessierte die Auffassung, dass die praktische Relevanz des Begründungsstreits nicht so groß sei, wie die Vehemenz des akademischen Disputs vermuten ließe. In seinem Buch »Toward unity among environmentalists« (1991) vertritt Bryan Norton die Hypothese, dass die unterschiedlichen Begründungsansätze sich in ihren praktischen Ergebnissen gar nicht so sehr unterscheiden würden. Die Maßnahmen, die ergriffen werden müssten, um langfristig allen Menschen eine gutes Leben zu sichern, konvergierten mit denen, die zur Rettung der übrigen Natur ergriffen werden müssten (Konvergenzhypothese). Ob und in welchem Ausmaß die Begründungsfrage bei den im Folgenden behandelten Konflikten von ausschlaggebender Bedeutung ist, mögen die Leser selber beurteilen.

Die Beiträge

Der Widerstand gegen den Sardar-Sarovar-Staudamm in Indien bildet den Ausgangspunkt für den Beitrag von *Wolfgang Sachs*. Der Wissenschaftler vom Wuppertal Institut rekonstruiert Konflikte um Ressourcen wie Erdöl, Wasser, genetische Vielfalt und Klimaschäden als Konflikte zwischen unterschiedlichen Lebensweisen und Wirtschaftsformen. Er konfrontiert die Luxusbedürfnisse des reichen Nordens mit den Subsistenzbedürfnissen von Unterhaltsökonomien und begründet, warum Letztere vor Ersteren rangieren. Er fordert, die Sicherung von Subsistenzrechten in den Katalog der Menschenrechte aufzunehmen, damit sie gegebenenfalls einklagbar seien. Nicht ökologischen Schäden durch den Ressourcenhunger des Weltmarkts gilt seine Hauptsorge, sondern der Verletzung von Subsistenzrechten der ortsansässigen Bevölkerung. Menschen, Macht und Gerechtigkeit stehen damit im Mittelpunkt seines Beitrags.

Um ein Verteilungsproblem ganz anderer Art geht es im Beitrag von *Albrecht Müller*. Am Beispiel der Frage, mit welchem Transportmittel der Landkreis Tübingen seinen Müll nach Stuttgart transportieren soll, illustriert er, wie der Konflikt zwischen sozialen, ökologischen und ökonomischen Belangen bewältigt werden kann. Nachdem er zunächst anhand kontroverser Plädoyers von zwei Kreistagsräten Handlungsalternativen aufzeigt und diskutiert, wählt er drei Kriterien für die Angemessenheit eines Transportmittels aus, die er jeweils begründet und untereinander hierarchisiert. Auf dieser Grundlage kommt er zu einem klaren Urteil. Die abschließende Reflexion auf den ethischen Hintergrund der Kriterien gibt Hinweise auf unterschiedliche Gerechtigkeitskonzeptionen und wirtschaftsethische Ansätze. Die Kommentare der beiden Kreisräte zu Müllers Beitrag runden das Thema ab.

Wer darf welche Fläche in welchem Umfang für welche Zwecke nutzen? Diesen Fragen widmet sich *Christine Zinser*. Sie stellt dar, dass sowohl Bebauung wie auch Verzicht auf Bebauung für unterschiedliche Menschen mit unterschiedlichen Kosten und Nutzen verbunden sind. Unter Ausklammerung der Frage nach dem Selbstwert der Natur diskutiert sie, welche Konsequenzen sich aus der Anwendung der Prinzipien Nachhaltigkeit, Schadensvermeidung und Gerechtigkeit ergeben. Obwohl die Autorin für die Zukunft erkennbar einen restriktiveren Umgang mit Flächen befürwortet, plädiert sie in Anlehnung an diskursethische Ansätze dafür, die Entscheidung über weitere Bebauungen nicht Planungsbehörden, sondern direkt den Betroffenen zu überlassen. Dabei müsse freilich unter Anwendung des Vorsorgeprinzips auch die Sicherung der Interessen zukünftiger Generationen berücksichtigt werden.

Die Zukunft unserer Energieversorgung steht vor zwei großen Herausforderungen: der Erschöpfbarkeit fossiler Brennstoffe und dem sog. Treibhauseffekt, der durch deren Verbrennung (mit)verursacht wird. Unstrittig ist, dass eine dauerhaft umweltverträgliche Energieversorgung auf Alternativen zur fossilen Energie setzen muss. Doch auch die Nutzung von Windenergie und Nachwachsenden Rohstoffen gibt Anlass für Konflikte. *Christian Bartolomäus* und *Konrad Ott* diskutieren Konflikte zwischen Klima- und Naturschutz, die der Ausbau der Offshore-Windenergie mit sich bringt. Neben ästhetischen Argumenten werden vor allem negative Auswirkungen auf Vögel und Meeressäuger sowie die Sicherheit der Schifffahrt angeführt. All diese Bedenken erkennen die Autoren als ernst zu nehmende Einwände an. Sie plädieren daher wo möglich für Lösungen, die diesbezügliche Risiken (durch Standortwahl oder technische Maßnahmen) minimieren. Wie Müller sehen sie für solche Fälle einen höheren Preis als legitimen Tribut an die größere Umweltverträglichkeit an. Problematisch bleibt freilich die Unvergleichbarkeit der ethischen Grundüberzeugungen. Beeinträchtigungen des Wohlergehens höherer Tiere wiegen für Vertreter pathozentrischer, biozentrischer oder holistischer Positionen schwerer als für strikte Anthropozentriker - sie würden demnach zu anderen Abwägungsergebnissen kommen. Da dieser Konflikt unaufhebbar ist, plädieren die Umweltethiker der Greifswalder Universität für eine Strategie der Übelminimierung bei gerechter Lastenverteilung: Wer den Meeresorganismen Einschränkungen zumutet, muss dies auch bei den Energieverbrauchern tun.

Nachwachsende Rohstoffe galten lange als ein gute Sache, die der Befriedigung des Energiehungers der Industriegesellschaft ebenso dient wie der Umwelt. Seit auch Getreide zum Zwecke der Energiegewinnung verbrannt wird, schlagen die Wellen der moralischen Empörung jedoch hoch. Dieses offensichtlich stark symbolisch besetzte Terrain erkundet *Nicole Karafyllis*. Sie widmet sich zunächst der Frage, welches Problem denn eigentlich durch die Technik Nachwachsender Rohstoffe gelöst werden soll und hinterfragt die Adäquatheit des dahinterliegenden Modells der CO_2-Neutralität. Anschließend diskutiert sie unterschiedliche Nachhaltigkeitsverständnisse und plädiert für einen umfassenden Begriff, der nicht nur Stoffströme und Ökosysteme, sondern auch das gute Leben von Menschen umgreift. Diese soziale und kulturelle Dimension des Nachhaltigkeitsgedankens arbeitet sie im letzten Teil ihres Beitrags genauer aus. Schutz der Natur, so ihre These, ist immer auch Schutz der Symbolik von Natur. Im Schutz der Natur »um uns« geht es stets auch um den Schutz der Natur »in uns«. Wie wir mit Letzterer umgehen wollen, liefert damit den - notwendig subjektiven - Maßstab für die Bewertung auch der Getreideverbrennung.

Während der Umweltschutz begrifflich auf den Schutz von Natur als Umwelt des Menschen abhebt, geht es dem Naturschutz um Natur selbst. Doch was genau ist das? Auch diese Frage lässt sich nicht einfach mit dem Hinweis auf empirische Daten und wissenschaftliche Befunde beantworten. Vielmehr treten im wissenschaftlichen wie im gesellschaftlichen Diskurs über Natur unterschiedliche Naturverständnisse zutage, die die Urteilsfindung im konkreten Einzelfall beeinflussen. *Thomas Potthast* illustriert dies am Beispiel der Auseinandersetzungen über den angemessenen Umgang mit der Borkenkäferkalamität im Nationalpark Bayerischer Wald. Neben nachvollziehbaren ökonomischen Bedenken der Anwohner geht es bei diesem Konflikt zentral um die Frage: Welche Natur will und soll der Naturschutz schützen? Eine heimatliche Natur, in der Menschen gerne leben und sich wohl fühlen? Oder eine wilde Natur, aus der sich Menschen respektvoll zurückziehen, um ihr freien Lauf zu lassen? Beide Positionen sind, so Potthast, im Prinzip zu rechtfertigen. Für den konkreten Fall aber mündet seine differenzierte Diskussion der fachlichen, rechtlichen und ethischen Dimensionen des Konflikts in ein klares Plädoyer zugunsten unbeeinflusster Prozesse zumindest in der Kernzone des Nationalparks.

Ein amerikanischer Neubürger in den Wäldern des Taunus steht im Zentrum eines Konflikts, der durch einen Zeitungsartikel und eine Leserreplik dokumentiert wird. Während Naturschützer die Ausbreitung der fremden Art mit Besorgnis zur Kenntnis nehmen, weil sie um das Arteninventar der ohnehin schon spärlichen Standorte fürchten, ziehen Kritiker Parallelen zur strukturellen Fremdenfeindlichkeit unserer Gesellschaft und hinterfragen die Berechtigung von Bekämpfungsmaßnahmen. *Uta Eser* unterscheidet vier Ebenen, auf denen dieser Konflikt zu diskutieren ist. So ist zunächst die Sprache, die bei der Diskussion des Phänomens benutzt wird, von den Inhalten zu unterscheiden. Diese wiederum können in ihrer deskriptiven und in ihrer evaluativen Dimension hinterfragt werden. Die rechtliche Dimension schließlich gibt die Rahmenbedingungen vor, an die sich die Akteure halten müssen. Die Autorin kommt zu dem Schluss, dass der Schutz bedrohter Arten als ein vorrangiges Naturschutzziel begründet werden kann. Da nicht auszuschließen ist, dass neue Arten dieses Ziel beeinträchtigen, können Maßnahmen zu ihrer Bekämpfung gerechtfertigt sein. Allerdings müsse man anderen bekannten Ursachen des Artenrückgangs ebenso energisch entgegentreten, wolle man sich nicht den Vorwurf symbolischer Politik gefallen lassen.

Die unterschiedlichen Fälle und die unterschiedlichen Weisen, in der die AutorInnen sich ihnen nähern, werden abschließend aus explizit philosophischer Perspektive reflektiert. Das normative Anliegen der Umweltethik ist Gegenstand des Beitrags von Marcus Düwell. Wer mit Recht und Gerechtigkeit argumentiert, so Düwell, erhebt einen Anspruch auf Gültigkeit, der über seine eigene Person hinausgeht. Gerechtigkeitsargumente sind daher am ehesten geeignet, verbindliche Handlungsanweisungen, auch in Form von Rechtsnormen, zu begründen. Sie sind aber nur bezogen auf Menschen (also im anthropozentrischen Rahmen) zu formulieren - ein anspruchsvoller Rechtsbegriff ist auf die Natur nicht anwendbar. Werte und Güter hingegen hat die Natur unstrittig zu bieten; der Horizont einer solchen Betrachtungsweise ist wesentlich weiter und schließt auch Pflanzen, Tiere, Landschaften usw. ein. Freilich muss hier erst noch der Schritt von der Feststellung eines (zunächst subjektiven) Werts zu einer (für alle verbindlichen) Handlungsanweisung vollzogen werden. Düwell zeigt, dass zumindest einige der Güter, um die es im Umweltschutz geht, für die Aufrechterhaltung einer umfassenden Handlungskompetenz unumgänglich sind, so dass sich ihre Verfügbarkeit als Menschenrecht reformulieren lässt.

Eine Checkliste für die Erschließung umweltethischer Fragen bietet schließlich *Julia Dietrich*. Sie präsentiert ein Basismodell ethischer Urteilsbildung, das umweltethische Handlungsanweisungen als Ergebnis eines logischen Schlusses darstellt. Empirische Sachverhalte werden erst dadurch ethisch relevant, dass sie einer allgemeineren umweltethischen Norm als Fall zugeordnet werden. Diese, in konkreten Konflikten oft unterschlagene, normative Prämisse gilt es zunächst kenntlich zu machen, damit man überhaupt sinnvoll diskutieren kann. Die weiteren Schritte der Urteilsbildung ergeben sich dann beinahe zwangsläufig: Zunächst ist die empirische Grundlage zu prüfen, dann die normative. Gegebenenfalls muss auch noch geklärt werden, welche normative Prämisse für den betrachteten Fall vorrangig ist. Auf dieser Grundlage lässt sich zu jedem Fall ein nachvollziehbares und begründetes Urteil fällen - das zwar aller Voraussicht nach die Debatte nicht beenden wird, wohl aber die Wahrscheinlichkeit erhöht, zu einem gemeinsamen Urteil zu gelangen.

Anmerkung

[1] Die Begriffsbestimmung ist uneinheitlich. Wir folgen hier der Systematik von Angelika Krebs (1997), unterscheiden aber nach Eser und Potthast (1999) die von Krebs unter holistisch zusammengefassten Ansätze in ökozentrische und inklusive.

Literatur

Engels, Eve-Marie 2001: Ist Ethik denn teilbar? Zur Frage der Möglichkeit und Standortbestimmung einer Bioethik. In: Holderegger, A. u. Wils, J.-P. (Hrsg.): Interdisziplinäre Ethik. Grundlagen, Methoden, Bereiche. Herder, Freiburg, Wien, 361-377.

Eser, Uta & Potthast, Thomas 1999: Naturschutzethik. Eine Einführung für die Praxis. Nomos, Baden-Baden.

Hastedt, Heiner 1989: Anwendungsorientierte Ethik. Eine programmatische Skizze. In: Zeitschrift für Didaktik der Philosophie, 11. Jg., 145-153.

Krebs, Angelika 1997: Naturethik im Überblick. In: Krebs, A. (Hrsg.): Naturethik. Suhrkamp, Frankfurt/M., 337-379.

Norton, Bryan G. 1991: Toward unity among environmentalists. Oxford University Press, New York, Oxford.

Dank

Wir danken der Deutschen Bundesstiftung Umwelt, die die Professur für Umweltinformation und Umweltethik sowie die Koordinationsstelle Umwelt an unserer Hochschule finanziell gefördert hat. Die Koordinationsstelle will die Wahrnehmung von Verantwortung für die Umwelt innerhalb wie außerhalb der Hochschule fördern - dieser Band möchte hierzu einen Beitrag leisten. Unser besonderer Dank gilt Roman Lenz und Karl-Josef Durwen, die die Mittel bei der DBU eingeworben haben, sowie der Hochschule für Wirtschaft und Umwelt Nürtingen-Geislingen, die die Koordinationsstelle nun als zentrale Einrichtung weiterführt. Renate Brucker danken wir herzlich für ihre umsichtige und freundliche Unterstützung dieses und anderer KU-Projekte. Für die gute Zusammenarbeit bei der Publikation dieses Bands sei Katja Holzer, Ines Swoboda und Werner Schneider gedankt.

Wolfgang Sachs

Ressourcenkonflikte: Unterhaltswirtschaften gegen Marktökonomie

Gefängnis für die grazile, schöne Künstlerin! Ein skandalisiertes Raunen ging im Oktober 2000 durch die Weltpresse, als die indische Schriftstellerin Arundhati Roy (»Der Gott der kleinen Dinge«) wegen Missachtung des Gerichts für einen Tag ins Gefängnis musste. Mit heiligem Zorn und wehendem Sari hatte sie sich einige Wochen zuvor den Medien präsentiert und den Obersten Gerichtshof Indiens öffentlich gescholten. Ihre Empörung galt einem Urteil, das für die größte Umweltbewegung des Landes, für den heiligsten Fluss Indiens und für Zehntausende Kleinbauern einem Desaster gleichkam. Grünes Licht für den Weiterbau des riesigen Narmada-Staudamms! Für die Schriftstellerin und mit ihr weite Teile der indischen Öffentlichkeit hatte damit die Arroganz des Staates gegenüber den kleinen Leuten wie auch gegenüber der wirtschaftlichen Vernunft einen vorläufigen Höhepunkt erreicht.

»Seit zehn Jahren«, schreibt Roy, »wird in Indien gegen den Sardar-Sarovar-Damm gekämpft, und es geht inzwischen um viel mehr als um einen Fluss. Das ist die Stärke, aber auch die Schwäche dieses Kampfes. Vor einigen Jahren drang die Auseinandersetzung ins öffentliche Bewusstsein. Das hat den Einsatz erhöht und dem Kampf eine neue Färbung gegeben. Aus dem Kampf um das Schicksal eines Flusstals erwuchsen Zweifel an einem ganzen politischen System. Heute steht das Wesen unserer Demokratie auf dem Prüfstand. Wem gehört dieses Land? Wem gehören seine Flüsse? Seine Wälder? Seine Fische? Das sind gewaltige Fragen und der Staat nimmt sie sehr ernst. Alle seine Institutionen - die Armee, die Polizei, die Verwaltung, die Gerichte - antworten darauf mit einer Stimme. Und nicht nur das, ihre Antworten waren eindeutig, heftig und - brutal.« (Roy 1999, 17).

Dank ihres Weltruhms gelang es der Romanautorin, einen Konflikt ins Scheinwerferlicht einer breiteren Öffentlichkeit zu ziehen, der sonst fern von Titelseiten und Primetime ausgetragen wird, und das nicht nur in Indien, sondern überall im Süden der Welt: den Kampf armer Bevölkerungsgruppen um ihre natürlichen Lebensgrundlagen gegen die Ansprüche überlokaler Unternehmen und Konsumenten. Die Kleinbauern und Halbnomaden, die Landarbeiter und Kleingewerbler, die in den Talgebieten der Narmada wohnen, sind da nur ein Beispiel. So könnten auch die Fischer in Andra Pradesh, die Indios in den Anden, die Townships in Südafrika oder die Reispflanzer auf Bali in ähnlich gelagerte Konflikte verwickelt sein.

Konflikte um Rohstoffabbau: Erdöl

Seit Pizarros Zeiten wurde die »Neue Welt« auf wertvolle Rohstoffe hin abgesucht. Doch heute hat sich die *frontier* in der Suche und Ausbeute von Rohstoffquellen bis an die entlegensten Zonen der Kontinente und Meere vorgeschoben, weil leichter zugängliche Vorkommen mittlerweile erschlossen oder erschöpft sind. Öl wird tief im Urwald und tief im Meer gefördert, Holz aus dem fernen

Öl aus dem Regenwald Ekuadors

Seit 1964 das Konsortium Texaco-Gulf die ersten Bohrstellen eröffnet hat, ist im Amazonasgebiet Ekuadors, dem sogenannten Oriente, das Ölzeitalter angebrochen. In ein Gebiet, das insgesamt etwa ein Drittel des Landes umfasst, sind über die letzten 30 Jahre Zug um Zug Ölgesellschaften vorgerückt, haben Bohrungen niedergebracht und eine weitverzweigte Infrastruktur zur Ölförderung aufgebaut.

Öl bringt dem ekuadorianischen Staat Geld, und was noch wichtiger ist: Dollars. Nicht nur leidet Ekuador an chronischer Budgetknappheit, das Land ist – wie viele lateinamerikanische Staaten – seit langem im Ausland verschuldet. Mit der Ölförderung schien sich ein Ausweg zu bieten: Staatseinnahmen standen in Aussicht und Exporte versprachen Devisen. Zumeist geht das geförderte Öl in die USA. Die an multinationale Konzerne (AGIP, Mobil, Amoco, Elf Aquitaine, Petrobras, Texaco u.a.) vergebenen Konzessionen betreffen Gebiete von rund 1,2 Mio. ha Regenwald (von insgesamt 13 Mio.) und liegen oft in indigenen Territorien.

Die im Oriente lebenden Völker sind vorwiegend Subsistenzgesellschaften, sie besitzen unterschiedliche Sprachen und Kulturtraditionen. Es handelt sich dabei vor allem um die Quichua, Huaorani und Shuar, wobei alle indigenen Gruppen zusammen etwa 125 000 Personen zählen, auf einem Gebiet geringer Bevölkerungsdichte. Das Zusammenspiel von Wald und Wasser macht die Region zu einer der artenreichsten in der Welt, die indigenen Gruppen sind auf die Naturräume der Wälder, der überfluteten Gebiete und der Flussufer angewiesen.

Ölförderung verlangt Sprengungen, Pumpanlagen, Pipelines, Raffinierien und darüber hinaus Schneisen, Straßen, Landepisten, schweres Gerät und Arbeitercamps. Daher ging es überall zuerst um die Abholzung der Wälder, und tatsächlich ist seit den 1970er Jahren die Waldfläche insgesamt um 70 Prozent geschrumpft, wie auch nur mehr 8 Prozent der ehemals gesamten Fläche den indigenen Gemeinschaften gehören. Ferner werden Ölreste und Gas abgefackelt wie auch Schneisen und Explosionslöcher geschlagen, ohne die heiligen Orte der Indios zu schonen. Besonders dramatisch aber waren und sind die Folgen der Wasserverschmutzung: Giftige Abfälle und Abwässer verunreinigen Bäche und Flüsse, die den Einwohnern als Trinkwasser, Kochwasser und zum Waschen dienen. Über zahlreiche Lecks in den Leitungsrohren sickert Öl in Boden und Wasser; in den letzten zwanzig Jahren, so heißt es, flossen aus über dreißig Brüchen im Pipeline-System mehr als eine halbe Million Barrel Öl in Ekuadors Flussläufe. Da mit Abholzung und Vergiftung auch Pflanzen, Fische und Wildtiere verschwinden, erodiert die Existenzbasis der indigenen Gruppen. Mangelernährung, sozialer Niedergang und letztendlich Vertreibung sind die Folge.

Gesetze wie auch Regeln zur Umweltverträglichkeitsprüfung gab es, doch wurden sie weitgehend ignoriert. Das begann sich zu ändern, seit zahlreiche indigene Bauernorganisationen als Reaktion auf das Vordringen der Ölindustrie entstanden sind. Sie führen, auch mit internationaler Vernetzung, die Konflikte um Information, Mitbestimmung, Entschädigung, Gewinnbeteiligung und vor allem ein Moratorium für die Ölförderung weiter.

(Haller et al. 2000)

Patagonien und Sibirien geholt, und schwimmende Fischfabriken durchkämmen die Meere vom Polarkreis bis zur Antarktis. Begehrt sind vor allem Energieträger, insbesondere Öl und Gas, gefolgt von Metallen wie Gold, Zinn, Silber, Kobalt und biotische Rohstoffe wie Holz und Fische. Mit der Öffnung der Grenzen für transnationale Unternehmen im Zuge der Globalisierung hat sich der Drang, die Frontlinie der Ausbeutung vorzuverlegen, vertieft und beschleunigt. Besonders da, wo die Rohstoffausbeutung in bisher unerschlossene Gebiete vorrückt, sind es die Territorien indigener Gesellschaften, welche ins Netz weltweiter Ressourcenflüsse eingegliedert werden.

Auf der einen Seite steigt die Weltnachfrage nach Naturressourcen aller Art, auf der anderen Seite aber warten diese Ressourcen nicht einfach in einem Niemandsland darauf, abgeholt zu werden. Vielmehr liegen sie oft im Lebensraum ortsansässiger Bewohner und machen deren Lebensgrundlagen aus. Unregulierte Ressourcenausbeute degradiert, dezimiert und desakralisiert oft deren Landschaften, besonders in den Peripherien des Südens. Die Nutzung der Ökosysteme als *commons* steht dabei gegen ihre Nutzung als *assets* zur Gewinnbildung. Das Bedürfnis lokaler Gemeinschaften nach Gesundheit und Überleben steht gegen das Bedürfnis ferner Konsumenten nach Treibstoff und Heizöl. Subsistenzbedürfnisse konkurrieren mit Luxusbedürfnissen. Deshalb rufen nicht nur die Ölförderung, sondern etwa auch Entwaldung oder industrieller Fischfang oftmals lokalen Widerstand hervor, wenn mit dem Ressourcenabbau die Lebensbasis der Einwohner bedroht wird. Die Armen werden - zugespitzt gesagt - ihrer Ressourcen beraubt, damit die Reichen über ihre Verhältnisse leben können.

Konflikte beim Umbau von Ökosystemen: Staudämme

Die Entnahme von Rohstoffen ist nur eine Weise, wie sich Menschen Ressourcen von der Biosphäre besorgen, die Umformung von Ökosystemen in Produktionsmaschinen ist die andere. Von Tee und Zuckerrohr über Baumwolle und Eukalyptusbäume bis zu Kiwis und Garnelen: agrar-ökologische Systeme werden aufgebaut, um den Tisch ferner Konsumenten zu decken. Der Ressourcenkonflikt zwischen Unterhaltswirtschaften und Marktökonomie ist auch die Wurzel aktueller Auseinandersetzungen um den Umbau der Natur für Plantagen, Aquakultur und Wasserreservoirs.

Die Umformung der Natur kann beim Bau von Talsperren dramatische Formen annehmen. Staudämme verändern Flussläufe, versenken Täler und wandeln Naturräume um. Bis 1949 sind ungefähr 5 000 große Staudämme gebaut worden, drei Viertel davon in Industrieländern; am Ende des 20. Jahrhunderts zählt man hingegen 45 000 Staudämme in der Welt, zwei Drittel davon in Entwicklungsländern, allen voran China und Indien (WCD 2000, 8ff.). Hauptsächlich werden Dämme gebaut, um Bewässerung für industrielle Landwirtschaft sicherzustellen, dann aber auch um Strom zu erzeugen und Trinkwasser zu sammeln. Wieder ist Konkurrenz um Land und Wasser der wichtigste soziale Konflikt, der von Dammbauten heraufbeschworen wird.

An erster Stelle steht die Verdrängung von Familien und Dorfgemeinschaften: Zwischen 1986 und 1993 allein wurden schätzungsweise 4 Millionen Menschen durch jährlich durchschnittlich 300 Bauеröffnungen vertrieben, die Gesamtzahl der Verdrängten über die Jahrzehnte beläuft sich auf 40 bis 80 Millionen (WCD 2000, 17). Darüber hinaus kann die Veränderung der Wasserläufe den Lebensunterhalt von flussnahen Gemeinschaften unterminieren: Produktive Ressourcen wie Wasser, Wälder und Weiden sowie Fischwasser können mit der Flutung besonders flussabwärts verschwinden. Dazu kommt, dass Umsiedlungsprogramme oft viel zu wünschen übrig lassen; sie sind entweder nicht vorhanden oder setzen Menschen in unvergleichlich schlechtere Orte um. Die von der *World Commission on Dams* zusammengeführten Fallstudien sprechen eine gemeinsame Sprache: Die mit Staudämmen verbundenen negativen Auswirkungen treffen vor allem Landbewohner, Subsistenzbauern, indigene Gruppen, ethnische Minoritäten und Frauen, während die positiven Auswirkungen in erster Linie Stadtbewohnern, Großlandwirten und Industriebetrieben zugute kommen (WCD 2000, 124f.). Über den Gebrauch der Natur werden Gewinner und Verlierer aussortiert.

Ver-damm-t im Narmada-Tal

»Dann ertrinken wir eben«. Schon seit Jahren gehen Bilder von einfachen, bis an die Hüften im Wasser stehenden Männern und Frauen durch die Weltpresse – Menschen, die zum Letzten entschlossen sind, um doch noch den Bau des Sardar Sarovar Staudamms im Tal der Narmada zu blockieren. Zum wiederholten Male stand im vergangenen Jahrzehnt die Sache auf Spitz und Knopf: Einheimische und Aktivisten drohten, nicht von der Stelle zu weichen und sich lieber den einlaufenden Fluten auszuliefern, als die Fertigstellung der Staustufe zu akzeptieren.

Beim Sardar Sarovar Damm handelt es sich nur um den zentralen Abschnitt in einem Megaprojekt für das Flussystem der Narmada, das 30 größere, 135 mittlere und 3000 kleinere Dämme vorsieht. Die Narmada, mit ihren 1300 km der längste westwärts fließende Strom Indiens, soll in eine Kaskade von Kraftwerken und Wasserreservoirs verwandelt werden. So soll der heiligsten Strom Indiens, an dem Pilger seit urdenklicher Zeit von der Mündung am Arabischen Meer zur Quelle in Amarkantak und zurück gewandert sind, um sich mit der spirituellen Energie Shivas zu verbinden, zum Produzenten von Arbeitsenergie profanisiert werden.

Ende der 1980er Jahre formierte sich der Widerstand gegen Vertreibung und völlig unzureichende Umsiedlungspläne. Etwa 250000 Menschen, die meisten von ihnen tribals, in mehreren Hundert Dörfern sahen sich unter der Drohung, nicht nur ihre Behausungen, sondern auch Äcker, Wasserläufe, Weiden und Wälder – die Basis ihres Lebensunterhalts – zu verlieren. An Kompensation war nicht zu denken, und die Neuansiedlungen boten bestenfalls Unterschlupf, aber kein Habitat. Massendemonstrationen, Straßenblockaden, Hungerstreiks, Protestmärsche, Gerichtseingaben: kaum ein gewaltloses Mittel wurde in den vergangenen zehn Jahren ausgelassen, um die öffentliche Aufmerksamkeit auf die Opfer des Großprojekts zu lenken und die Raupenschlepper zum Halten zu bringen. 1992 machte sich das Inspection Panel der Weltbank einige der Anschuldigungen zu eigen, was zum Rückzug der Weltbank und dann auch Japans aus der Finanzierung führte. Als der indische Staat den Kampf um den Staudamm zunehmend als Machtfrage verstand, stellte die Opposition den volkswirtschaftlichen Nutzen des Projekts in Frage: Wie viele und wer würde im fernen Gujarat in den Genuss künstlicher Bewässerung kommen? Wann wird das Staubecken verschlammen? Wieviel Ackerboden geht verloren? Was sind die erwarteten Vorteile anderswo und morgen gegen die realen Kosten hier und heute? Und immer wieder wurde auch das dem Projekt innewohnende Entwicklungsparadigma – die Armen enteignen, um die Wirtschaft brummen zu lassen – angegriffen und ansatzweise alternative Visionen für ein florierendes Indien artikuliert.

Mit der endgültigen Freigabe der Bauarbeiten durch den Obersten Gerichtshof im Oktober 2000 hat vorerst das »nationale Interesse« obsiegt. Ohne jedoch die Narmada Satyagraha, den gewaltlosen Widerstand, ersticken zu können.

(Mehta 1993, Roy 1999, Wadle 2002).

Konflikte um reprogrammierte Organismen: Saatgut

Neben Abbau und Kolonisierung tritt in jüngster Zeit eine dritte Weise, die Natur als Ressource zu nutzen: ihre Reprogrammierung. Veränderungen im Erbgut von Pflanzen und Tieren stellen eine neue Phase in der Geschichte der Indienstnahme der Natur dar. Dabei bleiben die Absichten der Intervention der Natur nicht mehr äußerlich; sie werden in ihren Reproduktionsprozess selbst eingetragen. Ähnlich wie bei Hybridsorten in der industriellen Landwirtschaft ist das Ziel dieser Operationen, ausgewählte Hochleistungssorten herzustellen, welche spezifische, maximale Erträge erlauben. Ob es sich um herbizid-resistente Baumwolle, Vitamin A-intensiven Reis, schädlingsfeste Kartoffeln oder infektionsfreie Fische handelt: immer wird versucht, ein produktions- oder konsumrelevantes Merkmal zu maximieren. Mit anderen Worten, eine momentane Konstellation wirtschaftlicher Interessen wird in potentiell langfristig wirksames Genmaterial eingelassen; Menschengeschichte wird zum Schrittmacher der Naturgeschichte.

Ausgelöst durch den Ausgriff von Biotech-Unternehmen in die Landwirtschaftszonen des Südens zeichnet sich eine neuartige Bedrohung für Subsistenzrechte ab: Auf dem Saatgut oder bestimmten Pflanz- und Nutztiersorten könnte von nun an ein Preisschild kleben. Denn auf genmodifizierten Lebewesen liegt ein durch Patente geschütztes Eigentumsrecht. Wenn aber zunehmend mehr Nutzlebewesen in das Eigentum von Unternehmen rücken, dann verengt sich der freie Zugang zu den Produktionsmitteln des Lebensunterhalts: Bauern, die bislang unentgeltlich Samen tauschen, Schösslinge sammeln oder Tiere vermehren konnten, müssen nun Lizenzgebühren zur Nutzung des Naturpatrimoniums bezahlen. Verstärkt wird diese Tendenz noch durch die möglichen Auswirkungen der Gentechnik auf die Biodiversität: Sowohl die weitere Verbreitung von Monokulturen wie auch die unkontrollierte Verbreitung von transgenen Organismen droht nämlich, die Artenvielfalt weiter zu vermindern (Lohman 2000). Wenn sich freilich der Verlust an Vielfalt mit der Kommerzialisierung der verbliebenen Arten koppelt, dann geraten die kleinen Landwirte in eine Abhängigkeitsfalle (A.A.2000). Nahrungsquellen und auch Heilpflanzen sind entweder verloren oder kosten viel; damit sind die Existenzrechte der Bürger ohne Kaufkraft eingeschränkt.

Schutz einheimischer Kartoffelsorten in Bolivien

Das Hochland der Anden ist die Heimat der Kartoffel; von dort aus hat sie ihren Siegeszug um die Erde angetreten. Im Ursprungsgebiet werden Hunderte von Kartoffelsorten gezogen und angebaut; in Bolivien etwa hat man 235 Arten von wilden oder gezüchteten Kartoffeln identifiziert. Dutzende davon werden jeweils von Dorfgemeinschaften genutzt, von Bitter- zu Süßkartoffeln, je nach Boden- und Höhenverhältnissen und je nach Erntezeit, Mischkultur und Verzehrzweck. Eine hoch-diversifizierte Kleinlandwirtschaft, angepasst an die unterschiedlichen ökologischen Nischen vom subtropischen Tal bis zum ewigen Eis, sichert so die Nahrungsbasis auch unter kargen Bedingungen.

Im April 2000 gab die Regierung die Erlaubnis, Freilandversuche mit genetisch veränderten Kartoffelpflanzen zu unternehmen. Durch Gentransfer wurde das Erbgut der Pflanze modifiziert, um ihre Resistenz gegen Wurmbefall zu erhöhen. Bauernorganisationen und NGOs opponierten gegen das Projekt und drohten, die Versuchsfelder zu zerstören. Am Ende wurde das Projekt zurückgezogen, obgleich ein Jahr später der vorläufige Bann von GMO-Einfuhren wieder aufgehoben wurde.

Die Oppositionsbewegung war besorgt um die Vielfalt der einheimischen Kartoffelpflanzen. Freisetzung birgt das Risiko ungewollter Verbreitung und längerfristig könnten traditionelle Sorten gegen die Konkurrenz von Gensorten untergehen. Durch natürliche Befruchtung könnte sich genetische Verschmutzung ausdehnen, und die Wurmresistenz könnte auch andere Kleinorganismen im Boden eliminieren, die wiederum Teil der Nahrungskette etwa für Frösche und Vögel sind. Wenn jedenfalls die Kartoffelvielfalt geschmälert wird, dann würde die Nahrungssicherheit und Unabhängigkeit bolivianischer Bauern gegen eine einseitig produktive, riskante und teure Technologie eingetauscht. *(Ramos 2002)*

Konflikte um Schadenswirkungen: Klimagase

Die Armen geraten nicht nur unter Druck, weil sie der Gewinnung von Naturinputs im Wege stehen, sondern auch weil sich die Verbringung von Schadensoutput auf sie konzentriert. So sind zuallererst die Armen den Folgen atmosphärischer Überlastung ausgesetzt, während die Ursachen unerkannt und unerreichbar jenseits ihres Einflusshorizonts wirksam sind. Weit davon entfernt, lediglich ein Naturschutzthema zu sein, wird Klimawandel mit ziemlicher Sicherheit zur unsichtbaren Hand hinter landwirtschaftlichem Niedergang, sozialer Erosion und Vertreibung aus der Heimat.

Koloniale Zerstörung kommt dieses Mal ohne imperiale Macht und ohne Besatzungsarmee. Stattdessen rückt sie an durch die Luft, unsichtbar und heimtückisch, tele-transportiert über die Chemie der Atmosphäre. Wenn sich die Erdatmosphäre erwärmt, wird die Natur instabil. Unversehens wird man sich weder auf Regen, Grundwasserspiegel, Temperatur, Wind oder Jahreszeiten verlassen können, alles Faktoren, welche seit urdenklichen Zeiten für die Gastlichkeit der Lebensräume von Pflanzen, Tieren und auch von Menschen gesorgt haben. Mit Klimastörungen werden manche Lebensräume weniger bewohnbar, im Extremfall sogar untauglich für bestimmte Tier- und Pflanzenarten oder sogar für Menschen. Es liegt auf der Hand, dass ein Anstieg des Meeresspiegels einige der am dichtesten besiedelten Länder unbewohnbar machen wird. Weniger offen liegt zutage, dass Veränderungen in Luftfeuchtigkeit und Temperatur ziemlich sicher Veränderungen der Vegetation, der Artenvielfalt, der Bodenfruchtbarkeit und der Wasservorkommen auslösen werden. Zudem ist zu erwarten, dass die Umwelt ungesunder wird; Ernten werden eher von Ungeziefer und Unkraut befallen, während die Menschen sich mehr mit Malaria, Denguefieber oder Infektionskrankheiten anstecken (IPCC 2001). Forschungen sagen, dass bei einem globalen Temperaturanstieg um 2 Grad, also bei ungebremsten Emissionen, im Jahre 2050 etwa 25 Millionen Menschen zusätzlich von Überflutung der Küsten, zwischen 180 und 250 Millionen von Malaria und zwischen 200 und 300 Millionen von Wasserknappheit bedroht sind (Parry et al. 2001).

Am größten sind die Gefahren für jene, die am verwundbarsten sind. Nicht jeder Erdenbürger ist gleichermaßen von Klimaturbulenzen betroffen. Es sind die Reisbauern im Mekong-Delta und die Fischer entlang der Küste des Senegal, die Viehhüter im Hochland von Äthiopien oder die Slumbewohner an den Abhängen von La Paz, deren Existenz durch Klimawandel bedroht wird. Die wirtschaftliche Grundlage zahlloser Dörfer und Städte wird von Veränderungen in der landwirtschaftlichen Produktion und Produktivität betroffen sein. Landflucht könnte zunehmen. Elendsviertel werden Schlammlawinen und Zerstörung ausgesetzt sein. Und Krankheiten werden diejenigen heimsuchen, die am wenigsten Abwehr-

Tuvalu – eine Nation auf Umweltflucht

Zehntausend Menschen, die gesamte Bevölkerung von Tuvalu, der Insel im Südpazifik, packt ihre Sachen zusammen. Denn ihre Häuser auf den neun Flach-Atolls sind dabei, von den ansteigenden Fluten des Südpazifik geschluckt zu werden. Die Erde wird wärmer, der Meeresspiegel steigt und Tuvalu verschwindet ohne großen Laut allmählich von der Erdoberfläche. Leo Falcam, der Präsident der Föderation mikronesischer Staaten, trat vor hochrangigen Politikern in Hawaii letzte Woche leidenschaftlich für eine Politik des Klimaschutzes ein. Er warnte davor, dass »die frühzeitige Erfahrung der Inselbewohner mit den realen Konsequenzen des Klimawandels in Analogie zur Rolle von Kanarienvögeln im Kohlenbergwerk betrachtet werden kann – sie geben die Frühwarnung vor einem aufziehenden Verderben«.

The Japan Times, Tokyo, 14. August 2001

kräfte besitzen - die Armen. Die Risiken, die von der globalen Erwärmung ausgehen, sind keinesfalls gleich verteilt auf die Weltbevölkerung; sie entfallen unverhältnismäßig stark auf die sozial Schwachen und Machtlosen, die bereits in Elendsvierteln, in Randgebieten oder am Existenzminimum leben. Es sind vor allem anderen die physische Integrität der Armen und die Integrität ihrer Lebensräume, die durch exzessive Brennstoffverbrennung auf Seiten der Wohlhabenden untergraben werden.

Ressourcen und Subsistenzrechte

Im Zentrum solcher Ressourcenkonflikte steht allenthalben die Frage: Wem gehört das Land? Seine Wälder? Seine Fische? Und überall schwingt auch mit, was man als die Elementarfrage der Demokratie betrachten kann: Wer hat Bleibe-, wer hat Existenzrechte in diesem Staat? Durchweg weisen die Konflikte in ihrer Struktur gemeinsame Merkmale auf. Es geht (1) darum, ein oder mehrere Ökosysteme gegen die zerstörerischen Ansprüche anderer, nicht-ansässiger Akteure zu verteidigen. Allerdings nicht aus Motiven des Naturschutzes, sondern weil (2) die jeweiligen Naturräume - die Küste, die Feuchtlandschaften, die Wälder, die Savannen, die Flüsse, die Berghöhen - Lebensraum für eine menschliche Gemeinschaft bieten. Als Wirtschaftsraum stellt ein solches Habitat wichtige Ressourcen für Selbstversorgung und Marktproduktion bereit, als Kulturraum stellt es oft die Verbindung der ansässigen Gemeinschaft zur Vergangenheit ihrer Vorväter wie auch zur Transzendenz ihrer Götterwelt her. Schwerwiegende Eingriffe in den Naturraum sind daher (3) nicht nur von ökologischer, sondern gleichzeitig von sozialer Bedeutung; sie bedrohen die Lebensgrundlagen lokaler Gemeinschaften. Ein Niedergang der Ökosysteme untergräbt die Basis ihres Lebensunterhalts, was im äußersten Fall zu Vertreibung und zu Verelendung führen kann. Aus dieser Bedrohung erwächst (4) der ökologische Widerstand der Armen, »the environmentalism of the poor« (Martinez-Alier 2002), der im Kern oft weniger eine Umweltbewegung zum Schutz von Naturgütern, sondern - wenigstens auf dem Land - eher eine Bauernbewegung zur Verteidigung von Lebensrechten darstellt.

Wenn Menschen nicht über die wesentlichen Grundbefähigungen verfügen, um Lebensunterhalt und Würde zu gewährleisten, sind ihre Menschenrechte bedroht. Dazu gehört die Befähigung, sich angemessene Nahrung zu verschaffen, unnötige Krankheiten und frühe Sterblichkeit zu vermeiden, eine angemessene Behausung zu haben, den Lebensunterhalt zu sichern, auf physische Sicherheit zählen zu können, gleichen Zugang zur Gerichtsbarkeit zu haben, in der Öffentlichkeit ohne Scham erscheinen zu können und am Leben einer Gemeinschaft teilzuhaben (OHCHR 2002, 9). Insbesondere die ersten vier - Nahrung, Gesundheitsschutz, Wohnung, Lebensunterhalt - können als Subsistenzrechte (Shue 1980), d.h. als Erfordernis minimaler wirtschaftlicher Sicherheit betrachtet werden. Subsistenzrechte sind so ein Teil der Menschenrechte; sie machen den Kernbestand der wirtschaftlichen, sozialen und kulturellen Rechte aus, wie sie im International *Covenant on Economic, Social and Cultural Rights* niedergelegt worden sind.

In welchen Schicksalen auch immer sich Mittellosigkeit und Demütigung ausprägen, deklassierende Armut geht im allgemeinen auf eine Verletzung von Subsistenzrechten zurück. Dabei ist für ein besseres Verständnis von Umwelt-Menschenrechten entscheidend, dass Subsistenzrechte auch in Rechte auf die Nutzung von Naturräumen eingelassen sein können. Denn neben Einkommen und Gemeinschaftsleistungen stellt die Natur eine andere wichtige Quelle zur Sicherung des Lebensunterhalts dar. Das ist insbesondere der Fall für jenes Drittel der Menschheit (UNDP 1998, 80), dessen Lebensunterhalt vom direkten Zugang zur Natur, also zu den sie umgebenden Feldern, Wäldern, Weiden und Gewässern abhängt. Für Menschen, die in unmittelbarem Austausch mit der Natur leben, ist das Schicksal der Ökosysteme in ihren Territorien lebenswichtig. Ihre Subsistenzrechte hängen zu einem guten Teil an der Verfügbarkeit von Naturressourcen. Eine Degradierung jener Naturräume, auf die sie zu ihrem Lebensunterhalt angewiesen sind, unterminiert daher gleichzeitig ihre Subsistenzrechte.

Doch immer wieder geraten die Natur-Lebensräume der Armen auch ins Visier der internationalen Ressourcenwirtschaft. Denn die über den Erdball gesprenkelten Peripherien sind nicht außerhalb der Reichweite der Weltwirtschaft, sondern insbesondere hinsichtlich der Ressourcenwirtschaft in vielfältiger Weise mit den Zentren verbunden. Sie sind Hinterland zur Rohstoffentnahme, Bezugsräume für agrarische Erzeugnisse, Anwendungsgebiete für gentechnisch veränderte Lebewesen oder Gefahrenzonen im Gefolge des Klimawandels. In allen Fällen sind die Peripherien indes durch längere geografische Entfernungen und/oder enorme soziale Abstände von den Zentren getrennt, welche Druck auf ihre Ressourcensituation ausüben. Stätten der Bereicherung sind zumeist auf sicherer Distanz von Stätten der Verarmung. Doch über Investitionsflüsse, die Atmosphärenchemie oder den Sog höherer Kaufkraft werden Verbindungen geschlagen, Verbindungen, welche ein Machtgefälle aufweisen, das für eine stabil asymmetrische Aufteilung von Vorteilen und Nachteilen sorgt. So brechen in den armen Peripherien Ressourcenkonflikte auf, wo, und sei es nur auf lokaler Ebene, ein Kampf um nichts weniger als die Anrechte auf die Biosphäre ausgetragen wird. Kraft der biologischen Natur des Menschen sind einige dieser Anrechte unveräußerbar; wenn sie nicht mehr garantiert werden, dann wandelt sich ein Konflikt um Ressourcen in einen Konflikt um Menschenrechte.

Subsistenzrechte und Menschenrechte

Was das Völkerrecht anlangt, konnten vor dem Zweiten Weltkrieg nur Staaten Rechte beanspruchen. Die Rechte von Einzelpersonen fanden erst mit der Allgemeinen Erklärung der Menschenrechte im Jahre 1948 Anerkennung auf internationaler Ebene. Das kann als die juristische Revolution in Sachen Menschenrechte betrachtet werden (Ignatieff 2001, 5ff), die ihrerseits von einer Politisierungs- und Durchsetzungsrevolution begleitet war.

Allerdings hatten für lange Zeit die ökonomischen, sozialen und kulturellen Rechte von Menschen eine untergeordnete Rolle in diesem aufsteigenden Rechtsbewusstsein gespielt. Das war zunächst dem Kalten Krieg geschuldet. Denn das westliche Lager hatte sich die bürgerlich-politischen Rechte, das östliche Lager aber die wirtschaftlich-sozialen Rechte aufs Banner geschrieben. Beide Gruppen von Menschenrechten waren rituell gegeneinander ausgespielt worden, mit der Folge, dass im Westen die Sozialrechte ebenso wenig ernstgenommen wurden wie im Osten die Demokratierechte. Mittlerweile hat sich diese Auseinandersetzung erledigt, und die Unteilbarkeit und wechselseitige Abhängigkeit der Menschenrechte wird weitgehend akzeptiert (Onuma 1998). Es wäre auch schwer einzusehen, warum Mangelernährung oder Krankheit die Handlungsfähigkeit von Menschen weniger beinträchtigen sollte als Pressezensur oder religiöse Verfolgung. Ohne wirtschaftlich-soziale Rechte fehlt schließlich den bürgerlich-politischen Rechten die Mindestgrundlage an Gleichheit, wie umgekehrt wirtschaftlich-soziale Rechte ohne bürgerlich-politische Rechte der Antriebskraft der Freiheit beraubt sind. Deshalb ist ein minimalistisches Verständnis der Menschenrechte, das sich nur auf negative Freiheitsrechte gegenüber dem Staat beruft, diskriminierend gegenüber den Habenichtsen und Existenzbedrohten; die Anerkennung ihrer Würde verlangt nach Sicherung von Subsistenzrechten.

Offensichtlicherweise erfordern diese Rechte vom Staat, nicht nur Einschränkungen zu unterlassen, sondern auch Vorkehrungen zur ihrer Erfüllung zu treffen. Zu einer Menschenrechtspolitik gehören daher nicht nur negative Rechte, sondern auch positive Rechte, nicht nur die Eindämmung des Staates, sondern auch der Einsatz des Staates. Menschenrechte werden eben nicht nur verletzt, sondern auch vorenthalten. Auf der anderen Seite freilich führt auch ein maximalistisches Verständnis von Menschenrechten in die Irre. Auf Trinkwasser gibt es für alle ein Recht, auf eine Herzoperation nicht. Das Wünschenswerte muss vom Notwendigen unterschieden werden, das Erfolgreiche vom Einklagbaren. »Human rights is an account of what is right, not of what is good« (Ignatieff 2001, 55). Politische Ziele konstituieren keine Rechte; man kann auf Erstere nicht verpflichtet werden, auf Letztere hingegen schon. Je mehr aber politische Ziele als Verpflichtungen ausgegeben werden, desto näher rückt die Kollision zwischen dem Anspruch aller auf Lebensunterhalt und dem Recht aller auf Freiheit und kulturelle Vielfalt. Aus diesem Grund empfiehlt es sich, ganz wie in der liberalen Tradition, den Respekt für Subsistenzrechte in erster Linie als negatives Recht zu formulieren: Soziale Institutionen sind so zu gestalten, dass sie nicht strukturell und auf Dauer fundamentale Rechte untergraben (Pogge 2002). In zweiter Linie geht es über den Respekt hinaus um den Schutz der Rechte, etwa durch Handels- oder Kartellgesetze. Und erst in dritter Linie um die Erfüllung von Rechten, um Menschen - etwa über Landreformen - in die Lage zu versetzen, ihren Lebensunterhalt zu sichern. Es sind also drei Stufen von Verpflichtungen, welche sich für Staaten und andere machtvolle Akteure aus dem Gebot der Subsistenzrechte ergeben: den Entzug solcher Rechte zu vermeiden, ihren Schutz zu garantieren und bei Verlust ihre Erfüllung sicherzustellen (Shue 1980, 52ff.).

Menschenrechte und Umweltpolitik

Es besteht keine Frage, dass der Sicherung der Menschenrechte eine größere Dringlichkeit zukommt als einer gerechteren Verteilung, insbesondere im Weltmaßstab. Überleben geht vor besser leben. Aufgrund des Unbedingtheitscharakters von Menschenrechten lässt sich deshalb ein Prioritätsprinzip formulieren: Die Erfüllung grundlegender Rechte muss Priorität vor allen anderen Aktivitäten haben, gerade auch vor der Erfüllung eigener, nicht-grundlegender Rechte (Shue 1980, 118). Auf ökologische Subsistenzrechte angewandt, heißt dies, dass die Erfüllung von Rechten auf Lebensunterhalt Priorität haben muss vor der Erfüllung nicht-grundlegender Ressourcenbedürfnisse anderer Akteure. Subsistenzbedürfnisse rangieren vor Luxusbedürfnissen. Diese Formel bezeichnet jene Grundpflicht, die sich für die Institutionen, national wie international, aus der Anerkennung von Subsistenzrechten ergibt. Hält man sich vor Augen, dass Rechtlosigkeit das Resultat eines fortdauernd wirksamen Machtgefälles darstellt, dann wird klar, dass mehr Rechte nur über Verschiebungen im Machtgefüge, vorsichtige oder weitreichende, zu haben sind. Weil es darauf ankommt, die Schere der Machtbeziehungen ein Stück weit zu schließen, lässt sich von einer dualen Strategie sprechen: Es geht einerseits darum, den Spielraum der Machtlosen zu erweitern, und andererseits die Macht der Wohlhabenden einzuschränken.

Den Spielraum der Machtlosen zu erweitern, verlangt, in den Ressourcenkonflikten die Rechte der lokalen Gemeinschaften auf ihre Ressourcen anzuerkennen und zu stärken. Schließlich sind Weiden und Wälder, Felder und Saatgut, Frischwasser und saubere Luft wertvolle Quellen für Nahrung, Gesundheit, Materialien und Medizin. Dies ist der Grund, warum eine Politik der Lebensunterhaltsrechte sich mit dem Interesse an Umweltschutz deckt. Weil intakte Ökosysteme die Verwundbarkeit der Armen mindern, sind Natur- und Umweltschutz Kernstück einer Politik, die

Armutsüberwindung ernst nimmt. Und weil umgekehrt wirksame Rechte der Bewohner die beste Gewähr dafür geben, dass die Ressourcen der Armen nicht mehr so leicht zu den Reichen umgelenkt werden, ist eine Politik der Lebensunterhaltsrechte ein Kernstück des Natur- und Artenschutzes. Ökologie und Subsistenzrechte sind so aufs Engste verschränkt (Sachs et al. 2002).

Die Macht der Wohlhabenden einzuschränken, diese Perspektive kann sich auf Grundprinzipien der Fairness berufen. Dabei muss man nicht an eine Umverteilung zwischen Armen und Reichen denken, sondern daran, was man als die Minimalregel der Gerechtigkeit begreifen kann: Alle Regelungen, national wie international, sind so zu treffen, dass sie nicht die Lage der am wenigsten Begünstigten verschlechtern (Pogge 2002, 23; Müller-Plantenberg 1999). Anscheinend eine bescheidene Regel, die es aber dennoch in sich hat. Denn gerade die grenzüberschreitenden Folgen wirtschaftlicher und ökologischer Art von Produktionsprozessen, Auslandsinvestitionen, Protektionsmaßnahmen oder finanziellen Transaktionen sind so gewaltig, dass ein solches Prinzip eine erhebliche Prioritätenveränderung in Wirtschaft und Politik auslösen müsste. Denn sowohl Investitionsentscheidungen wie multilaterale Politikverhandlungen sind davon geprägt, in der Auseinandersetzung mit Konkurrenten den eigenen Vorteil zu maximieren – ohne großartige Rücksichten auf die Kosten für die am wenigsten Begünstigten, die gewöhnlich auch gar nicht am Tisch der Entscheidungen sitzen. Beispiele sind nicht schwer zu finden. Bei multilateralen Agrarverhandlungen wird um Konkurrenzvorteile zwischen Agrarexportländern gerungen, doch die Lage von Kleinbauern wird ignoriert. Bei Klimaverhandlungen werden Emissionsgrenzen ins Auge gefasst, welche die Wohlfahrtsverluste für Industrieländer minimieren, aber den Verlust von Subsistenzrechten bei Fischern, Bauern und Deltabewohnern in der südlichen Hemisphäre in Kauf nehmen. Völkerrechtlich aber ist es keine Frage, dass die Menschenrechte dem Handels- oder Umweltrecht übergeordnet sind; ihre Beachtung verlangt, die eigenen Vorteile zurückzustellen, sobald durch deren Wahrnehmung die bereits Schwachen noch mehr deklassiert würden.

Und schließlich ist ein Übergang zur Nachhaltigkeit in den wohlhabenden Ökonomien, in den Nordländern wie auch innerhalb der Südländer, eine unverzichtbare Voraussetzung, um die Subsistenzrechte gerade jener Menschen – ein Drittel der Menschheit (UNDP 1998, 80) – zu wahren, deren Lebensunterhalt vom direkten Zugang zur Natur abhängt. Gewiss, auf kürzere Sicht kann der Druck auf lebensdienliche Ökosysteme und lokale Gemeinschaften durch effizientere Rohstoff- und Agrarerzeugung gemildert werden. Auch können lokale Gemeinschaften bei stärkerer Verhandlungsmacht mehr Entschädigung und Gewinnanteile herausschlagen. Doch auf längere Sicht werden sich die Konflikte um Umwelt-Menschenrechte nur entschärfen lassen, wenn die globale Klasse der Hochverbraucher in der Lage ist, ihre Nachfrage nach Naturressourcen zurückzubauen. Erst wenn die Nachfrage nach Öl sinkt, lohnt es sich nicht mehr, Förderzonen im Urwald zu erschließen, erst wenn der Wasserdurst von Landwirtschaft und Industrie abklingt, bleibt genügend Grundwasser für Trinkwasserbrunnen in den Dörfern, erst wenn die exzessive Verbrennung fossiler Stoffe eingedämmt ist, sind die Existenzrechte der Armen nicht mehr von der Heimtücke des Klimawandels bedroht. Daraus folgt nichts weniger, als dass ressourcen-leichte Produktions- und Konsummuster in den wohlhabenden Ökonomien die Basis abgeben für eine menschenrechtsfähige Welt-Ressourcenwirtschaft. Denn der statistische Sachverhalt, dass die Minderheit der wohlhabenden Länder den globalen Umweltraum überbeansprucht, wird handgreifliche Wirklichkeit in der sozialen Deklassierung. Weit davon entfernt nur dem Schutze von Wasserrosen und Walen zu dienen, ist Ökologie die einzige Option, um auf der Welt einer wachsenden Anzahl von Menschen Gastfreundschaft anzubieten.

Literatur

Autori Anonimi 2000: Osservazioni sull'agricoltura geneticamente modificata e sulla degradazione delle spezie. Bollati Boringhieri, Torino.

Haller, Tobias et al. 2000: Fossile Ressourcen, Erdölkonzerne und indigene Völker. Focus, Giessen.

IFG (International Forum on Globalization) (Hrsg.) 2002: Interim Report: Intrinsic Consequences of Economic Globalization on the Environment. IFG, San Francisco.

Ignatieff, Michael 2001: Human Rights as Politics and as Idolatry. Princeton University Press, Princeton.

IPCC (Intergovernmental Panel on Climate Change) 2001: Climate Change 2001: Impacts, Adaptation and Vulnerability. A Contribution of Working Group II to the Third Assessment Report. Cambridge University Press, Cambridge.

Lohman, Larry u. V. Sampson 2000: Genetic Dialectic. The Biological Politics of Genetically Modified Trees. Cornerhouse Briefing 21, Sturminster Newton.

Martinez-Alier, Juan 2002: The Environmentalism of the Poor. A Study of Ecological Conflicts and Valuation. Edward Elgar, Cheltenham.

Metha, Gita 1993: A River Sutra. Viking, New Delhi.

Müller-Plantenberg, Urs 2000: Rawls weltweit. In: Prokla 30 (121), 611-626.

OHCHR (Office of the UN High Commissioner on Human Rights) 2002: Draft Guidelines: A Human Rights Approach to Poverty Reduction Strategies. Geneva. Unter: http://193.194.138.190/development/povertyfinal.htm

Onuma, Yasuaki 1998: An Intercivilizational Approach to Human Rights. In: Nuscheler, Franz (Hrsg.): The International Debate on Human Rights and the Right to Development. INEF-Report 30. Institut für Entwicklung und Frieden, Duisburg, 5-47.

Parry, Martin et al. 2001: Millions at Risk. Defining Critical Climate Change Threats and Targets. In: Global Environmental Change 11 (3), 181-183.

Pogge, Thomas 2002: World Poverty and Human Rights. Polity Press, Cambridge.

Ramos, Maria Luisa 2002: Resistance to GMO's in Centres of Origin: The Case of the Bolivian Potato. In: Friends of the Earth International (Hrsg.): Fertile Resistance in Agrobiodiversity, FOEI, Brussels, August, 19-20.

Roy, Arundathi 1999: Das Ende der Illusion. Politische Einmischungen. Blessing, München.

Sachs, Wolfgang et al. 2002: Das Jo'burg Memo: Ökologie - die neue Farbe der Gerechtigkeit. Memorandum zum Weltgipfel für Nachhaltige Entwicklung. Heinrich-Böll-Stiftung, Berlin.

Sachs, Wolfgang 2002: Nach uns die Zukunft. Der globale Konflikt um Gerechtigkeit und Ökologie. Brandes & Apsel, Frankfurt.

Sachs, Wolfgang 2003, Ökologie und Menschenrechte. Wuppertal Paper Nr. 131, Wuppertal Institut, Wuppertal.

Shue, Henry 1980: Basic Rights. Subsistence, Affluence and U.S. Foreign Policy. Princeton University Press, Princeton.

UNDP (United Nations Development Programme)1998: Human Development Report 1998. Oxford University Press, Oxford.

UNDP 2001: Human Development Report 2001. Oxford University Press, Oxford.

Wadle, Subodh 2002: The Long March for Livelihoods: Struggle Against the Narmada Dam in India. In: J. Byrne et al. (Hrsg.): Environmental Justice, Transaction Books, New Brunswick, 71-96.

WCD (World Commission on Dams) 2002: Dams and Development. Earthscan, London.

Albrecht Müller

Der Müll, der Markt und die Moral. Wie soll der Landkreis Tübingen seinen Müll nach Stuttgart transportieren?

Dokumentation

Dokument 1: Die Kreisecke, Schwäbisches Tagblatt vom 2. 3. 2004

Neue Müll-Ära

In der Abfallbeseitigung stehen die beiden im Zweckverband Abfallverwertung zusammengeschlossenen Landkreise Reutlingen und Tübingen vor einer einschneidenden Änderung: Nach der vom Bund vorgegebenen Rechtslage darf unvorbehandelter Abfall, der praktisch immer organisches Material enthält, ab Juni 2005 nicht mehr auf Deponien abgelagert werden. Da eine umweltverträgliche Ablagerung von Reststoffen nur zulässig ist, wenn biologische Umsetzungsprozesse oder chemische Reaktionen nicht mehr stattfinden, muss der Müll künftig »thermisch behandelt«, das heißt verbrannt werden. Durch langfristigen Vertrag wurde sichergestellt, dass der Abfall aus dem Verbandsgebiet im Müllkraftheizwerk Stuttgart-Münster beseitigt werden kann. Auf die Errichtung einer eigenen Verbrennungsanlage, die im Abfallwirtschaftskonzept 1992 noch vorgesehen war – und an den untersuchten Standorten zu erheblichen Protesten führte – konnte daher endgültig verzichtet werden.

Der gegenüber der Ablagerung auf Deponien höhere Aufwand wird die Anhebung der – bisher sehr günstigen – Müllgebühren erfordern. Eine weitere Auswirkung auf die Gebührenhöhe wird sich durch den Transport der Abfälle von den Sammelstellen Dußlingen und Reutlingen-Schinderteich nach Stuttgart ergeben. Die Frage, wie dieser Transport erfolgen soll, scheint auf den ersten Blick klar: natürlich auf der Schiene. Leider ist die Entscheidung nicht so einfach. Weder die beiden Sammelstellen noch die Müllverbrennungsanlage verfügen über Bahnanschlüsse. Diesen – und sei es nur in Dußlingen – herzustellen würde hohe Investitionskosten verursachen. Der Abfall müsste also mit Lkw zu einer Bahnverladestelle gebracht und in Stuttgart-Münster erneut auf Lkw umgeladen werden. Ein solcher, doppelt gebrochener Transport verteuert den durchgängigen Transport auf der Straße um mehr als zwei Drittel, wobei je etwa die Hälfte der Kosten für die Bahnfracht und den Zubringerverkehr anfällt.

Vor diesem Hintergrund und der ohnehin auf die Bürger zukommenden Erhöhung der Abfallgebühren, tendiert auch die SPD-Kreistagsfraktion zum Transport auf der Straße, falls es nicht bis zum Herbst gelingt, etwa durch Nachverhandlungen oder Erschließen neuer Fördermöglichkeiten die Kosten des gebrochenen Bahntransports abzusenken und den Kosten des Straßentransports anzunähern. Nach den derzeit gegebenen Umständen ist eine Verladung auf die Bahn wirtschaftlich nicht vertretbar und sind dem Bürger Mehrkosten nicht zuzumuten. Die offenkundigen ökologischen Nachteile und das zusätzliche Verkehrsaufkommen auf der Straße verpflichten uns aber, umweltverträglichere Alternativen weiterhin im Blick zu behalten.

Fortsetzung: Neue Müll-Ära

Konsequentes Aussortieren von Wertstoffen und Müllvermeidung könnten die Transportkosten senken. Außerdem wird auch künftig immer wieder zu prüfen sein, ob unter veränderten Bedingungen ein Umstieg auf die Schiene möglich ist. Im neu gewählten Kreistag wird sich die SPD für dieses Ziel einsetzen.

Hansjörg Dipper, SPD-Kreisrat

Dokument 2: Die Kreisecke, Schwäbisches Tagblatt vom 9. 3. 2004

Müll auf die Schiene

70 000 Tonnen Abfall jährlich aus den Mülltonnen der Kreise Tübingen und Reutlingen sollen ab 2005 mit Lastwagen auf den bereits verstopften Straßen nach Stuttgart gekarrt werden – eigentlich eine Verrücktheit, oder?

Denn ab nächstem Jahr wird unser Restmüll in der Landeshauptstadt verbrannt. Zukünftig darf kein unbehandelter Müll mit langfristig hohen Umweltrisiken mehr auf Deponien verscharrt werden. Das ist zweifelsfrei richtig so. Doch die technischen Detailvorschriften aus den Ministerien waren von Anfang an auf die thermische Behandlung – sprich Müllverbrennung – zugeschnitten. Andere Verfahren der Müllbehandlung biologisch-mechanischer Art hatten nie eine echte Chance. Wir haben dies immer kritisiert.

Gegen unsere Stimmen wurde bereits vor Jahren die Verbrennung des Restmülls aus dem Gebiet des Abfallzweckverbands Reutlingen/Tübingen in der Verbrennungsanlage Stuttgart-Münster beschlossen. So konnten zwar die Pläne für eine Müllverbrennungsanlage in unserer Region endgültig verhindert werden, doch wird nun eben unser Müll mitten im Stuttgarter Talkessel verfeuert. Wegen der unverzichtbaren aufwändigen Rauchgasbehandlung ist die Müllverbrennung eine teure Angelegenheit. Die Gebühren für den Restmüll werden im Kreis Tübingen um rund 20 Prozent steigen.

Wenn sich der Mülltourismus schon nicht vermeiden lässt, wollen wir Grünen wenigstens dem Schienentransport den Vorzug geben. Die Weichen werden von Landrat und Abfallzweckverband bislang allerdings anders gestellt. Die Schiene soll nämlich nur dann in Frage kommen, wenn absolute Kostengleichheit gegenüber dem Lastwagen erreicht wird. Aufgrund der Fehler der Vergangenheit – Abbau der Schiene, Ausbau der Straße – ist dies aber sehr schwer zu erreichen. Weder die Verbrennungsanlage in Stuttgart noch der vorgesehene Umschlagpunkt im Kreis, das Wertstoffwerk in Dußlingen, verfügen über einen Gleisanschluss. Damit sind am Anfang und am Ende des Schienentransports jeweils kurze Straßenwege erforderlich. Dieser zweimalige Umschlag verteuert den eigentlich konkurrenzfähigen Schienenweg derart, dass die Transportkosten mit dem bislang geprüften System doppelt so hoch wie der reine Straßentransport liegen.

Der Schienentransport muss preiswerter werden, und dies ist auch möglich. Deshalb haben wir Grünen die Verwaltung aufgefordert, aktiv nach günstigeren Bahnlösungen zu suchen, durch andere technische Systeme und Umschlagpunkte und auch durch Einholung konkurrierender Angebote verschiedener Schienen-Logistikunternehmen.

Sollte am Ende trotzdem eine überschaubare Kostendifferenz bleiben, wollen wir Grünen der Schiene dennoch den Vorzug geben. Wenn für eine vernünftige Transportlösung die Gebührenzahler für die 35-Liter-Tonne im Jahr weniger als 1 Euro mehr zahlen müssen (dies entspricht einer Gebührensteigerung um 2 Prozent), halten wir dies für vertretbar und vermittelbar. Dieser Euro ist sinnvoll angelegt. Wer nur die kurzfristig billigste Lösung sucht, den holen die Kosten bei Umweltschäden, von Lkws malträtierten Straßen, Staus und Steuermitteln für weiteren Straßenbau schnell wieder ein. Die öffentliche Hand muss hier weitsichtig handeln.

Gerd Hickmann, Kreisrat Bündnis 90/Die Grünen

Dokument 3:

Beschlussantrag des Zweckverbands Abfallverwertung Reutlingen-Tübingen vom 12. 1. 2004

Betr.: Entscheidung über Schienen- oder Straßentransport

Beschlussantrag:

Der Transport von Restmüll zur thermischen Behandlung in Stuttgart-Münster wird mit LKW im Direktverkehr durchgeführt, wenn nicht bis zum 30. 09. 2004 der Nachweis des Kostengleichstands des Bahntransports mit dem Straßentransport gelingt.

Begründung:

Nach dem Vertrag mit T-plus zur Thermischen Restmüllbehandlung hat der ZAV ein Wahlrecht, ob T-plus den Transport nach Stuttgart-Münster auf der Straße oder auf der Schiene durchführen soll. Der Straßentransport ist mit 15,42 €/to, der Schienentransport mit 27,28 €/to Preisstand 1998 vereinbart. Beide Preise unterliegen einer Preisgleitung, diese ergibt für 2004 einen Straßentransportpreis von 19,– €/to, für den Bahntransport von 32,– €/to.

Weil das Ziel Massengüter nicht auf der Straße, sondern auf der Schiene zu transportieren, bei diesem Kostenunterschied kaum umsetzbar ist, hat sich der ZAV mit anderen Landkreisen an einem Forschungsprojekt der Universität Stuttgart, Institut für Straßen- und Verkehrswesen, Lehrstuhl für Verkehrsplanung und Verkehrsleittechnik, beteiligt, in dem kostengünstige Schienentransportmöglichkeiten gesucht werden sollten. Das Ergebnis dieses Forschungsvorhabens ist in Kurzfassung, soweit es für die Kreise Reutlingen/Tübingen und Zollernalbkreis relevant ist, als Anlage 1 beigefügt. Die Bahntransportpreise der T-plus sind dadurch bestätigt.

Die größte Schwierigkeit für einen wirtschaftlichen Schienentransport besteht im sogenannten »doppelt gebrochenen Verkehr«. Das bedeutet, dass sowohl beim Be- wie beim Entladen nicht bis zum Endpunkt auf der Schiene transportiert werden kann, sondern dass sowohl beim Be- als auch Entladen LKW-Transporte notwendig sind. Von den Umladestellen Dußlingen/Reutlingen werden die gefüllten ACTS-Container mit LKW zum Bahnhof gebracht und dort auf Spezialwaggons hinübergeschoben. Der denkbare Bahnanschluss in Dußlingen ist mit der Verladung von Restmüll wirtschaftlich nicht realisierbar. Daraus erklärt sich, dass trotz des Bahntransports ca. 15,– €/to Straßentransportkosten anfallen.

Naheliegend ist der Gedanke, die Transportkosten zur Bahn dadurch zu vermindern, dass alle Müllsammelfahrzeuge auf Wechselbehältertechnik umgestellt werden. Die vollen Wechselbehälter werden dabei direkt vom Müllfahrzeug auf die Bahn verladen. Für den Haus- und Sperrmüll würden Umladekosten von ca. 400.000,– €/Jahr eingespart, wenn dann nur eine Umladestation für die gewerblichen und privaten Direktanlieferer benötigt würde. Dem stünden allerdings Mehrkosten in nicht bekannter Höhe für die Einsammlung gegenüber, weil diese Systeme durch Erschwernisse bei der Müllabfuhr in der Regel erheblich mehr Kosten erzeugen. Die Universität Stuttgart kommt in einer Voruntersuchung zum Ergebnis, dass dieses System insgesamt nicht kostengünstiger wäre als das jetzt von ihr vorgeschlagene System, weil kleinere jedoch stabilere und damit schwerere Pressbehälter eingesetzt würden. Dabei sind jedoch die Kosten der Umladestation nicht berücksichtigt.

T-plus hat ein solches System 1998 nicht angeboten, deshalb sind ggf. Nachverhandlungen notwendig. Die Landkreise sind bis 2009 bzw. 2010 mit ihren Müllabfuhrverträgen gebunden. Eine Umstellung während der Vertragslaufzeit würde unvermeidbar zu erheblichen Kostensteigerungen führen. Die Auswirkungen auf die Müllabfuhrkosten sollten sinnvollerweise durch Ausschreibung mit Alterntivangeboten und nicht durch Gutachten ermittelt werden. Die Neuausschreibung der Müllabfuhr müsste dann in den Landkreisen alternativ mit Wechselbehältertechnik/Festaufbau erfolgen.

Aus einem Gespräch im Umweltministerium Baden-Württemberg am 20.02.2003 sind Fördermöglichkeiten für den Schienenverkehr durch das Land und den Bund bekannt. Es können Investitionskosten z.B. für Waggon, Gleise etc. bezuschusst werden, wodurch die Kosten sinken. Die Universität Stuttgart sieht hier die Möglichkeit, aufbauend auf ihr jetziges Ergebnis, diese Chancen in einem weiteren Arbeitsschritt soweit auszuloten, dass ein Kostengleichstand erreicht wird. Diese Zuschussmöglichkeiten sollten geprüft werden. Dazu ist die Bereitschaft des ZAV zum Schienentransport Voraussetzung.

Die Stadt Reutlingen möchte folgende Punkte untersucht wissen (vgl. Vorlage Nr. 44/2003):

»Es handelt sich um gleichartige Transportleistungen über 20 Jahre. Es ist daher der Transport über die Bahn zu untersuchen und nach Möglichkeiten durchzuführen.

Bei der Sammlung sollten LKW-Umladesysteme einen Weitertransport über die Bahn zulassen.

Es ist zu prüfen, inwieweit an weiteren Punkten im Landkreis Reutlingen dezentrale Umladestationen für Restmüll gebaut und betrieben werden können (z.B. Münsingen, Bad Urach), um dann dort ohne große Straßentransporte die Abfälle auf die Bahn zu übernehmen.

Der ZAV prüft, ob die Förderung von Gleisanschlüssen durch den Entwurf einer »Richtlinie zur Förderung des Neu- und Ausbaus sowie Reaktivierung von privaten Gleisanschlüssen« (nicht zurückzahlbarer Zuschuss bis zu 50 Prozent der Kosten, Bewilligungsbehörde EVA) für Müllumladungen auf die Schiene möglich ist.

Der ZAF nimmt Verhandlungen mit weiteren Schienengüterverkehrsunternehmen neben der Bahn auf«.

(Anmerkung: Das Konzept der Universität Stuttgart beruht auf einem Angebot der Hohenzollerischen Landesbahn).

Wie soll der Landkreis Tübingen seinen Müll nach Stuttgart transportieren? Eine scheinbar kleine und überschaubare Frage. Versucht man, die Frage sorgfältig zu beantworten, stellen sich neue Fragen. In diesem Artikel will ich versuchen, eine möglichst gut begründete Antwort zu geben. Ich will zum einen anhand des Beispiels einen Weg aufzeigen, wie sich eine Entscheidung finden und begründen lässt. Zum anderen will ich aufzeigen, welche Relevanz grundsätzlichere Fragen der Ethik für eine konkrete Entscheidung wie die hier diskutierte besitzen. Hierzu werde ich mir beim Schreiben gleichsam selbst über die Schulter schauen und die einzelnen Schritte der Entscheidungsfindung kommentieren.

Das Problem

Beschreibung des Problems

Die Landkreise Reutlingen und Tübingen arbeiten bei der Müllentsorgung zusammen. Hierzu haben sie den Zweckverband Abfallverwertung Reutlingen/Tübingen geschaffen (ZAV). Der Zweckverband hat die Aufgabe, den Müll der beiden Landkreise zu entsorgen. Ab 2005 sollen der Hausmüll, der Sperrmüll und der öffentlich gesammelte Gewerbemüll zur »thermischen Behandlung« - sprich: Verbrennung - in das Restmüll-Heizkraftwerk Stuttgart-Münster transportiert werden.

Für die Sitzung der Verbandsversammlung vom 27. Februar 2004 legte der Verbandsvorsitzende Landrat Walter folgenden Beschlussantrag vor: »Der Transport von Restmüll zur thermischen Behandlung in Stuttgart-Münster wird mit LKW im Direktverkehr durchgeführt, wenn nicht bis zum

30.9.2004 der Nachweis des Kostengleichstands des Bahntransports mit dem Straßentransport gelingt« (Vorlage Nr. 45/2004).

In der Begründung verweist der Landrat auf einen Preisunterschied zwischen 19 €/t für den Straßentransport und 32 €/t für den Bahntransport. Ein Forschungsprojekt des Instituts für Straßen- und Verkehrswesen der Universität Stuttgart (2004) bestätigt diese Preisunterschiede. Den Umweltschutz erwähnt der Beschlussantrag indirekt, indem er von dem Ziel ausgeht, Massengüter nicht auf der Straße, sondern auf der Schiene zu transportieren. Dieses Ziel sei bei diesem Kostenunterschied »kaum umsetzbar«. Im Prinzip stehen die folgenden Optionen zur Verfügung.

Option »Straßentransport«

Der Müll wird in Dußlingen gesammelt und von dort mit LKW direkt zur Müllverbrennungsanlage (MVA) in Stuttgart-Münster transportiert. Kosten: 19 €/t, CO_2-Emissionen: 5,64 kg/t

Option »Schienentransport«

Der Müll wird in Dußlingen gesammelt. Das Gelände in Dußlingen liegt zwar neben der Bahnlinie, besitzt aber keinen Gleisanschluss. Deshalb wird der Müll mit LKW zum Tübinger Güterbahnhof gefahren und von dort mit der Bahn nach Stuttgart-Münster transportiert. In Stuttgart-Münster muss der Müll erneut auf LKW umgeladen werden. Auch die Müllverbrennungsanlage in Münster liegt neben der Bahn, aber der Müllofen selbst besitzt keinen Gleisanschluss. Der vergleichsweise hohe Preis für den Schienentransport ergibt sich aus den fehlenden Gleisanschlüssen in Dußlingen und Münster.

Kosten:	
LKW-Transport zum Güterbahnhof Tübingen	9,09 €/t
Transport auf der Schiene nach Stuttgart Münster	13,25 €/t
Transport zum Müllofen	5,32 €/t
Gleise, Befestigung von Flächen, Umbaumaßnahmen und für die Bereitstellung von Containern	2,86 €/t
Summe	30,52 €/t

CO_2-Emissionen: 4,26 kg/t

Für den Schienentransport kommen verschiedene Techniken in Frage, die ich hier nicht weiter darstellen will, weil sich der Beitrag sonst in technischen und organisatorischen Details verliert und die ethische Frage aus dem Blick gerät. Ziel der verschiedenen Techniken ist es, die Kosten für den Schienentransport zu senken und nach Möglichkeit einen Gleichstand mit den Kosten für den Straßentransport zu erreichen. Wenn das gelingt, ist der Konflikt, den dieser Aufsatz insbesondere diskutiert, behoben. Gelingt es nicht, stellt sich die Frage, ob der Kreistag höhere Kosten für den Schienentransport in Kauf nehmen soll.

Zielkonflikt

Die Entscheidung ist problematisch, weil unterschiedliche Ziele verfolgt werden. Diese sind einerseits umweltbezogene Ziele und andererseits die Einsparung von Kosten.

a. Umweltbezogene Ziele

Der Müll soll möglichst umweltschonend transportiert werden. Insbesondere wird angestrebt,
- wenig Abgase, d. h. auch wenig CO_2 zu erzeugen,
- wenig Lärm zu verursachen und
- wenig Fläche durch zusätzlichen Verkehr in Anspruch zu nehmen.

Diese Ziele werden zwar nur z. T. explizit genannt, es darf aber angenommen werden, dass dies die Hauptgründe sind, die die Beteiligten dazu bewegen, entweder den Schienentransport anzustreben oder den Straßentransport durch Hinweis auf die Kosten zu rechtfertigen.

b. Kosteneinsparung

Der Mülltransport soll kostengünstig sein. Hierin sind sich die verschiedenen Gruppierungen einig. Dennoch gibt es erhebliche Unterschiede.

Der Vorsitzende des ZAV Landrat Walter will keine Kosten akzeptieren, die höher sind als die Kosten des Straßenverkehrs. Ähnlich der SPD-Kreisrat Dipper (2004): Für ihn sind die oben genannten Mehrkosten des Schienentransports wirtschaftlich nicht vertretbar und dem Bürger die Mehrkosten nicht zuzumuten.

Demgegenüber hält der Kreisrat Hickmann (Bündnis-90/Die Grünen) (2004) Mehrkosten von 1 € pro 35-Liter-Mülltonne für akzeptabel. Dies entspricht einer Gebührensteigerung von 2 Prozent. Hiermit ist die Bandbreite der im Kreistag vertretenen Positionen aufgezeigt.

Reflexion der Problembeschreibung

Dieser Abschnitt wirft einen Blick auf die Problembeschreibungen. Er gibt Hinweise für eine unter ethischer Perspektive angemessene Problembeschreibung und zeigt auf, wo Wertungen bereits in die Problembeschreibungen einfließen. Hierbei ist in Rechung zu stellen, dass die Autoren der herangezogenen Quellen nicht alleine eine ethisch qualifizierte Diskussion im Auge haben, sondern auch ein politisches Kalkül.

Die Abgrenzung der Problembeschreibung ergibt sich nicht aus der Sache, sondern besitzt normativen Charakter

In seinem Beitrag für das Schwäbische Tagblatt moniert Kreisrat Hickmann, dass der Mülltransport die Folge einer falschen Entscheidung sei, nämlich den Müll in Stuttgart und nicht im Landkreis zu verbrennen. Weiterhin kritisiert Hickmann, dass die Gesetzeslage lediglich eine Verbrennung, nicht aber eine mechanisch-biologische Behandlung des Mülls ermögliche. Auch Kreisrat Dipper erwähnt diesen Punkt. Gegenüber dieser Kritik liegt sofort folgender Einwand nahe: Die Entscheidung über die Anforderungen an die Müllbehandlung liege nicht beim Kreistag oder genauer: bei dem vom Kreistag beauftragten Zweckverband, sondern sei auf Bundesebene angesiedelt. Daher solle dieser Gesichtspunkt nicht Teil der Problembeschreibung sein. Wer so redet, orientiert sich an folgender Norm: »Fragen, die auf Bundesebene entschieden werden, sollen auf der Ebene der Landkreise nicht problematisiert werden.« Ob man dieser Norm folgen sollte, ist nicht selbstverständlich, beeinflusst aber die Problembeschreibung.

Es geht mir im Rahmen dieser Reflexion nicht um die Frage: Ist die Auffassung »Probleme des Bundes gehören nicht in den Kreistag« richtig? Sondern es geht mir um den Hinweis, dass die Abgrenzung des Problems einer normativen Entscheidung bedarf. Dass es sich um eine Entscheidung handelt, fällt kaum auf, solange man sich über die Auffassung »Probleme des Bundes gehören nicht in den Kreistag« einig ist. Geht diese Einigkeit verloren, wird der Entscheidungscharakter deutlich.

Stark wertende Begriffe in der Problembeschreibung vermeiden

Eine ethisch reflektierte Problembeschreibung sollte unterscheiden zwischen der Beschreibung der Fakten und einer Bewertung dieser Fakten, um nicht bereits mit der Beschreibung des Problems dessen Lösung gleichsam unter der Hand vorwegzunehmen. Die Problembeschreibung sollte somit verzichten auf Formulierungen wie *unerträgliche Lärmbelastung*. Eine solche Formulierung würde schon vorwegnehmen, dass die Lärmbelastung nicht zumutbar ist und der Lärm daher unterbunden werden soll. Eine ethisch reflektierte Problembeschreibung sollte aber zunächst unterschiedliche Handlungsoptionen aufzeigen und erst danach und dann explizit und mit Gründen nach der besten Option suchen (vgl. den Abschnitt Reflexion, S. 38).

Eine Problembeschreibung frei von jeder Wertung wird aber kaum gelingen. Spricht man lediglich von *Lärmbelastung* und verzichtet auf das wertende Adjektiv *unerträglich*, sind die Bewertungen noch nicht getilgt: die Substantive *Lärm* und *Belastung* selbst sind schon wertende Begriffe. *Schallpegel* und *Einwirkung* wären neutraler. Das Ansinnen, sich aller Wertungen zu enthalten, kann sehr aufwändig werden, sodass man sich oftmals mit einer wertarmen Beschreibung zufrieden geben wird. Selbstredend ist auch der Begriff *Problem* bereits wertend, denn durch eine bestimmte Wertung wird ein Sachverhalt zu einem Problem.

Dissense über die Beschreibung der Fakten nicht vermischen mit Dissensen über Werte und Normen

Es kann unterschiedliche Auffassungen darüber geben, ob die Transportkosten mit 19 €/t richtig wiedergegeben sind. Beruht die Berechnung auf einer ungünstigen Fahrtroute, sind die Kosten zu hoch. Das wäre ein Beispiel für einen Dissens über die richtige Beschreibung der Fakten.

Davon zu trennen ist ein Dissens über Werte oder Normen. Auch wenn man darin übereinstimmt, dass 19 €/t die Kosten für den Straßentransport richtig beschreiben, kann es dennoch einen Dissens darüber geben, ob der Müll deshalb auf der Straße transportiert werden soll oder nicht. Trotz Einigkeit hinsichtlich des Sachstands kann Uneinigkeit hinsichtlich der normativen Aussage bestehen.

Das wird deutlich, wenn wir uns fünf Personen mit fünf verschiedenen wertenden Annahmen zur Kostendifferenz von 11,50 €/t zwischen Straße und Schiene vorstellen.

Person A: *Die Reduktion von Abgasen, Lärm, Flächenverbrauch u. a. ist mir mehr als 11,50 €/t wert.*
Person A würde den Schienentransport bevorzugen, selbst wenn er noch mehr als 11,50 €/t kosten würde.

Person B: *Die Reduktion von Abgasen, Lärm, Flächenverbrauch u. a. ist mir genau 11,50 €/t wert.*
Person B würde die vom Gutachten ermittelten Mehrkosten tragen, um den Schienentransport zu finanzieren und damit Abgase, Lärm und Flächenverbrauch zu verringern.

Person C: *Die Reduktion von Abgasen, Lärm, Flächenverbrauch u. a. ist mir weniger als 11,50 €/t wert.*
Person C würde die ermittelten Mehrkosten nicht tragen wollen, um den Schienverkehr zu finanzieren. Sie würde die Abgase, den Lärm und den Flächenverbrauch akzeptieren.

Person D: *Die Reduktion von Abgasen, Lärm, Flächenverbrauch u. a. ist mir nichts wert.*
Person D würde keine Mehrkosten akzeptieren, um den Schienenverkehr zu finanzieren. Sie würde Abgase, Lärm und Flächenverbrauch nur dann reduzieren wollen, wenn dies kostenfrei gelingt.
Person E: *Die Reduktion von Abgasen, Lärm, Flächenverbrauch u. a. ist für mich ein Schaden. Oder anders herum formuliert: Mehr Abgase usw. sind ein Gewinn.*
Person E würde Mehrkosten akzeptieren, um mehr Abgase, Lärm und Flächenverbrauch zu finanzieren.
Weitere Differenzierungen der Positionen A bis E sind möglich. So könnten A bis C der Auffassung sein, dass die Reduktionen den jeweiligen Preis zwar wert sind, aber von den Müllproduzenten des Landkreises Tübingen nicht bezahlt werden können oder nicht bezahlt werden sollen.

Der Dissens über die Höhe der Kosten ist zu unterschieden vom Dissens über die Zumutbarkeit der Kosten. Das ist der Punkt dieses Abschnitts. Die Unterscheidung ist hilfreich, denn ein Dissens über Fakten ist anders zu bearbeiten als ein ethischer Dissens über Normen und Werte. In letzterem Fall muss über die Qualität normativer und wertender Begründungen argumentiert werden. Zusätzliche Fakten würden hier nur dann weiterhelfen, wenn sich die ethische Frage dann anders stellt. Im Falle ethischer Dissense sind die Öffentlichkeit, die Politik und die Gerichtsbarkeit die richtigen Foren der Debatte. Im Falle von Dissensen über Fakten muss die Debatte vorrangig von den jeweiligen Fachwissenschaften geführt werden. Sie soll aber einer kritischen Prüfung durch informierte Laien zugänglich sein.

Unterschiedliche Angaben über die Fakten können die Folge unterschiedlicher wertender Voraussetzungen sein[1]. Das verdeutlichen die folgenden Beispiele: Je nach dem, ob die nicht vorhandenen Gleisanschlüsse bei der Müllsammelstelle in Dußlingen und der Müllverbrennungsanlage in Stuttgart als *gegeben* oder *veränderbar* beurteilt werden, wird sich ein verschiedener Preis für den Transport errechnen. Setzt man voraus, dass die Kosten für die Herstellung der Gleisanschlüsse der Allgemeinheit zugerechnet werden, ergeben sich andere Kosten, als wenn man voraussetzt, dass diese Kosten den Erzeugern des Mülls zugeschlagen werden. Je nach dem, welches Transportsystem als *umsetzbar* beurteilt wird, stellen sich die Kosten anders dar. An dieser Stelle geht es mir (noch) nicht darum, zu beurteilen, auf *welche* Wertungen sich die Darstellung der Fakten gründen sollte. Vielmehr möchte ich deutlich machen, dass unterschiedliche Darlegungen der Fakten oftmals auf unterschiedlichen Bewertungen beruhen. Daher sollten fachliche Dissense nicht vollkommen an die Fachleute delegiert werden, sondern sie müssen einer Prüfung durch informierte Laien zugänglich sein.

Ausgewählte Wertungen in den Aussagen der Kreisräte Dipper und Hickmann

Am Beispiel der beiden Zeitungstexte von Dipper und Hickmann möchte ich auf implizite Wertungen aufmerksam machen. Dipper berichtet, dass auf die Errichtung einer eigenen Verbrennungsanlage verzichtet werden konnte. Implizite Wertung: Es ist gut, dass keine eigene Verbrennungsanlage gebaut werden musste. Eine Vermischung zwischen dem was *möglich* ist und dem was sein *soll* findet sich am Ende seines Beitrags: »Nach den derzeit gegebenen Umständen ist eine Verladung auf die Bahn wirtschaftlich nicht vertretbar und sind dem Bürger Mehrkosten nicht zumutbar. (...) Außerdem wird auch künftig immer wieder zu prüfen sein, ob unter veränderten Bedingungen ein Umstieg auf die Schiene möglich ist.«

Vordergründig gibt Dipper eine Tatsachenbeschreibung: Die Verladung auf die Bahn *kann* nicht vertreten werden. Der Umstieg auf die Schiene *ist* derzeit nicht möglich. Im Hintergrund stehen folgende Wertungen: Dipper ist der Auffassung, dass es derzeit *falsch* wäre, die Verladung auf die Bahn zu vertreten. Er ist der Ansicht, dass unter den aktuell gegebenen Umständen der ZAV die Kosten für den Schienentransport vermeiden *soll*. Das ist die Auffassung der auf S. 35 imaginierten Person C.

Hickmann verwendet den Begriff *Mülltourismus* und schreibt, dass der Müll nach Stuttgart *gekarrt* und nicht mehr auf Deponien *verscharrt* werden solle. Dies sind stark wertende Begriffe. *Tourismus* ist ein neutraler Begriff, wenn es um das Urlaubsverhalten geht, im Zusammenhang mit Mülltransport ist der Begriff abwertend gemeint. In politischen Kontexten sind derartige Formulierungen Usus. Für eine ethisch reflektierte Problembeschreibung sind sie ungeeignet.

Handlungsmöglichkeiten

Erläuterung und Eingrenzung

Grundsätzlich steht ein sehr großes Spektrum von Handlungsmöglichkeiten zur Verfügung, das sich aber rasch reduzieren lässt, wenn man vorab bestimmte Urteile akzeptiert. Drei Optionen will ich nur sehr kurz benennen, diskutieren und bereits an dieser Stelle ausscheiden.

Müll vermeiden

Wir könnten unsere Wirtschaftsweise und damit auch unseren Lebensstil so grundsätzlich umstellen, dass nur noch sehr wenig Müll entsorgt werden muss. Es besteht durchaus eine Chance, dass diese Option als ethisch gerechtfertigt aus einer sorgfältigeren Diskussion hervorgeht. Gleichwohl kann dies den ZAV nicht von seiner Entscheidung entlasten. Auch wenn der gesamte Landkreis Tübingen diesen Weg gehen wollte, ließe sich eine entscheidende Entlastung beim Müllaufkommen nur in sehr großen Zeiträumen und in Kooperation mit übergeordneten politischen Einheiten erreichen. Einstweilen entsteht weiterhin Müll, dessen Entsorgung zu regeln ist.

Den Müll im Landkreis Tübingen verbrennen oder deponieren

Die Mehrheit des ZAV hat sich gegen diese Option entschieden und damit den Mülltransport nach Stuttgart notwendig gemacht. Dieser Aufsatz schließt die Diskussion darüber aus, ob es richtig ist, den Müll in Stuttgart zu verbrennen. Erbrächte die Diskussion, dass die Entscheidung für Stuttgart richtig ist, dann ist es nur folgerichtig, sich der Wahl des Transportmittels zu widmen. Erbrächte die Diskussion, dass der Müll im Landkreis Tübingen verbrannt oder deponiert werden soll, stellte sich die Frage, wie sich die Mitglieder der Verbandsversammlung verhalten sollen, die diese Entscheidung für falsch halten. Ohne weitere Begründungsmühen will ich die Behauptung aufstellen: Solange nicht grundlegende Rechte der Beteiligten verletzt sind, ist es zulässig, die Vorentscheidung zu akzeptieren. Eine derart gravierende Fehlentscheidung liegt m. E. nicht vor. Es ist damit zulässig, die Diskussion der Vorentscheidung auszuklammern.

Wenn die oben genannten Optionen ausscheiden, stehen im Prinzip nur noch die Optionen Straßentransport oder Schienentransport zur Verfügung.

Reflexion

Eine ethisch qualifizierte Problembeschreibung muss zunächst die aus logischen Gründen möglichen Handlungsoptionen vollständig aufzeigen. Erst danach soll mit Gründen nach der besten Option gesucht werden. Man mag bestimmte Optionen beispielsweise als unrealistisch, zu teuer, nicht durchsetzbar oder nicht zumutbar einstufen und daher geneigt sein, sie gar nicht erst zu nennen. Damit würde der logisch mögliche Lösungsspielraum vorzeitig eingeengt und manche Optionen ohne weitere Begründung eliminiert. Soll die Problembeschreibung eingegrenzt werden, etwa weil man nicht »bei Adam und Eva« anfangen will, muss man die zugrunde liegenden Wertungen explizit machen, damit die Vorentscheidungen transparent und kritisierbar sind.

Entscheiden auf der Grundlage von Kriterien

Um die Entscheidung nachvollziehbar - und damit auch kritisierbar - zu machen, will ich drei Kriterien benennen, an denen sich die Entscheidung orientieren soll.

Drei Kriterien für die Wahl des Transportsystems

1. Schutz von Mensch und Umwelt
   Es ist das Transportsystem zu bevorzugen, das die Gesundheit des Menschen und seine natürlichen Lebensgrundlagen weniger gefährdet. Geringfügige Einschränkungen sind zulässig, um ein angemessenes Verhältnis zum Aufwand zu wahren.
2. Verteilungsgerechtigkeit
   Es ist das Transportsystem zu bevorzugen, bei dem die durch den Transport verursachten Nachteile möglichst weitgehend vom Verursacher des Transports getragen werden. Ungleichverteilungen können kompensiert werden.
3. Effizienz
   Es soll das Transportsystem bevorzugt werden, das die in den Kriterien 1 und 2 formulierten Ziele mit möglichst geringem Aufwand erreicht.

Das Ergebnis der Argumentation hängt von zweierlei ab: Von den in den Kriterien enthaltenen Normen und von den Eigenschaften der verschiedenen Transportsysteme. Beide Faktoren bestimmen das Ergebnis der Argumentation. Gerade weil die Kriterien das Ergebnis steuern, dürfen sie nicht nach persönlichen Präferenzen gewählt werden, sondern müssen nachvollziehbar begründet werden. Mit der Begründung der Kriterien und der richtigen Beschreibung der Transportsysteme steht und fällt das Ergebnis der Argumentation.

Begründung der Kriterien

Die Begründung der Kriterien und ihrer Hierarchie wird an dieser Stelle knapp ausfallen. Dies hat den Vorteil, dass der Bezug zur Ausgangsfragestellung im Blick bleibt. Das Kapitel »Reflexion auf den ethischen Hintergrund der Kriterien und deren Hierarchie« (S. 45) wird dann nochmals auf die Vorannahmen reflektieren, die in die Kriterien eingegangen sind, und deutlich machen, warum konkurrierende Positionen verworfen wurden.

Schutz von Mensch und Umwelt

Das erste Kriterium nimmt die Gesundheit des Menschen und die natürlichen Lebensgrundlagen als Richtschnur der Entscheidung. Die natürliche Umwelt soll in einer Form erhalten bleiben, die den jetzt und in Zukunft lebenden Menschen ein gesundes Leben ermöglicht. Das betrifft die Ressourcen (z. B. Energie) ebenso wie die Senken, in denen Reststoffe abgelagert werden (z. B. die Atmosphäre für CO_2). Wir sollen die natürlichen Lebensgrundlagen erhalten, weil sie unmittelbare Voraussetzung für unser Leben selbst sind. Das bedarf keiner weiteren Begründung.

In begrenztem Umfang ist jedoch eine Abwägung zwischen dem ersten Kriterium und dem Effizienzkriterium möglich. Fielen Verursacher und Geschädigter in einer Person zusammen, so würde diese Person nicht maximale Kosten aufwenden, um einen minimalen Schaden zu vermeiden, sondern ein angemessenes Verhältnis zwischen Aufwand und Nutzen anstreben. Es ist einsichtig, dass der Versuch, die Gesundheit um *jeden* Preis zu schützen, einem gelingenden Leben im Weg stünde.

Verteilungsgerechtigkeit

Das zweite Kriterium verlangt, dass die Lasten des Transports denen zugerechnet werden sollen, die den Transport verursachen. Auch dieses Kriterium ist leicht zu begründen. Wenn man nicht wüsste, ob man sich auf Seiten der Nutznießer oder auf Seiten der Belasteten befindet, würde man keinem Vorschlag zustimmen, der die Lasten denen zurechnet, die keinen Nutzen haben. Transporte verursachen häufig ein Missverhältnis zwischen denjenigen, die den Nutzen und denjenigen, die den Schaden haben. Dies wird auch mit dem besten denkbaren Transportmittel nicht zu verhindern sein. Somit wäre fraglich, ob man in der Situation des Unwissens nicht jegliche Transporte ablehnen würde und somit das Kriterium ad absurdum geführt wäre. Dies ist nicht der Fall. Wollten wir als Gesellschaft generell auf Transport verzichten, hätten wir enorme Einbußen an Kooperationsgewinnen, auf die wohl auch die nachteilig Betroffenen nicht verzichten wollen, solange auch für sie die Kooperationsgewinne die Nachteile überwiegen. Allerdings würde man darauf dringen, dass die Transportsysteme bevorzugt werden, die den Nutzen und Schaden möglichst gerecht verteilen. Ebenso würde man Kompensationen ermöglichen, um einen Ausgleich zwischen den vom Transport Bevorzugten und den Benachteiligten herstellen zu können.

Effizienz

Das dritte Kriterium pocht auf Effizienz. Wenn die Mittel knapp sind, ist es ein Akt der Klugheit, sie effizient einzusetzen. Ein Effizienzvergleich muss immer Aufwand und Effekt zueinander ins Verhältnis setzen. Es wäre eine Selbsttäuschung, lediglich den Aufwand bei unterschiedlichen Leistungen zu vergleichen. Effizienz *alleine* kann keine Richtschnur des Handelns abgeben, denn es kann verschiedene Lösungen geben, die gleichermaßen effizient sind. Beispielsweise kann ein unaufwändiges Transportsystem, das hohe Umweltschäden verursacht, genauso effizient sein, wie ein aufwändiges Transportsystem, das geringe Umweltschäden verursacht.

Die Formulierung des Effizienzkriteriums beinhaltet, dass die in den Kriterien 1 und 2 formulierten Ziele Priorität gegenüber der Effizienz haben.

Hierarchie der Kriterien

Das erste Kriterium *Schutz von Mensch und Umwelt* hat Vorrang vor dem Effizienzkriterium. Dies deshalb, weil wir von einem effizienten Transportsystem auf Dauer nicht profitieren können, wenn es zugleich unsere Gesundheit und Lebensgrundlagen untergräbt. Das erste Kriterium integriert bereits die Möglichkeit geringfügiger Einschränkungen zugunsten von Effizienz.

Das Kriterium *Verteilungsgerechtigkeit* ist dem Kriterium *Effizienz* vorgeordnet. Dies soll verhindern, dass Effizienzgewinne auf Kosten von Minderheiten erwirtschaftet werden. Damit Effizienzgewinne nicht durch Gerechtigkeitserwägungen blockiert werden müssen, ermöglicht das Kriterium Kompensationen.

Das Verhältnis der Kriterien 1 und 2 muss für den vorliegenden Fall nicht geklärt werden, weil sich aus beiden Kriterien die gleiche Empfehlung ergibt, wie die beiden folgenden Abschnitte zeigen werden.

Entscheiden auf der Grundlage der Kriterien

Schutz von Mensch und Umwelt

Das Umweltbundesamt, das Wuppertalinstitut für Klima, Umwelt und Energie sowie das Institut für Wirtschaftspolitik und Wirtschaftsforschung in Karlsruhe (2001) haben die deutsche Fallstudie zum OECD-Projekt Environmentally Sustainable Transport (EST) erarbeitet. Diese Studie präzisiert unser erstes Kriterium *Schutz von Mensch und Umwelt.* Von einem dauerhaft umweltgerechten Verkehr wird verlangt:

»Im Jahr 2030 soll im Vergleich zu 1990

... der Ausstoß von CO_2 um 80 Prozent, von NOX und VOC um 90 Prozent, und von PM (Partikel) um 99 Prozent reduziert werden;

... der Verkehrslärm im allgemeinen 65 dB (A), in Wohngebieten tagsüber 55 dB (A) und nachts 45dB (A) nicht überschreiten;

... und sollen keine zusammenhängenden Gebiete durch Verkehrsinfrastruktur neu zerschnitten werden« (Umweltbundesamt et al. 2001, 9).

Gemäß dieser Studie wird, wenn die Trends der Vergangenheit anhalten, der Straßengüterverkehr von 202 Mrd. tkm auf 487 Mrd. tkm anwachsen, während der Schienengüterverkehr bei 104 Mrd. tkm stagniert.

Die Studie entwickelt ein Szenario, das auf bessere Technik und Beeinflussung der Verkehrsnachfrage setzt, und zeigt damit auf, wie sich ein dauerhaft umweltgerechter Verkehr erreichen lässt: Der Straßengüterverkehr müsste von 202 auf 64 Mrd. tkm zurückgeführt werden. Der Schienenverkehr müsste dann 468 anstelle von 104 Mrd. tkm übernehmen. »Verkehr verlagern, Verkehr vermeiden: Das ist zum Schutz unserer Umwelt nicht nur geboten, sondern auch aus wirtschaftlicher Sicht sinnvoll.« (Umweltbundesamt et al. 2001, 3). Über die Konsequenzen aus dem ersten Kriterium kann es keinen Zweifel geben. Es verlangt den Transport auf der Schiene.

Verteilungsgerechtigkeit

Die durch Straßentransport verursachten Schädigungen und Belastungen sind höher als diejenigen, die durch Schienentransport verursacht werden. Im Falle des Schienentransports sind die monetären Kosten für den Landkreis höher. Aus Gründen der Verteilungsgerechtigkeit ist es richtig, wenn die Nachteile des Transports möglichst weitgehend den Verursachern und Nutznießern des Transports, also den Müllverursachern des Landkreises Tübingen, aufgebürdet werden. Daher wäre es mit dem Kriterium Verteilungsgerechtigkeit nicht zu vereinbaren, wenn der Landkreis sich von den Mehrkosten des Schienenverkehrs entlastete und den Anliegern der LKW-Strecke und der Allgemeinheit die Umweltkosten in Form von Abgasen, Lärm und CO_2 aufbürdete. Dies spricht eindeutig für die Bevorzugung des Schienentransports.

Im Grunde müssten die Verursacher des Transports auch bei Wahl des schonenderen Transportsystems den Geschädigten Kompensationen zukommen lassen. Derartige Transfers wären in der Praxis höchst aufwändig. In der Regel hofft man auf einen Ausgleich derart, dass die Geschädigten des einen Transports die Nutznießer eines anderen Transports sind und so im großen Ganzen ein Ausgleich entsteht. Da diese Formel oftmals nicht aufgeht, erheben immer wieder besonders Benachteiligte Einspruch gegen Transport-Infrastrukturen.

Einwände, die den Schienenverkehr als nicht umsetzbar oder nicht zumutbar kritisieren

Gegen den Schienentransport wendet der Landrat im Beschlussantrag ein, dass dieser bei dem errechneten Kostenunterschied »nicht umsetzbar« sei. Präziser müsste es heißen: nicht umgesetzt werden *soll*, denn machbar ist der Schienentransport schon, nur sind die monetären Kosten höher. Der ZAV will die Zusatzkosten sparen, um die Müllgebühren für die Einwohner gering zu halten. Ähnlich Dipper, der die Mehrkosten *dem* Bürger nicht zumuten will. Dippers Argumentation ist unpräzis, denn Mehrkosten entstehen nur für die Bürger des Landkreises Tübingen, während die Anlieger des Transports mit Lärm und Abgasen belastet werden. Wären alle Verursacher der Transporte zugleich Geschädigte der Transporte, wären sie sicherlich bereit, Mehrkosten zu tragen, um ihre Lärm- und Abgasbelastung zu vermindern. Dies zeigen Beispiele von Straßenanliegern, die auf eigene Kosten Lärmschutzwälle errichten lassen, um sich vor Straßenlärm zu schützen. Das Kriterium der Verteilungsgerechtigkeit verlangt, dem Schienentransport den Vorzug zu geben.

Einwände gegen die Wahl des Schienenverkehrs auf der Grundlage des Kriteriums Verteilungsgerechtigkeit

Auf der Grundlage des Kriteriums Verteilungsgerechtigkeit lässt sich folgender Einwand gegen Mehrkosten für die Tübinger Transportverursacher formulieren: Wenn der Landkreis Tübingen Mehrkosten für ein schonenderes Transportsystem akzeptiert und alle übrigen Transportverursacher dies nicht tun, ist der Grundsatz der Verteilungsgerechtigkeit ebenfalls verletzt. Die Tübinger leiden unter den Transporten anderer Landkreise, die die Mehrkosten für schonendere Transportsysteme scheuen. Nur wenn sichergestellt wäre, dass alle übrigen Landkreise ebenfalls Mehrkosten für umweltgerechtere Transportsysteme tragen, könne vom Landkreis Tübingen verlangt werden, dies ebenfalls zu tun.

Schauen wir uns die Verkehrsinfrastruktur des Landkreises Tübingen an, so stellen wir fest, dass Tübingen keineswegs zu den Landkreisen gehört, die unter den Transporten der übrigen Landkreise in besonderer Weise leiden. Die empirische Prämisse des Einwands, die besondere Lasten für die Tübinger unterstellt, trifft nicht zu. Im Gegenteil: der Landkreis Tübingen besitzt einen guten Anschluss an das Autobahnnetz, wird aber von der Autobahn nur am westlichen Rand berührt. Der Landkreis ist über Stuttgart und Horb gut an das Fernverkehrsnetz der Bahn angebunden, beherbergt aber selbst nur Nahverkehrsstrecken. Der Landkreis profitiert vom Echterdinger Flughafen, ist aber vom Fluglärm vergleichsweise wenig belastet. Sogar ein Binnenhafen ist mit der Bahn in Plochingen zu erreichen, ohne dass eine Wasserstraße durch den Landkreis führt.

Somit ist der Landkreis Tübingen, was Rücksicht auf die Anlieger von Transporten angeht, in der Bringschuld und wäre mit den Mehrkosten für den Schienentransport nicht in einer Position der Vorleistung. Das Kriterium der Verteilungsgerechtigkeit verpflichtet also den Landkreis Tübingen zu einer besonderen Rücksicht gegenüber den höher belasteten Nachbarkreisen.

Aber auch dann, wenn die empirische Prämisse zuträfe, d. h. Nutzen und Lasten zwischen den Landkreisen einigermaßen gleichmäßig verteilt wären, ist das Argument nicht stichhaltig, das Mehrkosten nur dann akzeptieren will, wenn sichergestellt ist, dass die übrigen Landkreise ebenfalls Mehrkosten aufwenden. Nehmen wir an, die Transportinfrastruktur sei so eingerichtet, dass sich die Vorteile und Lasten etwa gleichmäßig auf die verschiedenen Landkreise verteilten. Nehmen wir weiterhin an, der Landkreis möchte das umweltgerechtere aber aufwändigere Transportsystem wählen, ist sich aber nicht sicher, ob die übrigen Landkreise mitziehen. Kann man vom Landkreis Tübingen erwarten, dass er in Vorleistung geht?

Wenn der Landkreis Tübingen sich egoistisch verhält, wird er darauf beharren, dass von ihm nur dann Mehrausgaben verlangt werden können, wenn sichergestellt ist, dass so viele andere Landkreise mitziehen, dass sich die eigenen Mehrausgaben durch Schonung vor Lärm, Abgasen usw. für die Bürger des Landkreises Tübingen amortisieren. Wenn sich die Nachbarkreise ebenfalls egoistisch verhalten, werden auch sie abwarten, bis eine generell verbindliche Lösung vereinbart ist, die gewährleistet, dass die Mehrausgaben sich für die eigenen Bürger amortisieren. Alle Landkreise würden abwarten, bis eine Regelung auf der Ebene des Landes etabliert ist.

Sollte Baden-Württemberg eine Lösung anstreben, die die »Konkurrenz des Öko-Dumpings« außer Kraft setzt und in eine gute Umweltqualität investiert, müsste es fürchten, dass seine Nachbarn hiervon profitieren, ohne selbst zu investieren. Baden-Württemberg müsste damit rechnen, dass seine Ökoinvestition nicht durch den Gewinn für seine Bürger aufgewogen wird. Mit dem gleichen Argument wie die Landkreise könnte Baden-Württemberg das Problem auf die Ebene der Bundesrepublik Deutschland delegieren. In gleicher Weise könnte auch Deutschland eine europaweite Lösung abwarten und Europa würde erst tätig, wenn eine globale Lösung sichergestellt ist.

Die Spieltheorie beschreibt diese Situation als Gefangenendilemma[2]. Indem jeder der »Spieler« nach seinem individuellen Vorteil strebt, stellt sich ein Ergebnis ein, das das Kollektiv der Spieler nicht wollen kann, in diesem Fall: das umweltbelastendere Verkehrssystem. Es liegt nahe, dem Dilemma entkommen zu wollen, indem eine für alle verbindliche Regelung geschaffen wird. Wenn sich alle Transporteure auf das umweltschonendere Verkehrsmittel verpflichten und sicherstellen, dass sich alle an diese Regelung halten, ist der einzelne aus dem Dilemma entlassen. Er kann nun die bessere Lösung wählen und ist dazu sogar verpflichtet.

Nun kann man nicht darauf warten, dass sich globale aber auch nationale Regelungen gleichsam von alleine einstellen. Sie müssen letztlich von den Spielern selbst geschaffen werden. Wer seinen Beitrag zu einem besseren Transportsystem erst dann leisten will, wenn eine allgemeinverbindliche Regelung erreicht ist, akzeptiert, dass in absehbareren Zeiträumen keine Lösung zustande kommt. Denn in der überschaubaren Zukunft wird keine Regelung verabschiedet werden, wenn alle anderen - mit gleichem Recht - auf ihren eigenen Beitrag verzichten, solange eine global verbindliche Regelung nicht existiert. Das Warten auf einen globalen Umweltkonsens kann sehr lange dauern. Wer konsistent für eine bessere Umwelt eintreten will, darf sich nicht auf eine egoistische Position zurückziehen. Wenn der Landkreis Tübingen den Müll nur dann mit der Bahn transportieren will, wenn dies keine Mehrkosten verursacht, muss man annehmen, dass ihm die Reduktion von Abgasen Lärm und Flächenverbrauch nichts wert ist. Das entspricht der auf S. 36 skizzierten Position von Person D.

Der Landkreis muss nicht alle Lasten umweltfreundlichen Verhaltens schultern, um seine Nachbarn zu schonen, wenn nicht gewiss ist, ob diese sich ähnlich verhalten werden, um ihn zu schonen. Der Landkreis muss nicht mit beliebig hohen, sondern nur mit angemessenen Kosten in Vorleistung gehen. Gleiches kann vom Land und vom Bund erwartet werden. In welcher Höhe Mehrkosten angemessen sind, lässt sich nicht präzis angeben. Das ist unter anderem abhängig von der finanziellen Situation des Landkreises, von der zu erwartenden Solidarität der Nachbarkreise sowie von der Dringlichkeit und Schwere des Problems.

Es bleibt festzuhalten, dass im konkreten Fall die Verteilungsgerechtigkeit vom Landkreis Tübingen verlangt, in angemessenem Umfang Mehrkosten für den Bahntransport aufzuwenden - zum einen, weil der Landkreis bei der Verteilung von Nutzen und Lasten des Verkehrs eher profitiert, zum anderen, weil eine schlicht egoistische Position einer Absage an das Ziel eines umweltgerechten Verkehrs gleichkommt. Eine solche Absage wäre mit dem Kriterium *Schutz von Mensch und Umwelt* nicht zu vereinbaren.

Effizienz

Bis hierher steht fest, dass der umweltgerechtere Schienenverkehr bevorzugt werden soll, und dass der Landkreis hierfür Mehrkosten in einem angemessenen Umfang aufwenden soll. Es wäre richtig, wenn eine umweltgerechte Lösung auch durch das Land unterstützt würde, damit der Landkreis die umweltgerechte Lösung tatsächlich zu angemessenen Kosten realisieren kann.

Nur wenn der Schienenverkehr den Landkreis und seine Bürger in unangemessen hohem Umfang belasten würde, wäre der Straßentransport vertretbar. Innerhalb der verschiedenen auf der Schiene basierenden, umweltschonenden Systeme soll das effizienteste gewählt werden. Das heißt das System, das die Transportleistung finanziell möglichst günstig erbringt, ohne wesentliche Einbußen am Gesundheits- und Umweltziel hinzunehmen. Ob dies mit der Wechselbehältertechnik, mit dem Altvater-Transport-Zylinder oder mit einem dritten System am besten zu realisieren ist, muss im Rahmen dieses Beitrags nicht diskutiert werden.

Hinsichtlich des Effizienzkriteriums ist auch Folgendes zu bedenken: Das Verkehrssystem, das besser ausgebaut wird, kann insgesamt effizienter arbeiten, etwa weil weniger Umwege entstehen. Deshalb sollte der umweltfreundlichere Schienenverkehr auch beim Ausbau und nicht nur bei der Nutzung bevorzugt werden. Hierdurch verringert sich der Konflikt zwischen dem Umweltziel und dem Kostenziel und kann sich schließlich sogar auflösen. Je stärker das umweltschonendere Schienen-System ausgebaut wird, um so effizienter und kostengünstiger wird dieses System und zieht neue Nutzer allein aus Kostengründen von den umweltbelastenderen Alternativen ab. Diese langfristige Perspektive sollte die auf der augenblicklichen Situation beruhende Kostenkalkulation ergänzen.

Zusammenfassung der Empfehlung

Halten wir das Ergebnis fest. Das Kriterium *Schutz von Mensch und Umwelt* verlangt, den Müll auf der Schiene zu transportieren.

Gemäß dem Kriterium *Verteilungsgerechtigkeit* muss der Landkreis die Mehrkosten des Schienenverkehrs übernehmen und darf die Lasten des Straßenverkehrs nicht den Anwohnern und der Allgemeinheit aufbürden. Der Einwand, dass der Landkreis Tübingen nicht die Mehrkosten zur Entlastung seiner Nachbarn tragen müsse, wenn nicht sichergestellt ist, dass die Nachbarn Gleiches tun, ist nur eingeschränkt zulässig. Zum einen ist der Landkreis Tübingen hinsichtlich der Nutzen-Lasten-Verteilung des Verkehrs bevorzugt. Zum anderen sind Vorleistungen in angemessenem

Umfang zu rechtfertigen, weil der Verzicht auf Vorleistungen einer Absage an einen umweltgerechten Verkehr gleichkommt.

Die Priorität der Kriterien 1 und 2, nämlich *Schutz von Mensch und Umwelt* und *Verteilungsgerechtigkeit* über das *Effizienzkriterium* führt zum Ergebnis, dass die Kriterien 1 und 2 den Rahmen vorgeben, innerhalb dessen die effizienteste Lösung zu suchen ist.

Kommentar zur Empfehlung des Beschlussantrags des ZAV

Der Beschlussantrag will den umweltgerechteren Bahntransport nur dann verwirklichen, wenn sich ein Kostengleichstand herstellen lässt zwischen Bahntransport und Schienentransport. Damit nimmt der Beschlussantrag drei Wertungen vor, die im Widerspruch zu den hier zugrunde gelegten Kriterien stehen.

1. Der Beschlussantrag orientiert sich nicht an Effizienz, sondern an den monetären Kosten für den Landkreis Tübingen.
2. Der Beschlussantrag gibt Kostenerwägungen Vorrang vor dem Gesundheits- und Umweltkriterium.
3. Der Beschlussantrag gibt einem gruppenegoistischen Kalkül Vorrang vor dem Kriterium der Verteilungsgerechtigkeit.

Zu 1:
Der Unterschied zwischen dem Beschlussantrag und der vorliegenden Argumentation sei an einem Beispiel erläutert. Wer ein Haus baut, will sein Geld effizient einsetzen, aber nicht immer den billigsten Handwerker beauftragen. Er wird auch kalkulieren, welche Qualität der Handwerker anbietet und mit welchen Spät- und Nebenfolgen er rechnen muss. Einen Handwerker, der auf den Nachbargrundstücken Schaden anrichtet, würde man ebenfalls nicht beauftragen, selbst wenn sein Angebot billiger ist.
Ein umfassender Effizienzvergleich der verschiedenen Transportsysteme müsste einschließen:
- die monetarisierten Kosten für den Landkreis (das sind die im Beschlussantrag in Euro genannten Kosten),
- die monetarisierten Kosten, die außerhalb des Landkreises anfallen (etwa Infrastrukturkosten, die durch Kfz-Steuer und Mineralölsteuer nicht abgedeckt sind),
- die nicht monetarisierten Kosten, die innerhalb des Landkreises anfallen (etwa die Belastungen der Anlieger des Transports im Landkreis Tübingen),
- die nicht monetarisierten Kosten, die außerhalb des Landkreises Tübingen entstehen (etwa die Belastungen der Anlieger des Transports außerhalb des Landkreises Tübingen und die Folgen des Klimawandels).

Der Beschlussantrag stützt sich lediglich auf die monetären Kosten, die dem Landkreis entstehen. Dies reicht für eine Rechtfertigung der Entscheidung nicht aus. Ein Vergleich der Alternativen allein auf monetärer Basis käme allenfalls dann in Frage, wenn alle Kosten des Verkehrs in Geldwerten ausgewiesen wären.[3] Dies ist aber nicht der Fall. »Der Schwerlastverkehr zahlt heute nur einen Teil der durch ihn verursachten Infrastruktur- und Umweltkosten. Dies führt - zusammen mit ungleichen Wettbewerbsbedingungen für den europäischen Schienengüterverkehr - dazu, dass der Transport von Gütern auf den Straßen zunimmt, und zwar mehr als es volkswirtschaftlich sinnvoll ist.« (Umweltbundesamt et al. 2001, 31).

Zu 2:
Indem der Beschlussantrag Überlegungen zu Umwelt und Gesundheit nur bei Kostengleichstand zwischen Schiene und Straße berücksichtigt, dominieren Kostengesichtspunkte über das Kriterium *Schutz von Mensch und Umwelt*. Das steht im Gegensatz zu der auf S. 39 und 40 festgelegten Hierarchie der Kriterien. Der Vorrang des Schutzes von Mensch und Umwelt wurde dort begründet mit dem Hinweis, dass Gesundheit und eine intakte Umwelt Voraussetzungen dafür sind, um von Kosteneinsparungen auf Dauer profitieren zu können. Wer das Effizienzkriterium über das Gesundheits- und Umweltkriterium dominieren lassen will, übernimmt eine Begründungslast.

Zu 3:
Man kann erwägen, ob die fehlende Begründung für die Dominanz der Kostengesichtspunkte sich eventuell unter Berufung auf die Verteilungsgerechtigkeit geben ließe. Der Landkreis sei grundsätzlich schon bereit, einen Mehrpreis zu bezahlen; solange es keine allgemeinverbindliche Lösung gebe, könne man vom Landkreis aber keine Vorleistung erwarten. Auch die in diesem Aufsatz vorgetragene Argumentation akzeptiert, dass der Landkreis nicht jeden Mehrpreis zahlen muss, solange keine allgemeinverbindliche Lösung erreicht ist. Sie kann aber zeigen, dass der Verzicht auf jeglichen Mehrpreis nicht zu rechtfertigen ist.

Reflexion auf den ethischen Hintergrund der Kriterien und deren Hierarchie

Auf den Seiten 38 bis 40 wurden drei Kriterien vorgestellt, hierarchisiert und - eher knapp - begründet. Die Überlegungen zur Verteilungsgerechtigkeit und deren Verhältnis zur Effizienz orientieren sich an John Rawls' Theorie der Gerechtigkeit und nicht an utilitaristischen Konzepten.

Hinsichtlich der Frage, ob der Landkreis Tübingen eine egoistische Position übernehmen darf, orientiert sich die Argumentation an Peter Ulrichs Integrativer Wirtschaftsethik. Demgegenüber hätten die wirtschaftsethischen Überlegungen von Karl Homann eine andere Position nahe gelegt. Der folgende Abschnitt wird die vorgestellten Argumentation reflektieren, indem er zunächst die Beziehungen zu den genannten Autoren und Theorien aufzeigt und anschließend die Gründe für die jeweilige Wahl deutlich macht.

Im Zentrum des Beitrags steht ein konkretes ethisch relevantes Problem, nämlich die Frage nach dem richtigen Transportsystem. Deshalb können die Ausführungen zu den ethischen Hintergründen nicht erschöpfend sein und müssen Vergröberungen und Ungenauigkeiten in Kauf nehmen. Sie wollen den Leser aufmerksam machen auf die grundsätzlichen ethischen Fragen, die hinter dem konkreten Problem stehen, und ihn anregen, sich ausführlicher hiermit zu befassen.

Beziehungen zum Utilitarismus und zu John Rawls' Theorie der Gerechtigkeit

Utilitarismus

Eine andere als die von mir empfohlene Entscheidungsgrundlage könnte in etwa folgenden Weg einschlagen: Die Gewinne und Kostengesichtspunkte der Handlungsalternativen werden möglichst vollständig für alle Beteiligten erfasst. Alle nicht monetären Aspekte werden in Geldeinheiten übersetzt. Danach bilanziert man die Gewinne und Kosten für jede der Alternativen und wählt die günstigere. Die Grundlagen für dieses Vorgehen liefert der Utilitarismus, der unser Handeln an einem Nützlichkeitskalkül orientieren will. Der Kern der utilitaristischen Überlegungen sei mit den Worten von Jeremy Bentham (1748-1832) dargelegt:

»Unter dem Prinzip der Nützlichkeit ist jenes Prinzip zu verstehen, das schlechthin jede Handlung in dem Maß billigt oder mißbilligt, wie ihr die Tendenz innezuwohnen scheint, das Glück der Gruppe, deren Interesse in Frage steht, zu vermehren oder zu vermindern, oder - das gleiche mit anderen Worten gesagt - dieses Glück zu befördern oder zu verhindern. (...) Unter Nützlichkeit ist jene Eigenschaft an einem Objekt zu verstehen, durch die es dazu neigt, Gewinn, Vorteil, Freude, Gutes oder Glück hervorzubringen (...).
Was also ist das Interesse der Gemeinschaft? - Die Summe der Interessen der verschiedenen Glieder, aus denen sie sich zusammensetzt. (...) Es hat keinen Sinn vom Interesse der Gemeinschaft zu sprechen, ohne zu wissen, was das Interesse des Individuums ist. Man sagt von einer Sache, sie sei dem Interesse förderlich oder *zugunsten* des Interesses eines Individuums, wenn sie dazu neigt, zur Gesamtsumme seiner Freuden beizutragen: oder, was auf das Gleiche hinausläuft, die Gesamtsumme seiner Leiden zu vermindern. (...)
Man kann also von einer Handlung sagen, sie entspreche dem Prinzip der Nützlichkeit oder - der Kürze halber - der Nützlichkeit (das heißt in Bezug auf die Gemeinschaft insgesamt), wenn die ihr innewohnende Tendenz, das Glück der Gemeinschaft zu vermehren, größer ist als irgendeine andere ihr innewohnende Tendenz, es zu vermindern« (Bentham 1997, 56 ff.).

Eine Einführung in die utilitaristische Ethik leistet das Buch von Höffe (1997), dem dieses Zitat entnommen ist. Der Utilitarismus strebt also eine Bilanz des Glücks aller Beteiligten an. Ist diese Bilanz unter dem Strich positiv, soll die Handlung getan werden, ist sie negativ, soll die Handlung unterlassen werden. Die utilitaristische Ethik hat jedoch Schwierigkeiten, Gerechtigkeitsüberlegungen aufzunehmen. Primär spielt es im Utilitarismus keine Rolle, bei welchen Personen Glück oder Leid verortet sind, solange die Bilanz positiv ist. Die Gerechtigkeit kommt nur sekundär zum Tragen, nämlich dann, wenn eine ungerechte Verteilung sich nachteilig auf die Bilanz auswirkt. Ist dies nicht der Fall, spielt sie keine entscheidende Rolle. Auf weitere Probleme des Utilitarismus sei hier nicht eingegangen.

Eine Entscheidungsgrundlage, die wie oben skizziert auf einer ökonomischen Bilanzierung der Handlungsalternativen beruht, hätte mit Einwänden zu kämpfen, die auf Gerechtigkeitsdefizite hinweisen. Dieser am Utilitarismus orientierte Weg wurde somit zu Recht außer Acht gelassen.

Rawls

Im Unterschied zu dem utilitaristischen Ansatz orientieren sich die auf S. 38 eingeführten Kriterien an der von John Rawls (1921-2002) entworfenen Theorie der Gerechtigkeit. Diese stellt die Gerechtigkeitsüberlegungen an den Ausgangspunkt ihrer Überlegungen. Dennoch lässt sie in wirtschaftlichen und sozialen Angelegenheiten ungleiche Verteilungen immer dann zu, wenn dies den am wenigsten Begünstigten den größtmöglichen Vorteil bringt.

In der Begründung zum Kriterium *Verteilungsgerechtigkeit* findet sich folgender Gedanke: Wenn man nicht wüsste, ob man sich auf Seiten der Nutznießer oder auf Seiten der Belasteten befindet, würde man keinem Vorschlag zustimmen, der die Lasten denen zurechnet, die keinen Nutzen haben. Dieser Gedanke steht am Anfang von Rawls' Theorie der Gerechtigkeit: Wenn man sich einen Urzustand vorstellt, in dem die Menschen die Grundzüge für eine gerechte Gesellschaft festlegen sollen, ist es für eine gerechte Lösung hilfreich, wenn die Menschen ihren Platz in der Gesellschaft nicht kennen.

»Zu diesem Zweck setze ich voraus, daß sich die Parteien hinter einem Schleier des Nichtwissens befinden. Sie wissen nicht, wie sich die verschiedenen Möglichkeiten auf ihre Interessen auswirken würden, und müssen Grundsätze allein unter allgemeinen Gesichtspunkten beurteilen. Es wird also angenommen, daß den Parteien bestimmte Arten von Einzeltatsachen unbekannt sind. Vor allem kennt niemand seinen Platz in der Gesellschaft, seine Klasse oder seinen Status; ebensowenig seine natürlichen Gaben, sein Intelligenz, Körperkraft usw. (...) Darüber hinaus setze ich noch voraus, daß die Parteien, die besonderen Verhältnisse in ihrer Gesellschaft nicht kennen, d. h. ihre wirtschaftliche und politische Lage, den Entwicklungszustand ihrer Zivilisation und Kultur. Die Menschen im Urzustand wissen auch nicht, zu welcher Generation sie gehören. Diese ziemlich umfangreichen Beschränkungen der Kenntnisse sind teilweise auch deshalb angemessen, weil Fragen der sozialen Gerechtigkeit auch zwischen den Generationen entstehen, zum Beispiel die Frage der richtigen Investitionsrate oder der Erhaltung natürlicher Hilfsquellen und der Umwelt« (Rawls 1979, 159-160).

Gemäß Rawls würden die Menschen im Urzustand einen gerechten Spargrundsatz beschließen, der verlangt, »daß jede Generation ihren gerechten Teil von ihren Vorfahren empfängt und ihrerseits die gerechten Ansprüche ihrer Nachfahren erfüllt« (ebd. 322). Der gerechte Spargrundsatz verpflichtet uns auf den Umweltschutz, der die natürlichen Lebensgrundlagen nicht nur für die gegenwärtige Generation, sondern auch für zukünftige Generationen sichern soll. Das in der Falldiskussion formulierte erste Kriterium folgt diesem Gedanken, wenn es den Schutz von Mensch und Umwelt verlangt.

Hinter einem Schleier des Nichtwissens würde man nicht riskieren, dass Effizienzgewinne auf Kosten von Minderheiten erwirtschaftet werden. Deshalb steht das Kriterium Verteilungsgerechtigkeit in der Hierarchie über dem Kriterium Effizienz. Rawls' zentrale Überlegung zum Verhältnis von Effizienz und Gerechtigkeit findet sich in dem von ihm formulierten Differenzprinzip. Dieses verlangt, dass soziale und wirtschaftliche Ungleichheiten »den am wenigsten Begünstigten den größtmöglichen Vorteil bringen« (ebd. 336). Die in der Falldiskussion vorgesehene Hierarchie der Kriterien befindet sich im Einklang mit dem Differenzprinzip.

Für diesen Beitrag sollen die knappen Verweise zu Rawls genügen. Eine Übersicht zu Rawls findet sich bei Mieth (2002). Eine Einführung in Rawls Werk gibt Kersting (2001).

Beziehungen zur wirtschaftsethischen Diskussion

Auch hier will ich mit groben Linien Verbindungen zum ethischen Hintergrund aufzeigen und die in die Argumentation über den Mülltransport eingegangenen Auffassungen näher begründen. Für die Beurteilung des hier diskutierten Fall ist es entscheidend, ob die wirtschaftlichen Akteure egoistisch oder in Teilen altruistisch handeln sollen. Muss man vom Landkreis bzw. dem Zweckverband verlangen, seine egoistische Position aufzugeben?

Beziehungen zur Wirtschaftsethik von Karl Homann

Der Wirtschaftsethiker Karl Homann unterscheidet zwischen einer Rahmenordnung der Wirtschaft und einzelnen wirtschaftlichen Spielzügen. Die Rahmenordnung wird von der Verfassung und den Gesetzen gebildet. Hinzu kommen »moralische und kulturelle Verhaltensstandards« (Homann 1992, 24). Die wirtschaftlichen Akteure sollen sich an die Rahmenordnung halten und innerhalb dieses Rahmens nach Gewinnen streben.

> »Auf dem Markt wird ein System des Wettbewerbs etabliert, wodurch ein institutioneller Druck auf jeden einzelnen bzw. jedes Unternehmen zum Erwerb neuen Wissens und zum Aufholen der Wissensvorsprünge von Konkurrenten herrscht. Bei Gefahr des wirtschaftlichen Ruins müssen sich die Akteure um Erwerb und Nutzung von Wissen bemühen. Sie sind durch dieses institutionelle Arrangement, das den Leistungsfähigen die exklusive Aneignung der Erträge ihrer Arbeit sichert (private Gewinne), gezwungen, innerhalb des durch die allgemeinverbindlichen Regeln Erlaubten jede Möglichkeit zu nutzen, Vorteile gegenüber den Konkurrenten zu erzielen. Sie *sollen* danach streben, Gewinne zu machen« (ebd. 24, Herv. i.O.).

Diese Auffassung begründet Homann damit, dass das Gewinnstreben der Einzelnen letztlich dem Wohl der Allgemeinheit dient. Wenn ein moralisches Anliegen umgesetzt werden soll, so wäre es gemäß Homann verfehlt, die einzelnen wirtschaftlichen Akteure hierfür in die Pflicht zu nehmen, denn diese sind der Konkurrenz ausgesetzt.

> »Unter den Bedingungen der modernen Wirtschaft - und nur auf sie ist die hier vorgelegte wirtschaftsethische Betrachtungsweise zugeschnitten - ist die Moral nicht (mehr) in den einzelnen Handlungen, also nicht in den Spielzügen, zu finden. Deswegen können unter Wettbewerbsbedingungen moralische Werte auch nicht mehr durch einzelne Spielzüge geltend gemacht werden. Angesichts von Wettbewerbs-, d. h. Dilemmastrukturen sind moralische Probleme der Wirtschaft systematisch kollektiver Natur und können demzufolge nicht vom einzelnen, sondern nur kollektiv gelöst werden. (...) Deshalb muß man moralische Werte *wettbewerbsneutral* durchsetzen. Man muß sie in den *Spielregeln* geltend machen, die für alle Marktteilnehmer gleichermaßen gelten, weil sonst moralisches Verhalten bestraft und unmoralisches Verhalten belohnt wird. Eine Remoralisierung der Spielzüge geht notwendig zu Lasten der Effizienz und revoziert somit die Fortschrittsleistungen der Moderne, die gerade auf der Entmoralisierung der Spielzüge beruhen, auf der Entlastung von Forderungen also, die über die Beachtung der sanktionsbewehrten Spielregeln hinausgehen. In diesem Sinne arbeitet der Markt ›moralfrei‹« (ebd. 35-36, Herv. i.O.).

Die Parallelen zum diskutierten Fall sind unübersehbar. Gemäß Homann wäre es deplaziert, vom Zweckverband Abfallverwertung Reutlingen/Tübingen (ZAV) zu verlangen, er solle Mehrkosten für das moralische Ziel des Umweltschutzes in Kauf nehmen. Gerade der Wettbewerb zwischen den Transportunternehmen wird effiziente Lösungen hervorbingen, die letztlich zum Vorteil der Müllproduzenten sind. Wer mehr Umweltschutz will, muss dies in der Rahmenordnung verankern. Hier käme eine Schwerverkehrsabgabe in Frage oder eine Steuer auf CO_2-Ausstoß.

Nachdem Homann die wirtschaftlichen Akteure bei den Spielzügen von moralischen Anliegen entlastet, - von der Pflicht zur Gewinnmaximierung einmal abgesehen - könnte man meinen, Homann verlange von den wirtschaftlichen Akteuren, dass sie sich an moralischen Zielen orientieren, wenn sie auf die Gestaltung der Rahmenordnung einwirken. Im Gegenteil:

> »Man darf nun nicht in den Fehler verfallen, vorschnell beim politischen Agieren auf andere, am Gemeinwohl orientierte Motive zu schließen; Unternehmen können auch hier nicht anders, als ihren eigenen Vorteil im Auge zu behalten. Das eine Mal versuchen sie direkt ökonomischen Erfolg zu erzielen, das andere mal versuchen sie die politischen Voraussetzungen des ökonomischen Erfolgs zu beeinflussen, indem sie die Rahmenordnung ändern; letzteres ist also eine indirekte Strategie zur Erzielung ökonomischer Erfolge. Indes wird ein

Unternehmen, das durch die Analyse von Dilemmastrukturen informiert ist, die Vorteilhaftigkeit kollektiver Vereinbarungen einsehen und dazu auch willens sein, vorausgesetzt, daß andere dazu auch bereit sind« (ebd. 41).

Bezogen auf die Frage des Mülltransportes hieße das, dass die Bahn, die Spediteure, der ZAV usw. politische Strategien einsetzen, um die Rahmenbedingungen jeweils zu ihren ökonomischen Gunsten zu beeinflussen. Homann erwartet, dass die Rahmenbedingungen, die in der Folge dieser Strategien entstehen, zum kollektiven Vorteil sind. Das muss bezweifelt werden. Welches ökonomische Interesse sollte ein Tübinger Müllverursacher an einem Gesetz haben, dass seine Müllgebühren hebt und einen Stuttgarter Transportanlieger vor Lärm und Abgasen schützt, solang er selbst fernab der nächsten großen Straße lebt? Welchen ökonomischen Vorteil könnte sich ein Speditionsunternehmen von einem Gesetz erhoffen, das zukünftige Menschen vor den Folgen des Klimawandels schützt? Wer lediglich von den Lasten einer solchen Regelung betroffen ist, ohne auch ihren Vorteil wahrnehmen zu können, wird kein ökonomisches Interesse an der Regelung haben. Wer sich den nachteiligen Folgen seines eigenen Handelns räumlich, zeitlich oder auf andere Weise entziehen kann, wird kein ökonomisches Interesse an einem Gesetz haben, das diese Folgen vermeidet und die Kosten dem Verursacher anlastet. Es genügt daher nicht, auf den wohlverstandenen, langfristigen Egoismus der Wirtschaftssubjekte zu vertrauen. Man muss darüber hinaus moralische Einsicht verlangen.

Beziehungen zur Integrativen Wirtschaftsethik von Peter Ulrich

Für die Beurteilung des Beschlussantrags über den Mülltransport ist es von entscheidender Bedeutung, ob von den Bürgern des Landkreises, vom ZAV und vom Kreistag verlangt werden kann, dass sie von einer strikt egoistischen Position abweichen und bereit sind, Mehrkosten zu tragen, die ihnen selbst nicht notwendig zugute kommen. Sind die genannten Akteure durch die Logik des Wettbewerbs gezwungen, die billigste Lösung zu wählen, die der Markt anbietet? Können sie sich den Zwängen des Wettbewerbs entziehen? Der Beschlussantrag bezeichnet das Ziel, Massengüter nicht auf der Straße, sondern auf der Schiene zu transportieren, als »bei diesem Kostenunterschied kaum umsetzbar«. Der denkbare Bahnanschluss in Dußlingen sei »wirtschaftlich nicht realisierbar«.

Ulrich kritisiert derartige Argumentationen als »Sachzwangdenken« (Ulrich 2001, 131-163). Er unterscheidet zunächst zwischen Naturgesetzen und dem Bereich der sozialen Praxis: »Absolute Sachzwänge gibt es nur, wo Naturgesetze herrschen. Diese determinieren die objektiven Beziehungen zwischen *Ursachen* und Wirkungen. Im Bereich sozialer Praxis geht es hingegen um die intersubjektiven Beziehungen zwischen Subjekten, die prinzipiell über einen freien Willen verfügen« (ebd. 131).

Ulrich kritisiert den Verweis auf Sachzwänge des Marktes als Reflexionsabbruch und rekonstruiert das Sachzwangproblem als Zumutbarkeitsproblem.

»Nicht der Markt allein oder die Sachlage nötigen uns zu etwas, sondern erst unsere Intentionen und Interessen, die auf diese Sachlage treffen, lassen den Sachzwang als solchen erschienen. Und das sind im Markt vor allem Einkommens- oder Gewinninteressen. (...) Erst unter der fraglos vorausgesetzten *Norm* der Einkommens- bzw. Gewinnmaximierung sehen sich die Unternehmer jeder Art ›gezwungen‹, die gegebenen Marktchancen konsequent wahrzunehmen. Damit aber entpuppt sich das vermeintliche Problem der ›Unmöglichkeit‹ moralischen Handelns unter den Sachzwängen des Wettbewerbs als ein durchgängig normatives Problem, nämlich als der Konflikt verschiedener normativer Geltungsansprüche. Dabei empfiehlt es sich, begrifflich zu unterscheiden zwischen dem normativen Anspruch der Verantwortbarkeit eines Handelns gegenüber allen von den Folgen Betroffenen und dem normativen Anspruch der Zumutbarkeit moralischer Forderungen an den wirtschaftlichen Akteur selbst, dahingehend dass dieser ausserökonomische, ›betriebsfremde‹ Gesichtspunkte zu berücksichtigen habe« (ebd. 157–158).

Für die Falldiskussion bedeutet dies, dass die Frage, ob der Schienentransport »umsetzbar« sei, neu gestellt werden muss. Sie lautet nun: Darf man dem ZAV bzw. den Bürgern des Landkreises zusätzliche Kosten zumuten? Gemäß Ulrich muss diese Frage diskursiv geklärt werden:

»Das entscheidende ethische Kriterium für die Lösung so verstandener Zumutbarkeits- bzw. Verantwortbarkeitsprobleme kann – wie stets bei normativen Problemen – nur die argumentative Universalisierbarkeit der Geltungsansprüche im Sinne der intersubjektiven *Austauschbarkeit der Perspektiven* zwischen dem Akteur und allen Betroffenen sein. In Zumutbarkeitsdiskursen gilt es in dieser Weise jeweils die normativen Bedingungen zu klären, unter denen den Wirtschaftssubjekten der moralische Anspruch zugemutet werden kann, Marktchancen auszulassen, ihr blosses ›Funktionieren‹ als Rädchen im Getriebe zu verweigern und (Mit-)Verantwortung für die von ihnen nicht intendierten systemischen Folgen ihres Tuns zu übernehmen« (ebd. 159, Herv. i.O.).

Es kann von den Akteuren des Wirtschaftslebens also verlangt werden, wirtschaftliche Nachteile hinzunehmen. Diese Zumutung ist allerdings nur dann gültig, wenn sie argumentativ verallgemeinerbar ist.

Ebenso wie Homann sieht Ulrich einen Ansatzpunkt, den Konflikt zu bewältigen, darin, die Rahmenbedingungen des Wettbewerbs zu verändern. »Es ist daher Aufgabe der Ordnungspolitik in ethischer Absicht, rechtsverbindliche ›Spielregeln‹ und Randbedingungen des Wettbewerbs zu etablieren, die für alle Wirtschaftssubjekte gleichermassen gelten und so bestimmte unmoralische Optionen strikt eigennützigen Verhaltens generell ausschliessen« (S. 162). Im Gegensatz zu Homann entlastet Ulrich die Unternehmen aber nicht von ihrer Verantwortung, sich auch an anderen Zielen als nur dem eigenen Vorteil zu orientieren. Über Homann hinaus sieht Ulrich einen zweiten individualethischen Ansatzpunkt, den Konflikt zu bewältigen, nämliche die personale Selbstbegrenzung.

»Falls wir im praktizierten oder vorgestellten Diskurs mit den unmittelbar Betroffenen zum Schluss kommen, dass unsere Zweckwahl uns ›zwingen‹ würde, Dinge zu tun, die wir unter moralischen Gesichtspunkten anderen Menschen gegenüber nicht verantworten oder vor unseren eigenen Selbstansprüchen an unsere Lebensführung nicht gutheissen können, so sollten wir unsere moralische Pflicht darin erkennen, das fragliche wirtschaftliche Tun zu unterlassen und unsere wirtschaftliche Selbstbehauptung auf andere Weise anzustreben. Prinzipiell zumutbar ist zum ersten, dass wir in solchen Situationen die konkreten Handlungszwecke und die Strategie ändern, mit der wir unsere ökonomische Selbstbehauptung anstreben. (...) Prinzipiell zumutbar ist zum zweiten stets der Verzicht auf strikte Eigennutzmaximierung. Mehr noch: *Die strikte egoistische Vorteils- oder Erfolgsmaximierung ist grundsätzlich kein ›möglicher‹ legitimer Zweck*, denn sie käme ja gerade der vorentschiedenen prinzipiellen Missachtung aller ihr entgegenstehenden Wertaspekte und damit auch des Primats der Legitimität vor dem Erfolg gleich« (ebd. 160, Herv. i.O.).

Dem ist zuzustimmen. Strikte egoistische Vorteils- und Erfolgsmaximierung im Falle des Mülltransportes hieße, dass die billigere Lösung Vorrang bekommt. Lediglich wenn keine zusätzlichen oder wenn geringere Kosten entstehen, können Gesundheits- und Umweltziele verfolgt werden. Eine Position, die andere Ziele als Kostenersparnis für einen Landkreis nur zulässt, insoweit sie die Kostenersparnis nicht beeinträchtigen, ist nicht legitim.

Resümee

Der Beitrag bemüht sich um eine hinsichtlich Normen und Werten zurückhaltende Darlegung des Problems Mülltransport nach Stuttgart. Er zeigt zunächst die grundsätzlich möglichen Handlungsoptionen auf und erläutert dann, warum die Diskussion auf die Wahl des Transportsystems eingeschränkt wird. Die Kriterien *Schutz von Mensch und Umwelt, Verteilungsgerechtigkeit* und *Effizienz* bilden die Grundlage der Entscheidungsfindung. Hierbei besitzen die beiden ersten Kriterien Vorrang vor der Effizienz. Das Kriterium Schutz von Mensch und Umwelt verlangt den Transport auf der Schiene. Das Kriterium *Verteilungsgerechtigkeit* verlangt vom Landkreis Mehrkosten für den Bahntransport aufzuwenden. Das untergeordnete Effizienzkriterium verlangt die Wahl des effizienteren Transportsystems, allerdings nur im Rahmen der beiden übergeordneten Kriterien. Nachdem die Kriterien zunächst nur knapp begründet wurden, stellt der fünfte Abschnitt die Beziehung zu John Rawls' Theorie der Gerechtigkeit, zum Utilitarismus und zu den wirtschaftsethischen Positionen von Peter Ulrich und Karl Homann her und legt dar, warum die Kriterien und ihre Hierarchie sich auf Rawls und Ulrich stützen.

Für die konkrete Frage kommt die Argumentation zu dem Schluss, dass man von den Bürgern des Landkreise Tübingen, vom ZAV und dem Kreistag verlangen kann, von einer strikt egoistischen Vorteilsmaximierung abzusehen. Nur wenn kein Konflikt bestünde zwischen der egoistischen Vorteilsmaximierung und den legitimen Interessen anderer Menschen, wäre ein strikt egoistisches Handeln zulässig. Dies ist aber - wenn sich nicht noch eine kostengünstige Schienenvariante finden lässt - nicht der Fall. Der Straßentransport wäre zwar billiger für den Landkreis Tübingen, würde aber die legitimen Interessen der Anlieger des Transports beeinträchtigen. Der Verzicht auf jeglichen Mehrpreis für den Schienentransport ist nicht gerechtfertigt.

Anmerkungen

[1] Ausführlicher über verschiedene Gutachten zu einer Fragestellung: Wandschneider (1989) sowie Nennen und Garbe (1996)

[2] Als Einführung zur Spieltheorie vgl. Schmidt (2002)

[3] Zur Monetarisierung: Hampicke, U. (1998)

Literatur

Bentham, Jeremy 1997: Eine Einführung in die Prinzipien der Moral und der Gesetzgebung. In: Höffe, O. (Hrsg.): Einführung in die utilitaristische Ethik. Klassische und zeitgenössische Texte. Beck, München, 55-83.

Dipper, Hansjörg 2004: Neue Müll-Ära. Schwäbisches Tagblatt 2.3.2004.

Hampicke, Ulrich 1998: Ökonomische Bewertungsgrundlagen und die Grenzen einer »Monetarisierung« der Natur. In: Theobald (Hrsg.): Integrative Umweltbewertung. Springer, Berlin, 95-117.

Hickmann, Gerd 2004: Müll auf die Schiene. Schwäbisches Tagblatt 9.3.2004.

Homann, Karl u. Blome-Drees, Franz 1992: Wirtschafts- und Unternehmensethik. Vandenhoeck und Ruprecht, Göttingen.

Höffe, Otfried (Hrsg.) 1997: Einführung in die utilitaristische Ethik. Klassische und zeitgenössische Texte. Beck, München.

Kersting, Wolfgang 2001: John Rawls zur Einführung. Junius, Hamburg.

Mieth, Corinna 2002: Rawls. In: Düwell, M.; Hübenthal, C. und Werner, M. H. (Hrsg.): Handbuch Ethik. Metzler, Stuttgart, 179-190.

Nennen, Heinz-Ulrich u. Garbe, Detlef (Hrsg.) 1996: Das Expertendilemma. Springer, Berlin.

Rawls, John 1979: Eine Theorie der Gerechtigkeit. Suhrkamp, Frankfurt a. M.

Schmidt,Thomas (2002): Entscheidungstheorie / Spieltheorie. In: Düwell, M.; Hübenthal, C. und Werner, M. H. (Hrsg.): Handbuch Ethik. Metzler, Stuttgart, 331-336.

Ulrich, Peter 2001: Integrative Wirtschaftsethik. Grundlagen einer lebensdienlichen Ökonomie. Haupt, Stuttgart.

Universität Stuttgart, Institut für Straßen- und Verkehrswesen, Lehrstuhl für Verkehrsplanung und Verkehrsleittechnik 2004: EBEK - Entwicklung und Bewertung schienenverkehrsgestützter Entsorgungsketten für den ländlichen Raum. - Demonstrator ZAV. Tischvorlage zur Sitzung der Verbandsversammlung des ZAV am 27.02.2004.

Umweltbundesamt Berlin, Wuppertalinstitut für Klima, Umwelt und Energie, Institut für Wirtschaftspolitik und Wirtschaftsforschung 2001: Dauerhaft umweltgerechter Verkehr. Deutsche Fallstudie zum OECD Projekt Environmentally Sustainable Transport (EST). Umweltbundesamt, Berlin. Im Netz abrufbar unter: http://www.umweltbundesamt.de/verkehr/nachhentw/oecd/oecdest.htm

Wandschneider, Dieter 1989: Das Gutachtendilemma - Über das unethische partikularer Wahrheit. In: Gatzemeier, M. (Hrsg.): Verantwortung in Wissenschaft und Technik. Bibliographisches Institut, Mannheim, 115-129.

Zweckverband Abfallverwertung Reutlingen/Tübingen 2004: Vorlage Nr. 45/2004 vom 12.01.2004. Entscheidung über Schienen- oder Straßentransport.

Stellungnahme Gerd Hickmann

November 2005

Sehr geehrter Herr Müller,
vielen Dank für die Zusendung Ihres Aufsatzes, in welchem Sie die kommunalpolitische Entscheidung über den Restmülltransport aus den Landkreisen Tübingen und Reutlingen nach Stuttgart (Schiene oder Straße?) am Aufhänger zweier Kreisecken theoretisch aufbereiten. Lassen Sie mich zu drei Komplexen Stellung nehmen.

1. Kreisecken als Ort der politischen Artikulation und die ethisch reflektierte Problembeschreibung

Wie Sie unter der Überschrift »Ausgewählte Wertungen in den Aussagen der Kreisräte Dipper und Hickmann« richtig anführen, sind Begriffe wie »Mülltourismus«, Müll, der »gekarrt« und »verscharrt« wird, keine neutralen Beschreibungen für eine ethisch reflektierte Problembeschreibung, sondern wertend-zugespitzte Politikersprache. Hier sind die formalen Bedingungen wie auch die Funktion der von ihnen herangezogenen Kreisecken zu beachten.

Allein schon die enge Zeilenvorgabe einer Kreisecke zwingt die Autoren zu zugespitzten Begriffen, die bereits ohne weitere Erklärung eine bestimmte Wertung in sich tragen. Zum anderen sollen zuweilen rhetorisch zugespitzte Begriffe natürlich auch ein größeres Interesse am Weiterlesen wecken. Die Kreisecken wenden sich ja an ein breites Publikum. Schon in Kreistagsanträgen für die Gremienberatung würden solche Begriffe auch meinerseits nicht verwendet werden.

2. Ökologische Relevanz der Entscheidung

Im vergangenen Jahr seit Erscheinen der beiden Kreisecken ist die Diskussion selbstverständlich weiter gegangen. Neue Fragen von Seiten der Skeptiker gegenüber dem Schienentransport wurden eingebracht: Welche konkrete ökologische Relevanz besitzt eigentlich die Entscheidung? Lohnt die Vermeidung von gerade einmal 30 Lkw-Fahrten je Tag zwischen dem Raum Reutlingen/Tübingen und Stuttgart (Summe Hin- und Rückfahrt = wenige Prozent der Schwerverkehrsbelastung auf der genutzten Bundesstraße 27) einen derart großen politischen und finanziellen Aufwand? Wäre es angesichts des vergleichsweise geringen Unterschieds hinsichtlich der CO_2-Emissionen nicht ökologisch effizienter, die für den Fall eines Schienentransports aufzuwendenden zusätzlichen Finanzmittel in gänzlich andere Maßnahmen der Emissionsminderung zu stecken, z.B. energetische Gebäudesanierung? Derartige Fragen hinsichtlich der Effizienz der Maßnahme zu stellen, erscheint legitim.

Andererseits greift die Frage nach der unmittelbaren Wirkung und (Umwelt-)Effizienz einer Entscheidung für den Schienentransport aber auch zu kurz. Denn zu beachten ist zusätzlich der wichtige Aspekt der Vorbildfunktion eines Restmülltransports auf der Schiene, besteht doch die Chance, durch eine solche Initialzündung den Schie-

nengüterverkehr in unserer Region insgesamt zu revitalisieren und dadurch als Folgewirkung weitere Potenziale der Umweltentlastung zu realisieren.
Eine Umweltentlastung in relevanter Größenordnung durch verstärkte Verlagerung von Gütertransporten auf die Schiene ist sicherlich nicht durch mühsam gegen die (Verkehrs-) Marktverhältnisse erkämpfte Einzelmaßnahmen zu erreichen, sondern nur durch eine allgemeinverbindliche verkehrspolitische Rahmensetzung, welche Entscheidungen der Verkehrsmarktteilnehmer zugunsten der Schiene beeinflusst. Doch um politische Debatten zugunsten solcher Rahmensetzungen zu forcieren, braucht es Pioniere, Debatten im Einzelfall und öffentliche Sensibilisierung für das Thema. Die geführte Debatte ist auch vor diesem Hintergrund zu sehen.

3. Die Wirklichkeit ist meist komplexer als man denkt!
Die Debatte des vergangenen Jahres hat aber auch gezeigt, dass es zahlreiche weitere Aspekte und Hürden gibt, welche die Entscheidung beeinflussen und erschweren. Die Abwägung und Entscheidungsfindung ist vor diesem Hintergrund in der komplexen Wirklichkeit noch von deutlich mehr Aspekten beeinflusst als im Aufsatz dargestellt werden konnte und auch aus Sicht unserer Fraktion vor einem Jahr absehbar war. Sie seien hier nur kurz angerissen.

- Durch den fehlenden und auch nicht so einfach (wieder) herzustellenden Schienenanschluss des Restmüll-Heizkraftwerks Stuttgart-Münster ist in Stuttgart ein Umschlag auf Lkw und ein kurzer Straßennachlauf erforderlich. Durch den Umschlag Schiene-Straße wie durch den Lkw-Nachlauf selbst entstehen lokal voraussichtlich höhere Immissionen für die dortigen Bewohner (Lärm, Geruch), die der Gesamtentlastung gegenüberzustellen sind. Nach dem Verursacherprinzip sind diese lokal höheren Immissionen für die dort betroffenen Anwohner, welche den Müll ja nicht verursachen, schwer zu argumentieren. Ungeachtet dessen ist es richtig, die Lösung mit der geringsten Gesamtbelastung zu verfolgen und diese Konflikte vor Ort dadurch zu begrenzen, dass auch dort selbstverständlich die Teillösung mit den geringsten örtlichen Belastungen gesucht wird.
- Das bestehende Vertragswerk zwischen dem Abfallzweckverband Reutlingen/Tübingen und der Entsorgungsfirma sieht die Option des Schienentransports zu einem hohen Pauschalpreis von 32 Euro/Tonne vor (gegenüber 19 Euro/Tonne für den Lkw-Transport). Am Schienenverkehrsmarkt möglicherweise zu realisierende günstigere Schienentransportpreise müssen nach dem gültigen Vertrag nicht an den Abfallzweckverband weiter gegeben werden. Ohne Änderung des Vertrags ergibt sich somit für den Schienentransport eine deutlich höhere Mehrbelastung für die Müllgebühren, als dies sein müsste. Noch ist aber völlig offen, wie eine Änderung des Vertrags erreicht werden könnte. Auch wenn keine Vertragsänderungen erreicht werden kann, bedeutet dies natürlich nicht, aus diesem Grund vom Ziel des Schienentransports abzurücken. Es wird jedoch die politische Durchsetzbarkeit absehbar erschweren.
- Das für die Müllgebühren einschlägige Kommunalabgabengesetz kennt keinen *Ökobonus*. Es zwingt die öffentliche Hand, zugunsten der betroffenen (Müll-)Gebühren-

zahler, stets die wirtschaftlichste Lösung im Sinne der kostengünstigsten Lösung für den Gebührenhaushalt zu wählen; selbst wenn dies, wie im vorliegenden Fall, in der Gesamtschau nicht die sinnvollste und wirtschaftlichste Lösung ist. Die Kommunalpolitik ist danach nicht befugt, aus übergeordneten Erwägungen eine für den Gebührenhaushalt teurere Lösung (in diesem Fall den Schienentransport), zu wählen. Die Verwaltungsgerichte lassen hier teilweise nur geringe Spielräume, die sich im Bereich von tolerierten zehn Prozent Mehrkosten bewegen. Soweit die Preisdifferenz des Schienentransports darüber hinaus geht, läuft der Landkreis Gefahr, dass im Fall einer Klage durch einen Gebührenzahler ein Verwaltungsgericht entscheidet, dass die Mehrkosten für den Schienentransport nicht auf die Müllgebühren umgelegt werden dürfen, sondern aus dem Kreishaushalt zu zahlen sind. Angesichts der Ebbe in den kommunalen Haushalten besteht dafür jedoch kein Spielraum, der nicht zulasten anderer wichtiger Aufgaben des Landkreises oder der kreisangehörigen Kommunen ginge. Eine Entscheidung zugunsten des Schienentransports ist also mit einem gewissen Risiko verbunden, welches im Entscheidungsprozess zusätzlich abgewogen werden muss.

- Welche Rolle die in Aufstellung befindlichen Luftreinhaltepläne für Stuttgart und Tübingen in dieser Hinsicht spielen werden, ist derzeit noch unklar. Sie sehen im derzeitigen Entwurfsstand die Empfehlung vor, den Restmülltransport auf die Schiene zu verlagern. Welche Bindungswirkung (und damit auch ggf. auch Aushebelung des dargestellten Gebührenrechtsproblems) die Luftreinhaltepläne entfalten werden, ist derzeit noch nicht absehbar.

Die dargestellten Punkte sollen zeigen, dass bei einer Entscheidungsfindung in der politischen Praxis noch weit mehr Aspekte zu beachten und abzuwägen sind, als dies zunächst im konkreten Fall anzunehmen war.

Der Vergleich mit anderen Regionen zeigt jedoch, dass all diese Aspekte als *Probleme* gesehen werden können, welche den Schienentransport unmöglich erscheinen lassen oder als *Herausforderungen*, die bewältigt werden müssen und können. Letztlich ist die Grundhaltung der handelnden Akteure entscheidend. Zur Findung dieser Grundhaltung sind die von Ihnen aufgezeigten Prinzipien sehr hilfreich und unterstützen unsere Haltung.

Mit freundlichen Grüßen

Gerd Hickmann

Stellungnahme Hansjörg Dipper

11. Juli 2005

Sehr geehrter Herr Professor Dr. Müller,
vielen Dank für die Zusendung Ihres Aufsatzes über den Mülltransport aus den Landkreisen Reutlingen und Tübingen in die Müllverbrennungsanlage Stuttgart-Münster, den ich mit großem Interesse gelesen habe.

Ihr Aufsatz setzt sich mit der Problematik Schiene oder Straße eingehend auseinander und wägt die beiden Alternativen unter Kriterien gegeneinander ab, die bei der Beschlussfassung in den kommunalen Gremien (d.h. in den Kreistagen und in Verwaltungsrat/Verbandsversammlung des Zweckverbandes) - wenn überhaupt - nur ansatzweise erkannt werden. Insofern ist es interessant, dass Ihr Aufsatz eine teilweise theoretische, jedenfalls aber tiefgründige Interpretation, insbesondere auch zum ethischen Hintergrund der Entscheidung zugrunde legt.

Fehler oder Unstimmigkeiten habe ich nicht gefunden. Allerdings sollte »Landkreis Tübingen« durch »Landkreise Reutlingen und Tübingen« oder »Zweckverband Abfallverwertung RT/TÜ (ZAV)« ersetzt werden, da die Entscheidungen über den Mülltransport von den im Verwaltungsrat vertretenen Kreisräten *beider* Landkreise getroffen werden (die Bürger wären möglicherweise sogar »einsichtiger«). Den Beschlussvorschlag vom 27.02.2004 - für den ich übrigens einen Änderungsantrag gestellt habe (»..den Nachweis eines *annähernden* Kostengleichstands ...«), der im Verwaltungsrat mehrheitlich abgelehnt wurde - begründet Landrat Walter u.a. mit der Rechtsprechung, wonach die Mehrkosten des Schienentransports nicht über die Müllgebühren abgerechnet werden dürfen, sondern von den Kreishaushalten übernommen werden müssen. Dies wird natürlich vor allem von den in den Kreistagen vertretenen Bürgermeistern (Kreisumlage!) kategorisch abgelehnt.

Die »überschaubare Kostendifferenz von jährlich 1 €/35 L Gefäß«, die Hickmann erwähnt, erscheint zweifelhaft; sie wäre allemal - wohl auch angesichts der Rechtsprechung - vertretbar, wie neuerdings auch Landrat Walter einräumt. Kreisecken dienen allerdings als politische Kolumnen vor allem der Selbstdarstellung der Parteien; ihre Aussagen sind daher oft wenig verbindlich. Auch ich bin - in meiner Kreisecke - für den Schienentransport, gewichte aber das Konstenargument stärker als Hickmann. Die Grünen tendieren grundsätzlich zum Schienentransport und sind bereit, Mehrkosten in jedem Fall in Kauf zu nehmen; sie tun sich aber schwer, dieses Ziel mehrheitsfähig zu machen.

Die Vielschichtigkeit kommunalpolitischer Entscheidungen, die oft von Sachzwängen und unausgesprochenen Motiven beeinflusst werden, führt manchmal zu eigenartigen Ergebnissen. Ohne den Bürgern der Landkreise »strikt egoistisches Verhalten« vorzuwerfen, stimme ich jedoch Ihrer zusammenfassenden Aussage zu, dass ein Verzicht auf jeglichen Mehrpreis für den Schienentransport nicht gerechtfertigt wäre.

Mit freundlichen Grüßen

H. Dipper

Christine Zinser

Flächenverbrauch – Warum nicht? Vom Wollen und Sollen hinsichtlich der zunehmenden Bebauung freier Landschaft

Beobachtet man die gegenwärtige Diskussion um den Flächenverbrauch, könnte man meinen, es handle sich um ein neuartiges Phänomen: hier ein Positionspapier, dort ein Forschungsprogramm, an etlichen Stellen Tagungen zum Thema, ein Film vom »Ende im Gelände«[1] und in zahlreichen Städten und Gemeinden langwierige Auseinandersetzungen um die zukünftige Flächennutzung. Und nach dem Schauplatz des Geschehens muss man nicht lange suchen: die Siedlungsränder wachsen in allen Orten. Doch auf die Frage, ob 10 m^2 Flächenverbrauch pro Sekunde in Deutschland (2003) viel oder wenig sind, finden sich viele Antworten. Die Naturschützer warnen: »Der Flächenhunger wirkt sich verheerend auf Mensch und Natur aus ... Flächenschwund und Seelenfraß gehen Hand in Hand« (Weinzierl 2003, 12f.). Und der Kommunalpolitiker hält entgegen: »Eine Stadt, die nicht wächst, ist tot!«[2] Für die einen ist das gemütliche Häuschen am Ortsrand eine Wohnform ökologischer Ellenbogenmenschen, andere sehen darin ein fundamentales Bedürfnis: »Vor allem Familien wollen auf der Erde und nicht auf der Etage wohnen ... Es gibt keinen rationalen Grund, ihnen das zu verwehren« (Pfeiffer 2002, 1ff.).

Was sollen wir tun? Diese Frage soll im Folgenden an den Flächenverbrauch gestellt werden. Der Beitrag möchte untersuchen, ob und wie die Ethik zur Lösung des Flächennutzungskonfliktes beitragen kann. Die Suche nach praktikablen Vorschlägen für einen richtigen, womöglich besseren Umgang mit der bebauten und unbebauten Landschaft kann sich jedoch nicht auf philosophisch-ethische Überlegungen beschränken. In der Praxis wird die Austragung räumlicher Konflikte von (umwelt)ökonomischen, rechtlichen, politischen, gesellschaftlichen und psychologischen Aspekten beeinflusst, wenn nicht sogar dominiert, ohne deren Berücksichtigung eine Konfliktbetrachtung nicht auskommt. Aus dieser Komplexität ergibt sich eine kaum überschaubare Vielfalt an Berührungspunkten zwischen dem Flächenverbrauch und der Ethik, deren wissenschaftliche Reflexion und Bündelung noch am Anfang steht.[3] Im Folgenden sollen sie exemplarisch und grob am Beispiel des Flächenverbrauchs für Wohnzwecke umrissen werden.

Verbraucht oder gebraucht, besiedelt oder versiegelt?

Dass sich für die Nutzungsumwidmung vergleichsweise naturnaher, v. a. landwirtschaftlicher Flächen hin zu einer siedlungsbezogenen Nutzung der Begriff »Flächenverbrauch« etabliert hat, spricht eigentlich für sich. Doch immer zahlreicher werden die Stimmen, die diese sprachliche Wertung nicht länger dulden: Das Wort »Verbrauch« sei unzulässig, denn Fläche könne nicht ver-

Tübingen, Ursrainer Egert, Mai 1982, © Manfred Grohe

braucht, sondern höchstens umgenutzt werden. Aber genauso wie man davon spricht, Geld zu verbrauchen, obwohl es letztlich an jemand anderen weitergegeben wird, oder wie von Energieverbrauch die Rede ist, wenn diese sich in nicht mehr nutzbare Formen umwandelt, kann man aus subjektiver Perspektive durchaus auch bezüglich einer Fläche von Verbrauch sprechen. Das Stück Land geht der Welt zwar nicht verloren, wird aber einer Gruppe von Menschen »weggenommen«, denen es hinfort nicht mehr zu ihrer Lebensentfaltung dienen kann.

»Früher stand ein Haus zwischen Bäumen, heute steht ein Baum zwischen Häusern«, heißt es unter Umweltschützern. So weit ist es hierzulande, abgesehen vom Siedlungsinnenbereich, jedoch noch nicht gekommen. Dennoch wird Flächenverbrauch vor allem durch Erinnerung bewusst: Wo vor 15, 5 oder sogar einem Jahr noch Felder oder Wiesen waren, sind ganze Stadtteile neu entstanden. In den vergangenen fünfzig Jahren war der Verlust offener Landschaft so groß wie in der gesamten Siedlungsgeschichte Deutschlands zuvor. Das einzelne Haus beeinträchtigt die Land-

Tübingen, Ursrainer Egert, Oktober 2001, © Manfred Grohe

schaft dabei nicht wesentlich. Es sind die vielen kleinen Veränderungen, die zusammen das Gesamtausmaß des Landschaftswandels ausmachen. Ende 2003 lag der Anteil der Siedlungs- und Verkehrsfläche (SuV) in der Bundesrepublik mit 4,5 Mio. Hektar bei 12,6 Prozent[4]. Im Jahr 2003 nahm diese um täglich 93 ha zu. Etwa 50 Prozent davon wurden versiegelt, bei der anderen Hälfte handelt es sich um der Bebauung untergeordnete Flächen wie z.B. Hausgärten oder Straßenböschungen (Bundesregierung 2004b, 9). Etwa 20 Prozent des SuV-Wachstums entfallen auf die Verkehrsfläche und ca. 50 Prozent auf die Flächenkategorie Gebäude- und Freifläche, innerhalb derer das Verhältnis von Nichtwohnflächen (z.B. Gewerbe) zu Wohnflächen derzeit etwa bei 1:2 liegt (ebd., 8). Was die räumliche Struktur des Flächenverbrauchs betrifft, wuchsen in den vergangenen Jahren absolut betrachtet die suburbanen Kreistypen im Umland der Kernstädte am stärksten (Schultz et al. 2005, 8).

Der Flächenverbrauch: Ein räumlicher Konflikt und ein kompliziertes Phänomen

Während die Ursache der Flächenverknappung in der Vergangenheit vor allem die Bevölkerungszunahme war, hat sich mittlerweile das Siedlungswachstum von der Bevölkerungsentwicklung entkoppelt. Die Vergrößerung des von Menschen beanspruchten Aktionsraumes spielt nun eine zentrale Rolle. So zeigt die Siedlungsstruktur heute ein Bild, auf dem die verschiedenen Raumnutzungen unmittelbar aneinandergrenzen. Neu in Anspruch genommen werden kann nur noch eine längst in Anspruch genommene Landschaft. Damit ist die Ausbreitung im Raum nicht mehr nur eine Auseinandersetzung mit der Natur, sondern mit anderen Menschen, die Anspruch und Einspruch erheben. Die dadurch entstehenden räumlichen Konflikte sind bedingt durch Nichtübereinstimmung, Konkurrenz oder Ausschluss verschiedener Nutzungsziele auf einer Fläche. Nach Oßenbrügge potenzieren sie sich mit der Verknappung des verfügbaren Raumes und der zunehmenden Interessendifferenzierung in der Bevölkerung (nach Höhmann 1999, 23). Die bauliche Nutzung ist als besonders konflikthaft anzusehen, weil sie andere Nutzungen ausschließt und fast endgültigen Charakter hat. Der Konflikt ist dabei umso ausgeprägter, je zahlreicher und zentraler die gefährdeten Funktionen einer Fläche sind und je mehr Menschen diese in Anspruch nehmen – also von Ort zu Ort verschieden.

In Deutschland wird der Flächennutzungskonflikt durch alle drei Steuerungsformen – Gemeinschaft, Markt und Staat – ausgetragen. Demokratisch gewählte Parlamente weisen unter Anleitung von Berufsplanern, die an rechtliche Vorgaben[5] gebunden sind, konkrete Orte für die Bebauung aus. Gemäß der grundgesetzlich geregelten kommunalen Planungshoheit ist die planerische Gestaltungsfreiheit im Wesentlichen auf der Gemeindeebene verortet. Die Bauleitplanung gliedert sich in den vorbereitenden Flächennutzungsplan (gesamte Gemeinde) und den verbindlichen Bebauungsplan (Teile der Gemeinde). Ergänzend dazu haben sich in vielen Städten und Gemeinden informelle Planungen wie städtebauliche Rahmenpläne oder Stadtentwicklungspläne etabliert. Die Kommunen setzen ihr Planungsprivileg jedoch nicht nur zur Verfolgung städtebaulicher Ziele ein, sondern auch für finanz-, bevölkerungs- oder arbeitsmarktpolitische Zwecke, weshalb eine effiziente Bodenallokation nicht immer sichergestellt ist (Einig 2005, 48). Die Umsetzung des durch Planung geschaffenen Bauflächenangebots und dessen Nachfrage werden hingegen von übergeordneten Rahmenbedingungen bestimmt, auf die die Kommune kaum Einfluss hat. Dazu gehören insbesondere sozioökonomische Entwicklungen wie der steigende Wohnflächenanspruch bzw. die Veränderung der Lebensformen und die staatliche Subventions-, Investitions- und Steuerpolitik. Hinzu kommen die Rahmenbedingungen des Bodenmarktes, unter denen die naturnahe Nutzung derzeit kaum mit der Bebauung konkurrieren kann, da die sozial-ökologischen und ökonomischen Funktionen des Bodens nach wie vor unangemessen bewertet werden. In vielfältiger Hinsicht ist auch die räumliche Mobilität am Flächenverbrauch beteiligt.[6] Die Siedlungsstruktur ist ein komplexes Zusammenspiel von technisch-ökonomischen Randbedingungen, gesellschaftlichen Entwicklungen, individuellen Präferenzen und ihrer staatlichen bzw. politisch-planerischen Regulierung.[7] Mit dieser Komplexität wird der Flächenverbrauch zugleich offen für die verschiedensten Deutungsmuster. Da der Streit um die Ursachen auch der Streit um die Lösungen ist, wird selektiert, verschwiegen und Schuld verschoben: Der kommunale Planer oder Politiker wird kaum die Gemeinde für den örtlichen Flächenfraß verantwortlich machen und der Bewohner des Eigenheims verdrängt, dass er ein Teil des Problems ist.

Vom bösen Bauen und der guten Natur[8]

Unter den verschiedenen Formen menschlicher Bodenveränderungen bedeutet die Versiegelung und Überbauung des Bodens die radikalste ökologische Schädigung, weil sie mit der irreversiblen und fast vollständigen Zerstörung der natürlichen Landschaftsfunktionen verbunden ist (Siedentop 2005, 28). Der Boden ist ein komplexes Speicher-, Filter-, Puffer- bzw. Transportsystem und Lebensraum sowie Lebensgrundlage für Pflanze, Tier und Mensch. Weil bebauter Boden keine Versickerung zulässt, wird durch seine Versiegelung die Grund- bzw. Trinkwasserneubildung verringert. Dadurch nimmt der oberirdische Abfluss, die Instabilität unserer Fluss- und Landschaftswassersysteme und gebietsweise auch die Hochwassergefährdung in den Auen zu (BUND 2004, 19). Des Weiteren sind Wiesen und Äcker wichtige klimatische Ausgleichskörper. Ihre Bebauung behindert die Entstehung und den Transport von Kalt- und Frischluft. Das Siedlungswachstum vollzieht sich fast ausschließlich auf Kosten angrenzender Agrarflächen, deren siedlungshistorisch bedingt meist hohes Ertragspotential mit der Versiegelung unumkehrbar verloren geht. Mit der Versiegelung und Landschaftszerschneidung werden auch Lebensräume von Pflanzen und Tieren zerstört. Kaum ein Bodenlebewesen kommt bei der Aushebung des Baugrundes so glimpflich davon wie der Maulwurf Grabowski in dem bekannten Kinderbuch. Und der Flächenverbrauch gilt als Hauptursache des Artensterbens (ebd.). Für viele Menschen ist ‚Natur' fast zu einem Synonym für ‚Erholung' geworden. In einem zunehmend verbauten Wohn- und Arbeitsumfeld gilt sie als die idyllische Gegenwelt, das Lebendige, das Ideal (Grefe 2003, 36). »Für unser Glück brauchen wir viel unversiegelte freie Landschaft, damit Harmonie und Vielfalt als Basis und Netzwerk von Kultur und seelischem Wohlbefinden erhalten bleiben«, betont der Präsident des Naturschutzrings Hubert Weinzierl (2004, 13). Mit der baulichen Nutzung wird die Fläche ihrer natürlichen Schönheit beraubt. Damit verlören wir zugleich uns selbst, unsere Identität und Kultur – »Flächenfraß macht heimatlos«, so Weinzierl weiter. Gebäudewände bieten dem Erholungssuchenden selten ein ästhetisches Erlebnis und wirken einengend, weil sie den Blick in die Ferne versperren. Zudem verliert die bebaute Fläche das allgemeine Betretungsrecht. Und schließlich werden im besiedelten Bereich die natürlichen Geräusche und die Ruhe vermisst. Zu jedem Haus führt letztlich eine Straße, weshalb die Bebauung immer mit einer Verlärmung verbunden ist.

Dabei ist der Flächenverbrauch nicht nur als einfacher Nutzungswandel anzusehen, denn im Gegensatz zur naturnahen Landschaft schließt die Verwendung des Bodens als Siedlungsstandort Mehrfachnutzungen aus. Insofern ist mit der Überbauung einer Fläche immer auch eine quantitative Abnahme ihrer Bodenfunktionen verbunden. In Abhängigkeit von der Reichweite der zerstörten Potentiale bzw. der verursachten Sicht- und Lärmwirkungen wird ein Vielfaches der bebauten Flächen in Mitleidenschaft gezogen. Selbst räumlich von der Fläche getrennte Gebiete sind betroffen, man denke z.B. an die weit einsehbare Beeinträchtigung des Landschaftsbildes oder den erhöhten Nutzerdruck auf die übrigen Erholungsflächen. Die indirekten Wirkungen des Flächenverbrauchs sind kaum überschaubar. Unter dem Eindruck der angespannten Situation der öffentlichen Haushalte und des für 2013 prognostizierten Beginns einer Schrumpfung der deutschen Bevölkerung wird zunehmend auch die fiskalische Rentabilität zusätzlicher Flächenausweisungen infrage gestellt. Kurz- und mittelfristig führen abnehmende Siedlungsdichten zu einer Unterauslastung der sozialen und technischen Infrastruktur und damit zu höheren Kostenaufwendungen bzw. exponentiell steigenden Gebührenbelastungen für die privaten Haushalte (Schiller und Siedentop 2005).

... und umgekehrt: Vom guten Bauen und der bösen Natur

Man könnte meinen, dass die beschriebenen Folgen des Flächenverbrauchs Grund genug wären, ihn mit Nachdruck zu beenden. Diese Folgerung wäre richtig, wenn es seine einzigen Wirkungen wären und die Handlungsergebnisse der Flächenverbraucher gleichzeitig deren Handlungsmotive darstellten. Die negativen Folgen des Flächenverbrauchs sind aber letztlich »nur« der ungewollte Nebeneffekt von Aktivitäten, die der Verbesserung der Lebensqualität dienen. Die Zunahme der pro Kopf beanspruchten Wohnfläche von 20 m^2 in den 50er-Jahren auf heute über 40 m^2, die als Hauptursache für das Siedlungswachstum angesehen wird, war mit einem erheblichen Wohlstands- und Freiheitsgewinn verbunden (Bachmann 2005, 201). Nach dem zweiten Weltkrieg ermöglichte der fordistische Massenkonsum den Mittelschichten den Auszug aus der Stadt. Dadurch wurden die Lebensbedingungen breiter Bevölkerungsschichten angeglichen und dem gesellschaftlichen Ideal der Kleinfamilie sowie der entsprechenden Wohnform zum Durchbruch verholfen.[9] Auch sozial-strukturelle Veränderungen wie die Zunahme der Älteren, hohe Scheidungsraten, die steigende Zahl allein erziehender Elternteile und Individualisierungstendenzen bedingen die Zunahme der Haushalte und damit die Ausdehnung der Siedlungsflächen. »Den wachsenden Ansprüchen der Bürger an ihre persönliche Wohnsituation muss auch in Zukunft entsprochen werden« fordert die CDU/CSU-Bundestagsfraktion (2004, 3). Eine Einschränkung des Flächenverbrauchs hätte eine Verteuerung des Wohnens und damit einen sozial selektiven Verdrängungs- und Segregationsprozess zur Folge (Siedentop 2002, 38). Zudem würden die bereits realisierten Raumansprüche gegenüber den zukünftigen eindeutig bevorzugt (Hesse u. Kaltenbrunner 2005, 17). Der Wirtschaftsforscher Pfeiffer beklagt vor allem den eigenheimfeindlichen Lebensstilpaternalismus, der aufhören müsse (2002, 5). Verschiedene Umfragen ergeben, dass das Einfamilienhaus im Grünen nach wie vor die beliebteste Wohnform ist. Und gebaut wird es eben vorzugsweise im ländlichen Raum, wo es noch Natur gibt, das Bauland günstig ist und sich der Bürgermeister über jeden Neuankömmling freut (Vorholz 2002, 19). Denn im Gegensatz zum Freiflächenschutz gilt die Ausweisung neuer Baugebiete – v.a. in Zeiten leerer Kassen – als Produktivposten einer Kommune, da sie mit Einkommensteuereinnahmen und oft auch mit der Vergoldung gemeindeeigener Grundstücke verbunden ist: »Rein rechtlich kriegen wir keinen Haushalt hin, wenn wir nicht den Pfingstwasen fahren« gibt ein Bürgermeister im Landkreis Tübingen zu bedenken.[10] Angesichts des Standortwettbewerbs, der sich durch den prognostizierten Bevölkerungsrückgang voraussichtlich noch verschärft, sehen sich die Kommunen zu großzügigen Baulandausweisungen veranlasst. Bei einer Konzentration auf die Innenentwicklung wären sie der Gefahr ausgesetzt, durch preisgünstiges und schnell verfügbares Bauland in attraktiven Lagen der Nachbargemeinde unterwandert zu werden (Siedentop 2002, 44). Etliche Ortschaften, in denen die Einwohnerzahlen aufgrund fehlenden Nachwuchses bereits abnehmen, bangen schon jetzt um die Auslastung ihrer Infrastruktur. In der Ausweisung neuer Wohngebiete sehen sie oftmals den einzigen Ausweg. Dagegen hätte auch so mancher Bürger nichts: »Es ist doch schön, wenn die Dorfgemeinschaft wächst, neue Leute und neue Gesichter hinzukommen.« Aussagen wie »Ich habe mein Haus, jetzt reicht's«, seien doch purer Egoismus.[11]

Mit der Siedlungsausdehnung wären auch Potentiale für die Bauwirtschaft verbunden. In der Diskussion um die Kürzung der Eigenheimzulage warnten die Verbände der Bau- und Wohnungswirtschaft vor den »massiven Auswirkungen auf Wachstum und Beschäftigung« (Pfeiffer 2002, 1). Sie halten die fortschreitende Suburbanisierung ohnehin für eine der entwickelten Industriegesellschaft angemessene Flächennutzung: »Die Bundesrepublik ist kein Agrarstaat« (Jörissen u. Coenen 2005, 104). Für den Landwirt hat sich angesichts von Überproduktion und internationaler Konkurrenz längst die edelste aller Fruchtfolgen etabliert: Ackerland - Bauerwartungsland - Bauland. Dabei dürfte die Umwandlung eines intensiv genutzten Ackers in einen Naturgarten sogar ökologisch vorteilhaft sein (Dick 1987, 1824). Überhaupt ist die bauliche Nutzung der Fläche für die Eigentümer angesichts der planungsbedingten Wertsteigerung mit Abstand die lukrativste. Sie empfinden die baurechtlichen Restriktionen schon jetzt als massive Einschränkung der Baufreiheit (CDU/CSU 2004, 3). Leisner warnt: »Aus der Entwicklung des Umweltrechts drohen dem Eigentum Privater, damit aber der Freiheit schlechthin, heute wohl die schwersten Gefahren« (1993, 439). Selbst den Stadtplanern fällt die Aktivierung von Bauland auf der grünen Wiese wesentlich leichter als im Siedlungsinnenbereich, wo durch Altlasten, Denkmalschutz oder bestehende soziale Gefüge oft eine hohe Problemdichte vorzufinden ist (Baldauf 2003, 12). Auch unter Planungstheoretikern gelten klar definierte Stadtränder zum Teil als rückwärtsgewandt: Man solle die Pole Stadt und Landschaft nicht länger als Gegensatz, sondern als wechselseitige Durchdringung verstehen (Kühn 1998, 495). Und warum schlagen die Landschaftsschützer denn überhaupt Alarm? Über 80 Prozent unseres Landes werden doch noch als Wald, Acker oder Wiese genutzt.

Vom Wollen zum Sollen

Uneinigkeit und Ratlosigkeit bestimmen die Diskussion um den Flächenverbrauch. Auf die Frage, ob das Siedlungswachstum nun gut oder schlecht ist, findet sich offenbar keine so einfache Antwort, wie radikale Gegner und Befürworter des Flächenverbrauchs zuweilen glaubhaft machen. Jede bebaute und unbebaute Fläche zeichnet sich zunächst durch eine spezielle Kombination verschiedener Funktionen aus, die zusammen ihren Wert ausmachen. Daher sind »die Folgen« des Siedlungswachstums jeweils sehr differenziert zu beurteilen. Dabei bezieht sich der Streit um die Fläche in den wenigsten Fällen auf die Faktizität der mit der jeweiligen Nutzung verbundenen positiven und negativen Wirkungen an sich. Und in der Theorie ist man sich gar nicht uneinig: Nahezu alle Menschen wollen die Natur bewahren, der Erhalt der landschaftlichen Schönheit steht bei den Umwelteinstellungen mit Abstand auf Platz eins (BMU 2004, 23). Gleichzeitig kann aber auch niemand, der in einem Haus wohnt, jeglichen Flächenverbrauch verurteilen - sofern er sich nicht in Widersprüche verstricken will. Die Betroffenen unterscheiden sich also weniger in ihren allgemeinen Interessen und Werten, sondern vielmehr darin, wie diese bei alternativen Nutzungen einer konkreten Fläche positiv oder negativ berührt und damit gewichtet werden.[12] Ethik und Moral beginnen dort, wo man sich diesen Widersprüchlichkeiten stellt, von der eigenen Nutzenperspektive abstrahiert und zu einer unparteiischen Bewertung kommen will. Nach Düwell besteht die Aufgabe der Ethik in der politischen Praxis darin, die wissenschaftliche Diskussion aufzubereiten und Argumentationslinien verständlich zu machen (2003, 184). Die Berechtigung der einzelnen Pro- und Contra-Argumente wird in den folgenden Abschnitten deutlich werden.

Bei aller Ohnmacht gegen den »ungezügelten Flächenhunger« (Weinzierl 2003, 13) mag es durchaus verlockend sein, ihn aufgrund der Zerstörung nicht-menschlichen Lebens zu verurteilen. Doch der Behauptung einer Eigenwertigkeit der Natur fehlt es bisher an einer guten moralphilosophischen Begründung, wo sie über den Selbstwert höherer Tiere hinausgeht (Düwell 2003, 26). Und auch dieser ist in Konfliktfällen mit anderen betroffenen Selbstwerten abzuwägen. Insofern kann der moralische Selbstwert der Natur bei Flächennutzungsentscheidungen nur zur Geltung kommen, wenn er von den Grundeigentümern anerkannt und entsprechend gewichtet wird. Über den Selbstwert des Menschen ist man sich aber einig. Die Bauleitplanung hat Etliches zu tun, wenn sie die genügend Konflikte in sich bergenden anthropozentrischen Forderungen nach einer gerechten Flächennutzung ernst nehmen will. Denn in einer anthropozentrischen Umweltethik geht es neben der materiellen Nutzung der Natur auch um ihren immateriellen, indirekten und den zukünftigen Wert des Bodens für unsere Nachkommen.

Nachhaltigkeit bei der Bebauung der Landschaft

Das Prinzip der Nachhaltigkeit geht davon aus, dass unser Handeln Folgen für die Zukunft hat, die es heute zu bedenken gilt. Bei der Bebauung der Landschaft haben wir eine Verantwortung gegenüber zukünftigen Generationen, denn diese werden die Landschaft so antreffen, wie wir sie verlassen haben. Auf den ersten Blick könnte man meinen, dass unsere Nachfahren in der Lage sind, die von ihren Vorgängern »geerbten« Landnutzungen rückgängig zu machen: Sie können Häuser abreißen, versiegelte Flächen wieder entsiegeln und darauf Wiesenblumen einsähen usw. Was Menschen schaffen, können andere meist tatsächlich auch wieder zerstören und was Menschen bauen, können andere abreißen. Umgekehrtes gilt jedoch nicht: Nicht alles, was Menschen zerstören, kann wieder hergestellt werden. Die vorgefundene Natur kann niemand schaffen, da ihre Regenerierung an natürliche Prozesse gebunden ist. Der Flächenverbrauch zehrt vor allem an der Ressource Boden.[13] Innerhalb von Stunden oder Tagen werden dabei Böden irreversibel zerstört, die über Jahrhunderte bis Jahrtausende gewachsen sind. Die Bebauung führt dabei weniger zu einer quantitativen Abnahme der Bodenmasse an sich, als zu einem Qualitätsverlust. In der Baggerschaufel befindet sich nicht mehr der gewachsene, ortsbezogene »Boden«, sondern allenfalls »Bodenmaterial«, dem die ursprüngliche Struktur, Zusammensetzung und Gefügequalität fehlt und das seine Bodenfunktionen kaum bzw. nicht mehr erfüllen kann.[14] Schon in sehr naher Zukunft könnten die Menschen auf die Böden in ihrer Umgebung angewiesen sein, wenn nämlich der Handel mit Nahrungsmitteln oder der Transport von Trinkwasser z.B. durch politische Krisen, Kriege oder Naturkatastrophen behindert oder die Verfügbarkeit fossiler Rohstoffe nicht mehr sichergestellt wäre. Man könnte natürlich auch von der optimistischen Hypothese ausgehen, dass die heutige Bodenzerstörung keine zukünftigen Probleme bereiten wird. Die Frage ist nur, welcher Irrtum uns moralisch akzeptabler erscheint: Würde sich ein »Pessimismus« als falsch herausstellen, schützten wir die Ressource sozusagen umsonst, während ein Irrtum bei der Zugrundelegung der positiven Hypothese zukünftige Versorgungskrisen zur Folge hätte.[15] Deshalb sind wir zum Erhalt eines konstanten Naturkapitals verpflichtet. Auch bezüglich der oberirdischen Nutzung des Raumes wissen wir nicht, ob die Bedürfnisse der kommenden Generationen den unsrigen ähneln werden. Würde bald ein Eis- oder Regenzeitalter beginnen, wären unsere Nachkommen froh, möglichst viele warme und dichte Häuser vorzufinden. Vielleicht werden die Menschen in 300 Jahren aber auch auf dem Mond wohnen und sich »hier unten« eine grüne Landschaft für ihre Erholung wünschen – ohne Beton. Die Ressource Fläche bzw. Raum kann im Gegensatz zum Boden jedoch nicht zerstört werden. Hier sind wir verpflichtet, Nutzungsspielräume möglichst offen zu halten, so dass der Klotz in der Landschaft nicht auch noch ein Klotz am Bein der kommenden Generationen ist.

Die Regel eines konstanten Naturkapitals bildet einen ersten ethischen Maßstab für die Beurteilung des baulichen Umgangs mit der Landschaft in der Vergangenheit und der Zukunft. Bei der Inanspruchnahme der 45090 km² Siedlungs- und Verkehrsflächen in Deutschland wurden wegen der damit verbundenen Zerstörung natürlicher Ressourcen und dem zum Teil unangemessenen Entsorgungsaufwand des »baulichen Erbes« die Rechte der zukünftigen Generationen eindeutig verletzt. Aus ethischer Sicht ist die bisherige Siedlungspraxis somit mehr oder weniger flächenhaft zu verurteilen. Eine nachhaltige Siedlungsentwicklung gebietet, dass die Abbaurate erneuerbarer Ressourcen ihre natürliche Wachstumsrate nicht überschreitet (Murswiek 2002, 643). Abgesehen davon, dass der Boden kaum erneuerbar ist, gestaltet sich die Berechnung einer zulässigen Bodenverbrauchsrate jedoch äußerst schwierig.[16] Außerdem ist angesichts vergangener Bodenzerstörung ohnehin erst einmal Wiedergutmachung durch schrittweise Entsiegelung und Rekultivierung angesagt (Weinzierl 2003, 13). Die Ressource Fläche ist weder erneuerbar noch zerstörbar. Aus dem Nachhaltigkeitsgebot wäre zwar die Freihaltung eines Flächenanteils ableitbar. Quantitative Vorgaben lassen sich hier aber kaum hinreichend begründen - die Vorstellungen gehen ähnlich auseinander wie diejenigen über das heute »richtige« Verhältnis von Siedlungs- und Freifläche. Bei einer nachhaltigen Flächen- und Bodennutzung geht es also weniger um ein »Wie viel« als um das »Wie« des Flächenverbrauchs. Größtmögliche Gestaltungsfreiheit bei der Flächennutzung für jede Generation verlangt mindestens die Reversibilität der Bebauung, die Möglichkeit der Wiedernutzung bebauter Flächen und die Minimierung der damit verbundenen Kosten. Hinsichtlich des Erhalts des Naturkapitals Boden wäre die bauliche Neuinanspruchnahme von Landschaft zulässig, wenn Bauformen entwickelt würden, die ohne eine Zerstörung des Bodens auskämen. Ich meine damit nicht, dass wir zurück auf die Bäume oder nur noch in Bauwägen leben sollen - die Kreativität der Bauingenieure und Architekten ist hier gefragt. Denkbar wäre z.B. eine Stelzenbauweise. Außerdem wären bodenkundliche Baubegleiter erforderlich, wie es sie in der Schweiz bereits gibt. Für den Erhalt eines konstanten Naturkapitals eignet sich auch die naturschutzrechtliche Eingriffsregelung, deren »Bodenvergessenheit« es zu überwinden gilt (Heiland et al. 2004, 297). Wo jedoch der Ausgleichbarkeit von Eingriffen Grenzen gesetzt sind und solange bodenintensive Bauformen die städtebauliche Entwicklung dominieren, ist diese auf bereits bebaute Flächen im Sinne einer Flächenkreislaufwirtschaft zu beschränken.[17] Unterstützt würde diese durch flexible Bauweisen mit möglichst geringem Umbau- bzw. Entsorgungsaufwand, die gleichzeitig der Gestaltungsfreiheit der nachfolgenden Flächennutzer Rechnung tragen würden. Das Nachhaltigkeitsgebot bildet den Rahmen für alle weiteren Überlegungen zu einer hinsichtlich der heute Lebenden gerechten Flächennutzung. Sind diese bereits von schädlichen Wirkungen des Flächenverbrauchs betroffen?

Das Prinzip der Schadensvermeidung

Das Prinzip der Schadensvermeidung ist ein zentrales Prinzip der Ethik. Im Umweltrecht wird es zusammen mit dem Gefahrenabwehrprinzip als Schutzprinzip bezeichnet (Murswiek 2004, 420). Zu schützen sind dort v.a. Leben, Gesundheit und andere individuelle Rechtsgüter wie das Sacheigentum. Ich möchte mich hier auf die Grundbedürfnisse im Sinne der biologischen Lebenserhaltung beschränken. Ihre Nicht-Erfüllung erzeugt einen Mangel, dessen Verhinderung prinzipiellen Vorrang vor der Erfüllung eines über die Grundbedürfnisse hinausgehenden Interesses hat. Grund und Boden sind zunächst Mittel zur Erfüllung der Grundbedürfnisse nach Nahrung und einer Wohnunterkunft, also körperlicher Gesundheit.[18] Faktisch stehen uns aber weit mehr Flächen zur Verfügung, als wir zum Erhalt von Leben und Gesundheit benötigen. Deshalb sind heute sowohl die zu Wohnzwecken genutzten Flächen als auch die Agrarflächen »überdimensioniert«. D.h. mit der weiteren Zunahme der einen zuungunsten der anderen wird mittel- bis langfristig nur am Luxus gezehrt, nicht aber am Lebensnotwendigen. Eine Familie würde ohne das neue Eigenheim noch lange nicht auf der Straße sitzen. Umgekehrt könnte beim Verbrauch von Agrarflächen unser Hunger durch den Rückgriff z.B. auf ausländische Flächen problemlos weiterhin gestillt werden. Meist bleiben also Möglichkeiten der Bedürfnisbefriedigung auf andere Weise oder an anderem Ort.

Wenn die Menschen zur Aufrechterhaltung ihrer Bedürfnisbefriedigung räumlich ausweichen, sind auch die Konsequenzen dieses Ausweichens als indirekte Wirkungen des Flächenverbrauchs anzusehen. Die Tatsache, dass der Genuss einer schöner Landschaft für 80 bis 90 Prozent der Deutschen ganz oben auf der Rangskala der Reisemotive steht (Grefe 2003, 37), lässt vermuten, dass die Menschen auch deshalb vermehrt reisen, weil die Landschaft zu Hause immer weniger schön empfunden wird. Dieser »Export« von Flächenansprüchen führt heute zu einem beträchtlichen Verkehrsaufkommen mit nach wie vor schädlichen Wirkungen auf Gesundheit und Leben. Da die verkehrsinduzierende Wirkung der Überbauung einer bestimmten Fläche jedoch schwer messbar ist und die Siedlungsausdehnung nur einer von vielen komplexen Faktoren des Verkehrsaufkommens ist, kann der Schutz von Erholungsflächen allenfalls dazu beitragen, das Verkehrsaufkommen zu begrenzen. Ähnliches gilt für Agrarflächen, deren Erhalt nur *eine* Voraussetzung für eine Stärkung der regionalen Selbstversorgung mit Lebensmitteln ist. Was jedoch die Entfernung von Neubaugebieten zu Arbeitsplätzen, Infrastrukturen bzw. ÖPNV-Anschlüssen betrifft, besteht die moralische Pflicht für die Planungsverantwortlichen, z.B. durch die Lenkung der Siedlungstätigkeit auf Standorte in günstiger Lage, Nutzungsmischungen oder die Förderung autofreien Wohnens, die schädlichen Wirkungen des Verkehrs zu minimieren. Eine Verletzung des Prinzips der Schadenvermeidung ist zulässig, wenn andere moralische Prinzipien höher zu gewichten sind oder der Geschädigte der Schädigung zustimmt. Die Landschaft bietet Menschen aber, wie erwähnt, weit mehr Flächen, als zur Befriedigung ihrer Grundbedürfnisse nötig wären. Insofern ist der Streit um die Fläche hierzulande weniger ein Kampf ums Überleben als ein Ringen ums Erleben (Schulze, nach Sachs 2002, 212). Neben (indirekten) schädlichen Wirkungen sind Flächennutzungsänderungen vor allem mit einer Abnahme oder Zunahme von Lebensqualität verbunden.

Gerechter Flächenverbrauch? – Zum Umgang mit seinen Kosten und Nutzen

Die oben angeführten Argumente haben gezeigt, dass sowohl die Bebauung als auch die Freihaltung der Fläche mit Vor- und Nachteilen für eine größere oder kleinere Gruppe von Menschen verbunden ist. Wenn sich Nachteile bei der Verteilung knapper Güter also nicht verhindern lassen, gilt zunächst der Grundsatz der Kostenminimierung bzw. Nutzenmaximierung sowohl für die an der freien Landschaft als auch für die am Flächenverbrauch Interessierten: Die Planungsverantwortlichen sind dazu verpflichtet, bei der Befriedigung berechtigter gesellschaftlicher Flächenansprüche die Alternativen mit den geringsten sozialen und ökologischen Verlusten in der freien Landschaft zu suchen bzw. anzubieten. Die Raumplanung hat zwar keinen Einfluss auf den Bedarf an Wohnraum, doch sie kann durch ihr Angebot darüber (mit)bestimmen, wo und wie dieser erfüllt wird. Die bauliche (Neu)Inanspruchnahme ist grundsätzlich auf solche Flächen zu lenken, die relativ wenige bzw. weniger zentrale ökologische und soziale Landschaftsfunktionen erfüllen. Dies sind vor allem Flächenreserven im Siedlungsinnenbereich (Brachen, Baulücken, Nachverdichtungspotentiale), die unter Berücksichtigung freiraumplanerischer Belange mobilisiert und bezüglich ihrer Wohnqualität durchaus konkurrenzfähig gegenüber dem Siedlungsrand werden könnten (Baldauf

2003). Mit der Etablierung einer Flächenkreislaufwirtschaft würden die Wohnbedürfnisse vollständig auf bereits bebauten Flächen erfüllt werden. Neben dem Recycling verlangt die natürliche Knappheit der Fläche auch deren optimale Ausnutzung und »künstliche Vermehrung« im Sinne flächensparenden bzw. mehrgeschossigen Bauens. Auch der Gebäudebestand kann durch Aufstockung oder den Ausbau von Dachgeschossen effizienter genutzt werden. Die optimale Ausnutzung einer Fläche bedeutet auch, dass diese möglichst vielen Menschen zur Verfügung steht. In dieser Hinsicht ist die für alle zugängliche Erholungslandschaft bzw. -fläche der »Individualökologie« des Privatgartens (Krau 1994, 219) eindeutig überlegen. Die Unterstützung von gemeinschaftlichem Wohnen und Gemeinschaftsräumen sind einer sparsamen Flächennutzung ebenfalls dienlich. Schließlich verlangt die Kostenminimierung eine Multifunktionalität von Flächen: In Baugebieten sollen möglichst viele natürliche Boden- und Raumfunktionen erhalten und negative Lärm- und Sichtwirkungen vermieden werden. Autofreie und durch- bzw. dachbegrünte Siedlungen sind nur ein Beispiel.

Es gibt also zahlreiche Möglichkeiten, die hinter dem Flächenverbrauch stehenden Interessen auf weniger zerstörerischem Wege zu verwirklichen. Das Gebot der Kosten-Nutzen-Optimierung kann jedoch die Nachfragewünsche nur bedingt berücksichtigen und die mit jeglicher Flächenverwendung verbundenen Nachteile allenfalls reduzieren. Bei konkurrierenden Nutzungen geht das Recht einer Person, ein Stück Land zu nutzen, immer auf Kosten anderer, dasselbe zu tun. Also bleibt die Frage, wie mit diesen Kosten umzugehen ist. In unserem Alltag nehmen wir viele Nachteile ganz selbstverständlich auf uns: man verlässt das warme Bett, bezahlt die Fahrkarte, lässt sich einen Zahn ziehen usw. Offenbar beurteilen wir Kosten danach, ob sie durch einen gleichzeitigen Nutzen ausgeglichen werden, berechtigt sind und freiwillig in Kauf genommen werden, also nach Gerechtigkeitsmaßstäben. Im räumlichen Konflikt fühlen sich jedoch beide Seiten ungerecht behandelt: Die Gegner des Flächenverbrauchs wollen Verlustkosten vermeiden, während sich seine Befürworter auf die Vermeidung von Verzichtskosten berufen. Wer die Unterlassung von Flächenumwidmungen fordert, muss daher begründen, warum die aktuelle Nutzungsverteilung gerechter ist als eine andere. Und auch die ausgleichende Gerechtigkeit kann erst zur Anwendung kommen, wenn ein »richtiges« und deshalb wiederherzustellendes Verhältnis zwischen Siedlungs- und Freifläche erreicht bzw. überhaupt erst definiert wurde. Aus dem Sein darf nicht auf das Sollen geschlossen werden. Dass die Erde ursprünglich unbebaut war, heißt nicht, dass sie unbebaut bleiben muss.

Ausgleichende, verteilende und prozedurale Gerechtigkeit im Umgang mit dem Boden verlangen zuallererst eine Antwort auf die Frage: Wer hat welches Recht auf Fläche?

Wer hat welches Recht auf Fläche?

Die deutsche Verfassung bekennt sich mit der Eigentumsgarantie in Artikel 14 zum Grundrecht auf Privateigentum. Es umfasst neben dem Sacheigentum auch Grund und Boden. Das Grundeigentum regelt zwar nur, *wer* das Grundstück nutzen darf und nicht, *wie* es zu nutzen ist.[19] Dennoch ist der Boden ein Fremdkörper in einer privaten Eigentumsordnung. Eine absolute Nutzungs-, Gebrauchs-, und Bestandsherrschaft kann sich nur auf Gegenstände beziehen, die ihre Entstehung selbst der Ausübung individueller Freiheit verdanken (Burmeister 1999, 673ff.). Bei knappen Umweltgütern wie dem Boden, gibt es immer nur ein von vornherein begrenztes Recht auf gleiche Teilhabe für alle Menschen.[20] Die heute lebenden Menschen sind dabei ein Glied in der Kette aller

Generationen, die ein Recht auf die produktive Nutzung des Bodens haben (Binswanger 1978, 102). Mit den Worten Rousseaus: »Die Erde gehört niemandem und ihre Früchte allen.«[21] Aus dieser »eigentümlichen Natur« des Bodens, nämlich der Überführung eines Stücks Landschaft in privates Eigentum, ergibt sich nun ein zentrales Ordnungsproblem: Den Eigentümern wird eine Freiheit über den Boden versprochen, die es aber aufgrund seines natürlichen Ursprungs, seiner Knappheit, seines Erbe- und Kollektivgutcharakters und der »Undichtheit« des Raumes nicht geben kann. Das Grundgesetz bekennt sich in Art. 14 Abs. 2 eindeutig zur Sozialpflichtigkeit des Grundeigentums. Da das Verhältnis von Privat- und Gemeinnützigkeit jedoch abstrakt und offen ist, entsteht der »Kampf um die Fläche«: Die Befürworter und Gegner des Flächenverbrauchs wollen die Definitionslücke je nach ihren eigenen Wünschen schließen. Denn faktisch unterscheiden sich die verschiedenen Nutzungen in ihrem Privat-Gemeingut-Verhältnis erheblich. Auf einem zu Wohnzwecken bebauten Grundstück dominiert die Privatnützigkeit, das Nutzungsanrecht der Gemeinschaft fehlt praktisch vollständig. Die unbebaute Landschaft ist hingegen durch ein Nebeneinander von privater, meist landwirtschaftlicher Nutzung und gemeinschaftlicher Erholungsnutzung gekennzeichnet. Dies erklärt, warum viele Eigentümer auf die bauliche Nutzung drängen, die vermutlich für immer die maximale Privat- und minimale Sozialpflichtigkeit ihres Grundstücks bedeutet, während die Allgemeinheit dies verhindern will, weil mit der Bebauung der Kollektivgutcharakter der Fläche verloren geht. Mit der Annäherung an die Grenzen des Wachstums verschärft sich dieser Konflikt, denn die Grundeigentümer geraten in eine »Torschlusspanik« (BUND 2004, 4) nach dem Motto »Jetzt oder nie!«

Während der gesamten Siedlungsgeschichte hat sich das Privat-Gemeingut-Verhältnis nicht nur einzelner Flächen, sondern der gesamten Landschaft zugunsten der Privatnützigkeit verschoben. Die Nutzung der Landschaft muss zu einem Teil privat erfolgen. Die Frage ist jedoch, wie bzw. von wem dieser schleichenden Verschiebung der Riegel vorgeschoben werden kann. Der Ruf nach einer Reduzierung des Flächenverbrauchs ist letztlich der Aufstand einer Gesellschaft, die sich gegen ihre kontinuierliche Enteignung wehrt. Hesse und Kaltenbrunner ist zuzustimmen, wenn sie einräumen, dass mit dem Flächenverbrauch der Sack geschlagen wird, aber der Esel gemeint ist: »Beklagt wird die Zersiedelung, gemeint aber sind grundlegende Kategorien der Wirtschafts- und Gesellschaftsordnung« (2005, 18). In einem kapitalistischen System hat die Allgemeinheit im Gegensatz zum Eigentümer kein Grundrecht auf ihrer Seite.[22] Dadurch verliert ihre Forderung nach einer Begrenzung des Siedlungswachstums an Durchsetzungsmacht - selbst wenn sie berechtigt wäre oder bereits ist. Umweltökonomen sind sich im Klaren darüber, dass die Abwesenheit wohldefinierter Eigentumsrechte an Ressourcen zu deren Übernutzung führen kann. Das Privateigentum soll eine marktwirtschaftliche Ordnung von Grund und Boden gewährleisten. Seine Verteilung erfolgt also nach dem Prinzip der Leistungsgerechtigkeit - und wo Grundstücke vererbt werden, gilt das Zufallsprinzip. Damit wird die Freiheit gewissermaßen über die Gleichheit gestellt. Insbesondere die Landschaftsqualität ist für den Flächenverbraucher ein weitgehend freies Gut, weil er für deren Zerstörung nicht bezahlen muss. Die ausschließliche Anwendung solcher Prinzipien ist im Umgang mit Kollektivgütern ethisch nicht gerechtfertigt. Genauso wenig darf sich das Miteigentum der Allgemeinheit auf das Grundrecht auf Leben und Gesundheit beschränken, denn die Landschaft gibt weit mehr her, als zum Schutz von Leben und Gesundheit nötig ist. Deshalb ist das im Umweltrecht vorherrschende Schutzprinzip durch eine güterbezogene Gerechtigkeitsperspektive zu ergänzen (Murswiek 1997, 208).

Die (Neu)Verteilung der Rechte am Gemeinschaftsgut Landschaft

Der Kollektivgutcharakter der Landschaft und das gleiche Recht auf Teilhabe sind der Maßstab für eine gerechte Verteilung der Eigentums-, Nutzungs- und/ oder Verfügungsrechte sowie der mit dem Flächenverbrauch bzw. der Flächenknappheit verbundenen Vor- und Nachteile auf die Gemeinschaft der Miteigentümer. Das Privateigentum an Grund und Boden gilt als hohes Gut - nicht der Ethik, aber all jener, die von den landlosen Bürgern profitieren, z.B. Unternehmer, Banken und Hausbesitzer bzw. Vermieter. Vor diesem Hintergrund ist eine Umverteilung oder Sozialisierung des Bodens derzeit recht unwahrscheinlich.[23] Deshalb ist der Blick vorerst auf die Nutzungsrechte und Marktbedingungen zu richten. Staatliche Subventionen wie z.B. die Eigenheimzulage sind zu überdenken bzw. nach sozialen und ökologischen Kriterien umzugestalten. Der Kollektivgutcharakter der Landschaft verlangt zudem, dass ein Großteil des planungsbedingten Wertzuwachses der Allgemeinheit zugute kommt. Des Weiteren sind die Infrastrukturkosten gerechter zu verteilen, die Bewohner disperser Siedlungsgebiete werden hier bisher erheblich begünstigt (Bundesregierung 2004a, 261ff.). Auch die Kosten für Planung und Erschließung sollten dem Verursacher vollständig angelastet werden. Dasselbe gilt für die »Schattenkosten«, die der Allgemeinheit durch die Beeinträchtigung der natürlichen Bodenfunktionen entstehen, bisher aber nur unzureichend ermittelt werden (ebd.). Und schließlich sollte die Gemeinschaft der Landschafts(mit)eigentümer die Möglichkeit haben, beim Erreichen bzw. Überschreiten der von ihr festgelegten Siedlungsgrenzen einen Eingriffsausgleich zu verlangen. Bei der Kostenverteilung darf der kumulative Charakter des Flächenverbrauchs nicht übersehen werden: Derjenige, der heute die freie Landschaft überbaut, löst zwar die höchsten sozialen und ökologischen Kosten aus. Deren Verursacher sind jedoch alle Flächenverbraucher gemeinsam. Zu Recht kritisiert Pfeiffer die »scheinheilige Diskussion«:

»Mein Eigenheim ist noch ökologisch verträglich, doch dein Eigenheim wird zur ökologischen Sünde. In einem strengen Sinne unmoralisch verhalten sich letztlich alle, die in großen Wohnungen zu mehr als 40 m^2 je Person leben und sich in Zeitungen, Kommissionen oder Parteien für mehr Rationierung von Bauland einsetzen.« (2002, 3)

Wer heute ein Haus in die Landschaft setzt, verursacht keine höheren Schäden als diejenigen, die dies vor 40 Jahren getan haben - auch wenn er das Fass des Siedlungswachstums gewissermaßen zum Überlaufen bringt. Eine sozialen bzw. ethischen Kriterien entsprechende Begrenzung des Flächenverbrauchs ist weitaus schwieriger und komplexer als das »bloße« Unterlassen weiterer Baulandausweisungen. Es müsste ein nicht unerhebliches Problem sozialer Gerechtigkeit bezüglich der Verteilung der dann begrenzten Siedlungsfläche gelöst werden. Ihm ist man bisher »geschickt« aus dem Wege gegangen, indem die Bauflächenansprüche mehr oder weniger erfüllt wurden. - Um im Bild zu bleiben: Es ist einfacher, den Menschen ein immer größeres Fass hinzustellen, als darüber zu streiten, wie viel jeder ins Fass hineinschütten darf, und wer warum im Falle des Überlaufens die »Sauerei« aufputzen muss. Der Schutz der freien Landschaft wird ohne Wohlstandsverzichte in anderen Bereichen nicht zu haben sein, darauf wird sich die Gesellschaft einstellen müssen. Es mag stimmen, dass den meisten Menschen 300 m^2 eigener Garten lieber sind, »als viele freie Hektar Wiesen und Rübenacker« und Familien lieber auf der Erde als auf der Etage wohnen (Pfeiffer 2002, 3f.). Doch die Erfüllung solcher Wünsche erweist sich gesamtgesellschaftlich als fragwürdiger Weg. Denn bei knappen Umweltgütern ist die Freiheit des einen die Unfreiheit der anderen (Murswiek 1988, 986). Bereits heute sind die Lasten ungleich verteilt: Welche sozialen Schichten können es sich denn leisten, ein Eigenheim im Grünen zu bauen, wenn es ihnen angesichts der Betonierung ihres Wohnumfeldes zu eng wird? Und wer kann in den Ferien in die ferne Wildnis Kanadas flüchten, wenn es die fußläufig erreichbare Natur nicht mehr gibt? Neben den Eigentumsrechten gilt also auch bei den Nutzungsrechten gegenwärtig das Leistungs- bzw. Zufallsprinzip: Je reicher die Menschen, desto größer die erreichbare und bewohnte Fläche. Gerechter wäre es, wenn jedem das gleiche Recht auf eine bestimmte Wohnfläche zukäme. Wollte jemand eine größere bzw. überdurchschnittlich große Fläche bewohnen, müsste er Rechte von anderen kaufen oder steuerlich belastet werden.[24] Bezüglich der Nutzungsrechte kommt auch der Bauleitplanung eine zentrale Verantwortung zu. Das Eigentum steht unter Planvorbehalt und ist durch die Inhalts- und Schrankenbestimmung sowie seine Sozialpflichtigkeit gebunden. Mit der Verknappung wandelt sich der soziale Bezug der freien Landschaft. Dem müssen die Planungsverantwortlichen durch eine stärkere Berücksichtigung der Allgemeinheitsinteressen Rechnung tragen. Sie haben sich nicht zu »schämen«, wenn sie dem Baudruck des Eigentümers nicht nachgeben. Bei der planmäßigen Nutzung des Innenbereichs und der effizienten Verwendung des Siedlungsbestandes sind sie sogar dazu verpflichtet, sich in dessen – eben nicht nur private – Angelegenheiten »einzumischen«.

Das Miteigentum an Landschaft darf sich jedoch nicht in der Angewiesenheit des Bürgers auf das Wohlwollen der Planer und Politiker erschöpfen. Nach Oßenbrügge ist »die Gestaltung und Nutzung des Raumes ... abhängig von Interessen, für deren Realisierung Macht notwendig ist« (nach Höhmann 1999, 24). Nutzungsverteilungen spiegeln also immer auch Machtverteilungen wider. Die Ethik kann diese Macht nicht ersetzen. Denn nur zur Erkenntnis, nicht aber zur Anerkennung kann der Mensch argumentativ genötigt werden (Wimmer 1993, 166). Zudem lassen die Prinzipien der Nachhaltigkeit, Schadensvermeidung, Kostenminimierung und des Miteigentums an Landschaft erhebliche Interessenspielräume offen. Also muss sich die Ethik schließlich der Frage widmen, wie die daraus entstehenden Konflikte gelöst werden sollen. Zunächst ein Blick auf die derzeitige Praxis.

Der politische Prozess der Planung und die Abwägung privater und öffentlicher Belange

Prinzipiell kann sich die Gemeinde des gesamten Spektrums städtebaulicher Zielvorstellungen frei bedienen (Kuschnerus 2000, 15ff.). Zu diesem politischen Willensakt ist sie gemäß der kommunalen Planungshoheit nach Artikel 28 Grundgesetz und der Befugnis zur eigenverantwortlichen Bauleitplanung (§ 2 BauGB) gesetzlich legitimiert. Die planerische Gestaltungsfreiheit ist nur an die Vorgaben des zwingenden (Verfahrens)Rechts und die bindenden Vorgaben übergeordneter Planungen gebunden. Zu diesen externen Steuerungen tritt schließlich das Abwägungsgebot nach § 1 Abs.7 BauGB: »Bei der Aufstellung der Bauleitpläne sind die öffentlichen und privaten Belange gegeneinander und untereinander gerecht abzuwägen.« Auch die Aufforderung zum sparsamen Umgang mit Grund und Boden und zur Innenentwicklung (§ 1a Abs.2 BauGB) gehören zu diesen Belangen, die – obwohl sie als »Optimierungsgebote« ausgestaltet sind – von der Gemeinde mit anderen Interessen abgewogen werden.[25] Nach einer Äußerung des Bundesverwaltungsgerichtes ist das Abwägungsgebot verletzt, »wenn die Bedeutung der betroffenen privaten Belange verkannt oder wenn der Ausgleich zwischen den von der Planung berührten öffentlichen Belangen in einer Weise vorgenommen wird, die zur objektiven Gewichtigkeit einzelner Belange außer Verhältnis steht« (nach Uerpmann 1999, 287).

Eine Annäherung an dieses »objektive Gewicht« gestaltet sich jedoch äußerst schwierig. In der Praxis liegen keine exakten Interessengewichte vor, die man mit Sorgfalt auffinden könnte. Das konkrete Gewicht eines Belangs ergibt sich vielmehr aus dem Ausmaß seiner Betroffenheit und aus seiner prinzipiellen und situationsbedingten Wichtigkeit (ebd. S. 286). Eine harte Präferenzordnung, an der man sozusagen die Waage beim Wägen aufhängen oder justieren könnte, kann niemals für alle Fälle festgelegt werden. Zudem fehlt eine gemeinsame Maßeinheit, mit der die Belange untereinander »verrechnet« werden könnten. Welches Gewicht haben z.B. 158 Spaziergänger, die eine für ein Baugebiet vorgesehene Fläche einmal pro Woche zu ihrer Erholung nutzen, im Vergleich zu 14 Familien, denen dort der Wunsch eines Eigenheims im Grünen erfüllt werden soll? Solche Abwägungen zwischen den positiven und negativen Wirkungen des Flächenverbrauchs finden bei jeder Planungsentscheidung statt. Dabei werden die Gewichte der Belange weniger ermittelt als festgelegt, nämlich durch eine rational nicht nachvollziehbare Wertsetzung, die in enger Verbindung zur kommunalpolitischen Entscheidung steht. Bereits mit der Auswahl der berücksichtigten Tatsachen werden die Interessen gewichtet. Offiziell beinhaltet die Sammlung des Abwägungsmaterials insbesondere die Beteiligung der Bürger und Träger öffentlicher Belange. Diese kommt in der Praxis jedoch viel zu spät, nämlich wenn die verwaltungs- bzw. ratsinternen Entscheidungen größtenteils getroffen sind. Hier übernehmen auch die öffentlichen und privaten Planer aufgrund ihres fachlichen Informationsvorsprungs und des politischen Charakters der Entscheidungsvorbereitung zentrale politische Funktionen, für die sie demokratisch nicht legitimiert sind. Des Weiteren stellen die öffentlich verabschiedeten Beschlüsse und Pläne nur die sichtbare Oberfläche der Planungspolitik dar. Auf einem Nebenschauplatz besteht ein Netz von Kommunikationskanälen zwischen dem politisch-administrativen System und Grundstückseigentümern sowie finanzkräftigen Investoren. Diese Politikteppiche bleiben der Öffentlichkeit verborgen. Die im politischen Prozess vorgebrachten Argumente und die dahinter stehenden wahren Motive des »Engagements« müssen dabei deutlich unterschieden werden: Private Nutzenerwägungen werden häufig unter dem Deckmantel des Gemeinwohls und scheinbarer Objektivität versteckt, um überhaupt gehört zu werden. Das Abwägungsergebnis richtet sich meist danach, welches Gewicht sich einzelne Interessen verschaffen und mit welchem politischen Druck sie vorgetragen werden (Einig 1999, 549). Nachträglich wird es dann je nach den darin dominierenden Interessen mit einer »methodisch einwandfreien Begründung« (Uerpmann 1999, 283) »geschmückt«. Rechtlich geprüft werden kann allenfalls das Verfahren, nicht aber die Richtigkeit seiner Ergebnisse (Leisner 1997, 122).

Doch wer mag sich ein Urteil über die Richtigkeit der Abwägung anmaßen? In der Raumplanung geht es mit den Worten Lendis nicht um Raum und Zeit als solche, sondern um die Menschen in Raum und Zeit (2000, 19). Darüber ist man sich einig. Die politische und rechtliche Praxis geht offenbar davon aus, dass eine Planung *für* die Beplanten auch *ohne* die Beplanten möglich ist. Bei der Legitimation der Planung durch die Wahl des Gemeinderates und Bürgermeisters handelt es sich um eine Personalentscheidung. Das Wählervotum kann nicht als Entscheidung für einzelne Politikinhalte interpretiert werden. Und die formellen Beteiligungsmöglichkeiten im Rahmen der Bauleitplanung haben eher den Charakter eines Informationsinstrumentes. Die Zurückstellung und Bevorzugung von Interessen ist bei der Verteilung knapper Ressourcen unumgänglich. Es bleibt jedoch die Frage, in welchen Händen die Abwägung hinsichtlich der Richtigkeit und Interessenausgewogenheit ihrer Ergebnisse am besten aufgehoben ist.

Vom Wollen zum Sollen und zurück: Die Bürger(beteiligung) und der Flächenverbrauch

Die an Jürgen Habermas anknüpfende Idee des Diskurses geht davon aus, dass die Richtigkeit moralischer Urteile nicht empirisch ermittelt werden kann. Nur auf dem Wege der sozialen Interaktion und der Einbeziehung fremder bzw. aller Ansprüche können richtige Entscheidungen und das dafür notwendige Wissen erlangt werden. Die gegebenen Präferenzen sollen in einen »reinigenden« Diskurs gebracht und dort zu verallgemeinerbaren Interessen transformiert werden. Die Begründung einer Norm ergibt sich dabei aus ihrer intersubjektiven Anerkennungswürdigkeit. Zu den notwendigen Voraussetzungen eines idealen Diskurses gehören 1. die vollständige Inklusion der Betroffenen, 2. die Gleichverteilung von Argumentationsrechten und -pflichten, 3. die Zwanglosigkeit der Kommunikationssituation und 4. die verständigungsorientierte Einstellung der Teilnehmer (Habermas 2000, 52f.). Das Diskursprinzip bietet die Grundlage eines kommunikativen Planungsmodells: Pläne sollen als Produkte von zwanglosen Diskursen entstehen, in denen nicht egozentrische, sondern konsensorientierte Subjekte ihre Interessen mittels argumentativer Verständigung koordinieren (Reuter 2000, 6). Die Planung unterliegt jedoch nicht nur dem Habermas'schen »eigentümlichen Zwang des besseren Arguments« (ebd.), sondern ihr sind zeitliche, finanzielle und machtbedingte menschliche Grenzen gesetzt.[26] Insofern hat das Diskursmodell idealen Charakter: Es ist schwer und nicht vollständig realisierbar, jedoch immer angestrebt (ebd.). In der Praxis muss es durch Formen der Verhandlung und Kompromissfindung ergänzt werden.

Sicherlich ist die Gruppe der Bürger, die sich von der baulichen Ausdehnung ihres Wohnortes betroffen fühlen, oft weitaus kleiner, als mancher Naturschützer es sich wünschen würde. Doch das Schweigen der Mehrheit in Sachen Flächenverbrauch hat noch andere Ursachen. Dass die Bürger durch das »inhaltsleere Ritual« (Renn u. Oppermann 1995, 262) der formellen Beteiligung nicht angesprochen werden, muss nicht weiter verwundern. Was den Einblick der Bürger in den politischen Charakter und die Verfahrensabläufe der Planung betrifft, spricht Cattacin treffend von einer Akzeptanz der Beherrschung durch Unüberschaubarkeit der Machtstrukturen (1994, 9). Hinzu kommt, dass der Charakter der Landschaft als öffentliches Gut viele dazu verleitet, als »Trittbrettfahrer« an den Erfolgen weniger Landschaftsschützer zu partizipieren. Das Interesse an der Freifläche ist vermutlich weit verbreitet, aber nicht stark genug, um die vorgegebenen Beteiligungshindernisse zu überwinden. Diese werden von den Planungsverantwortlichen zum Teil bewusst hoch gehalten, mit dem Verweis auf die unzureichende Sachkenntnis und den in Bürgerinitiativen zu beobachtenden Egoismus der Planungsbetroffenen. Hier handelt es sich jedoch auch um Ursache-Wirkungs-Kreisläufe: Je mehr dem Bürger die Tür zum politischen Entscheidungssystem verriegelt wird, desto lauter klopft er an und desto unangemessener werden seine Vorstellungen von dem, was darin produziert werden soll. Von den Planungsbetroffenen kann niemals die Einsatzfreude eines potentiellen Flächenverbrauchers erwartet werden, denn ihr Beteiligungsnutzen steht in keinem Verhältnis zu den mit der Baulandausweisung verbundenen enormen finanziellen Vorteilen für den Grundstücksbesitzer. D.h. Planer und Politiker können ein ernsthaftes Interesse an den Betroffenen dadurch beweisen, dass der Beteiligungsaufwand in einem angemessenen Verhältnis zum Beteiligungsertrag steht. Erst dann können sie sich Aussagen darüber erlauben, ob der Bürger eine Meinung in Sachen Flächenverbrauch hat oder nicht. Bei dem Vorwand, die Bürgermitsprache sei ein unzulässiger Eingriff in den Machtbereich der Politiker, muss man nachfragen: *Wer* greift hier *wo* ein? Die Gemeinschaft aller Landschafts(mit)eigentümer hat ein Recht darauf, über die Nutzung ihrer Güter zu bestimmen. Sie steht dabei nicht in der Bringschuld, sondern die Verantwortlichen haben eine Holschuld, um überhaupt legitimierte Entscheidungen treffen zu können. Prinzipiell sollten die Schritte Normenfindung bzw. Wertstrukturierung, Faktenermittlung und Abstimmung jeweils von den Gruppen durchgeführt werden, die für die jeweilige Aufgabe die geforderte Kompetenz bzw. Legitimation besitzen (Renn u. Oppermann 1995, 269). Die politische Funktion öffentlicher und privater Planer ist in dieser Hinsicht nicht zu rechtfertigen und auf ein Mindestmaß zu reduzieren.

Seit Mitte der 80er Jahre ist eine kommunalpolitische Entwicklung zu beobachten, die auch die Planung berührt und in die Richtung des Diskursprinzip weist: aus Beteiligung wurde Kooperation. Während ‚Beteiligung' eine zentrale Entscheidung unterstellt, an der Dritte teilhaben *dürfen*, meint ‚Kooperation' gemeinsames Entscheiden: In Verhandlungen und Diskursen soll unter breiter Einbeziehung von Wissen, Interessen und Werten eine freiwillige Übereinkunft in Form eines Konsenses oder Kompromisses erzielt werden. Beispiele sind Lokale-Agenda-Prozesse bzw. die damit in Verbindung stehenden und bereits in den 60ern und 70ern verbreiteten Leitbilder zur Stadtentwicklung (vgl. Keppel u. Kersting 2004), Bürgerforen, Planungszellen und Mediationsverfahren. Wenngleich sie bereits zu einer wesentlichen Verständigung zwischen den Interessengruppen beitragen, können sie die Hoffnungen bisher nur unzureichend erfüllen. Finden die Verhandlungen zwischen Interessenvertretern statt, so bleibt die Mehrheit der betroffenen Bevölkerung Zuschauer. Zudem besteht das Problem, dass unorganisierte Interessen ausgeschlossen und die gesellschaftlichen Interessen nicht spiegelbildlich abgebildet werden. Des Weiteren ist das Themenspektrum oft stark überfrachtet, so dass Interessenkonflikte nur selten ausgestritten werden. Die Ergebnisse fallen entsprechend allgemein und unverbindlich aus.[27] Über deren Anbindung an die politischen Gremien besteht im Vorfeld meist keine Klarheit, was sich entsprechend negativ auf die Beteiligungsmotivation auswirkt und mitunter zu erheblichen Enttäuschungen bei den Bürgern führt. Wollen die neuen kooperativen Verfahren den Bürger ernst nehmen, müssen diese Defizite behoben werden.[28]

Kein anderes Instrument verändert das kommunale Machtgefüge so stark wie die direkte Demokratie. Hier wird eine Sachentscheidung mit einem Minimum an Bevormundung und mit einer breiten Inklusion der Betroffenen herbeigeführt (Jakubowski 1999, 214). Ein zentrales Argument ihrer Befürworter ist der einer Abstimmung vorangehende öffentliche Diskussions- und Argumentationsprozess, in dem sich der politische Wille der Bürger bilden kann und die gesellschaftlichen Meinungs- und Wissensbestände erweitert werden (ebd., 236). Wenn dieser gelingt und die Quoren angemessen ausgestaltet sind, kommt die direkte Demokratie dem Diskursprinzip näher, als viele oder gar alle anderen Beteiligungsinstrumente. Die Bauleitplanung wird als Themenbereich der direkten Demokratie in den Bundesländern nach wie vor unterschiedlich behandelt.[29] In Bayern machte der Politikbereich Bauleitpläne zwischen 1995 und 2004 mit 22 Prozent den zweitgrößten Anteil (nach öffentliche Infrastruktur: 23 Prozent) der Bürgerbegehren aus (Mehr Demokratie Bayern 2005, 14). »Gerade hier hätten die Bürger ein großes Interesse an Mitsprache«, betont auch die Initiative Mehr Demokratie Baden-Württemberg (2002). Die Überbauung einer konkreten Fläche für private Wohnzwecke ist meist im Interesse einer kleinen Minderheit. Deren Begünstigung mag in vielen Fällen notwendig sein, denn die Landschaft muss zu einem Teil wirtschaftlich bzw. privat genutzt werden. Doch wenn sich wie im Fall des Flächenverbrauchs auf beiden Seiten - auf öffentlicher und privater - Luxusinteressen gegenüberstehen, stellt sich die Frage, ob die Durchsetzung des Mehrheitswillens nicht in etlichen Fällen mindestens genauso angemessen wäre. Und »Schlimmeres« könnte bei einem Bürgerentscheid über Bauleitpläne kaum passieren. Vielmehr hätten die Bürger bei Bedarf die Chance, ihre Fremdbestimmung zu widerrufen und dem Flächenverbrauch einen Riegel vorzuschieben. Durch ihre bloße Existenz hat die direkte Demokratie einen präventiven Einfluss, der die Politiker zu einer Rückbindung an den Bürger zwingt. Sicher ist die Mehrheitsregel keine perfekte Entscheidungsform, aber vielleicht tatsächlich die beste aller schlechten. Habermas charakterisiert sie als »das fehlbare Ergebnis einer unter Entscheidungsdruck vorläufig beendeten Diskussion« (nach Reuter 2000, 15).

Für die Zukunft sollten Wege gesucht werden, die Vorzüge kooperativer und direkt-demokratischer Beteiligungsverfahren zu kombinieren. Für die Festlegung längerfristiger Flächennutzungsziele und die Vorbereitung der politisch-administrativen Entscheidung sind kooperative Beteiligungsformen geeignet. Ergänzend sollten den Bürgern verbindliche direkt-demokratische Entscheidungs- bzw. Kontrollrechte in der Bauleitplanung übertragen werden. Auch zur Legitimation oder Auswahl alternativer Ergebnisse von Verhandlungen zwischen Interessenvertretern könnten die Bürger zur Abstimmung gerufen bzw. repräsentativ befragt werden. Voraussetzung für einen mündigen Bürger ist die Transparenz der Planungspolitik und -verfahren. Verbunden mit dem bloßen Beteiligungs*angebot* wird diese vermutlich dazu führen, dass sich etliche »Fehleinschätzungen« und Ungerechtigkeiten im räumlichen Konflikt quasi von selbst korrigieren und der Andrang betroffener Bürger überschaubar bleibt. Langfristige Ziele im Umgang mit der Landschaft finden sich weder im »Himmel der Vernunft« oder auf dem »Reißbrett der Experten« (Abromeit 2002, 205) noch lassen sie sich durch Prognosen oder Trendfortschreibungen[30] ersetzen. Und fehlen sie ganz, ist der Flächenverbrauch von jeglichem Rechtfertigungsdruck befreit. Ein »richtiger« Umgang mit der bebauten und unbebauten Landschaft ist nur möglich, wenn der Entscheidungsprozess für alle betroffenen Interessen gleichermaßen offen ist. Abgesehen von wenigen Ausnahmen kann bisher von einer gerechten gesellschaftlichen Konfliktaushandlung nicht die Rede sein, weshalb die Frage, wann, ob und wo die Grenzen des Siedlungswachstums überschritten sind, kaum zu beantworten ist. Bei allen Forderungen nach einer Beteiligung der Betroffenen darf nicht vergessen werden, dass ein Großteil von ihnen noch nicht anwesend ist. Auch die Entscheidungsspielräume der Bürger hinsichtlich der Ausdehnung der Siedlungsfläche reichen nur so weit, als sie die Rechte der zukünftigen Generationen nicht verletzen.

Flächenverbrauch morgen und übermorgen

»Deutschland 2077 – ein bodenloser Alptraum aus Beton und Teer?« lautete eine Überschrift in der Frankfurter Rundschau im Jahr 1996. Dann blieben heute noch 71 Jahre, bis wir den Boden vollends unter den Füßen verloren hätten. Heute weiß man, dass diese Rechnung aus einer unzulässigen Fortschreibung vergangener Entwicklungen hervorging. Doch auch nach neuen Prognosen des Bundesamtes für Bauwesen und Raumordnung wird sich das Wachstum fortsetzen (nach BUND 2004, 10f.). Die aktuellen Zahlen beweisen hingegen, dass der Flächenverbrauch in Deutschland mit 93 ha/Tag im Jahr 2003 zum dritten Mal in Folge eine Reduzierung gegenüber dem Niveau zwischen 1997 und 2001 (129 ha/Tag) aufweist. Man ist sich jedoch einig, dass diese Entwicklung vor allem auf die konjunkturelle Schwäche zurückgeht und kein Grund zur Entwarnung besteht. Doch viel wichtiger als die Frage, was kommen wird, ist die Frage, wohin man gehen will. Der Boden ist eine endliche Ressource. Eines (schönen?) Tages wird das Siedlungswachstum zum Stillstand kommen. Die Zukunft wird zeigen, ob die Menschen diese vorgegebene Grenze erfahren oder sich selbst eine Grenze ihrer Bautätigkeit setzen werden. So unumgänglich eine Flächenkreislaufwirtschaft langfristig ist, so schwierig ist die Einigung auf quantitative und zeitliche Vorgaben (ebd., 22). Mit dem in der Nachhaltigkeitsstrategie formulierten Ziel, die tägliche Zunahme der Siedlungs- und Verkehrsfläche bis 2020 auf 30 ha zu reduzieren, wurde erstmalig ein politisch verbindlicher Zielwert festgelegt (Schultz u. Dosch 2005, 11). Dies beweist die breite gesellschaftliche Sorge um die Zukunft von Stadt und Landschaft (Bachmann 2005, 200), vielleicht befinden wir uns in einer Zeit der Grenzerfahrung. Abgesehen davon, wie das »Ziel-30-ha« begründet und legitimiert ist - Warum sind es nicht 5 oder 70 ha? - sind die Experten bezüglich seines Erreichens angesichts fehlender Konkretisierungen, der verbleibenden Zeit und der trotz jahrzehntelanger Diskussion geringen Erfolge noch skeptisch.

Vermutlich ist der Flächenverbrauch heute für die meisten Menschen noch keine Last, unter der man zusammenbricht. Aus der fehlenden Gefahrensituation folgt jedoch nicht, dass man wie bisher Flächen verbrauchen könnte oder gar sollte. Und zwar aus fünf Gründen: Erstens bedeutet die Tatsache, dass der Flächenverbrauch heute noch keine Gefahr ist, nicht, dass er kein Problem für die morgen Lebenden sein wird. Bei der baulichen Inanspruchnahme der Landschaft hat die Regel eines konstanten Naturkapitals zu gelten. Zum Zweiten können wir bei der Beurteilung des Flächenverbrauchs nicht nur von seinen direkten Wirkungen ausgehen. Die Ausdehnung der Siedlungsflächen trägt zumindest eine Teilverantwortung für die schädlichen Wirkungen des steigenden Verkehrsaufkommens. Zum Dritten besteht im baulichen Umgang mit der Fläche nicht nur Handlungsbedarf in Notsituationen. Es gibt zahlreiche Möglichkeiten, einen Teil der hinter dem Flächenverbrauch stehenden Interessen auf weniger zerstörerischem Wege zu berücksichtigen. Viertens stellt heute nicht nur das Siedlungswachstum keine direkte Gefahr für den Menschen dar, sondern auch seine Unterlassung. Denn die Landschaft gibt weit mehr her, als zur Gefahrenvermeidung nötig wäre. Das Schutzprinzip ist deshalb durch das Prinzip gleicher Teilhabe zu ergänzen. Im Umgang mit der Landschaft sind die Nutzungs- und Entscheidungsrechte sowie die mit dem Flächenverbrauch verbundenen Kosten und Nutzen gerecht zu verteilen. Und schließlich sollten wir fünftens nicht warten, bis der Flächenverbrauch zu einer Gefahr geworden ist. Gerade weil es noch keine Not gibt, können wir heute vorsorgend handeln.

»Eng beieinander wohnen die Gedanken, doch hart im Raume stoßen sich die Sachen«, bemerkte Goethe einmal. Tatsächlich sind moralische und ethische Einsichten oft weniger strittig als die persönliche bzw. politische Entscheidung für ihre Umsetzung. Ohne sie ist aber jede Ethik für die Praxis folgenlos. Rechtliche Ziele, politische oder gesellschaftliche Wünsche und vor allem Instrumente zur Reduzierung des Flächenverbrauchs gibt es genug, sie warten auf den Willen zu ihrer Anwendung. Doch was wir tun sollen, stößt sich hart im Raume mit dem, was wir tun wollen, mit dem was Geld bringt und was die Egoismen und Mächtigen uns zu tun gebieten. Politiker und Planer bestimmen über den Raum und das raumbezogene Verhalten von Menschen. Ebenso hat der Grundeigentümer große Macht über sein - oder besser das ihm anvertraute - Stück Landschaft. Ihnen kommt im Umgang mit der Fläche eine besonders hohe Verantwortung zu. Doch kein Mensch muss tatenlos zusehen. Jeder Einzelne kann seinen persönlichen, auf der ganzen Welt verstreuten Flächenverbrauch ethisch hinterfragen und in seiner Verantwortung als (Flächen)Verbraucher und mündiger Bürger zu einem besseren Umgang mit Grund und Boden beitragen. Auch die Bürger können sich irren. Doch es ist zu bezweifeln, ob der Umgang mit der Landschaft besser sein kann, als die moralische Gesinnung der Gesellschaft.

Anmerkungen

[1] Landesnaturschutzverband Baden-Württemberg 2005

[2] Aussage eines Stadtrats im Leitlinienprozess »Tübingen 2030 – Leitlinien für eine nachhaltige Stadtentwicklung« (2002)

[3] siehe Lendi et al. 2004

[4] zur Flächenstatistik siehe Statistisches Bundesamt 2004

[5] insbesondere das Raumordnungsgesetz (ROG), das Baugesetzbuch (BauGB) und die Landesplanungsgesetze

[6] Abgesehen vom direkten Verkehrs- und Parkflächenbedarf bedingt sie die heute entgrenzte Lebensweise des Menschen: Die landwirtschaftlich und zur Erholung genutzten Flächen in der nahen Umgebung werden scheinbar »überflüssig«, und die Attraktivität des ländlichen Raumes wird durch den motorisierten Individualverkehr erheblich begünstigt. Und schließlich gilt dieser als die Hauptursache für die Unwirtlichkeit unserer Städte. Der »Exodus auf das Land« erscheint vielen als Ausweg. Die damit verbundene Abhängigkeit vom Auto verstärkt jedoch genau die Probleme, denen man selbst entflohen ist.

[7] vgl. Hesse et al. 2005, 2; zu den Ursachen des Flächenverbrauchs siehe z.B. BUND 2004, 13f.

[8] Neumann u. Sieverts 1997, 44

[9] vgl. Häussermann u. Siebel 2004, 73; Hesse u. Kaltenbrunner 2005, 19

[10] Schwäbisches Tagblatt vom 28.01.2005

[11] Kommentare zu einer sich gegen ein neues Baugebiet wehrenden Bürgerinitiative in Pliezhausen-Rübgarten (2005)

[12] Wie ein Mensch alternative Landschaftsnutzungen tatsächlich bewertet, würde man daran erkennen, wie er ein Stück Land nutzen würde, wenn ihm nur dies eine zur Verfügung stände. Sicher würde er es teilweise bebauen und freihalten.

[13] Der Flächenverbrauch zehrt auch an anderen natürlichen Ressourcen z.B. der Artenvielfalt. Ihr Erhalt ist jedoch nicht direkt an die Fläche gebunden und zudem ist der gegenwärtige Artenbestand nur bedingt natürlich. Auch die Baustoffe werden letztlich der Natur entnommen. Hierauf werde ich im Folgenden jedoch nicht weiter eingehen.

[14] Jörg Schneider vom Werkbüro für Boden und Bodenschutz in Beuren (mündlich, 2004)

[15] Zur Anwendung des »false-negative/false-positive«-Kriteriums siehe Ott 2003, 220. Die Pflicht zum Erhalt der natürlichen Bodenfunktionen wirft die Frage nach der Ersetzbarkeit von Naturkapital auf. Dies ließe sich im Sinne einer schwachen Nachhaltigkeit so weit treiben, dass auf einem zerstörten Boden Gebäude errichtet werden, in denen auf Nährstofflösungen Lebensmittel produziert werden (Held u. Nutzinger 2001, 34). Weil künstlichen Substituten die Multifunktionalität ökologischer Systeme fehlt, wäre damit aber nur eine Bodenfunktion ersetzt. Und wann könnten die Funktionen einer natürlichen Ressource als gleichwertig ersetzt gelten? Die Beantwortung dieser Frage setzt voraus, dass alle potentiellen Bodenfunktionen bekannt sind, was unmöglich ist, und zudem verlangt sie Wertsetzungen, die nicht stellvertretend von heutigen Generationen vorgenommen werden dürfen.

[16] Die Bodenzuwachsrate beträgt etwa 0,1 mm pro Jahr. Diese variiert aber je nach Flächennutzung und Bodenfunktion erheblich. Außerdem kann die Zerstörung von 1 m^2 Boden nicht durch den Zuwachs von 1 m^2 Boden ausgeglichen werden, da dieser auf die ganze Fläche Deutschlands verteilt ist und somit keinen nutzbaren Ersatz darstellt.

[17] siehe das Forschungsvorhaben »Fläche im Kreis« des Bundesamtes für Bauwesen und Raumordnung bzw. Deutschen Instituts für Urbanistik (www.flaeche-im-kreis.de)

[18] Über den Zusammenhang zwischen Flächenverbrauch und psychischer Gesundheit lässt sich nur wenig Verallgemeinerbares sagen. Die psychische Gesundheit ist ein komplexes Zusammenwirken vieler Faktoren, insofern ist auch das menschliche Verhältnis zur Natur in weiten Teilen ein unbewusstes (Gebhard 2000, 46). Es ist zudem in hohem Maße soziokulturell überformt und die Menschen zeigen sich bezüglich der Umweltveränderung sehr anpassungsfähig. Vielleicht haben einige Großstadtbewohner noch nie Natur zu Gesicht bekommen. Mit einem Urteil darüber, ob sie mehr oder weniger psychisch krank sind

als die Landmenschen, sollte man vorsichtig sein. Die Frage, ob »Flächenschwund und Seelenfraß Hand in Hand gehen« (Weinzierl 2003, 13), lässt man deshalb besser offen oder beantwortet sie allenfalls für sich selbst. Ein Indianer würde vielleicht sagen: Erst wenn der letzte Quadratmeter versiegelt ist, werdet ihr merken, ob Flächenverbrauch psychisch krank macht.

[19] Einen Teil der Inhalts- und Schrankenbestimmung des Eigentums (Art. 14) übernimmt die Bauleitplanung, indem sie Nutzungsrechte zulässt und ausschließt. Da Baurechte regelmäßig auch Eigentümern zufallen, die gar nicht bauen wollen oder die Fläche aus Spekulationsgründen dem Markt vorenthalten, entsteht ein »Bauland-Paradoxon«: Es liegt ein Baulandüberschuss vor und dennoch beklagen bauwillige Private einen Mangel an geeigneten Baugrundstücken (Davy 1996, 199). Bundesweit sind im Wohnbereich ca. 15 Prozent des ausgewiesenen Baulands nicht bebaut (Louis 2002, 63).

[20] vgl. Murswiek 1997, 213ff.

[21] nach Isensee 1996, IV

[22] Die Grundrechte erfassen nur den Bereich der Umwelt, der zum Schutz von Leben und körperlicher Unversehrtheit nötig ist.

[23] Eine Vergesellschaftung des Bodens (Art. 15 Grundgesetz) wäre mit denselben Gründen wie die Sozialisierung des Wassers im »Nassauskiesungs-Urteil« von 1981 durchaus zu rechtfertigen (Schmidt 1998, 962).

[24] Die Wohnfläche wäre auf die Bodenfläche zu projizieren. Damit würde sich gleichzeitig die Effizienz der Flächenausnutzung steigern. Dieses Modell ist als grobe Idee anzusehen, Wirtschaftswissenschaftler und Steuerexperten könnten hier sicher einiges hinzufügen. Über ökonomische Instrumente zur Reduzierung des Flächenverbrauchs wird derzeit verstärkt diskutiert.

[25] siehe Kuschnerus 2000, 18 und Battis et al. 2005, 100

[26] zu den Bedenken bei der Umsetzung des Diskursprinzips in der Planung siehe Reuter 2000, 7

[27] So beinhaltete z.B. das übergreifende Prinzip zur nachhaltigen Stadtentwicklung im Leitlinienprozess der Stadt Tübingen (2001-2003) am Ende nichts anderes als das Baugesetzbuch ohnehin vorgibt: »Der Verbrauch von freier Landschaft für Siedlungs- und Verkehrsflächen wird weitestgehend vermieden. Priorität hat die Nutzung von Brachflächen, Leerständen, Baulücken und sonstigen innerörtlichen Potenzialen. Eine Ausweitung der Siedlungsfläche - im Interesse des Gemeinwohls, z. B. auch zur Sicherung der Infrastruktur in den Teilorten - bedarf einer nachvollziehbaren Prüfung und Begründung. Stadtökologische Aspekte müssen dabei systematisch berücksichtigt werden« (Stadt Tübingen 2003, 4).

[28] Das Modell »kooperativer Diskurs« bzw. seine Weiterentwicklung (Renn u. Webler 1997; Oppermann u. Lang 2003) und das Beteiligungsverfahren zum Flächennutzungsplan Freiburg i.B. liefern hier positive Anhaltspunkte.

[29] In vielen Bundesländern ist sie ein einschneidender Schwerpunkt von Ausschlusskatalogen. Bayern, Hessen, Sachsen und Sachsen-Anhalt kennen jedoch keinen solchen Ausschlusstatbestand bezüglich Bauleitplänen (Geitmann 2003).

[30] Auf diesem Wege wird das Siedlungswachstum nicht selten zu einer sich selbst erfüllenden Prophezeiung. Einerseits wird beklagt, dass sich das Siedlungswachstum zunehmend von der Bevölkerungsentwicklung entkopple. Und auf der anderen Seite wird der Trend steigender Wohnflächenansprüche systematisch in die Wohnbauflächenbedarfsrechnung einbezogen und als Rechtfertigung zukünftiger Bedarfe herangezogen, also (un)bewusst verstärkt. Auch die Zugrundelegung von Wanderungsgewinnen ist eine versteckte Wertsetzung. Hier wird weniger auf Wanderungen reagiert, sondern diese werden eher provoziert. Und wenn alle Kommunen Flächen für Wanderungsgewinne bereitstellen, aber keine Kommune auf Wanderungsverluste mit Rückbau oder Zurücknahme von Baulandausweisungen reagiert, muss die Wohnfläche pro Kopf zwangsläufig zunehmen.

Literatur

Abromeit, Heidrun 2002: Wozu braucht man Demokratie? Leske+Budrich, Opladen.

Bachmann, Günther 2005: Grenzen der Siedlungserweiterung? Was sich der Rat für Nachhaltigkeit vom »Ziel-30-ha« verspricht. Informationen zur Raumentwicklung 4-5, 199-203.

Baldauf, Gerd 2003: Innenentwicklung PUR - planen und realisieren. Wirtschaftsministerium Baden-Württemberg, Ministerium für Umwelt und Verkehr Baden-Württemberg, Stuttgart.

Battis, Ulrich; Krautzberger, Michael u. Löhr, Rolf-Peter 2005: Baugesetzbuch. Beck, München.

Binswanger, Christoph 1978: Eigentum und Eigentumspolitik. Schulthess, Zürich.

BMU (Bundesministerium für Umwelt, Naturschutz und Reaktorsicherheit) (Hrsg.) 2004: Umweltbewusstsein in Deutschland 2004. Berlin.

BUND (Bund für Umwelt und Naturschutz Deutschland) 2004: Zukunftsfähige Raumnutzung. Boden gutmachen! Positionen 40. Natur&Umwelt Verlags GmbH, Berlin.

Bundesregierung (Hrsg.) 2004a: Perspektiven für Deutschland. Unsere Strategie für eine nachhaltige Entwicklung. Fortschrittsbericht 2004. Berlin, Paderborn.

Bundesregierung 2004b: Antwort der Bundesregierung auf die Große Anfrage der CDU/CSU zur Reduzierung der zusätzlichen Flächennutzung für Verkehrs- und Siedlungszwecke. Bundestags-Drucksache 15/4772.

Burmeister, Joachim 1999: Grundrechtsschutz des Eigentums außerhalb der Eigentumsgarantie. In: Isensee, Joseph (Hrsg.): Freiheit und Eigentum. Duncker & Humboldt, Berlin, 657-677.

Cattacin, Sandro 1994: Stadtentwicklungspolitik zwischen Demokratie und Komplexität. Campus, Frankfurt a.M., New York.

CDU/CSU 2004: Reduzierung der zusätzlichen Flächennutzung für Verkehrs- und Siedlungszwecke. Große Anfrage an den Deutschen Bundestag. Bundestags-Drucksache 15/3362.

Davy, B. 1996: Baulandsicherung: Ursache oder Lösung eines raumordnungspolitischen Paradoxons? Zeitschrift für Verwaltung 2, 193-208.

Dick, Eugen 1986: Mehr Siedlungsfläche: Nicht Flächenverbrauch, sondern bessere Bodennutzung. Stadtbauwelt 92, 1824-1825.

Düwell, Marcus 2001: Angewandte Ethik. In: Holderegger, Adrian u. Wils, Jean-Pierre (Hrsg.): Interdisziplinäre Ethik: Grundlagen, Methoden, Bereiche. Universitätsverlag, Freiburg i.B., 165-184.

Düwell, Marcus 2003: Zum Verhältnis von Ethik und Recht - umweltethische Perspektiven. In: Bobbert, Monika; Düwell, Marcus u. Jax, Kurt (Hrsg.): Umwelt - Ethik - Recht. Francke, Tübingen, 8-28.

Einig, Klaus 1999: Die Bedeutung der Raumplanung für den vorsorgenden Schutz des Bodens vor Versiegelung. Informationen zur Raumentwicklung 8, 535-553.

Einig, Klaus 2005: Regulierung des Siedlungsflächenwachstums als Herausforderung des Raumordnungsrechts. DISP 160, 48-57.

Gebhard, Ulrich 2000: Naturschutz, Naturbeziehung und psychische Entwicklung. Naturschutz und Landschaftsplanung 2-3, 45-48.

Geitmann, Roland 2003: Gesetzlich geregelte Beteiligungsverfahren und Bürgerentscheid (unveröffentlichte Stellungnahme)

Grefe, Christiane 2003: Wie man in Deutschland Natur erlebt. Die Zeit 43, 36-37.

Habermas, Jürgen 2000: Richtigkeit versus Wahrheit - Zum Sinn der Sollgeltung moralischer Urteile und Normen. In: Edelstein, Wolfgang u. Nunner-Winkler, Gertrud (Hrsg.): Moral im sozialen Kontext. Suhrkamp, Frankfurt a.M., 35-54.

Häussermann, Hartmut u. Siebel, Walter 2004: Stadtsoziologie. Campus, Frankfurt a.M.

Heiland, Stefan; Reinke, Markus u. Siedentop, Stefan 2004: Beitrag naturschutzpolitischer Instrumente zur Steuerung der Flächeninanspruchnahme. Naturschutz und Landschaftsplanung 10, 293-298.

Held, Martin u. Nutzinger, Hans G. 2001: Nachhaltiges Naturkapital - Perspektive für die Ökonomik. In: Held, Martin u. Nutzinger, Hans G. (Hrsg.): Nachhaltiges Naturkapital. Ökonomik und zukunftsfähige Entwicklung. Campus, Frankfurt a.M., 11-49.

Hesse, Markus u. Kaltenbrunner, Robert 2005: Zerrbild »Zersiedelung«. DISP 160, 16-22.

Höhmann, Marc 1999: Flächenrecycling als raumwirksame Interaktion. Geographisches Institut Köln, Köln.

Isensee, Josef 1996: Vorwort des Herausgebers. In: Isensee, Josef (Hrsg.): Eigentum. Schriften zu Eigentumsrecht und Wirtschaftsverfassung 1970-1996 von Walter Leisner. Duncker & Humboldt, Berlin, I-XII.

Jakubowsky, Peter 1999: Demokratische Umweltpolitik. Lang, Frankfurt a.M.

Jörissen, Juliane u. Coenen, Reinhard 2005: Instrumente zur Steuerung der Flächennutzung: Eine Befragung interessierter und betroffener Akteure. DISP 160, 103-105.

Keppel, Holger u. Kersting, Marc O. 2004: Stadtentwicklungsplanung in der Praxis. Kersting, Rottenburg a.N.

Krau, Ingrid 1994: Innenentwicklung contra Außenentwicklung - ökologisches Dilemma? Informationen zur Raumentwicklung 3, 215-222.

Kühn, Manfred 1998: Stadt in der Landschaft - Landschaft in der Stadt. Informationen zur Raumentwicklung 7-8, 495-507.

Kuschnerus, Ulrich 2000: Die »Nachhaltigkeit« im Abwägungsprozess und in der gerichtlichen Überprüfung. Zeitschrift für deutsches und internationales Bau- und Vergaberecht 1, 15-21.

Landesnaturschutzverband Baden-Württemberg (Hrsg.) 2005: Ende im Gelände. Lesebuch und Film. Wasmuth, Tübingen.

Leisner, Walter 1993: Eigentum in engen Rechtsschranken des Umweltschutzes. In: Isensee, Joseph (Hrsg.): Eigentum. Schriften zu Eigentumsrecht und Wirtschaftsverfassung 1970-1996 von Walter Leisner. Duncker & Humboldt, Berlin, 414-440.

Leisner, Walter 1997: Der Abwägungsstaat. Verhältnismäßigkeit als Gerechtigkeit? Duncker & Humboldt, Berlin.

Lendi, Martin 2000: Ethik und Raumplanung - Raumplanungsethik. DISP 141, 17-27.

Lendi, Martin, Hübler, Karl-Heinz (Hrsg.) 2004: Ethik in der Raumplanung. Zugänge und Reflexionen. Veröffentlichungen der Akademie für Raumforschung und Landesplanung: Forschungs- und Sitzungsberichte 221. Hannover.

Louis, Hans W. 2002: Bodenschutz in der Bauleitplanung. Natur und Recht 2, 61-72.

Mehr Demokratie Baden-Württemberg 2002: Mehr Demokratie sieht Baden-Württemberg als Schlusslicht bei Bürgerentscheid. Pressemitteilung vom 25.2.2002 (http://www.mehr-demokratie.de/bw/presse-2522002.htm) 21.05.02

Mehr Demokratie Bayern 2005: Neun-Jahresbericht bayerischer Bürgerbegehren und Bürgerentscheide. München.

Murswiek, Dietrich 2004: Schadensvermeidung - Risikobewältigung - Ressourcenbewirtschaftung. In: Osterloh, Lerke; Schmidt, Karsten u. Weber, Hermann (Hrsg.): Staat, Wirtschaft, Finanzverfassung. Duncker & Humboldt, Berlin, 417-442.

Murswiek, Dietrich 1988: Freiheit und Freiwilligkeit im Umweltrecht. Juristenzeitung 21, 985-993.

Murswiek, Dietrich 1997: Die Nutzung öffentlicher Umweltgüter: Knappheit, Freiheit, Verteilungsgerechtigkeit. In: Gröschner, Rolf u. Morlok, Martin (Hrsg.): Rechtsphilosophie und Rechtsdogmatik in Zeiten des Umbruchs. Steiner, Stuttgart, 207-222.

Murswiek, Dietrich 2002: »Nachhaltigkeit« - Probleme der rechtlichen Umsetzung eines umweltpolitischen Leitbildes. In: Natur und Recht 11, 641-648.

Neumann, Klaus u. Sieverts, Thomas 1997: Vom bösen Bauen und der guten Natur. DISP 128, 44-48.

Oppermann, Bettina u. Lang, Kerstin 2003: Verfahren und Methoden der Bürgerbeteiligung in kommunalen Politikfeldern. Akademie für Technikfolgenabschätzung in Baden-Württemberg, Stuttgart.

Ott, Konrad 2003: Zu einer Konzeption starker Nachhaltigkeit. In: Bobbert, Monika; Düwell, Marcus u. Jax, Kurt (Hrsg.): Umwelt - Ethik - Recht. Francke, Tübingen, 202-229.

Pfeiffer, Ulrich 1986: Zur Lage. Flächenbedarf: weniger verbrauchen, besser nutzen, ökologisch umrüsten. Stadtbauwelt 91, 1331.

Pfeiffer, Ulrich 2002: Das Eigenheim zwischen Ökosünde und Wachstumsmotor. empirica paper 63. (http://www.empirica-institut.de/kufa/empi063up.pdf) 23.7.2005

Renn, Ortwin u. Oppermann, Bettina 1995: »Bottom-up« statt »Top-down« - Die Forderung nach Bürgermitwirkung als (altes und neues) Mittel zur Lösung von Konflikten in der räumlichen Planung. In: Ritter, Ernst-Hasso (Hrsg.): Stadtökologie: Konzeptionen, Erfahrungen, Probleme, Lösungswege. Analytica, Berlin, 257-276.

Renn, Ortwin u. Webler, Thomas 1997: Steuerung durch kooperativen Diskurs. In: Köberle, Sabine (Hrsg.): Diskursive Verständigung? Nomos, Baden-Baden, 64-100.

Reuter, Wolf 2000: Zur Komplementarität von Diskurs und Macht in der Planung. DISP 141, 4-16.

Sachs, Wolfgang 2002: Nach uns die Zukunft. Brandes & Apsel, Frankfurt a.M.

Schiller, Georg u. Siedentop, Stefan 2005: Infrastrukturfolgekosten der Siedlungsentwicklung unter Schrumpfungsbedingungen. DISP 160, 83-93.

Schmidt, Reiner 1998: Umweltschutz durch Grundrechtsdogmatik. In: Ruland, Franz; Baron von Maydell, Bernd u. Papier, Hans-Jürgen (Hrsg.): Verfassung, Theorie und Praxis des Sozialstaats. Müller, Heidelberg, 947-963.

Schultz, Barbara u. Dosch, Fabian 2005: Trends der Siedlungsflächenentwicklung und ihre Steuerung in der Schweiz und Deutschland. DISP 160, 5-15.

Siedentop, Stefan 2002: Innenentwicklung als Leitbild einer nachhaltigen Stadtentwicklung? In: Naturschutzbund Deutschland (Hrsg.): Flächen intelligent nutzen. Dokumentation der NABU-Fachtagung am 8./9.11.2001 in Erfurt. Bonn, 37-48.

Siedentop, Stefan 2005: Urban Sprawl - verstehen, messen, steuern. DISP 160, 23-35.

Stadt Tübingen 2003: Tübingen 2030 - Leitlinien für eine nachhaltige Stadtentwicklung. (http://www.tuebingen.de/formulardownload/leitlinien_endfassung.pdf) 26.7.2005

Statistisches Bundesamt (Hrsg.) 2004: Siedlungs- und Verkehrsfläche nach Art der tatsächlichen Nutzung 2004. Erläuterungen und Eckzahlen. (http://www.destatis.de/download/d/ugr/suv2004.pdf) 23.7.2005

Uerpmann, Robert 1999: Das öffentliche Interesse. Mohr Siebeck, Tübingen.

Vorholz, Fritz 2002: Ein Land aus Beton. Die Zeit 46, 19-20.

Weinzierl, Hubert 2003: Kein schöner Land? BUND-Magazin 3, 12-13.

Wimmer, Rainer 1993: Zur Eigenart moralischer Beurteilungen und ihrer anthropologischen Begründung. In: Wils, Jean-Pierre (Hrsg.): Orientierung durch Ethik? Schöningh, Paderborn, 149-167.

Christian Bartolomäus und Konrad Ott

Klima- vs. Naturschutz? Zum Konflikt um den Ausbau der Offshore-Windenergienutzung

Foto: © Paul Langrock/Zenit/Greenpeace, 15.5.2001

Offshore-Windpark »Middelgrunden« im Øresund nahe Kopenhagen. Die 20 Windenergieanlagen mit je 2 Megawatt Leistung wurden bereits im Jahr 2001 installiert und erzeugen jährlich eine Strommenge, die etwa 3 Prozent des Stromverbrauchs der dänischen Hauptstadt entspricht.

Dokumentation

Auszug aus einer Greenpeace-Veröffentlichung vom 20. Januar 2005

[...] Um die schlimmsten Auswirkungen des menschengemachten Klimawandels aufzuhalten, müssen die Kohlendioxid-Emissionen bis zum Jahr 2050 international um 80 Prozent gesenkt werden. Ohne den Einsatz der Windenergie an Land und auf See ist dieses Ziel weder weltweit noch für Europa oder für Deutschland erreichbar.

[...] »Wir müssen jetzt anfangen, das Windenergiepotenzial auf See zu nutzen«, sagt Greenpeace-Energieexperte Jörg Feddern. »Angesichts des fortschreitenden Klimawandels müssen wir den naturverträglichen Ausbau der Offshore-Windenergie jetzt in Angriff nehmen«.

Erste positive Erfahrungen mit Windkraftanlagen auf See, so genannte Offshore-Windparks, konnten in Dänemark gemacht werden. Mit Hilfe der stärkeren Winde auf dem offenen Meer können bis zu 40 Prozent mehr Energie gewonnen werden als an der Küste. Die Studie *Windstärke 12* prognostiziert der Windkraft für die nächsten zehn Jahre ein jährliches Wachstum von 25 Prozent. Dabei entstünden insgesamt 2,3 Millionen Arbeitsplätze weltweit in der Produktion, Installation und anderen mit der Industrie verbundenen Tätigkeiten.

Einleitung

Die verstärkte Nutzung erneuerbarer Energien ist ein zentrales Element der deutschen, aber auch der europäischen und der globalen Umweltpolitik. Angesichts der drohenden Gefahren eines rasanten Klimawandels reicht es nicht, die Energieversorgung erst langfristig auf eine CO_2-freie Basis umzustellen. Vielmehr müssen bereits heute spürbare Anstrengungen unternommen werden, die klimabelastenden Primärenergieträger Kohle, Erdöl und Erdgas durch klimafreundlichere Alternativen zu ersetzen. Diese Aufgabe wird durch den beschlossenen Ausstieg aus der Atomenergienutzung noch erschwert. Mit der Förderung erneuerbarer Energien wurden in den letzten Jahren in Deutschland erste Schritte in Richtung einer klimaverträglichen Energieversorgung getan. Dabei hat insbesondere die Windenergienutzung einen rasanten Aufschwung genommen. Mittlerweile liefern die an Land installierten Windenergieanlagen (WEA) einen Anteil von etwas mehr als vier Prozent des deutschen Stromverbrauchs. Windkraft hat damit die Wasserkraft als bisher größte regenerative Energieerzeugungsart überholt (Daten für das Jahr 2004; BMU 2005). Da allerdings im Binnenland bereits die meisten konfliktarmen, windreichen Flächen belegt sind, ist dort in Zukunft kein weiterer »stürmischer« Ausbau mehr zu erwarten. Nach Prognosen des Deutschen Windenergie-Instituts (DEWI) wird der Anteil des an Land erzeugten Anteils an der gesamten Stromproduktion ab dem Jahr 2005 nur noch langsam steigen – von etwa 4,5 Prozent im Jahr 2005 auf knapp 7 Prozent im Jahr 2030 (BMU 2001). Diese Zunahme wird kaum mehr durch zusätzlich aufgestellte WEA entstehen, sondern im Wesentlichen durch »Repowering« – das Ersetzen alter WEA durch neue, leistungsstärkere Anlagen.

Um den Anteil des mit WEA erzeugten Stroms weiter substanziell zu erhöhen, ist deshalb das Ausweichen auf das Meer geplant: In einer Reihe großer Offshore-Windparks in Nord- und Ostsee sollen zukünftig erhebliche Strommengen produziert werden. Entsprechend einer im April 2002 verabschiedeten Strategie der Bundesregierung (2002) zur Windenergienutzung auf See sollen dabei in Nord- und Ostsee bis zum Jahr 2025/2030 Offshore-Windparks mit einer Gesamtleistung von 20 000 bzw. 25 000 MW installiert werden. Mit diesen Windparks ließen sich 70 bis 85 TWh Strom je Jahr produzieren - dies entspricht etwa 15 Prozent des deutschen Stromverbrauchs im Bezugsjahr 1998. Als Zwischenziele sollen mittelfristig mindestens 500 MW bis zum Jahr 2006 beziehungsweise 2 000 bis 3 000 MW bis zum Jahr 2010 installiert werden. Damit betrüge die auf See erzeugte Strommenge im Jahr 2030 bereits mehr als das Doppelte der an Land mittels WEA erzeugten Strommenge.

Auszug aus einer Pressemitteilung des Tourismusverbandes Rügen e. V. vom 25. Februar 2005:

[...] Der Verband befürchtet durch die riesigen Masten der Offshore-Anlagen negative Folgen für den Tourismus und damit die Gefährdung der Lebensgrundlage der Insel.

[...] Die Argumentation der Windkraftanlagen-Befürworter ist also höchst zweifelhaft. Windkraftanlagen sind ökonomischer Unsinn, ökologisch schädlich und vernichten Arbeitsplätze im Tourismus.

Der Vorsitzende des Tourismusverbandes Rügen, Thomas Wuitschik, unterstreicht noch einmal unmissverständlich: »Ein einmal zerstörtes Küstenpanorama wird schwerwiegende Imageschäden nach sich ziehen. Erholung werden Gäste dann in Feriengebieten ohne störende Rotorbewegungen suchen! An eine mögliche Havarie und deren Folgen möchte ich gar nicht erst denken. Besonders irritiert bin ich auch darüber, dass von Umwelt- und Naturschutzverbänden keine Äußerungen zu diesem Thema kommen.«

Kritiker führen allerdings an, dass Bau und Betrieb großer Offshore-Windparks eine Reihe negativer Auswirkungen auf die Meeresumwelt haben könnten. Zu nennen sind hier etwa potenzielle Konflikte mit Belangen des Naturschutzes, Fragen der Schiffssicherheit oder landschaftsästhetische Aspekte. Insofern besteht hier ein Zielkonflikt zwischen Klimaschutz auf der einen und Natur- und Landschaftsschutz auf der anderen Seite. Beide Belange gehen über partikulare Interessen hinaus und werden zum Wohle der Allgemeinheit verfolgt. Die Abwägung zwischen ihnen verkompliziert sich weiter, wenn man bedenkt, dass ein nur wenig oder gar gänzlich ungebremster Klimawandel seinerseits höchstwahrscheinlich äußerst negative Auswirkungen auf natürliche Schutzgüter haben wird (Parmesan u. Yohe 2003, Thomas et al. 2004). Mit Hinblick auf die in Frage stehenden Schutzgüter sind beispielsweise die Auswirkungen kurzfristiger Klimaveränderungen auf die Lebensbedingungen von Zugvögeln von Bedeutung. So könnten sich in der Folge von Klimaveränderungen etwa Zugverhalten und Brutperioden wesentlich ändern.

Zielkonflikte zwischen Natur- und Klimaschutz oder allgemeiner zwischen Natur- und Umweltschutz treten nicht nur bei der Offshore-Windenergienutzung auf. Ein anderes Beispiel ist etwa die Nutzung der Wasserkraft oder der Biomasse. Es ist damit zu rechnen, dass sich Konflikte zwischen Umwelt- und Naturschutz in Zukunft vermehrt stellen werden. Einige Naturschützer machen sogar geltend, dass der Umweltschutz zu einer Formel für die Effektivierung der Naturzerstörung geworden ist. Es erscheint allerdings angesichts der Bedeutung der betroffenen Schutzgüter weder angebracht, die klimaverträgliche Energiegewinnung in jedem Fall als vorrangig gegenüber dem Naturschutz zu betrachten, noch erscheint es sinnvoll, die Beeinträchtigung von Schutzgütern der Natur kategorisch als Ausschlussgrund für die Energieerzeugung anzusehen. Letzteres gilt insbesondere vor dem Hintergrund, dass es in einer technisch hoch komplexen Gesellschaft kaum Projekte geben dürfte, die keine negativen Auswirkungen auf zumindest ein hochrangiges Schutzgut haben.

Im Folgenden soll anschließend an eine Darstellung des aktuellen Sachstandes und der absehbaren und vermuteten Umweltkonflikte analysiert werden, welche Möglichkeiten zur Konfliktminimierung (wenn nicht gar zur Konfliktlösung) zur Verfügung stehen und im Sinne eines Interessenausgleichs zwischen Klima- und Naturschutz genutzt werden sollten. Des Weiteren sollen die unvermeidbaren (Rest-)Konflikte hinsichtlich der zur Disposition stehenden Werte und Schutzgüter untersucht werden. In der öffentlichen Diskussion werden noch weitere Kritikpunkte an der Errichtung von Offshore-Windparks vorgebracht, die aber mit Umwelt- und Naturschutz nicht direkt zu tun haben. Solche Aspekte, wie etwa die mögliche Beeinträchtigung von fischereilichen Nutzungen, Einschränkungen der Sportschifffahrt oder die Flächenkonkurrenz mit militärischen Nutzungen, werden im Folgenden nicht diskutiert. Vor einer Nutzung der Offshore-Windenergie »in großem Stil« müssen natürlich auch noch einige durchaus heikle technische Fragen (etwa Fragen des Ausbaus des Stromnetzes an Land, der notwendigen »back up«-Kapazitäten oder der Verfügbarkeit der Windenergieanlagen) geklärt werden. Auch diese technischen Probleme sowie Aspekte der Wirtschaftlichkeit der Offshore-Windenergienutzung werden von uns nicht behandelt. Wir gehen davon aus, dass diese Probleme lösbar sind.

Sachstand

Es gibt bisher nur wenige praktische Erfahrungen mit der Technologie der Offshore-Windenergienutzung. Die ersten Versuchsanlagen wurden in den frühen 1990er-Jahren in Dänemark und Schweden errichtet. Die meisten bisher in Betrieb genommenen Offshore-WEA befinden sich in relativ küstennahen und flachen Gewässern. Die an diesen Anlagen gewonnenen Erkenntnisse hinsichtlich der technischen Anforderungen sowie der Umweltauswirkungen lassen sich nur begrenzt auf küstenfernere Standorte - wie sie in Deutschland vorgesehen sind - übertragen, an denen andere Umweltbedingungen herrschen. Am aussagekräftigsten sind diesbezüglich sicher Untersuchungsergebnisse an den jüngst errichteten dänischen Windparks »Horns Rev« (80 Anlagen in der Nordsee, http://www.hornsrev.dk) und »Nysted« (72 Anlagen in der Ostsee, http://www.nystedhavmoellepark.dk).

Derzeit befinden sich in Deutschland eine Reihe von Offshore-Windparks im Planungs- und Genehmigungsverfahren. Für insgesamt 32 Windparks (27 in der Nordsee, 5 in der Ostsee; BSH 2005) wurden Genehmigungsanträge bei der zuständigen Genehmigungsbehörde, dem Bundesamt für Seeschifffahrt und Hydrographie (BSH), gestellt. Genehmigungen wurden bislang für neun Windparks, von denen acht in der Nordsee errichtet werden sollen, erteilt (vgl. Tabelle 1). Gegen eine der Genehmigungen (Projekt »Bürger-Windpark Butendiek«) wurde seitens der Umweltverbände BUND und NABU im Mai 2003 wegen der Beeinträchtigung ökologisch sensibler Meeresgebiete Klage erhoben. Diese Klage wurde allerdings vom Verwaltungsgericht Hamburg wegen fehlender Klagebefugnis zurückgewiesen (Urteil vom 1. Dezember 2003, 19 K 2474/2003). Das Gericht ging bei seiner Entscheidung nicht auf die inhaltlichen Fragen ein, ob die Genehmigung dem Naturschutz und dabei insbesondere den Vorschriften der FFH- und der Vogelschutzrichtlinie ausreichend Rechnung trägt.

Mit Bescheiden vom 20. Dezember 2004 wurden vom BSH erstmals zwei Anträge für Windparkprojekte in der Ostsee abgelehnt. Die Vorhaben »Pommersche Bucht« mit 70 Anlagen und »Adlergrund« mit 80 Anlagen wurden aufgrund der von ihnen ausgehenden Gefährdung der Meeresumwelt nicht genehmigt. Die inhaltlich plausible Versagung der Genehmigungen (zu Naturschutzfragen siehe unten) ist insofern bemerkenswert, als dass nun nicht mehr argumentiert

Tabelle 1: Genehmigte Windparkprojekte in der Ausschließlichen Wirtschaftszone Deutschlands (Stand Juli 2005)

Windparkprojekt	beantragte Zahl von Anlagen	Zeitpunkt der Genehmigung
Windpark »Borkum West«	12 Anlagen	November 2001
»Bürger-Windpark Butendiek«	80 Anlagen	Dezember 2002
Windpark »Borkum Riffgrund West«	80 Anlagen	Februar 2004
Windpark »Borkum Riffgrund«	77 Anlagen	Februar 2004
Windpark »Nordsee Ost«	80 Anlagen	Juni 2004
Windpark »Amrumbank West«	80 Anlagen	Juni 2004
Windpark »Sandbank24«	80 Anlagen	August 2004
Windpark »Enova Offshore North Sea Windpower«	48 Anlagen	Februar 2005
Windpark »Kriegers-Flak«	80 Anlagen	April 2005

werden kann, die umfangreichen Untersuchungen zu möglichen Umweltauswirkungen von Offshore-Windparks erfolgten nur *pro forma* und würden bei den Entscheidungen über einzelne Projekte nicht ernsthaft berücksichtigt. Vielmehr hat die Genehmigungsbehörde deutlich gemacht, dass sie absehbare Umweltbeeinträchtigungen ab einer gewissen Schwere als Gefährdungen der Meeresumwelt im Sinne der Seeanlagenverordnung und damit als Versagungsgrund für beantragte Vorhaben anzusehen bereit ist. Angesichts der in der Planungsphase anfallenden Kosten für die Antragsteller ist dies durchaus bemerkenswert.

Der Streit über die Bedeutung natürlicher Schutzgüter auf der einen Seite und die klimaschutzpolitischen Interessen auf der anderen Seite ist damit endgültig auf die Ebene der Diskussion von Sach- und Abwägungsfragen gehoben worden. Die Debatte wird sich zukünftig um die Frage drehen, welche Umweltwirkungen zu erwarten sind und als wie schwerwiegend diese zu beurteilen sind, nicht mehr hingegen um den Generalverdacht, der Naturschutz würde bei den konkreten Entscheidungen generell »weggewogen«. Ungeklärt ist nach wie vor die Frage nach der Bestimmbarkeit der Schwelle, von der ab ein Projekt nicht mehr genehmigungsfähig ist.

Darstellung der Umweltkonflikte

Naturschutz

Die um die Zeit der Jahrhundertwende mit erheblicher Dynamik fortschreitenden Planungen von Offshore-Windparkprojekten riefen eine ganze Reihe von Bedenken hinsichtlich möglicher negativer Folgen dieser Projekte auf Schutzgüter des Naturschutzes hervor. Um die Stichhaltigkeit der vorgetragenen Befürchtungen besser beurteilen zu können, wurden verschiedene Forschungsprojekte initiiert. Die öffentliche Hand finanzierte umfängliche Untersuchungen sowohl über den Schutzgüterbestand in Nord- und Ostsee als auch über die Umweltauswirkungen von Offshore-Windparks (vgl. BMU 2002). Weiterhin wurden den privaten Antragstellern detaillierte Umweltverträglichkeitsuntersuchungen als verpflichtende Bestandteile ihrer Antragsunterlagen vorgeschrieben. Durch die bisher vorliegenden Untersuchungsergebnisse verbesserte sich der Wissensstand erheblich, wobei sich einige der geäußerten Befürchtungen als unbegründet herausstellten. Vor allem konnten aber die Erkenntnisse über den Schutzgüterbestand wesentlich erweitert werden. Als hilfreich erwiesen sich dabei die Verknüpfung neuer systematischer Bestandsaufnahmen mit bereits vorhandenen umfangreichen Zeitreihen und deren statistische Auswertung. Es ist zu erwarten, dass die Untersuchungen im Umfeld ausländischer Offshore-Windparks sowie Untersuchungen auf der nördlich von Borkum errichteten Offshore-Messplattform Hinweise auf die Auswirkungen von Offshore-Windparks auf Vogelwelt und Meeresfauna geben. Ein Überblick über die bisherigen Forschungsergebnisse findet sich in Knust et al. (2003).

Insbesondere die im Folgenden aufgeführten Umweltrisiken können jedoch bisher vor allem aufgrund bestehender Wissenslücken über Wirkungszusammenhänge und fehlender Untersuchungen an realen (Pilot-)Projekten nicht abschließend beurteilt werden:

- Die Beeinträchtigung rastender und überwinternder Vögel kann nicht ausgeschlossen werden.
- Es besteht die Gefahr, dass Zugvögel in großen Zahlen mit Offshore-WEA kollidieren.
- Meeressäuger können insbesondere durch Schallemissionen geschädigt werden.

Im Hinblick auf weitere mögliche Beeinträchtigungen der Meeresumwelt, insbesondere Schädigungen von Fischen und Laichgründen, Beeinträchtigungen der Lebensgemeinschaften des Meeresbodens (Benthos) und etwaige großräumige Änderungen der Meeresströmung in der Ostsee zeichnet sich ab, dass die bestehenden Risiken durch die Offshore-Windenergienutzung - zumindest bei Anwendung geeigneter technischer Maßnahmen und bei einem schrittweisen Ausbau - nicht unvertretbar hoch sein werden. Im Zuge der Begleitforschung ist der Problematik der Meeresströmung aber ein besonderes Augenmerk zu widmen (SRU 2003).

Rast- und Zugvögel

Die deutschen Gebiete von Nord- und Ostsee haben eine herausragende Bedeutung für viele Vogelarten. Zum einen dienen sie als Nahrungs-, Rast- und Überwinterungsgebiete für viele See- und Wasservogelarten, zum anderen liegen die Meeresgebiete im Bereich der Zugrouten vieler Zugvogelarten. Sowohl auf durchziehende als auch auf rastende und überwinternde Vögel könnten Offshore-Windparks erhebliche Auswirkungen haben. Zugvögel sind vor allem durch die direkte Kollision mit den Anlagen, den so genannten »Vogelschlag«, bedroht. Für rastende Vögel kommt noch die störende Wirkung der Anlagen selbst sowie des Schiffsverkehrs während Bau und Wartung hinzu.

Die Verbreitung und Häufigkeit von Rastvögeln ist mittlerweile im Wesentlichen bekannt. Bereits Mitte der 1990er-Jahre wurden umfangreiche Untersuchungen zu Verbreitungsgebieten und Bestandszahlen der Rastvogelarten in Nord- bzw. Ostsee vorgelegt. Diese Daten wurden in den vergangenen Jahren bestätigt und ergänzt (vgl. Garthe et al. 2004, Knust et al. 2003), so dass die Meeresgebiete mit besonderer Bedeutung für Rastvogelpopulationen im Prinzip bekannt sind - auch wenn sich die räumliche und zeitliche Variabilität der Vogelbestände für die Abgrenzung mariner Schutzgebiete als problematisch erweisen kann.[1] Aussagen über die Auswirkungen von Windparks auf Vogelpopulationen müssen daher vor dem Hintergrund der natürlichen Schwankungsbreiten formuliert werden. Im Abschlussbericht des vom Bundesministerium für Umwelt, Naturschutz und Reaktorsicherheit (BMU) geförderten, groß angelegten Forschungsverbundprojektes MINOS (Marine Warmblüter in Nord- und Ostsee - vgl. http://www.minos-info.de) finden sich detaillierte Verbreitungsbilder für 24 Seevogelarten (Garthe et al. 2004). Zu den auch international bedeutenden Rastgebieten gehören beispielsweise die Oderbank und der Adlergrund in der Ostsee (Durinck et al. 1994). Die in diesen beiden Gebieten beantragten Windparks wurden im Übrigen aufgrund der zu erwartenden Beeinträchtigung der Rastvögel nicht genehmigt (siehe oben).

Größere Wissenslücken bestehen weiterhin hinsichtlich der Auswirkungen von Offshore-Windparks auf Rastvögel. Die praktischen Erfahrungen, die mit den ersten größeren Offshore-Windparks »Horns Rev« und »Nysted« in dänischen Gewässern gemacht wurden, haben nur eine beschränkte Aussagekraft (BSH 2004). Der Windpark »Horns Rev« wurde zum einen in einem Meeresgebiet mit relativ geringen Rastvogelvorkommen errichtet, zum anderen dürften die dortigen Beobachtungsergebnisse in Folge des überdurchschnittlich intensiven Wartungsverkehrs im ersten Betriebsjahr nicht repräsentativ sein. Im Fall »Nysted« liegen bisher erst Ergebnisse über einen kurzen Zeitraum vor. Anhaltspunkte für die Auswirkungen von Offshore-WEA bietet das Verhalten der Seevögel gegenüber Schiffen und Helikoptern. Analogieschlüsse deuten darauf hin, dass auch von WEA eine Scheuchwirkung - zumindest auf bestimmte sensible Arten - ausgeht (vgl. bspw. BSH 2004). Ein interessanter theoretischer Ansatz zur Beurteilung der Auswirkungen von Offshore-Windparks auf Seevögel, der hier allerdings nicht ausführlich dargestellt werden soll, wurde kürzlich von Garthe u. Hüppop (2004) entwickelt. Dabei wird zunächst die Empfindlichkeit der Seevogelarten mit Hilfe eines Indexwertes eingestuft, um anschließend (unter Berücksichtigung der räumlichen und zeitlichen Verteilungsmuster der Vogelarten) Meeresgebiete unterschiedlicher Sensitivität gegenüber Offshore-Windparks identifizieren zu können.

Obwohl das Wissen hinsichtlich des *Vogelzuges* in den letzten Jahren - u. a. durch die Auswertung von Radaraufnahmen - beträchtlich erweitert werden konnte, verbleiben noch Wissenslücken. Der Vogelzug ist ein komplexes Geschehen, an dem verschiedene Gruppen aus Exemplaren unterschiedlicher Spezies über längere Zeiträume und bei wechselnden Witterungsbedingungen beteiligt sind. Die laufende Forschung kann zwar die Zugkorridore in Nord- und Ostsee im Wesentlichen einschätzen, ein vollständiges, artspezifisches Abbild des Vogelzuges ist allerdings noch nicht möglich (vgl. Köppel et al. 2004).

Sowohl im Bereich der Nordsee als auch der Ostsee finden ganzjährig relevante Zugaktivitäten statt. Die Intensität der Zugaktivitäten schwankt zwischen den Jahreszeiten stark, wobei die Hauptzugzeit im Frühjahr und im Herbst liegt. Über der Nordsee konzentrieren sich diese Aktivitäten auf einen 80 bis 100 km breiten Streifen entlang der Küste von den Niederlanden bis Dänemark. Weiter in Richtung der offenen See nimmt die Flugintensität dagegen ab. Über dem Ostseegebiet sind die Flugintensitäten nahezu einheitlich, wobei es örtliche Konzentrationen nördlich der Insel Rügen und in der Pommerschen Bucht gibt. Hinsichtlich der Zughöhen hat sich herausgestellt, dass ein bedeutender Anteil des Vogelzuges im kritischen Bereich bis 200 m Höhe stattfindet (IfV 2001). Trotz einer beachtlichen Erweiterung des Wissensstandes in den letzten Jahren bleibt hier weiterhin erheblicher Forschungsbedarf, insbesondere hinsichtlich der Änderungen des Zugverhaltens in Abhängigkeit von Witterungsbedingungen. Erste Ergebnisse weisen auf einen deutlichen Einfluss des Wetters auf das Zugverhalten hin. So führen etwa Schlechtwetterlagen zu einer verringerten Zughöhe (IfV 2001).

Über das Ausmaß von Vogelkollisionen mit Offshore-WEA können bislang nur Mutmaßungen angestellt werden. Belastbare Erkenntnisse werden sich erst an realen Projekten gewinnen lassen.[2] Ein Schritt auf dem Weg zu einer umfassenden Bewertung der entstehenden Risiken für die Zugvogelpopulationen dürfte der Ansatz von Dierschke et al. (2003) sein, mit dem versucht wird, anhand populationsbiologischer Modellrechnungen Schwellenwerte für die zusätzlichen, d. h. durch WEA verursachten, Mortalitätsraten verschiedener Zugvogelarten zu bestimmen. Bei dieser Betrachtungsweise wird der Tod einzelner Individuen vernachlässigt, was aus sentientistischer oder biozentrischer Sicht natürlich problematisch ist.[3]

Um die Konflikte zwischen Offshore-Windparks und Vogelwelt zu begrenzen, ist es wichtig, die Standorte der Windparks fern bedeutender Rast- und Überwinterungsgebiete zu wählen, Barrieren in den Hauptvogelzugrouten zu vermeiden und in der Bau- und Betriebsphase geeignete technische Maßnahmen zum Schutz der Vögel zu ergreifen. Hierzu könnte etwa das Anstreichen der Rotoren mit Warnfarbe gehören, aber auch eine Streulicht minimierende nächtliche Beleuchtung oder das temporäre Abschalten der WEA bei schlechten Witterungs- und Sichtbedingungen während der Hauptzeiten des Vogelzugs.

Meeressäuger

Marine Säugetiere dürften vor allem durch Schallemissionen bei Bau und Betrieb der Offshore-WEA beeinträchtigt werden. Betroffen sind in der deutschen Nord- und Ostsee im Wesentlichen die drei Arten Schweinswal (*Phocoena phocoena*), Seehund (*Phoca vitulina*) und Kegelrobbe (*Halichoerus grypus*). Alle drei Arten gehören zu den so genannten »Anhang II-Arten« der FFH-Richtlinie, die von gemeinschaftlichem Interesse sind und daher einen sehr hohen Schutzstatus besitzen. Besonders gefährdet ist die eigenständige Schweinswalpopulation in der zentralen Ostsee (östlich der Darßer Schwelle), die seit einer Erfassung Mitte der 1990er-Jahre auf nur 600 Tiere geschätzt wird. Insgesamt konnte das Wissen über die Verbreitung der Meeressäuger durch das Forschungsprojekt MINOS erheblich verbessert werden (Scheidat et al. 2004).

Eine Übersicht über die Wirkungszusammenhänge zwischen Bau- und Betriebslärm und Schädigung oder Vertreibung von Meeressäugern sowie eine Bewertung der zu erwartenden Beeinträchtigungen entsprechend dem gegenwärtigen Wissensstand findet sich bei Köppel et al. (2003). Dort wird davon ausgegangen, dass Betriebsgeräusche und wartungsbedingter Schiffs- und Flugverkehr nicht zu erheblichen Beeinträchtigungen führen werden, durch das Rammen und durch baubedingten Schiffs- und Flugverkehr aber für alle betrachteten Arten erhebliche Beeinträchtigungen möglich sind. Für Schweinswale, insbesondere für Mutter-Kalb-Gruppen dieser Art, ist sogar davon auszugehen, dass ab einer bestimmten Intensität derart starke Beeinträchtigungen auftreten würden, dass es zu Auflagen oder zum Versagen der Baugenehmigung kommen müsste (Köppel et al. 2003, 161 f.).

Bisher liegen Untersuchungsergebnisse für die im Jahr 2002 bzw. 2003 errichteten dänischen Offshore-Windparks »Horns Rev« und »Nysted« vor. Beim Bau des Windparks »Horns Rev« wurden Schweinswale vor Beginn der Rammaktivitäten mittels akustischer Signale vergrämt. Entgegen aller Erwartungen kehrten die Tiere allerdings bereits drei bis vier Stunden nach Ende der Arbeiten wieder in das Gebiet des Windparks zurück, die Störung war also nur von kurzer Dauer. Während der Rammstöße änderte sich auch das Verhalten der Tiere in weiter entfernten Kontrollgebieten. Bis in Entfernungen von 15 Kilometern ließen sich die Tiere in ihren Aktivitäten stören (Tougaard et al. 2003). Wie diese Verhaltensänderungen allerdings zu interpretieren sind, ist unklar. Im Jahr 2003 (ein Jahr nach Bau des Windparks) entsprach das Aktivitätslevel der Schweinswale ungefähr dem Zustand vor Baubeginn (Tougaard et al. 2004).

Angesichts der Sensibilität der marinen Säugetiere gegenüber Lärm sollten Maßnahmen zur Lärmvermeidung und -verminderung hohe Priorität haben. Neben der in Dänemark erprobten akustischen Vergrämung der marinen Säugetiere für die Zeitdauer der besonders lärmintensiven Rammarbeiten kommt als weitere Maßnahme die akustische Isolierung der Fundamentbereiche durch Luftblasenschleier in Betracht. Zur Schonung der Meeressäugerpopulationen während der Aufzucht der Jungtiere ist auch eine zeitliche Verschiebung der Bauarbeiten geeignet. Während des Betriebs der Anlagen können Lärmemissionen durch Unterbrechung der Schallwege (z. B. Lagerung von Getrieben und Generatoren auf Puffern) soweit verringert werden, dass die Kommunikation und das Verhalten der Tiere nicht wesentlich beeinträchtigt werden (SRU 2002).

Schiffssicherheit

Die Schifffahrt ist eine der bedeutendsten wirtschaftlichen Nutzungen von Nord- und Ostsee. In den nächsten Jahren werden in der Deutschen Bucht jährlich rund 200 000 Schiffsbewegungen von Frachtschiffen, Fähren und Fischereifahrzeugen größer als 500 BRZ erwartet, für die Ostsee etwa 250 000 Schiffsbewegungen (Mertens 2001). Bei einer solchen hohen Nutzungsdichte besteht - zumindest bei schlecht gewählten Standorten für Windparks - ein substanzielles Risiko von Kollisionen zwischen Schiffen und Windenergieanlagen. Insbesondere havarierende Öltanker oder bei Schiffsunglücken austretende Schadstoffe könnten katastrophale Folgen für die Meeresumwelt und auch für den Tourismus in den Küstengebieten nach sich ziehen. Dies wird vielfach als Einwand gegen einzelne Windparkprojekte vorgebracht.

Bei der Ermittlung der Eintrittswahrscheinlichkeit einer Kollision von Schiffen mit Offshore-Windparks und der Abschätzung noch vertretbarer Risiken bestehen Schwierigkeiten. Dies war für das BSH einer der Gründe, vorerst nur Projekte mit maximal achtzig Anlagen zu genehmigen (Dahlke 2002). Zwar wurde für die bisher genehmigten Offshore-Windparks nur eine geringe Eintrittswahrscheinlichkeit ermittelt. Allerdings können die berechneten Eintrittswahrscheinlichkeiten aufgrund erheblicher methodischer Unsicherheiten keine Entwarnung geben (Koch u. Wiesenthal 2003, 352). Generell steigt aber das Kollisionsrisiko mit der Größe der Offshore-Windparks und ihrer Nähe zu viel befahrenen Schifffahrtswegen an. So wurde im Auftrag des Umweltbundesamtes als Teil des Forschungsvorhabens »Untersuchungen zur Vermeidung und Verminderung von Belastungen der Meeresumwelt durch Offshore-Windenergieanlagen« vom Germanischen Lloyd für die Projektgebiete vor der niedersächsischen Küste ein erhöhtes Gefahrenpotenzial ermittelt. Gerade hier aber liegt ein aus naturschutzfachlicher Sicht favorisiertes Gebiet für den Bau von Offshore-Windparks. Wenn man also aus Gründen der Sicherheit vor Kollisionen die Offshore-Eignungsgebiete von den Schifffahrtsrouten fernhalten möchte, kann sich ein Konflikt mit den Naturschutzzielen ergeben, da die fern liegenden Gebiete in der Regel weniger durch menschliche Nutzungen gestört sind.

Schiffssicherheit und Unfallvorsorge müssen jederzeit hinreichend gewährleistet sein. Hierzu tragen eine schiffskörpererhaltende Bauweise der Fundamente, eine verstärkte Überwachung der entsprechenden Meeresgebiete und die Bereitstellung von Hochseeschleppern mit kurzen Interventionszeiten bei.

Im Zusammenhang mit der Diskussion über die Schiffssicherheit ist zu berücksichtigen, dass auch ohne Offshore-Windparks ein erhebliches Risiko besteht. Es gibt deshalb verschiedene Anregungen, die Schiffssicherheit in Nord- und Ostsee durch Maßnahmen wie Lotsenpflicht, Begleitung von Schiffen mit Gefahrgut durch Schlepper oder eine verbesserte sicherheitstechnische Ausrüstung der Schiffe zu erhöhen (hierzu ausführlich SRU 2004, Kap. 3.4 und 3.6.4). Da wir davon ausgehen, dass die Befürchtungen begründet sind (hierzu s. Grober 2004), und die derzeitige Situation der Schiffssicherheit unbefriedigend ist, sind die entsprechenden Maßnahmen auch ohne Offshore-Windparks möglichst rasch umzusetzen. Es würde damit auch das zusätzliche Risiko durch die Offshore-Windenergienutzung sinken.

Landschaftsästhetik

Einer der Gründe dafür, dass ein Ende der Erschließung neuer Standorte für Windenergieanlagen an Land abzusehen ist, liegt in der Beeinträchtigung des Landschaftsbildes. Es werden seit längerem Stimmen laut, die einen weiteren Ausbau der Windenergienutzung aus diesem Grund ablehnen. Landschaftsästhetische Argumente, die geltend machen, dass Windparks das Landschafts- bzw. Meeresbild zum Negativen verändern, werden aber auch im Zusammenhang mit Offshore-Windparks angeführt. Insbesondere Vertreter der Tourismusverbände und Gemeinden in Urlaubsgebieten an der Nord- und Ostseeküste sprechen sich gegen den Bau von Offshore-Windparks aus, solange diese von der Küste sichtbar sind. Sie argumentieren, dass die Urlauber und auch die Bewohner der Küstenregionen von der Veränderung des Meeresbildes gestört würden – und zwar so stark, dass es dadurch zum Fernbleiben von Urlaubern und damit zu Einbußen in der Tourismuswirtschaft kommen würde.

Um diese Argumente mit demographischen (also nicht normativ-ästhetischen) Mitteln zu untersuchen, wurden mehrere Befragungen durchgeführt (Übersicht in Benkenstein et al. 2003). So wurde an der Universität Greifswald eine solche Befragung konzipiert und im Auftrag der Firma Umweltkontor im Jahr 2002 auf dem Königsstuhl im Nationalpark Jasmund durchgeführt. Die Umfrage ergab, dass sich annähernd ein Viertel der Befragten vom Anblick eines Offshore-Windparks stark gestört fühlen würden. Schwach gestört würden sich 29 Prozent der Befragten fühlen, für 34 Prozent hätte der Bau keinen Einfluss auf ihr landschaftliches Erleben, 13 Prozent sähen in der Errichtung von Windparks sogar eine Bereicherung.[4] Negative Auswirkungen auf den Tourismus wären kaum zu befürchten.

Ansätze für eine umweltethische Bewertung

Wie bereits bei der Darstellung der konkreten Konfliktpunkte deutlich wurde, gibt es mehrere Ansatzpunkte zur Verringerung der Umweltbeeinträchtigungen. Zu nennen sind zunächst die verschiedenen technischen Maßnahmen, wie etwa die akustische Isolierung während des Rammens der Fundamente, eine das Streulicht minimierende nächtliche Beleuchtung oder das temporäre Abschalten von Anlagen bei schlechten Sichtbedingungen während der Hauptzeiten des Vogelzuges. In der Regel ziehen solche technischen Maßnahmen keine neuen Umweltkonflikte nach sich. Sie beeinflussen allerdings vielfach die Kosten der Windenergienutzung, wobei entstehende Zusatzkosten je nach Art der Maßnahme stark variieren können. Wenn technische Maßnahmen zu einer spürbaren Verringerung der Umweltbeeinträchtigung führen, sollten sie aus Naturschutzsicht angesichts der Bedeutung der natürlichen Schutzgüter umgesetzt werden. Letztlich werden die anfallenden Kosten vom Stromverbraucher zu tragen sein. Gefördert werden die Offshore-Windparks einerseits aufgrund des Klimaschutzes. Zusätzlich verteuern sie sich andererseits, wenn Auswirkungen auf Schutzgüter des Naturschutzes minimiert werden sollen. Letztlich zeigt sich an dieser Problematik, dass der Strompreis von vielfältigen Umwelt-, Klima- und Naturschutzzielen mit beeinflusst wird und insofern in Zukunft unvermeidlich ein »politischer Preis« sein wird. (Wir wollen gar nicht den Versuch unternehmen zu berechnen, wie viele Bruchteile eines Cent pro Kilowattstunde die Verbesserung der Überlebensbedingungen der Schweinswalpopulation »wert« ist.)

Neben technischen Maßnahmen kommt der Auswahl der Standorte von Offshore-Windparks – oder allgemeiner gesprochen einer umfassenden, alle Nutzungsansprüche einbeziehenden Meeres-Raumordnung – eine entscheidende Bedeutung zu. Selbstredend wäre die Konzentration der Windparkprojekte auf die konfliktärmsten Standorte wünschenswert. Aufgrund der bestehenden Wissenslücken hinsichtlich der marinen Ökosysteme und deren Beeinträchtigungen durch Offshore-Windparks ist die Identifizierung konfliktarmer Standorte allerdings alles andere als trivial. In der Praxis wurde versucht, dieses Problem sowohl durch eine »Negativliste« (Gebiete, die für Windparks ungeeignet sind, insbesondere Meeresschutzgebiete) als auch eine »Positivliste« (so genannte Eignungsgebiete) zu lösen. Die Abgrenzung der Eignungsgebiete ist allerdings derzeit noch nicht abgeschlossen. Außerdem wurde die geringe rechtliche Relevanz, die den Eignungsgebieten zukommen soll, kritisiert. Sie sollen - anders als an Land - nach § 3a SeeAnlV nur die Wirkung eines Sachverständigengutachtens entfalten (hierzu und zur Idee einer Meeres-Raumordnung vgl. SRU 2003). Auch bei den sonstigen rechtlichen Rahmenbedingungen der Planungs- und Genehmigungspraxis von Offshore-Windparks besteht Verbesserungsbedarf. In seiner Stellungnahme zur Windenergienutzung auf See äußerte der Sachverständigenrat für Umweltfragen (SRU 2003) diesbezügliche Empfehlungen, die an dieser Stelle aber nicht weiter diskutiert werden sollen. Teilweise wurden diese Empfehlungen bereits aufgegriffen: So wurde bei der Novellierung des Erneuerbaren-Energien-Gesetzes im Jahr 2004 die Frist, bis zu der Offshore-Windparks errichtet werden müssen, um in Genuss der im Gesetz festgelegten hohen Vergütungssätze für den erzeugten Strom zu kommen, deutlich verlängert (vom Jahr 2006 auf das Jahr 2010). Diese Fristverlängerung ermöglicht eine gründlichere Prüfung der Auswirkungen auf die Meeresumwelt und trägt damit zur Konfliktverminderung bei.

Während bei der Anwendung technischer Maßnahmen im Wesentlichen zu entscheiden ist, welche zusätzlichen Kosten akzeptabel sind, können bei der Suche nach konfliktarmen Standorten noch andere Überlegungen hinzukommen. So wird vielfach der eine Standort hinsichtlich *eines* Konfliktfeldes problematischer sein, ein diesbezüglich günstigerer anderer Standort wird dafür in *anderen* Konfliktbereichen Nachteile aufweisen. Bereits oben wurde mit dem Hinweis auf die zwar aus Sicherheitsgründen wünschenswerten, aus Naturschutzsicht aber oft unerwünschten größeren Entfernungen zwischen Windparks und Hauptschifffahrtsrouten ein derartiges Beispiel angeführt. Insofern lässt es sich nicht vermeiden, bei der Suche günstiger Standorte die verschiedenen Umweltbeeinträchtigungen gegeneinander abzuwägen. Nun stellen der Begriff der Abwägung und dessen nähere Konzeptualisierung bekanntermaßen ein Kernproblem in Ethik und Umweltethik dar (Ott 1996). Die unterschiedlichen Schutzgüter sind in aller Regel heterogen und lassen sich in der Regel nicht auf ein gemeinsames Maß bringen (Inkommensurabilität). Daher ist die Abwägung verschiedener umweltethisch gut begründeter Anliegen ein zentrales Problem bei der Bewertung und beim Versuch der Lösung des vorliegenden Konfliktes. Abwägen lassen sich die zur Disposition stehenden Werte und Normen nur, wenn sie gewichtet werden. Dabei lässt sich keine Gewichtung als die eindeutig richtige beweisen, es lassen sich lediglich Argumente zugunsten der einen oder der anderen Gewichtung anführen. Die umweltethische Grundposition spielt in diesem Zusammenhang natürlich eine wichtige Rolle: Wird für eine Vertreterin des Holismus die Gefährdung von Vogelarten eine größere Bedeutung haben als für eine Sentientistin, wird Letztere wiederum der Beeinträchtigung hochentwickelter Meeressäuger höheres Gewicht beimessen als dies eine Anthropozentrikerin tun würde. Klimaschutzziele dagegen dürften im Vergleich zu Naturschutzzielen für eine intergenerationell denkende Anthropozentrikerin eine relativ höhere Wertigkeit besitzen.

Es wäre eine Illusion zu glauben, die dargestellten Konflikte ließen sich gänzlich auflösen. Es ist daher auch eher fraglich, ob es in diesem Falle eine Konvergenz (im Sinne von Bryan Norton) der verschiedenen umweltethischen Positionen geben könnte.[5]

Die Konflikte lassen sich zwar durch geeignete Planungen und Maßnahmen abmildern, es werden aber wohl substanzielle (Rest-)Konflikte bestehen bleiben. Zweifellos ist es hilfreich, die den verschiedenen Positionen zugrunde liegenden Bewertungen und Argumente zu explizieren. Dies ist jedoch nicht hinreichend für eine diskursrationale Konfliktlösung.

Dass zwischen Klima- und Naturschutzzielen unterschiedliche Gewichtungen möglich sind, bedeutet allerdings nicht, dass eine umweltethische Bewertung verschiedener übergreifender Entwicklungsmöglichkeiten ausgeschlossen ist. Denkbar wäre etwa ein Szenario, in dem Klimaschutzziele vorrangig auf Kosten der marinen Umwelt verfolgt werden: Durch einen intensiven Ausbau der Offshore-Windenergienutzung und die damit verbundene Beeinträchtigung der Meeresumwelt werden erhebliche CO_2-Einsparungen bei der Stromproduktion erzielt. Dadurch sinkt der Handlungsdruck in anderen Bereichen, beispielsweise verbleibt der Stromverbrauch auf hohem Niveau oder steigt sogar leicht und auch im Verkehrssektor kommt es zu keinen CO_2-Reduktionen. Eine Entwicklung nach einem solchen Szenario ließe sich umweltethisch nicht rechtfertigen, da die klimaschutzbedingten Lasten absolut einseitig zuungunsten der Natur verteilt wären. Das dieser Kritik zugrunde liegende Denkmuster, dass nämlich, wenn in einem Gesellschaftsbereich zur Abwehr eines Übels erhebliche Nachteile in Kauf genommen werden, auch Anstrengungen in (allen) anderen Bereichen, die zur Übelabwehr beitragen können, erforderlich sind, bezieht sich auf die gerechte Verteilung von Lasten und ist insofern genuin ethisch. Auf den Konflikt zwischen Klima- und Naturschutz bezogen und positiv gewendet, lässt sich begründet fordern, dass, falls Beeinträchtigungen der marinen Umwelt zum Zwecke des Klimaschutzes hingenommen werden, unbedingt auch in anderen Bereichen substanzielle Anstrengungen zugunsten des Klimaschutzes unternommen werden sollten.

Während über die Bewertungsfragen auch zukünftig intensive Diskussionen zu erwarten sind, dürften prozedurale Fragen deutlich weniger strittig sein. Sicherlich können Planungs- und Genehmigungsverfahren weiter optimiert werden, die bisherigen Verfahren ließen aber erkennen, dass die Verfahrensregeln geeignet sind, die entscheidenden Probleme zu identifizieren und transparenten Entscheidungen zuzuführen. Besonders hervorzuheben ist die Herangehensweise der Genehmigungsbehörde, die bei ihren Anhörungen ein hohes Maß an externem Sachverstand einbezieht, so dass kritische Aspekte relativ frühzeitig erkannt werden können, und die damit zur Akzeptanzförderung beiträgt.

Es ist nicht angebracht, einer der an der Regulierung der Offshore-Windenergienutzung beteiligten Personen und Institutionen einen ernsthaften moralischen Vorwurf zu machen. Die Beteiligten sind sich der Konfliktlinien und der ihnen zugrunde liegenden Gewichtungen durchaus bewusst. Eher besteht ein impliziter Grundkonsens dahingehend, dass die dargestellten Belange im Kern legitim sind und möglichst vollständig realisiert werden sollten, dass dies in der realen Welt jedoch nicht möglich ist. Daher wird die Strategie der Übelminimierung verfolgt, die aber an bestimmten Punkten zu Problemlagen führt, in denen eine Entscheidung getroffen werden muss, durch die ein Schutzgut als vor- oder nachrangig eingestuft wird. Insgesamt kann der bisherige Umgang mit den Umweltkonflikten der Offshore-Windenergienutzung durchaus als ein gutes Beispiel für die Bewältigung komplexer Umweltkonflikte bezeichnet werden.

Anmerkungen

[1] Dies gilt insbesondere für die Nordsee, in der hydrographische Gegebenheiten einen starken Einfluss auf die Verteilung der Vogelbestände haben. In der Ostsee führt vor allem die Vereisung von Nahrungsgebieten zum Ausweichen der Rastvögel in eisfreie Meeresgebiete (SRU 2003).

[2] Die Erkenntnisse über das von Windenergieanlagen an Land ausgehende Kollisionsrisiko lassen sich nur sehr eingeschränkt auf den Meeresbereich übertragen, da sich das Zugverhalten der Vögel auf See deutlich vom Zugverhalten an Land unterscheidet.

[3] Gemäß solcher Auffassungen besitzt das Wohl eines jeden Lebewesens einen eigenständigen moralischen Status. Sentientisten binden diesen an die individuelle Empfindungsfähigkeit, während Biozentriker unabhängig von der subjektiven Leidensfähigkeit allen Lebewesen ein mögliches Wohlergehen zugestehen (vgl. Einleitung, Anm. d. Hrsg.).

[4] Die Daten lassen Spielräume zur Interpretation. So kann man interpretieren, dass eine Mehrheit der Besucher sich durch die Windparks gestört fühlte, aber auch, dass für eine größere Mehrheit keine erhebliche bzw. gewichtige Störung vorläge. So fühlten sich bei einer Präsentation der Greifswalder Studie sowohl die Befürworter als auch die Gegner durch die Daten in ihrer Auffassung bestätigt.

[5] Bryan Norton vertritt die Auffassung, anthropozentrische und biozentrische Begründungen konvergierten in den aus ihnen resultierenden Handlungsanweisungen (vgl. Einleitung).

Literatur

Benkenstein, Martin; Zielke, Katja u. Bastian, Jörn 2003: Wirkungseffekte von Offshore-Windkraftanlagen in Mecklenburg-Vorpommern auf touristische Nachfrage- und Angebotsstrukturen. Rostock.

BMU (Bundesministerium für Umwelt, Naturschutz und Reaktorsicherheit) (Hrsg.) 2001: Weiterer Ausbau der Windenergienutzung im Hinblick auf den Klimaschutz - Teil 1. BMU: Berlin.

BMU (Hrsg.) 2002: Ökologische Begleitforschung zur Offshore-Windenergienutzung. Fachtagung des BMU und des Projektträgers Jülich. Tagungsband. Jülich.

BMU 2005: Erste vorläufige Abschätzung zur Entwicklung der Erneuerbaren Energien im Jahr 2004 in Deutschland. Stand: Februar 2005. BMU: Berlin.

BSH 2004: Bescheid über Antrag auf Errichtung und Betrieb des Offshore Windparks »Pommersche Bucht«. BSH, Hamburg.

BSH 2005: BSH gibt grünes Licht für achtes Windpark-Projekt in der Nordsee. Pressemitteilung des BSH vom 11. Februar 2005. BSH, Hamburg.

Bundesregierung 2002: Strategie der Bundesregierung zur Windenergienutzung auf See. Berlin.

Dahlke, Christian 2002: Genehmigungsverfahren von Offshore-Windenergieanlagen nach der Seeanlagenverordnung. Natur und Recht, 24(8), 472-479.

Dierschke, Volker; Hüppop, Ommo u. Garthe, Stefan 2003: Populationsbiologische Schwellen der Unzulässigkeit für Beeinträchtigungen der Meeresumwelt am Beispiel der in der deutschen Nord- und Ostsee vorkommenden Vogelarten. Seevögel, 24, 61-72.

Durinck, Jan; Skov, Henrik; Jensen, Flemming P. u. Phil, Stefan 1994: Important marine areas for wintering birds in the Baltic Sea. EU DG XI research contract no. 2242/90-09-01. Ornis Consult, Copenhagen.

Garthe, Stefan; Dierschke, Volker; Weichler, Tanja u. Schwemmer, Philipp 2004: Rastvogelvorkommen und Offshore-Windkraftnutzung: Analyse des Konfliktpotenzials für die deutsche Nord- und Ostsee. In: Kellermann, Adolf et al.: Marine Warmblüter in Nord- und Ostsee: Grundlagen zur Bewertung von Windkraftanlagen im Offshore-Bereich. Verbundvorhaben gefördert durch das BMU, FKZ 0327520, Endbericht, Oktober 2004, 195-333.

Garthe, Stefan u. Hüppop, Ommo 2004: Scaling possible adverse effects of marine wind farms on seabirds. Journal of Applied Ecology (2004) 41, 724-734.

Greenpeace 2005: Windenergie hat Zukunft. Veröffentlicht am 20.1.2005, http://www.greenpeace.de/themen/energie/erneuerbare_energien/artikel/windenergie_hat_zukunft.

Grober, Ulrich 2004: Urphänomene. Notizen von einer Wanderung am Darß. Scheidewege - Jahresschrift für skeptisches Denken 34, 328-337.

IfV (Institut für Vogelforschung) 2001: Protokoll zum Fachgespräch »Zug- und Rastvögel«. UBA/BMU FE-Vorhaben 200 97 106 »Offshore-WEA«. 12. Juni 2001, Hamburg.

Knust, Rainer; Dalhoff, Peter; Gabriel, Joachim; Heuers, Jens; Hüppop, Ommo u. Wendeln, Helmut 2003: Untersuchungen zur Vermeidung und Verhinderung von Belastungen der Meeresumwelt durch Offshore-Windenergieanlagen im küstenfernen Bereich der Nord- und Ostsee. UBA-Texte 62/03. Umweltbundesamt, Berlin.

Koch, Hans-Joachim u. Wiesenthal, Tobias 2003: Windenergienutzung in der AWZ. ZUR 5/2003, 350-356.

Köppel, Johann; Langenheld, Alexandra; Peters, Wolfgang; Wende, Wolfgang; Finger, Antje; Köller, Julia; Sommer, Stefanie u. Mahlburg, Stefan 2003: Ökologische Begleitforschung zur Windenergie-Nutzung im Offshore-Bereich der Nord- und Ostsee - Teilprojekt: Instrumente des Umwelt- und Naturschutzes: Strategische Umweltprüfung, Umweltverträglichkeitsprüfung und Flora-Fauna-Habitat-Verträglichkeitsprüfung. Band 1: Diskussionsplattform zur Bewertung der Beeinträchtigungsintensität und -erheblichkeit im Rahmen der UVP zu Offshore-WEA in der AWZ. Forschungsvorhaben im Rahmen des Zukunftsinvestitionsprogramms der Bundesregierung, im Auftrag des Bundesministeriums für Umwelt, Naturschutz und Reaktorsicherheit (FKZ 0327531). Technische Universität Berlin, Berlin.

Köppel, Johann; Peters, Wolfgang u. Steinhauer, Ines 2004: Entwicklung von naturschutzfachlichen Kriterien zur Abgrenzung von besonderen Eignungsgebieten für Offshore-Windparks in der Ausschließlichen Wirtschaftszone (AWZ) von Nord- und Ostsee. BfN-Skripten 114, Bonn, Bad Godesberg.

Mertens, Angelika 2001: Windnutzung in der Ausschließlichen Wirtschaftszone (AWZ) im Kontext von Seerecht und verschiedenen Nutzungsinteressen. In: BMU (Hrsg.): Tagungsband Offshore-Windenergienutzung und Umweltschutz. BMU: Berlin, I-3 I -5.

Ott, Konrad 1996: Zum Verhältnis naturethischer Argumente zu praktischen Naturschutzmaßnahmen unter besonderer Berücksichtigung der Abwägungsproblematik. In: Nutzinger, Hans G. (Hrsg.): Naturschutz - Ethik - Ökonomie. Metropolis, Marburg, 93-134.

Parmesan, Camille u. Yohe, Gary 2003: A globally coherent fingerprint of climate change impacts across natural systems. Nature, 421, 37-42.

Scheidat, Meike; Gilles, Anita u. Siebert, Ursula 2004: Erfassung der Dichte und Verteilungsmuster von Schweinswalen (Phocoena Phocoena) in der deutschen Nord- und Ostsee. In: Kellermann, Adolf et al.: Marine Warmblüter in Nord- und Ostsee: Grundlagen zur Bewertung von Windkraftanlagen im Offshore-Bereich. Verbundvorhaben gefördert durch das BMU, FKZ 0327520, Endbericht, Oktober 2004, 77-114.

SRU 2002: Anhörung von Experten des BMU, des BfN und des UBA zur Offshore-Windenergienutzung. SRU (Sachverständigenrat für Umweltfragen) Berlin: 28. November 2002.

SRU 2003: Windenergienutzung auf See. Stellungnahme, April 2003. SRU: Berlin.

SRU 2004: Meeresumweltschutz für Nord- und Ostsee. Sondergutachten. SRU: Berlin.

Thomas, Chris D.; Cameron, Alison; Green, Rhys E.; Bakkenes, Michel; Beaumont, Linda J.; Collingham, Yvonne C.; Erasmus, Barend F. N.; de Siqueira, Marinez F.; Grainger, Alan; Hannah, Lee; Hughes, Lesley; Huntley, Brian; van Jaarsveld, Albert S.; Midgley, Guy F.; Miles, Lera; Ortega-Huerta, Miguel A.; Peterson, A. Townsend; Phillips, Oliver L. u. Williams, Stephen E. 2004: Extinction risk from climate change. Nature, 427, 145-148.

Tougaard, Jakob; Carstensen, Jacob; Henriksen, Oluf D.; Skov, Henrik u. Teilman, Jonas 2003: Short-term effects of the construction of wind turbines on harbour porpoises at Horns Reef. Technical report to TechWise A/S. HME/362-02662, Hedeselskabet, Roskilde.

Tougaard, Jakob; Carstensen, Jacob; Henriksen, Oluf D.; Teilman, Jonas u. Hansen, Jacob R. 2004: Harbour Porpoises on Horns Reef - Effects of the Horns Reef Wind Farm. Annual Status Report 2003 to Elsam Engineering A/S. NERI Technical Report, Final Version June 2004. Roskilde.

Tourismusverband Rügen 2005: Tourismusverband Rügen erneuert Forderung: Keine Offshore-Windkraftanlagen! Pressemitteilung vom 25. Februar 2005, www.ruegen.org

Nicole C. Karafyllis

Heizen mit Weizen? Konfliktfall Nachwachsende Rohstoffe: Welche Natur und welche Technik sind nachhaltig?

© KornFeuerHeizkessel

Dokumentation

Dokument 1: Artikel aus der Süddeutschen Zeitung vom 17. 11. 2001

Der Weizen wird einfach verheizt

Wie ein Landwirt aus Wangen auf den Preisverfall beim Getreide reagiert

Wangen – Der Landwirt Franz Pentenrieder aus Wangen bei Starnberg wärmt sein Haus neuerdings mit einer Getreideheizung, die er selbst konstruiert hat. Er verfeuert Weizen und testet auch den Brennwert von Hafer. Der Grund: Mahlweizen sei auf dem Markt nur halb soviel wert wie Sägemehl, sagt Pentenrieder. Alfons Kraus, Sprecher des Landwirtschaftsministeriums, gibt Pentenrieder Recht: »In der Tat hat er mehr davon, wenn er den Weizen verheizt.«

Der extreme Preisverfall hat Pentenrieder schon vor einem Jahr auf die Idee gebracht, Getreide nicht nur als Nahrungsmittel oder Viehfutter zu verwerten. Der Heizwert von Weizen sei mit dem von Holz vergleichbar und zweieinhalb Kilogramm Getreide hätten den gleichen Heizwert wie ein Liter Heizöl, sagt Pentenrieder. Selbst das Verbrennen von hochwertigem Weizen sei wirtschaftlich immer noch lukrativ, weil der momentane Marktpreis weit unterhalb des Energiewertes liege. Der Einsatz von Getreide für Heizzwecke sei aber nicht nur für Getreidebauern interessant, sagt Franz Pentenrieder, auch die Verbraucher könnten zukünftig Getreide als Brennstoff nutzen. Getreide sei problemlos lagerfähig, habe eine hohe Schüttdichte und eine kleine Körnung. Zudem seien Pellets, gepresstes Sägemehl, doppelt bis dreifach so teuer wie Weizen. Und auf den Ölpreis bezogen hat Pentenrieder ausgerechnet, dass sich das Verheizen von Getreide ab einem Heizölpreis von 50 Pfennigen rentieren würde.

Im Sommer dieses Jahres hat Franz Pentenrieder damit begonnen, seine Idee in die Tat umzusetzen. Er rüstete seinen alten Holzkessel um und betreibt seither eine Getreideheizung. Am Anfang hätte er mit seiner Idee, Weizen zu verbrennen, nur provozieren wollen. Auf Grund der weltweiten Ernährungsprobleme erschien ihm das Heizen mit Weizen schon aus »ethischen Gründen« nicht unbedenklich. Doch angesichts der Tatsache, dass deutsche Landwirte durch Richtlinien der EU dazu angehalten sind, Ackerflächen brach liegen zu lassen, schwand seine Zurückhaltung.

Der Gedanke, Getreide für den Brennofen zu produzieren, sei zunächst auch vom Bayerischen Bauernverband (BBV) anfangs kritisch aufgenommen worden, erinnert sich Pentenrieder. Inzwischen steht der Bauernverband Pentenrieders Idee durchaus aufgeschlossen gegenüber. Mittlerweile wirb der BBV sogar für neue Verwertungsmöglichkeiten von landwirtschaftlichen Produkten. »Es spricht nichts dagegen, Weizen auch anderweitig zu verwerten«, sagt Franz Vielhuber, Referent für Energie und nachwachsende Rohstoffe. Zustimmung kommt auch aus dem Landwirtschaftsministerium. Pressesprecher Alfons Kraus sieht kein grundsätzliches Problem darin, mit Weizen zu Heizen. Wirtschaftlich rentabel sei es in jedem Fall.

Von Antje Kerschbaum

Dokument 2: Auszug aus einem Leserbrief in der Süddeutschen Zeitung vom 28. 11. 2001

Leserbrief

»Nichts spiegelt trefflicher die ins Unendliche pervertierte Situation unserer Landwirtschaft wider. Man braucht dazu nicht einmal die Bilder weltweit hungernder Kinder bemühen. Ein mafiöses Agrarsystem reicht da völlig aus: Milliarden von Steuergeldern werden jährlich EG-weit in Produkt-Prämien, Garantie-Erzeugerpreisen, Abschöpfungen, Transport-, Exportsubventionen, Strukturfonds, Ausgleichzahlungen und Energiebeihilfen verschoben. Wie lange lassen wir Verbraucher uns solche Selbstbedienung noch gefallen?

Mein Vorschlag: Eine Euroschein-Verbrennungsmaschine, diese kommt ohne Agrarschleife aus. (...)«

Dr. Wolfgang Rapp,
Bund Naturschutz, Herrsching

Einleitung: Mit Weizen heizen?

Darf man mit Weizen heizen? Oder anders gefragt: Warum sollte man mit Biodiesel aus Raps Auto fahren, aber nicht aus Getreide Strom und Wärme gewinnen dürfen? Diese Frage beginnt seit Mitte der 1990er Jahre[1] gerade diejenigen Akteure in ihrer Haltung zu Nachwachsenden Rohstoffen zu spalten, die sich prinzipiell der Idee einer nachhaltigen Energieversorgung geöffnet haben. So wird plakativ die regenerative »Kornenergie« der endlichen und risikobehafteten »Kernenergie« gegenübergestellt, um die Getreideverbrennung moralisch zu rechtfertigen. Aber ein ungutes Gefühl bleibt. In diesem Sinne titelte die *Süddeutsche Zeitung* den entsprechenden Artikel mit dem impliziten Vorwurf: »Der Weizen wird einfach verheizt« (Kerschbaum 2001) und in der Berliner *die tageszeitung* las man in etwa zeitgleich:

> »Die (sic! NK) Aufruhr beruht mehr auf psychologischen als auf rationalen Bedenken. Denn das Thema Heizen mit Weizen ist lediglich plakativer und rührt daher stärker an Emotionen als die Vergärung von Silomais. Beim Weizen nämlich gehe es ›um ein Ur-Lebensmittel‹, wie Thomas Forstreuter, Energiereferent beim Deutschen Bauernverband, weiß. Und damit tangiere das Weizenfeuer die ›moralisch-ethische Grundhaltung vieler Menschen stärker als die energetische Nutzung anderer Lebensmittel‹. Da aber der Bauernverband andererseits die Energiegewinnung aus Biomasse ›grundsätzlich sehr unterstützt und fördert‹, habe man sich im Verband noch nicht auf eine eindeutige Position zur Getreideheizung geeinigt, sagt Forstreuter. Ähnlich unentschieden ist bisher auch die Position der Bundesinitiative BioEnergie (BBE): ›Das birgt Sprengstoff‹, sagt BBE-Sprecher Bernd Geisen, ›das ist ein sehr sensibles Thema‹. Aber auch er räumt ein, dass es Argumente gebe für den Anbau von Energiegetreide auf ansonsten brachliegenden Flächen. Oder soll man beim Anbau von Energiepflanzen auf Stilllegungsflächen nur auf nicht essbare Pflanzen zurückgreifen, selbst wenn Erträge geringer sind?« (Janzing 2001, 22).

Der jahrelange Verfall des Weizenpreises bei gleichzeitigem Anstieg des Erdölpreises und erleichterte politische Rahmenbedingungen durch das Erneuerbare Energien Gesetz (EEG) liefern zusätzliche ökonomische Argumente für ein Heizen mit Weizen. Dagegen appellieren die Gegner an moralische Intuitionen, die mit dem Getreide, insbesondere in Deutschland, verbunden sind. Da ist von einem biblisch fundierten »Ur-Symbol« für den Leib Christi die Rede, dem wir mit Respekt und Dankbarkeit zu begegnen hätten, weil das Brot darüber hinaus das menschliche Lebens-Mittel schlechthin sei. Verheizen sei bei jeder Form der Rohstoffnutzung die niedrigste Verwertungsform und dem faktischen und symbolischen Wert des Getreides nicht angemessen. Die ältere Generation erinnert sich an die schmerzlichen Hungerjahre der beiden Weltkriege. Außerdem gäbe es Alternativen wie z.B. die Reststoffnutzung (mittels Biogasherstellung) und Restholznutzung aus Waldbruch.

Wie also entscheiden, ob es sich bei der Getreideverbrennung um eine a) moralisch vertretbare und b) nachhaltige Form der Technik handelt? Oder ist jede Form von Nachhaltigkeit per se moralisch legitimiert? Die letzte Frage kann mit einem klaren »Nein« beantwortet werden. Meines Erachtens problematisiert sich an dieser konkreten Frage, dass es sich bei dem, was wir subjektiv und intersubjektiv unter »Natur« und »Technik« verstehen, um Reflexionsbegriffe handelt, deren jeweilige Interpretation mit einer als objektiv erscheinenden Nachhaltigkeitsidee entweder konform geht oder kollidiert. »Natur« und »Technik« sind nicht zwangsläufig das, was uns als Mittel (z.B. als Ressource) gegenüber steht, sondern haben auch etwas mit unserer menschlichen Herkunft und Geschichte zu tun und finden sich »in uns«. Wir müssen also für eine ethische Urteilsfindung fragen, wie man »Technik« und »Natur« verstehen kann und in welchem Verhältnis die Idee der Nachhaltigkeit jeweils dazu steht.

Als generelles Beispiel dient die Technik Nachwachsender Rohstoffe, und innerhalb dieses Beispiels wird an den entsprechenden Stellen auf die Getreidenutzung fokussiert. Unter ‚Nachwachsende Rohstoffe' versteht man im allgemeinen Industriepflanzen des Non-Food Bereichs, die speziell zur energetischen oder stofflichen Nutzung angebaut werden. Die Grenze zum Food-Bereich wird bei Raps und Getreide durchlässig. Nachwachsende Rohstoffe werden als Naturprodukte vermarktet, die biologisch abbaubar und unbegrenzt regenerativ sind. Hier soll nun gezeigt werden, wie die Konzepte von Nachhaltigkeit[2] und Nachwachsenden Rohstoffen miteinander wechselwirken – insbesondere wenn es um »Green Energy« geht, d.h. wenn pflanzliche Biomasse als nachwachsender Energieträger genutzt wird (z.B. Holz aus Hochwald und Kurzumtriebsplantagen von Pappeln und Weiden, Getreideganzpflanzen, Hanf, Biodiesel aus Rapsölderivaten, Chinaschilf *Miscanthus sinensis*).[3] Die Agrar-Anbaufläche für Nachwachsende Rohstoffe in Deutschland hat dank intensiver Förderpolitik im Jahr 2004 erstmals die Grenze von einer Million Hektar überschritten, worauf über 80 Prozent auf den Anbau von Raps entfallen. Der Trend geht weiter nach oben.

Der Kontext und die Ziele

Zunächst sollen die Rahmenbedingungen, in denen die Technik »Nachwachsende Rohstoffe« bislang diskutiert und – im Rahmen von verschiedenen Studien zur Technikfolgenabschätzung – erforscht wurde und wird, erläutert werden. Die Wahl des Kontextes, in dem eine Untersuchung durchgeführt wird, spielt eine entscheidende Rolle für Art und Umfang der Ergebnisse. Studien zur Technikfolgenabschätzung sollen Aussagen darüber machen, ob eine Technik gesamtgesellschaftlich zu empfehlen ist und wie sie gemäß den Werten einer Kultur gestaltet werden kann (vgl. Ropohl 1996, Skorupinski/Ott 2000). Das bedeutet, dass sich derartige Studien mit den Zielen der Technik auseinandersetzen müssen. Dabei war in den untersuchten Studien aus dem Zeitraum

1992–1997 unklar, welches Ziel durch Nachwachsende Rohstoffe in Europa vorrangig erreicht werden soll (vgl. Karafyllis 2000). Neben der Ressourcenschonung, dem Erhalt der Kulturlandschaft und der Minderung des Treibhauseffekts, die noch auf die Idee der »Natur« (vgl. Schiemann 1996, Karafyllis 2001) zielen, werden gleichzeitig andere wichtige Ziele genannt: Die Schaffung von Arbeitsplätzen im ländlichen Raum und die Exportchancen, verbunden mit der erhöhten Wertschöpfung, die durch die Ausnutzung der Flächenstilllegungsprämien garantiert werden.[4] Auch die Erhöhung des Autarkiegrades, d.h. des Grades an Selbstversorgung der inländischen Wirtschaft mit Rohstoffen, wird als wichtiger Förderungsgrund für Nachwachsende Rohstoffe genannt. Aber auf welche Art der Versorgung bezieht sich »Selbstversorgung«? In Bezug auf Weizen als Lebensmittel aus konventionellem Anbau liegt der Selbstversorgungsgrad für Deutschland bei deutlich über 100 Prozent, d.h. es wird mehr als zum Verzehr notwendig angebaut. Der Selbstversorgungsgrad mit regenerativer Energie aus dem Inland liegt dagegen bei 9,3 Prozent.[5] Die Selbstversorgung mit Energieträgern ist in den letzten Jahren vor dem Hintergrund der militärischen Konflikte in den arabischen Erdölförderregionen für die Europäische Union weiter in den Vordergrund getreten. Der wichtigste genannte Fördergrund für »Green Energy« bleibt jedoch auch in den letzten Jahren der Klimaschutz, der gerade in der EU-weiten Förderung das Hauptargument für Nachwachsende Rohstoffe zu Beginn des neuen Jahrtausends ausmacht.

Weiterhin wird die Frage nach den eigentlichen Zielen der Technik durch die Vielgestaltigkeit der Technik selbst problematisiert. Denn bei Nachwachsenden Rohstoffen handelt es sich nicht etwa um *eine* Technik, sondern um ein ganzes Arsenal von Techniken, die verschiedene Zwecke erfüllen sollen, die aber als Pflanzen alle den gleichen Zweck »Energieerzeugung« erfüllen *könnten* und deshalb als Alternativen gegeneinander ausgespielt werden. So wird mit Hilfe pflanzlicher und mikrobieller Nutzungslinien die Substitution petrochemischer Basischemikalien (»bulk chemicals«) als eine Fusion der Konzepte »White Biotechnology« and »Green Chemistry« angestrebt (in großem Produktionsumfang Zucker, Alkohole, Öle, in geringerem Umfang auch Farbstoffe),[6] andere Konzepte (Hanf, Flachs) stützen sich auf die Faser- oder Zellstoffproduktion. Ferner wird mit Pflanzen auch als zukünftigen Produzenten von Arzneimitteln experimentiert (»Molecular Farming« als »Molecular Pharming«). Die Minderung des Treibhauseffekts als angestrebtes Forschungsziel für die Gestaltung der Technik wird nun ausführlicher beleuchtet, da dieses Ziel, zusammen mit dem der Ressourcenschonung, am augenfälligsten dem Themenfeld Nachhaltigkeit zuzurechnen ist und sich mit ethischen Motiven verbindet.

Die Modelladäquatheit: Treibhauseffekt und Photosynthese

Wie können Nachwachsende Rohstoffe zur Minderung des Treibhauseffekts beitragen, wie wird dabei die Technik dargestellt und wie das Konzept Nachhaltigkeit? Nachwachsende Rohstoffe werden aufgrund ihrer postulierten CO_2-Neutralität als Lösungsbeitrag vorgeschlagen. Dies ist eine sogenannte *problemorientierte* Herangehensweise, denn man möchte mit der Technik ein Problem lösen. Was aber ist das Problem? Das Problem liegt als Mischung aus verschiedenen Teilproblemen vor, die meist unter dem Stichwort »Umweltkrise« geführt werden, und für die der Treibhauseffekt nur ein Symptom eines umfassenderen *Syndroms* ist (vgl. WBGU 1994), ebenso wie Hungersnöte und Bodenerosion. Es wird angenommen, dass dieses Syndrom aufgrund einer nicht-nachhaltigen Wirtschaftsweise entstanden ist. Eine Lösung kann generell nur dann eine sein, wenn sie das Problem berücksichtigt. Diese Berücksichtigung findet in einem wissenschaftlich-technischen Modell statt, das als *Mittel* zwischen Problem und Lösung fungiert. Lösungen repräsentieren damit Probleme. Wenn man den Treibhauseffekt als CO_2-Problem definiert, dann liegt eine Lösung nahe, bei der man ein Instrument zur CO_2-Modellierung einsetzen kann. Die grünen Pflanzen werden als solches Instrument erachtet, weil sie Photosynthese betreiben. Daher muss nun für eine Beurteilung von Nachwachsenden Rohstoffen als nachhaltige Technik gefragt werden, wie die Pflanzenphotosynthese als Instrument beschrieben wird, mit dem man den Treibhauseffekt abwenden kann, und wie der Treibhauseffekt als Problem beschrieben wird, so dass die Verbrennung von Pflanzenmasse überhaupt ein sinnvolles Instrument zum Erreichen der Nachhaltigkeit sein kann.

Dafür bedarf es einiger wissenschaftlicher Vereinfachungen. Der Treibhauseffekt hat eine Vielzahl von Ursachen. Wichtig ist in diesem Zusammenhang vor allem, dass der Anteil des CO_2 am globalen Treibhauseffekt auf »nur« 50 Prozent geschätzt wird. Die übrige Hälfte wird durch weitere direkt klimawirksame Spurengase wie CH_4 (Methan), N_2O (Lachgas), FCKW und indirekt klimawirksame Gase wie NH_3 (Ammoniak) hervorgerufen. Wissenschaftler betonen, dass Lachgas das Treibhausgas des 21. Jahrhunderts werden wird (vgl. AFAS 1993). CO_2 wird politisch als *Leitsubstanz* benutzt, um eine global koordinierte Aktion zu erreichen. Man erhofft sich durch die Minderung der CO_2-Emissionen eine daran gekoppelte Reduktion auch anderer klimarelevanter Emissionen. Die Herkunft des klimawirksamen CO_2 ist durch die Verfeuerung von fossilen Brennstoffen klar zuzuordnen. Aus welchen Quellen stammen die anderen klimawirksamen Gase? Der landwirtschaftliche und energiewirtschaftliche Kontext, in dem Nachwachsende Rohstoffe stehen, sorgt selbst für klimawirksame Emissionen wie etwa Lachgas aus der intensiven Düngung, Ammoniak aus der Rauchgasreinigung und CO_2 durch Rodungen und Waldvernichtung, damit Flächen für Ackerbau und Viehzucht frei werden. Zusätzlich müssen die Emissionen aus dem Verkehrsaufkommen berücksichtigt werden, die bei den Transportketten des Brennstoffs entstehen.

Das im Rahmen der Dritten Vertragsstaatenkonferenz zur UN-Klimarahmenkonvention im Dezember 1997 beschlossene und im Februar 2005 in Kraft getretene »Kyoto-Protokoll« enthält erstmals quantifizierte, rechtlich verbindliche Verpflichtungen zur Begrenzung und Minderung der Emission von Treibhausgasen. Die unterzeichnenden Industriestaaten[7] müssen demnach ihre Emissionen bis zum Verpflichtungszeitraum 2008–2012 um mindestens 5 Prozent (bezogen auf 1990) reduzieren. Nach Art. 3 Abs. 3 des Kyoto-Protokolls werden im Verpflichtungszeitraum auch biologische Quellen und Senken angerechnet, begrenzt auf die Maßnahmen »Aufforstung«, »Wiederaufforstung« und »Entwaldung« seit 1990. Der WBGU[8] nimmt kritisch zu den vereinbarten Beschlüssen des Protokolls Stellung, wenn er betont, dass durch die unklar definierten Maßnahmen kein ganzheitlicher Klimaschutz erreicht wird, der auch den Schutz der Biodiversität und des Bodens umfasst. Es würden falsche Anreize, z.B. zur Plantagenwirtschaft im Kurzumtrieb, gesetzt. Auch hebt das Kyoto-Protokoll das Ungleichgewicht in der Betrachtung der Entwaldung im Vergleich zur Degradation von Wäldern und Böden hervor, obwohl letztere zu Emissionen in der gleichen Größenordnung führt. Der WBGU betont damit, wie durch eine falsche Bewirtschaftung natürliche C-Senken zu C-Quellen werden können (WBGU 1998). In der Bewertung der Technik »Nachwachsende Rohstoffe« muss man deshalb verstärkt darauf achten, dass eine problemorientierte Herangehensweise zur Minderung des Treibhauseffekts nicht nur die CO_2-Problematik berücksichtigt und dass, wenn diese betrachtet wird, dies hinsichtlich verschiedener Entstehungskontexte erfolgen muss.

In der bisherigen Technikgestaltung von Nachwachsenden Rohstoffen ist dies kaum geschehen. Der geschlossene CO_2-Kreislauf dient in der Technik »Nachwachsende Rohstoffe« modellhaft als Ideal für ein »gesundes« Klima, das dem Treibhauseffekt modellartig gegenübergestellt wird. Dies hat nicht nur empirische, sondern auch methodische Gründe, denn die C-Quellen und -Senken sind wesentlich besser erforscht als die N-Quellen und -Senken. Der C-Kreislauf ist deshalb auch mit Hilfe von Computerprogrammen leichter zu modellieren, was ein nicht zu unterschätzender Schrittmacher in der Darstellung des Treibhauseffekts als CO_2-Problem ist. Weiterhin ist politisch eine CO_2-Steuer in Kraft, während eine Stickstoffsteuer zur Zeit höchstens angedacht wird - auch dies ist eine Rahmenbedingung, die den Treibhauseffekt einfacher als CO_2-Problem darstellen lässt. CO_2 als sogenannte Leitsubstanz für den Treibhauseffekt zu verwenden ist eine formale Abstraktion, die - je nach Verwendungskontext - zulässig oder unzulässig sein kann. Für den Kontext, in dem die Technik »Nachwachsende Rohstoffe« zur Energieumwandlung steht, kann die Zulässigkeit dieser Abstraktion kritisch hinterfragt werden. Es sollte darauf geachtet werden, dass Nachwachsende Rohstoffe zur Energieversorgung nicht gravierendere Probleme produzieren, als sie in Form des Syndroms Treibhauseffekt lösen sollen.

Betrachten wir genauer das Modell des Lösungsvorschlags. Die pflanzliche Photosynthese dient als wissenschaftliches Modell zur Lösung des Problems Treibhauseffekt. Kein biochemischer Vorgang ist für unser menschliches Leben derart bestimmend gewesen wie die Photosynthese. Diese hauptsächlich von den grünen Pflanzen vorgenommene Umwandlung von Wasser und CO_2 mittels Sonnenlicht in energiereiche Kohlenhydrate produziert seit 3 Milliarden Jahren als »Abfallprodukt« den Sauerstoff, den wir Menschen und andere Konsumenten heute atmen. Die Biochemie ist diejenige Teildisziplin der Biologie, die den ersten Teil des formalen Modells für die CO_2-Neutralität von Nachwachsende Rohstoffe liefert.

$$6\ CO_2 + 12\ H_2O \xrightarrow{h\nu} C_6H_{12}O_6 + 6\ H_2O + 6\ O_2$$

Die obige Summenformel verweist auf die Quantitäten der Edukte und Produkte, die unter Lichtenergie entstehen. Demzufolge wird CO_2 in Form von Kohlehydraten (als Teil der gebildeten Phytomasse) fixiert und O_2 als Gas freigesetzt. Die Formel gibt noch keinen Hinweis auf die physiologischen, ökologischen, klimatischen und saisonalen Bedingungen, unter denen dieser Vorgang abläuft. Sie liefert jedoch *den ersten Teil des formalen Modells* für das technische CO_2-Nullsummenspiel »Verbrennung von Phytomasse«. Denn verbrennt man nun die Phytomasse, die in der obigen Formel vereinfacht als ein Vielfaches von Glukose ($C_6H_{12}O_6$) dargestellt wurde, so entsteht theoretisch in Umkehrung des Reaktionspfeils wiederum nur CO_2 und Wasser plus die freigesetzte Energie, die in Form der chemischen Bindung in den Kohlenhydraten gebunden war. Diese Primärenergie, die ursprünglich von der Sonne eingestrahlt wurde, kann dann zur Wärme- und Stromerzeugung genutzt werden. So ist die grundlegende Idee hinter Biomasse zur Energieumwandlung zu verstehen, die daher auch zu den solaren Energien gezählt wird.

Wissenschaftstheoretisch gesprochen, ist diese Darstellungsform, die bildlich stets als ewiger Kreislauf von Fixierung und Freisetzung von CO_2 präsentiert wird, eine typische Form der Systemtheorie, da sie Inputs und Outputs unter notwendiger Bezugnahme auf ein integratives System miteinander verbindet, das die Grenzen von »Innen« und »Außen« bildet, ohne das System selbst abzubilden (Ropohl 1999). Das integrative System, das die chemische Reaktion der Photosynthese umsetzt, ist die

Pflanze. Sie ist in dieser Lesart ein Reaktor. Die Systemtheorie verknüpft formale Elemente der Kybernetik mit denen der Regelungstechnik. Immer geht es in der systemtheoretischen Betrachtung darum, dass ein System einen bestimmten Input (Masse, Energie, Information) zu Output verarbeitet (vgl. Karafyllis/Ropohl 2001). Die Pflanzenphotosynthese lässt sich unter diesem Zugang als Prozess beschreiben, in dem der Input aus Wasser, CO_2 und Sonnenenergie besteht und der Output aus energiereichen Kohlehydraten und Sauerstoff. Dabei wird jedoch von den konstituierenden Elementen des »Systems Pflanze«, z.B. den anderen beteiligten Molekülen wie Enzymen, Hormonen etc., die auch Schwefel-, Stickstoff-, Phosphor- und andere Verbindungen umfassen, abstrahiert. Sie machen aber »das Grüne« an »Green Energy« aus. Sie werden als gegeben vorausgesetzt, weil sie die Funktionen der Photosynthese bereit stellen, dadurch, dass sie einer wachsenden Pflanze die Möglichkeit geben, sich *selbst* zu bilden. Wenn Phytomasse technisch zur Energieerzeugung genutzt wird, wird jedoch das gesamte System »Pflanze« verbrannt und nicht nur die Produkte aus der CO_2-fixierenden Funktion. Das Leben der Pflanze auf den Mechanismus der Photosynthese zu reduzieren, scheint deshalb eine Abstraktion zu sein, die schon auf die CO_2-Problematik fokussiert ist. So setzen auch Pflanzen bei ihrer Verbrennung nicht unbeträchtliche Mengen klimawirksamer Verbindungen[9] frei (Tab. I):

Tab. I: Heizwerte und Inhaltsstoffe von Festbrennstoffen. Nach: Hartmann und Strehler (1995), 47.

Brennstoff	***Heizwert [MJ/kg]***	***flüchtige Bestandteile [Gew. %]***	***Asche-gehalt [Gew. %]***	***C***	***N***	***S***	***Cl***	***P***	***K***	***Mg***
Steinkohle	31,8	38,8	6,3	79,4	1,5	1,0	‹0,2	k.A.	k.A.	k.A.
Braunkohle	27,0	55,0	7,6	68,4	1,8	1,3	k.A.	k.A.	k.A.	k.A.
Pappelholz mit Rinde	18,4	81,6	1,8	49,8	0,3	0,03	k.A.	5,1	17,0	2,9
Fichtenholz mit Rinde	18,7	84,0	0,3	50,9	0,2	0,02	0,01	3,5	10,4	3,3
Rinde	19,5	76,0	3,2	52,0	0,4	0,05	0,02	2,3	6,8	2,8
Getreidestroh	17,5	80,1	4,6	47,0	0,4	0,1	0,34	2,9	15,7	1,5
Landschafts-pflegeheu	16,9	80,5	5,8	45,0	1,0	0,08	0,26	1,7	8,0	1,8
Winterweizen-Ganzpflanze	17,0	81,1	3,7	46,5	0,10	0,29	5,8	14,5	2,0	
Miscanthus (3.Jahr)	17,8	81,0	2,7	47,2	0,7	0,13	0,23	3,0	23,7	3,3

Dazu kommen energiezehrende Vorleistungen bei Anbau und Ernte der Pflanzen, die man dem Kontext »Agrobusiness« zuschreiben kann. Die Mehrzahl der Autoren weist darauf hin, dass noch Forschungsbedarf besteht, wie hoch der Energieverbrauch bei der Produktion und Bereitstellung der Energieträger (verstanden als Energie einer Prozesskette) anzusetzen ist. Dazu gehört z.B. das Benzin für die Erntemaschinen und der Strom, der zur Brickettierung der Phytomasse benötigt wird. Diese Energie wird bis jetzt aus fossilen Brennstoffen gedeckt und geht daher als Beitrag zur Netto-CO_2-Minderung verloren. Er bestimmt letztlich die Netto-Energiebilanz. Die Aufwendungen für die Bereitstellung Nachwachsender Rohstoffe werden in den meisten Studien zwar mit eingerechnet, aber sie beginnen erst ab der Ausbringung der Pflanze auf den Acker. Jedoch sind schon die an maximaler Biomasseproduktion ausgerichteten Vorleistungen energieintensiv und damit CO_2-freisetzend, wenn die Prozessenergie nicht ebenfalls aus regenerierbaren Quellen gewonnen wird. Ein Beispiel für derartige energiezehrende Vorleistungen sind die Saatgutbeize und die Mikrovermehrungsverfahren (z.B. bei *Miscanthus* spec.).[10] Die Einschätzung der Enquete-Kommission des Deutschen Bundestages »Gestaltung der technischen Entwicklung, Technikfolgenabschätzung und Bewertung« kommt daher schon 1990 zu folgendem Ergebnis:

> »Die Nutzung von nachwachsenden Rohstoffen stellt keinen völlig geschlossenen Kreislauf dar. Bereits im Anbaubereich sind landwirtschaftliche Betriebsmittel (Saatgut, Düngemittel, Pflanzenbehandlungsmittel, Brennstoffe), mit einem Einsatz von Fremdenergie in Höhe von etwa 30-50 Prozent des Gesamtenergieertrages des Erntegutes, erforderlich« (1990, 14).

Ebenda wird die Idee, Nachwachsende Rohstoffe symbolisierten einen geschlossenen CO_2-Kreislauf, als »schon im Ansatz fehlerhaft« beschrieben (100). Man muss aber zwischen dem Modell und dem Kontext unterscheiden, in den das Modell zur Umsetzung implementiert wird. Das eben genannte Zitat spricht *nicht* gegen die Technik »Nachwachsende Rohstoffe« *an sich*, sondern gegen eine bestimmte Umsetzungsstrategie, in der die Effizienzbemühungen des Agrar- und Forstkontexts die Umweltvorteile der Pflanzenenergie nicht zur Geltung kommen lassen (vgl. SRU 1996). Derartige wissenschaftlich-technische Modelle wie das der CO_2-Modellierung durch Pflanzen müssen u.a. in ökologische und agrar- und energiewirtschaftliche Kontexte eingebunden werden, um ihre Effektivität unter Praxisbedingungen und weiteren Rahmenvorgaben, die aus anderen Kontexten stammen, zu zeigen. So kann ein theoretisch und praktisch effektives Modell zur CO_2-Reduktion dennoch abgelehnt werden, weil Menschen eine Technik nicht akzeptieren bzw. schon im Vorfeld, etwa beim geplanten Bau eines Getreideheizkraftwerks, ihre Akzeptabilität in Frage steht.

Globale Perspektiven: Rekontextualisierung der Modelle

Wie auch der WBGU (1998) betont, werden CO_2 und klimawirksame N-Verbindungen direkt durch das großflächige Verbrennen von Biomasse, indirekt durch den Verlust der Pflanzendecke aus dem Boden, freigesetzt. Diese Freisetzung geschieht durch nicht nachhaltige Bewirtschaftungsformen. Zwei Drittel des C-Vorrats terrestrischer Ökosysteme wird in den Böden gebunden (Ulrich/Pühe 1993). Die C-Vorräte von Wirtschaftswäldern sind 50 Prozent niedriger als die von Urwäldern, was auf geringe Bestandesvorräte, großflächigere Verjüngungen, fehlendes Totholz, Ernteentzug und auf geringeres Alter zurückzuführen ist (Schütt und Kaiser in: VWF 1994, 64). Aufgrund zunehmender Stickstoffeinträge als Folge von weltweit gestiegener Düngemittelausbringung und erhöhtem Viehbestand kann man in den temperierten Wäldern Zuwachssteigerungen verzeichnen, die als CO_2-Senken fungieren - für wie lange ist jedoch noch unklar.[11] Parallel dazu wird aber auch eine fortschreitende Bodenversauerung, eine verstärkte Anfälligkeit der Bäume gegenüber Krankheiten, Schädlingen, Stürmen und Trockenheit beobachtet, die letztendlich wieder zu einer Verminderung der Biomasse und damit des Kohlenstoffpools führen kann (Schmidt 1994, 24). Obwohl es in den bundesdeutschen Wäldern in den letzten Jahren zu einer immissionsbedingten Zuwachssteigerung v.a. auf armen bis mittleren Standorten kam, siedelt Burschel (1995) die Änderung der globalen Waldfläche dennoch bei -15,4 Mio. Hektar pro Jahr an. Die vermuteten weiteren Zuwachssteigerungen durch Düngeeffekte in den nördlichen und gemäßigten Breiten werden durch die anthropogene Waldvernichtung in den Tropen derart übertroffen, dass zur Zeit jährlich netto etwa 0,2 bis 1,8 Mrd. t C in die Atmosphäre freigesetzt werden. R. Schmidt weist ferner darauf hin, dass die Waldvernichtung und die Versauerung der Waldböden auch zur Freisetzung und Entstehung von anderen klimawirksamen Spurengasen beitragen (1994, 25). Schätzungen zufolge verursacht die Waldvernichtung 8 Prozent der weltweiten Methanemission (350 Mio. t/a) und etwa 15 Prozent der weltweiten N_2O-Emission (14 Mio. t/a) (IPCC 1992). Der globale Vegetationsverlust (z.B. durch Brandrodung) ist also nicht nur eine wichtige Ursache für den anthropogenen Treibhauseffekt, sondern auch ein Schrittmacher. Durch den Verlust der natürlichen Pflanzendecke werden zusätzlich Emissionen freigesetzt und Bodenbewirtschaftungsformen ermöglicht, die wiederum klimawirksame Emissionen produzieren (z.B. Plantagenbau).

Nachwachsende Rohstoffe stehen als Problemlösung nur im Hinblick auf das o.g. abstrakte Modell des Treibhauseffekts außerhalb des Systems – realiter sind sie ein Teil des Systems, d.h. ein Stellglied des globalen C-Kreislaufs, das durch diesen Kreislauf wiederum selbst verändert wird. Pflanzen sind selbst *klimasensitiv.* Durch die globalen Auswirkungen des Treibhauseffekts findet eine Interaktion zwischen pflanzlicher Photosynthese und atmosphärischer CO_2-Konzentration statt, die auch die potentielle Problemlösungsrolle begrenzt, die Pflanzen als Energieträger spielen können (vgl. Pretzsch 1992). Synergistische Effekte zwischen steigender C-Konzentration und zunehmendem stratosphärischen Ozonabbau (»Ozonloch«) führen dazu, dass die Parameter der Photosynthese sich in Zukunft folgendermaßen verändern werden: Erhöhte CO_2-Konzentration, erhöhte UV-Strahlung, geringere Wasserverfügbarkeit. Dies wird Auswirkungen auf die Nettoprimärproduktion der Pflanzen haben, auch auf die der Nachwachsenden Rohstoffe. Die geeigneten Sorten müssen also daraufhin befragt werden, wie sie sich unter den prognostizierten Klimaveränderungen wie z.B. längeren Trockenperioden und höherer Sturmdichte wahrscheinlich verhalten werden. Es könnte sein, dass etablierte Nutzungslinien wie die von Getreide unter veränderten Bedingungen physiologisch nicht mehr geeignet oder zumindest keine optimale Lösung sein werden, obwohl die komplette Anbau-, Ernte- und Vermarktungslogistik vorhanden ist. Für die Forschungspolitik bedeutet dies eine bewusste Entscheidung im Hinblick auf langfristige Förderinvestitionen, die über vergleichsweise kurzfristige Mitnahmeeffekte wie den gegenwärtig fallenden Getreidepreis hinausgehen.

Die Unräumlichkeit und Unzeitlichkeit des Wachsens im Modell

Auch der Faktor Zeit kann im benutzten Modell der Pflanzenphotosynthese nicht berücksichtigt werden. Das systemtheoretische Modell der Nachhaltigkeit ist immer geschlossen. Problematisch an dieser Betrachtungsweise ist, dass sie nicht die Zeit berücksichtigt, die für den wirklichen Vollzug der Input-Output-Beziehung erforderlich ist (Hofmeister/Spitzner 1999). Denn es wäre mit demselben Modell auch möglich, die Verbrennung fossiler Brennstoffe wie Kohle und Erdöl zu beschreiben. Sie haben formal denselben Input und Output, d.h. dieselbe formale Struktur, aber benötigen eine deutlich längere Zeit, bis der Input zum Output *werden* kann. Diese Zeit wird durch die Produktivität bzw. Regenerativität der Biomasse vorgegeben, sie ist aber in einem derart einfach aufgebauten systemtheoretischen Ansatz nicht beschreibbar. Eine Energieversorgung, die *als* Kreislauf betrieben werden kann, muss deshalb nicht automatisch im Kreislauf *mit* der Natur arbeiten. Zum Kreislauf der Natur gehört nicht nur die geschlossene Stoffbilanz, sondern auch die Eigenzeit der natürlichen Produktivität. Damit ist gemeint, dass »Natur« nicht nur als stoffliche Ressource verstanden wird, sondern auch als etwas, das sich in einer bestimmten Zeit selbst bildet.

In dieser zwar durch Züchtung und andere Techniken modellierbaren, aber letztlich unverfügbaren Selbstbildung wurzelt das Vertrauen »in Natur«. Es ist ein seinerseits gewachsenes Vertrauen, das stets ein vorläufiges bleibt, bis es die menschliche Erwartung nach einem fertigen Erscheinungsbild des Wachstums, z.B. einer blühenden Pflanze, erfüllt. Hier wird ein Naturbegriff bemüht, der sich auf kulturelle Naturordnungen gründet und mit dem Lebensbegriff in Verbindung steht, und der sich deshalb in erster Linie in der Auseinandersetzung mit dem, was als Lebensmittel dienen kann, problematisiert (z. B. in den Debatten um Getreideverbrennung, aber auch um Gen Food). Menschen haben mit Kultivierungsbemühungen die beständige Vorläufigkeit des Wachstums optimiert, bleiben aber auf eine Teilautonomie der »Natur« angewiesen, mit der sich Natur in bestimmten Formen in Erscheinung bringt. Dieses Verständnis des fundamentalen Angewiesenseins auf dasjenige, das unabhängig von menschlicher Einflussnahme vorhanden ist, bevor es technisch zuhanden ist, bildet die Grundlage dafür, dass Menschen auch in sich selbst natürliche Wesensanteile auffinden können. Gerade im Bereich der Ernährung, wenn es um den Anbau von Lebens- und Futtermitteln geht, wird deshalb vom Verbraucher wesentlich weniger technische Zurichtung gewünscht als bei der Herstellung von Energieträgern, die nicht inkorporiert werden. Wenn Nachhaltigkeitsbemühungen diese Komponente des hybriden menschlichen Selbstverständnisses ignorieren, können sie zwar im Modell durch eine ausgeglichene Stoffbilanz eine nachhaltige Technik garantieren, aber keine technische Entwicklung befördern, in der Menschen noch einen eigenen Naturbezug finden. Es wäre eine Technik, die Menschen nutzt, ohne etwas mit ihnen zu tun zu haben. Nachwachsende Rohstoffe umfassen aber Techniken, die den Menschen leiblich betreffen und seinen Lebensraum als Landschaft gestalten. Die Technik Nachwachsender Rohstoffe ist deshalb nicht aus dem Lebensraum der Menschen auslagerbar, wie es vielleicht die Atomkraft sein kann. Menschen teilen ihr Leben mit Pflanzen. Mit Körper und Landschaft sind die zentralen Medien benannt, in der Menschen ihre eigene Naturvorstellung abbilden und Natur gestalten. Das Konzept Nachhaltigkeit steht also vor der Herausforderung, eine anthropologische Fundierung zu entwickeln, in der »Natur« und »Technik« dialektisch aufeinander bezogen bleiben, damit ein vermeintlicher Schutz der natürlichen Umwelt die Idee von »Natur« durch technokratische Modelle, die keine raumzeitlichen Grenzen repräsentieren, nicht gänzlich aufhebt. Denn dann würden die Konzepte von »Natur« und »Technik« ihre eigene Historizität, ihr eigenes Gewachsensein, verlieren und kulturell unvermittelt den Menschen gegenüberstehen.

Notwendige Fragen für Alternativen

Nun kann man fragen, welche noch nicht genutzten Optionen, den Treibhauseffekt mittels Pflanzenwachstum zu beeinflussen, zusätzlich im Modell der Photosynthese angelegt sind. Damit würde man eine Erweiterung des Modells fordern, das Modell jedoch generell akzeptieren. Nachwachsende Rohstoffe stehen ja deshalb im Fokus der forschungspolitischen Bemühungen, weil sie fossile Energieträger substituieren sollen. In dieser Aufgabe sind sie nicht die einzige Option, sondern befinden sich in Gesellschaft mit Energie aus Photovoltaik, Solarthermie, Wind- und Wasserkraft (Hartmann u. Strehler 1995). Was Nachwachsende Rohstoffe aber als einzige der solaren Energien können, ist CO_2 zurückhalten und binden. Mit Hilfe von Aufforstungen könnte eine begrenzte Rückbindung des CO_2 auf die Erde erreicht werden, zumindest in den borealen Zonen. Die Verbrennung der nicht forstbaren Tropenwälder kann dadurch nicht kompensiert werden. Je nachdem, welches Erkenntnisziel man zu Beginn der Untersuchung festlegt, formuliert man eine der beiden

Fragen für die Auswahl der Pflanzen, die zur Minderung des Treibhauseffekts angebaut werden sollen:

1. Welche Pflanze fixiert *pro Zeit* am meisten CO_2?
   (= Welche Pflanze wächst am schnellsten, d.h. hat die höchste Wachstumsrate?)
2. Welche Pflanze fixiert *pro artspezifischer Lebenszeit* am meisten CO_2?
   (= Welche Pflanze wächst am längsten?) Denn: Pflanzen geben erst nach ihrem Tod irreversibel CO_2 ab.

Frage 1 bezeichnet das CO_2-Substitutionspotential, das der Energieträger beim Verbrennen in eine Primärenergiebedarfsrechnung einbringen kann (CO_2-Minderung durch Substitution). Diese Frage ist interessant, wenn man sich zum Ziel gesetzt hat, möglichst viel Tonnen CO_2 zu substituieren, die ansonsten durch fossile Energieträger ausgestoßen würden. Frage 2 bezeichnet die langfristige CO_2-Minderung durch pflanzliche Photosynthese (CO_2-Minderung durch Reduktion). In etwa entspricht diese Unterscheidung der Abwägung zwischen erreichbarer Geschwindigkeit und Laufleistung des Motors in gefahrenen Kilometern, wenn man sich für einen Autokauf entscheidet. Frage 2 erscheint mir für ein Verständnis von Nachhaltigkeit, das den Naturbezug sucht, geeigneter, denn es berücksichtigt den Lebensbegriff der Pflanze zumindest bezogen auf ihre Art. So werden natürliche Bedingungen anerkannt, innerhalb deren technische Optimierungsbemühungen greifen können.

Vor verschiedenen energiepolitischen Hintergründen kann das pflanzliche CO_2-Minderungspotential demnach zu einer *Reduktion* oder nur zu einer *Kompensation* des Treibhauseffekts führen (oder auch gar keinen signifikanten Effekt haben). In den untersuchten Studien ging es ausschließlich um die Kompensation der ansonsten in Zukunft noch auszustoßenden Tonnen CO_2. An dieser Stelle wird deutlich, dass die Vorstellung, dass Nachwachsende Rohstoffe im Kreislauf der Natur stehen, für ihre Rolle als energetische Substitute *irrelevant* ist. Es ist nicht plausibel, dass ein *Instrument* zur CO_2-Minderung durch sein Wachsen und Verbrennen *selbst* CO_2-neutral sein muss. Vielmehr geht es unter der Annahme der Substitution darum, dass ein Energieträger kein *zusätzliches* CO_2 produziert. Diese Annahme aber ist grundlegend für alle regenerativen Energien, so auch für die Windenergie und die Photovoltaik (vgl. Ott, in diesem Band). Der pflanzliche Charakter von Nachwachsenden Rohstoffen dient hauptsächlich assoziativ den Vorstellungen des fortwährenden Nachwachsens und der andauernden Regenerativität als Grundlage.

Wir gelangen hinsichtlich des Verhältnisses von Nachhaltigkeit und Nachwachsenden Rohstoffen zu folgendem *Ergebnis*: Die Pflanze kann als Modell für Wachstum und für Nachhaltigkeit dienen, denn sie wächst und sie ist trotzdem global in eine geschlossene C-Bilanz eingebunden. Beim Wachsen alleine betrachtet hat sie aber keine geschlossene CO_2-Bilanz, erst beim Wieder-Absterben. Das technische Verbrennen wird im der Technik zugrundeliegenden Modell wie ein beschleunigter Absterbeprozess dargestellt, der aber die räumliche und zeitliche Kontinuität der Pflanze als Einheit nicht beachtet. Es wird suggeriert, die Pflanze hätte diese neutrale C-Bilanz schon durch ihr Wachsen. Nachhaltigkeit wird also durch einen geschlossenen Kreislauf symbolisiert, dessen Wesen, das den Kreislauf als Leben vollzieht, abhanden gekommen ist.

Will man Natur und Technik im Konzept der Nachhaltigkeit miteinander verbinden, so muss Wachstum als ein Lebenszyklus, als die gesamte Sequenz von der Genese einer Pflanze bis zu ihrem Sterben betrachtet werden. Die Pflanzentechnik ist dann im Vergleich zur menschlichen Lebenszeit CO_2-neutral, wenn die Pflanze möglichst lange lebt. Gegenwärtig werden in Europa aber annuelle oder zweijährige Pflanzen des Agrarbereichs wie »Energiegetreide« als Energieträger vorgeschlagen, nicht die langlebigen Bäume des Forstkontexts (vgl. Schmidt 1994, Schneider 1995). Auch die Reststoffnutzung aus Industrieproduktion wird zuwenig in die Überlegungen für eine nachhaltige Wirtschaftsweise einbezogen. Zugegebenermaßen bietet diese dem ländlichen Raum kein Einkommen. Meines Erachtens muss die ökonomische Komponente der Nachhaltigkeit der ökologischen nachgeordnet sein, d.h. die Einkommensverteilung aus nachhaltig erwirtschaftetem Mehrwert muss volkswirtschaftlich ebenso grenzübergreifend angelegt sein wie es die ökologischen Folgen, die es zu verhindern gilt, wären.

Die Inadäquatheit der Kreislaufmodelle für die gesellschaftliche Forderung nach »Natur«

Ein fundamentaler Einwand gegen Nachwachsende Rohstoffe als nachhaltige Technik besteht darin, dass sie kein Mittel zum Naturschutz sein kann, sondern allenfalls zum Umweltschutz. Es geht um eine stofflich bilanzierbare Natur, für die man das Bild des Kreislaufmodells zur Bilanzierung nutzt, aber nicht die Bildlichkeit der jeweils genutzten Natur selbst. Im Naturschutz spielen der Lebens- und der Formbegriff eine wichtige Rolle. Leben erscheint in bestimmten Formen als gewachsene Natur. Nachwachsende Rohstoffe, die auf Basis eines technischen Modells nur Instrumente zum Klimaschutz sind, können keine bestimmten Naturformen schützen, selbst wenn als Sekundäreffekt der Reduktion von klimawirksamen Gasen bestimmte Arten überleben sollten. Der Landwirt ist deshalb niemals »nur« Energiewirt. Bei diesem Einwand gilt es sich zu überlegen, dass wir seit der Aufklärung in naturwissenschaftlicher Betrachtung nicht anders können, als »Natur« technisch zu verstehen, weil wir keine anderen Modelle und Begriffe (mehr) für sie haben. Die Perspektive des Organischen (Köchy 2003) verbindet seitdem naturphilosophische mit naturwissenschaftlicher Erkenntnis. Gerade die bis in die Antike zurückreichende, technomorphe Vorstellung vom *organon* (gr. für: Werkzeug) führte in vielen Bereichen zur Ausbildung eines Naturmodells, das am Herstellen qua Vorstellen orientiert ist. Instrumentalität geht der Kausalität voraus (Hubig 2005). In dieser Tradition stehen auch die systemtheoretischen Modelle, die beschreiben, wie Natur als Ökosystem und Lebewesen als Organismus »funktionieren«. Sich Natur als etwas Technisches vorzustellen ist nicht etwa moralisch verwerflich. Es führt aber zu der Konsequenz, dass man sich als Mensch weiter von der erlebten und erfahrenen Natur entfernt, da eine Vorstellung immer eine Distanzbeziehung beschreibt. Ein Übermaß an technischen Vorstellungen von »Natur«, die sie wie eine funktionierende Maschine darstellen, verschiebt in einer Wertegemeinschaft das gesellschaftliche Naturverhältnis hin zur Bewirtschaftungsfähigkeit und Optimierbarkeit von Natur.

Die Technikerin kann Natur nur innerhalb ihrer eigenen Möglichkeiten imitieren und optimieren. In der Verwendung des Femininums wird die Doppelaspektivität dessen deutlich, auf das sich »ihre eigenen Möglichkeiten« beziehen kann: auf die Möglichkeiten sowohl des Subjekts als auch des Objekts. Erst auf der theoretischen Metaebene, in der Wachstum sich als Reproduktion einer Einheit (z.B. eines Körpers oder Teilchens, das sich als ein Selbst organisiert) zeigt, wird Wachstum Mittel zum Zweck für Anderes. In den unterschiedlichen Verständnissen von Reproduktion und Einheit, die ihrerseits Abstrakta sind, sind diejenigen Modellvorstellungen verborgen, die v.a. in der Redeweise vom »Modellorganismus« und vom »Modellökosystem« auch in der Ökosystemforschung (vgl. Kötter 2001) eine Rolle spielen.[12]

Der Lebensbegriff wird entsprechend entweder als kategorial Anderes zur Technik unter »Natur« subsummiert, ohne das Anderssein zu spezifizieren, oder als Gegenstand der Technik, etwa in den

Bio- bzw. Umwelttechniken, dargestellt, mit dem man arbeiten kann. In der Alltagsperspektive vermittelt die Idee des Lebens der und des Einzelnen zwischen dem wissenschaftlichem Verständnis einer belebten Natur und den individuellen Erfahrungen mit Lebewesen, die etwas für den Menschen bedeuten.

Besonders eindringlich zeigt sich das in Bezug auf die Getreideverbrennung an folgender Argumentation: Die Befürworter meinen, dass es keinen Unterschied macht, ob man vor zweihundert Jahren dem Zugpferd den Weizen verfütterte, und dieses Arbeit leistete, oder ob dieser Weizen nun zur Kalorienerzeugung bei der technischen Brennstoffnutzung in einer Maschine eingesetzt wird. Die Gegner bestreiten diese Analogiesetzung von Tier und Maschine, weil sie nur unter einer Perspektive zu denken ist, in der die »Natur« im Hinblick auf ihre Leistungsfähigkeit befragt wird. Diese Perspektive bedroht diejenigen Naturanteile im Menschen, die seine eigene Leistungsfähigkeit begrenzen oder gefährden, wie z. B. Tod, Krankheit, Müdigkeit oder Verstimmung.

Hohe gesellschaftliche Akzeptanz gegenüber Naturprodukten

Nachwachsende Rohstoffe werden als Naturprodukte vermarktet und als *naturverträglicher* eingeschätzt als z.B. Produkte der synthetischen Chemie. Sie werden als immer wieder entstehend und immer wieder biologisch abbaubar gedacht. Dadurch scheinen sie auch diejenigen globalen Ressourcenknappheiten zu überwinden, die zu einer ungerechten Wirtschaftsweise gegenüber jetzigen und zukünftigen Generationen führen. »Der Natur« wird dabei unterstellt, dass sie »dem Leben« gegenüber fair wirtschaftet.

Nachwachsende Rohstoffe berühren als Technik daher ethische Argumente, von denen hier nur die anthropozentrischen skizziert werden sollen, die den Menschen in den Mittelpunkt der Abwägungen stellen (vgl. Ott u. Döring 2004). Durch die Annahme des fortwährenden Nachwachsens kann mit Produkten auf regenerativer Pflanzenbasis gerade gegenüber zukünftigen Generationen (vgl. Unnerstall 1999) *fairer* gewirtschaftet werden als mit Produkten, die von erschöpfbaren Ressourcen wie Erdöl, Kohle und Uran gewonnen werden (Argument der intergenerationellen Gerechtigkeit). Die Erhöhung des Autarkiegrades kann unter bestimmten Annahmen (z.B. denen des internationalen Preisdumpings oder der Kartellbildung für Rohstoffe) intragenerationell gerecht sein, wenn ein Land eigene Ressourcen nutzt. *Natur* und *Nachhaltigkeit* gehen in der Idee von Nachwachsenden Rohstoffen also eine konzeptionelle Verbindung ein, deren ethisches Fundament auf Gerechtigkeitsvorstellungen beruht.

Dabei ist eine weitere grundlegende Idee, dass Naturprodukte einen Sinn machen sollen. Das tun sie dadurch, dass sie einen Zweck erfüllen, dem wir einen Sinn zuschreiben, etwa wenn fossile Brennstoffe ersetzt werden, weil wir gemäß ethischen Prinzipien handeln *wollen*. Sie machen einen Sinn als *Mittel* zum Lebenserhalt, als Lebens-Mittel im weitesten Sinne. Lebewesen ergeben aber auch einen Sinn über ihre Bedeutung, die sie vermittels der Gestalt und Form für den Menschen haben. Sie sind *Medien* des Lebens, die dem Menschen eine bestimmte Möglichkeit zu leben in Erscheinung bringen. Die systemtheoretische Attributskategorie der »Information« gibt dies nur ungenügend wieder. Ethische Implikationen hat die Natur demnach auch über Werte, die sie in der ästhetischen Möglichkeit der Anschauung von Möglichkeiten, wie etwas leben kann, vermittelt (vgl. Düwell 1999). Dazu kann man sich als Mensch erst in Bezug setzen, etwa identifizieren oder distanzieren.

Gerade bei dem Verweis auf die Pflanzlichkeit wird deutlich, dass »Natur« entweder die Beschaffenheit eines Dinges umschreiben kann, also das stoffliche Material, woraus es ist, oder aber den Prozess des Werdens und Wachsens symbolisieren kann, der Zeit braucht, um in Erscheinung zu treten. Diese benötigte Zeit teilt der Mensch als Betrachter mit seiner eigenen Lebenszeit. Sein Leben vermittelt zwischen innerer Natur, die er selbst ist, und äußerer, die ihn umgibt als eine Natur, die im jahreszeitlichen oder auch im globalen Wandel ist. Wenn die umgebende Natur lediglich als stoffliche Umwelt gefasst wird, bedarf es keiner Vermittlung über lebendige Medien wie Pflanzen, sondern nur einer Aneignung. Eine Möglichkeit der Aneignung ist die Patentierung genetischer Information aus bestimmten Lebewesen. Der Lebensbegriff selbst wäre irrelevant. Dies kommt dem Alltagsverständnis von »Natur« nicht entgegen. Ob etwas Natur ist, geht nicht nur aus einer Zustandsbeschreibung hervor (etwa gemäß der naturwissenschaftlichen Aussage: Alle aus Kohlenstoffverbindungen aufgebauten Substanzen sind Natur), sondern aus der Geschichte seiner Entstehung und weiteren Entwicklung. Wenn also Rapsölmethylester (»Biodiesel«) als *natürlicher* propagiert wird als Erdöl und die Baumwollfaser natürlicher als Nylon, dann geschieht das nicht aufgrund ihrer elementaren chemischen Zusammensetzung. Sondern die Baumwollfaser wird bevorzugt, weil sie auf pflanzlichem Wege entstanden ist und auf vorwiegend pilzlichem Wege wieder vergehen wird. So wird das Produkt intuitiv als Teil der Naturkreisläufe denkbar. Diese brauchen Zeit. Nachwachsende Rohstoffe imitieren als Technik den Naturkreislauf von Werden (»Nachwachsen«) und Vergehen (»Biologische Abbaubarkeit«), sind aber in ihrer Zeitlichkeit an der rationellen Zeit industrialisierter Prozesse ausgerichtet, die dem Kriterium »Effizienz« unterstehen (Karafyllis 2002). Sie werden wie eine Recyclinganlage betrachtet, deren Umsetzungsrate man optimieren muss. Unsere Intuition macht hier also einen Kategorienfehler: Nur weil Pflanzen qua ihrer Lebendigkeit Teil der Naturkreisläufe sind, sind sie - als technisches Mittel eingesetzt - nicht unbedingt ein Beitrag zur Umweltverträglichkeit. Es kommt vielmehr auf die Wirtschaftspraktiken an, mit denen Menschen nachweisbar im Kreislauf wirtschaften, anstatt auf Kreislaufmodelle, mit denen sie »der Natur« eine derartige Wirtschaftsweise unterstellen.

Die Auswahl eines reduzierten Nachhaltigkeitsverständnisses

Weil Nachhaltigkeit mit den Metaphern »Kreislauf« und »Gleichgewicht« beschrieben wird, suggeriert dies auch eine Natur, die »als Ganze« in irgendeiner Form vollständig und stabil ist. Die Vorstellung, dass man »Natur«, wenn man sie verstanden hat, auch in der Bewirtschaftung nahe sein kann und diese Nähe zu einem langfristigen Überleben auch des Menschen führt, ist ihrerseits nicht naturwissenschaftlich begründbar, sondern kulturell als Vertrauen auf die Erscheinungen der Natur überliefert. Wie die anvisierte Stabilität für das Überleben der Menschen genau zustande kommt, ist unklar (auch im Terminus »Naturhaushalt«, den das Bundesnaturschutzgesetz verwendet). Denn eine Produktivitätstheorie der Natur ist bis jetzt nur rudimentär vorhanden. Sie ist gekennzeichnet durch die physikalischen Gesetze der Energieerhaltung und der Entropiezunahme (Stephan u. Ahlheim 1996), der Lebensbegriff bleibt außen vor. Daher sind die meisten Nachhaltigkeitskonzeptionen mehr an der Physik und der thermodynamisch interpretierten Ökonomik als an der Biologie orientiert (Schmidt-Bleek 1994, BUND u. Misereor 1996, Rees u. Wackernagel 1997).

1. Eine Fokussierung auf die Geschlossenheit der Stoffströme

Die am häufigsten verwendete und bekannteste Methode zur Ermittlung der Nachhaltigkeit sind Analysen zum *Stoffstrommanagement*. Sie orientieren sich am Konzept des Umweltraumes, in dem die Bilanz der Stoffströme konstant bleibt. Als Stoffströme gelten Flüsse an Materie und Energie (z.T. auch Fläche). Meist werden sogenannte Energiebilanzen und Materialbilanzen berechnet, die auf ein Produkt (Produktlinienanalyse), auf die Dienstleistungseinheit (MIPS)[13] oder auf die Umwelt angerechnet werden. Auch die verschiedenen Formen der Ökobilanzierung sind unter Stoffstromkonzepte zu rechnen. Dabei liegt das Hauptaugenmerk auf dem Ziel, möglichst *geschlossene* Stoffströme mit möglichst *geringem Durchsatz* (engl.: *throughput*) zu erreichen, was eine Minimierung von Energie, Material und Fläche bedeutet. Einige Autoren verstehen dieses Vorgehen als »Effizienzrevolution« (z.B. E.U. v. Weizsäcker et. al. 1995). Diese Ziele orientieren sich an den Gedanken zur Entropieverminderung, Energieeinsparung und zum Recycling.

In der öffentlichen Auseinandersetzung um die Grüne Gentechnik wird gerade in der Stoffstromperspektive deutlich, wie die Vorstellung von »Information«, die ein System hervorbringt, zum Streit über die Wünschbarkeit einer Technik führt. Die Grüne Gentechnik zählt innerhalb des stoffstromorientierten Zugangs als ein Mittel zu mehr Effizienz, da sie den nachgefragten Output des Systems »Boden« erhöht. Transgene Pflanzen werden hier als *strukturell äquivalent* zu den Wildtypen und konventionell gezüchteten Sorten erachtet. Da die Stoffstrombetrachtung quantitativ angelegt ist, die Gentechnik aber eine *qualitative* Veränderung von Natur vornimmt, steht die Gentechnik unter dieser Perspektive nicht im Konflikt mit Nachhaltigkeit. Erst in der Vorstellung, dass die Natur selbst am besten für ihr Überleben und damit auch für Nachhaltigkeit sorgt, wird der gentechnische Eingriff, der ein sogenanntes »Elite-Event« (z.B. für eine Herbizidtoleranz) im Erbgut platziert, widernatürlich und nicht-nachhaltig.

Reduziert man Nachhaltigkeit auf Stoffstrombetrachtung, so ist eine große Schnittmenge zwischen ökonomischen und ökologischen Zielen gegeben. Dies liegt an den Kriterien »Effizienz« und »maximale Rückführbarkeit«, die auch eine unter Kostenaspekten optimale Nutzung bedeuten.[14] Beispiele für stoffstromorientierte Nachhaltigkeitskriterien und -indikatoren sind z.B. Emissionsgrenzwerte, Bewertung von Energiebilanzen und CO_2-Bilanzen und die Bewertung der Einträge von Pflanzenschutzmitteln. Aber da Nachwachsende Rohstoffe (im Modell) durch Photosynthese immer wieder neu entstehen, trifft auf sie die Forderung *nicht* zu, den *throughput* (Durchsatz) minimieren zu müssen. Die beim Verbrennen entstehende Entropieerhöhung wird theoretisch durch den Lebensprozess immer wieder vermindert. Diese Ansicht hat eine wichtige Konsequenz: Es reicht somit für das Erreichen der Nachhaltigkeit aus, Stoffströme zu schließen – ungeachtet dessen, welche Größenordnungen sie umfassen! Dadurch ist die Möglichkeit eröffnet, die Massenerträge von Nachwachsenden Rohstoffen zu steigern, ohne im Widerspruch zur Nachhaltigkeit zu stehen. Die hohen Massenerträge werden bei der Getreideverfeuerung explizit als Pro-Argument genannt und befördern ein Konzept von Nachhaltigkeit, das man in der Formel »Viel hilft viel« ausdrücken kann. Hier müssen Gegner, die Umsetzungsstrategien von Nachhaltigkeit mit einem notwendigen Konsumverzicht assoziieren, widersprechen.

2. Eine Fokussierung auf den Erhalt der Produktivkraft der Natur für den Menschen

Nachhaltigkeit kann auch auf einen Erhalt der Produktivität von Natur fokussiert werden, wie es in einigen Konzepten zu alternativen Landbauformen verstanden wird. Je nach Konzept wird mehr Wert auf die Konstanz der Umweltbedingungen gelegt (z.B. im integrierten Landbau, der stoffstromorientiert ist) oder auf den Erhalt bestimmter Natureigenschaften (Ökologischer Landbau). Insgesamt wird hier neben einer kreislauforientierten Sicht auch der Umgang mit Unsicherheit berücksichtigt, speziell auf das Produktionssystem Boden bezogen. Regionalen Besonderheiten der Produktivität wird in dieser Sichtweise in hohem Maße Rechnung getragen. Beispiele für Nachhaltigkeitskriterien und -indikatoren in den untersuchten Studien, die auf einen produktivitätsorientierten Zugang in den Bewertungen hinweisen, sind die Bewertung der Bodenfruchtbarkeit, der Bodenverdichtung, der Bodenerosion, kurz: Die Bewertung nach der standörtlichen Angepasstheit. Die grundlegende Idee ist: Natur erhält ihre Produktivität selbst.

3. Eine Fokussierung auf den Erhalt der Arten, Biotope und Landschaften

Dieses Nachhaltigkeitskonzept fordert mehr, als nur den Erhalt der Produktivkraft der Natur. Hier geht es darum, dass Natur und Umwelt nicht nur in ihrer *Produktionsfunktion*, sondern auch als *Lebensraum* erfahrbar werden. Dazu gehört auch der Erhalt von kulturellen Elementen, im Sinne eines Heimatschutzes. So wird betont, dass der Mensch an einen identitätsstiftenden Lebensraum gebunden ist, den er mit einem bestimmten Arteninventar und einem bestimmten Landschaftsbild teilt. Von der Stoffstrombetrachtung bis hin zum Nachhaltigkeitsverständnis, das den Erhalt von Lebensräumen schützen möchte, wird der Natur und Umwelt zunehmend in ihren *qualitativen* Besonderheiten Rechnung getragen. Weiterhin nimmt die Berücksichtigung des Nichtwissens zu.

4. Eine Fokussierung auf soziale Gerechtigkeit

Als grundlegende Perspektive nachhaltigen Handelns ist die notwendige Verbindung von Ökologie und Gerechtigkeit zu sehen (WCED 1987). Konkret kann die Frage nach globaler Gerechtigkeit an der *Fläche* festgemacht werden, die jeder Bürger des Planeten Erde pro Kopf verbraucht, um seine Bedürfnisse zu befriedigen (BUND/Misereor 1996). Dabei geht in den imaginären Umweltraum eines Deutschen auch diejenige Fläche mit ein, die er in den Ländern des Südens beansprucht, um konsumierten Kaffee, Tee oder Viehfutter anbauen zu lassen. Der Umweltraum endet nicht an nationalen Grenzen, er beginnt am Ursprungsort der Ressourcen bzw. an der Endlagerstätte von »Abfällen«. Für Nachwachsende Rohstoffe ist diese Konzeption deshalb bedeutend, da sie in der EU auf angeblich *überschüssigen* Flächen (bezogen auf die Nahrungsmittelproduktion) angebaut werden. Global betrachtet gibt es angesichts des Bevölkerungsanstiegs keine überschüssigen Agrarflächen. Und auch andere Bedürfnisse (Siedlung, Verkehr, Flächen für pflanzliche Bau-, Textil-, Chemikalien- und Werkstoffproduktion) benötigen zunehmend Fläche. Der Flächenverbrauch muss Teil der Nachhaltigkeitsindikatoren werden, denn die Pflanze ist an einem Ort verwurzelt, um zu wachsen. Es gilt daher für die Entscheidung, ob eine Technik als nachhaltig angesehen werden kann, verstärkt Qualitätskriterien für ein gutes Leben zu formulieren (Nussbaum u. Sen 1992).

Schutz der Umwelt durch technisierte Natur?

Nachwachsende Rohstoffe sind demnach zwar grundsätzlich regenerierbar, aber nur in dem Maße regenerativ, wie der Mensch dies gewährleistet. Sie behalten als technisch modellierte Lebewesen auch als Klimaschutzinstrumente ihre Lebendigkeit, die stets auch die Möglichkeit hat, sich dem technischen Zugriff durch spontane Verweigerung (Tod, Mutation) zu entziehen. Die Vermutung liegt nahe, dass Nachwachsende Rohstoffe gerade deshalb über eine so hohe gesellschaftliche Akzeptanz verfügen, weil sich in ihnen zwei Lösungsstrategien - zumindest rhetorisch - vereinen lassen. Nachwachsende Rohstoffe sind als Technik an der Idee des Kreislaufs orientiert und trotzdem wird die Natur anscheinend »in Ruhe gelassen«, da auf ihr »nur« Pflanzen wachsen.

Es gilt ein diskursiv festzulegendes Maß zu finden zwischen einem all umgreifenden *Global Management* und *Global Engineering* (vgl. Schneider 1996), in dem jedes Lebewesen potentielle Ressource technischer Nutzungsbedingungen ist, und einer Mentalität, die Natur als das Unangetastete und Unberührte bewahren will. In jedem Falle wird man für eine nachhaltige Wirtschaftsweise auf das regenerative Potential von Pflanzen angewiesen bleiben, weil sie Primärproduzenten und damit zur Assimilation fähig sind. Eine fortgeführte Auseinandersetzung mit den Grundlagen ihres dauernden Nachwachsen Könnens ist deshalb eine wichtige Aufgabe für ihre Gestaltung als Zukunftstechnik.

Schutz der Symbolik von Natur: Schutz der Lebensmöglichkeiten und Lebenserfahrungen

Auffällig an der Diskussion über Naturschutz und nachhaltige Entwicklung ist v.a., dass sich der Diskurs der letzten Jahre auf Dematerialisierung, Solarenergie und Effizienzrevolution konzentriert hat: Das bedeutet, dass der Erhalt von Materie und Energie im Zentrum des politischen Interesses lag. Jüngst wird nun in der Umwelt- und Naturschutzbewegung darauf gedrängt, den nachhaltigen Erhalt von Materie und Energie um die Dimension »Information« zu ergänzen. Man hat erkannt, dass es auch um den nachhaltigen Erhalt bestimmter Natur*qualitäten* geht. Hier wäre Forschungsbedarf gerade für die Kulturwissenschaften gegeben; diese überlassen aber die Auseinandersetzung mit Natur gerne den Naturwissenschaftlern. Schon sind Genetiker zur Stelle, die Erbgut von Lebewesen in Form von Genbanken konservieren und dies Vorgehen als *ex-situ-Naturschutz* deklarieren. Konservieren bedeutet jedoch nicht einen Schutz des evolutiven Potentials, d.h. derjenigen Möglichkeiten, die Lebewesens in ihrer natürlichen Umwelt über die Zeit haben. Wieder gewinnt hier ein naturwissenschaftlich vermittelter Zugang zum Gesamtphänomen Leben die Oberhand, der sich auf die Programmmetapher des »genetischen Codes« rückführen lässt. Obwohl sich die Lebensformen der Tiere, Pflanzen, Pilze etc. in der menschlichen Lebenswelt befinden, die am eigenen Leib (vgl. Schmitz 1998), jeden Tag, der Erfahrung zugänglich ist.

Der Begriff »Information« zeigt, dass die Ausprägung einer Bedeutung einen Raum braucht, *in* dem sie sich formieren kann. Daten alleine informieren nicht. Naturschutz kann deshalb kein Genschutz, kein Schutz von Programmen, sein. Naturschutz ist vielmehr ein Schutz der äußeren Natur (des Menschen) vor dem Menschen selbst, aber im Dienste der inneren Natur des Menschen: seiner Sehnsucht, ein natürliches Gegenüber zu haben, in dem er sich spiegelt als freier Mensch, dessen Leben als Ganzes unverfügbar bleiben sollte. Damit ist der Schutz gerade dieser äußeren Natur für die innere Natur des Menschen lebensnotwendig. In einer »freien« Natur sieht er und sie die eigene Freiheit. Diese Einsicht verlangt jedoch eine Abkehr von dem Ansatz, die Natur lediglich als Ressource zu sehen, die Input für den Stoffwechsel des Menschen liefert.

Die Abgrenzung von Natur/Technik wird durch die modernen Biotechniken (Gen- und Biotechnik in Kombination mit Nanotechnik und Neurowissenschaften als »Converging Technologies«) zunehmend erschwert. Durch die Vermengung von Forschungsparadigmen der Biowissenschaften mit denen der Technikwissenschaften (die wiederum auf Methoden der Ökonomik zurückgreifen) dringt die Funktionalisierung, im Sinne einer Funktionszuweisung, zunehmend in den Bereich der Lebewesen selbst ein und damit in ihre Lebenswelt. Am anschaulichsten zeigt sich dies in dem neu in die ökologieinterne Diskussion eingebrachten Begriff von Tier- und Pflanzenarten als »ecosystem engineers« (Filser 2001, 33, basierend auf: Jones et al. 1997). Darunter werden Arten verstanden, die physische Zustände eines Ökosystems verändern, wie etwa Biber und Termiten. Wer Natur formt, muss anscheinend ein Techniker sein.

Die vormals als außen gedachte Technik wird verstärkt auch in die innere Natur des Menschen verlagert. Dabei ist noch ungeklärt, ob diese Verlagerung ins Innere dazu führen könnte, dass wir *uns selbst* nicht mehr als der technischen Welt gegenüber definieren können, sondern uns als technisch unvollkommenes *Biofakt* (Karafyllis 2003) im Vergleich zu den funktional optimierten technischen Artefakten begreifen werden. Die Frage der Abgrenzung Natur/Technik ist für den Menschen nicht zuletzt deshalb bedeutsam, weil Natur dem Menschen als Orientierung dient. Daher ist es wichtig, dass er sich selbst orientieren kann und nicht nur orientiert wird. Nur so kann letztlich die Natur erhalten und die Technik konstruiert werden, die der Mensch braucht. Die hier angedeutete These lautet, dass zum Menschen auch eine anthropologische Sehnsucht nach Unmittelbarkeit bestimmter Naturweseneigenschaften gehört.

Der Kulturphilosoph Ortega y Gasset (1993) verstand Leben als Anregung. Natur versorgt uns nicht nur, sie regt uns an und zwar über ihre Formenvielfalt. Menschen müssen sich im Zeitalter der technischen Reproduzierbarkeit nun selbst davor schützen, nichts Unverfügbares und Unverändertes mehr als Natur in der Welt zu haben, weil sie damit ein Gegenüber verlieren würden. Es ist bislang ein Gegenüber, das anregt, weil es oftmals »anders« als das ist, was sich der jeweilige Mensch subjektiv darunter vorgestellt hat. Spontaneität (wie z.B. die Mutation), aber auch die Fähigkeit zur Anpassung (Adaptation) überraschen. Dies wird auch Auswirkungen auf die Nachhaltigkeitsforschung haben, die sich vom Ideal der Kontrolle über Natur abkehren und wieder an das »waghalsigere« Leben *mit* der Natur und *in* der Natur gewöhnen sollte. Der Mensch als anthropologisches Hybrid zwischen Techniknutzer und Naturwesen, mit Fähigkeit zum rationalen Handeln und leiblichen Erleben, muss selbst hybride agieren, um seine eigene Natur in der Natur um ihn herum lebendig zu verorten. Erst eine Mischung aus technischem Verfügungshandeln und Entscheidung zum Nichthandeln wird eine Natur nachhaltig erhalten, die Menschen zufrieden stellen kann.

So nähern wir uns einer Facette von Natur, die mehr ist, als nur eine Menge faktisch vorliegende Substanzen: Natur nimmt *bestimmte Formen* an und mittels dieser Formen liegt Natur auch als Sammlung von Symbolen vor. Symbole geben den vorliegenden Gegenständen Bedeutung, sie *meinen* etwas für uns. Bedeutung heißt, einem Gegenstand einen Sinn zu geben, der über seinen Materialcharakter und seinen praktischen Nutzen hinaus geht. Pflanzen sind kulturelle Symbole für Fruchtbarkeit (Apfelbaum), für ewiges Leben (Efeu), für Tod (Lilie). Bäume sind Symbole für Dauerhaftigkeit und Stärke. Natur vermittelt uns ihre Bedeutung demnach über Symbole. Über den Symbolgehalt von Information gelangen qualitative Aspekte in einen bislang unter quantitativen Gesichtspunkten geführten Diskurs. Die Frage nach den gesellschaftlichen Bedürfnissen nach einer *bestimmten* Natur thematisiert auch unterschiedliche Lebensstile und Formen von Naturnutzung. An dieser Stelle können wir nun die Verbindung von Symbolik und Ethik untersuchen. Denn Symbole verweisen auch auf Normen und sind Teil der kulturellen Existenz des Menschen (vgl. Schwemmer 1997).

So wird von einigen Bevölkerungsgruppen in Deutschland die Verbrennung von Getreideganzpflanzen[15] zur Energieerzeugung abgelehnt, da dies angesichts des Welthungers unmoralisch wäre. Raps, aus dem man auch Kalorien gewinnen kann, ist aber zur umweltverträglichen Energieerzeugung hoch im Kurs. In der stofflichen Perspektive sind beide gleich, als Symbolträger sind Weizen und Raps höchst verschieden. Hier werden Gerechtigkeitsüberlegungen ins Spiel gebracht, also ethische Argumente in bezug auf die Handlung »Verbrennen von Biomasse«, die eben nicht nur Masse, sondern auch Form ist. Getreidekulturen haben in den westlichen Kulturen Symbolcharakter für Nahrung (insbesondere Brot) und für Gerechtigkeit und bewahrende Versorgung. In anderen Kulturen ist der Mais (Südamerika) oder der Reis (Asien) Symbol der fruchtbaren Kulturgeschichte.

In der kulturalistischen Variante des Naturzugangs kann es demnach ganz ohne den biowissenschaftlichen Zugang Schutzüberlegungen geben: Es wird das geschützt und erhalten, was Menschen im gesellschaftspolitischen Diskurs als Symbole *wollen*. So stünde der Denkmalschutz auf der gleichen Stufe wie der Schutz einer biologischen Art, die uns nicht als Mittel zum Überleben dient. Lebens-Mittel sind nicht nur funktionale Mittel zum Überleben, sondern auch Mittel der Anschauung der Vielfalt von »Leben«.

Haben Naturimitationen dieselbe Symbolik wie die *ursprüngliche Natur*, Plastikblumen etwa dieselbe Symbolik wie »echte« Blumen? Nein, weil wir für den Symbolgewinn die Pflanze *wachsen* sehen müssen, in ihrer ihr eigenen Produktivität. Dies ist die Innenperspektive von Natur, die auf die Genese verweist (vgl. Karafyllis 2005). Denn Pflanzen sind nicht nur Symbole dank ihrer artspezifischen Charakteristika, als Getreide oder als Baum, sondern auch als Begriff für das biologische Reich des Vegetativen, für das *Naturwüchsige*: Die Pflanze steht allgemein als Symbol für *autonomes Wachstum*, für Regeneration (autonom = eigengesetzlich). Pflanzenwachstum ist bislang etwas gewesen, was sich phänomenologisch aus sich selbst erklärt hat bzw. sich gar nicht erklären musste, es war schon immer da, wenn der Mensch auch da war.[16] Schöpfungsmythologisch sind die Pflanzen in vielen Kulturen das Erste, das als Lebendiges erscheint und auch Anderen Leben ermöglicht. Technische Zurichtungen des Pflanzlichen sind daher im kulturellen Verständnis Manipulationen an der »Basis« des Lebens. Natur vermittelt also zwischen unserem eigenen Selbstverständnis und demjenigen, was ohne uns da ist, was es schon vor uns gab, was es vielleicht nach uns geben wird. Die Naturzeit des vegetativen Wachsens ist ihre Eigenzeit, sie ist - trotz aller Anstrengungen - technisch unverfügbar.[17]

Menschen sehnen sich nach einem sinnlichen Bezug zur Natur, weil sie darin auch einen *sinnhaften* Bezug zum eigenen Leben wiederfinden. Natur gibt uns keine Lebensweise vor, aber sie bietet Orientierung dadurch, dass sie uns durch ihre Offenheit in einen Spiegel an Möglichkeiten blicken lässt, den uns die Technik aufgrund ihrer starren Systemkonstruktion nicht bietet. Zwischen einengendem Sicherheitsdenken (Programmier- und Kontrollierbarkeit) und alleinlassendem Offenheitsdenken (»alles ist möglich«) gilt es dasjenige in der Natur wiederzufinden, was auch den Menschen darin heimisch werden lässt. Dazu wird auch ein erneutes Reflektieren der eigenen Grenzen, des Todes und des Leidens gehören. Grenzen begrenzen jedoch nicht nur, sondern sie geben Orientierung. Dies gilt v.a., wenn sie individuell in das Leben integriert werden können, d.h. lebensweltlich relevant werden und nicht wissenschaftlich von außen vermittelt werden. Für den Natur- und Umweltschutz liegt in der internen Versöhnung von lebendiger Natur mit Symbolgehalt und amorpher Umwelt eine große Chance: die der Vermittlung von innerer und äußerer Natur des Menschen. Man sollte die Visionen von Nachhaltigkeit nicht den Natur- und Technikwissenschaftlern allein überlassen. Naturverträgliche Nutzung meint ja auch die Verträglichkeit mit unserer eigenen inneren Natur. Diese zu erforschen bleibt jeder und jedem selbst überlassen.

Was bedeuten diese Ausführungen nun für die Verbrennung von Weizen zur Energiegewinnung? In jedem Fall, dass dem symbolischen Gehalt des Pflanzlichen mehr Gewicht für das ethische Urteil zukommt, als bislang geschehen. Denn die Symbolik von Natureinheiten verbindet das rationale Urteil, wie Natur technisch effizient und als Ressource nachhaltig bewirtschaftet werden kann, mit dem ebenso rationalen Urteil, das nicht für jeden Naturbezug, den Menschen sich wünschen, Effizienz und maximale Rückführbarkeit das Kriterium der Wahl ist. Diese Perspektive bezieht aber nur die gegenwärtig lebenden Menschen und ihr Wahlrecht auf bestimmte Naturformen mit ein und lässt die Rechte zukünftiger Generationen außer acht (Unnerstall 1999). Gegner der Weizenverbrennung müssen sich vergegenwärtigen, dass die Unterlassung einer nachhaltigen Option womöglich retrospektiv als unterlassene Hilfeleistung verstanden werden kann, und müssen sich überlegen, ob das Argument des Symbolschutzes so weit tragen darf, dass zukünftige Generationen eventuell nicht ihre Grundbedürfnisse werden sichern können. Der Schutz der kulturellen Traditionen der Vergangenheit, und damit die eigene Kulturgeschichte, steht dem Schutz einer Zukunft gegenüber, die weitreichende Handlungsoptionen zu einem gelingenden Leben beinhalten soll.

Ob Nachwachsende Rohstoffe als Technik umweltverträglich sind, d.h. z. B. nicht klimawirksam und artendezimierend, muss naturwissenschaftlich umfassender als bisher geklärt werden. Falls sie es sind, folgt daraus noch nicht zwangsläufig, dass sie im Dienste der Nachhaltigkeit stehen. Dafür müssen sich Menschen, die diese Technik betrifft, unter Zuhilfenahme von ethischen Kriterien, die bestimmen, was Schutzgüter sein sollen und vor welchen zeitlichen Horizonten sie zu schützen sind, diskursiv auf ein Nachhaltigkeitsverständnis einigen, das in Übereinstimmung mit ihren kulturellen Wünschen an »Natur« und der eigenen Position zu ihr steht. Symbole können sich ändern und sie haben sich in Kulturen stets dann geändert, wenn es notwendig war. In den abendländischen »Brot-Kulturen«, für die der Weizen als Hostie nicht nur Teil eines biblischen Heilsversprechens ist, sondern auch an die Hungersnot der Kriegs- und Nachkriegsjahre erinnert, muss in einer Güterabwägung eine gravierende Form von Not die Verbrennung rechtfertigen. Der Respekt gegenüber Weizen gilt nicht der Weizenpflanze, sondern einer in ihr dargestellten Natur, die jederzeit das Vermögen hat, sich zu entziehen und die menschlichen Bedürfnisse nicht zu erfüllen. Der Weizen ist damit *Mahnmal* der Knappheit und eine Aufforderung zum Maßhalten und als solches in einer Industriekultur, die sich dem aufzehrenden Konsum verschrieben hat, als Symbol derart zu schützen, dass er nicht verheizt wird, nur weil er hohe Erträge bringt. Meines Erachtens kann die Nachhaltigkeitsdiskussion mit dem Schutz zukünftiger Generationen, die für die Getreideverbrennung aufgeboten wird, an dieser Stelle nicht überzeugen, da z.B. gleichzeitig das Recht auf die eigene Automobilität als höherwertiges Schutzgut unangetastet bleibt. Auch der Begriff des »Selbstversorgungsgrades« steht inter- und intragenerationellen Nachhaltigkeitsbemühungen unvermittelt gegenüber. Man sollte vorerst nach Alternativen zum Heizen mit Weizen suchen.[18] Die naheliegendste ist die Nutzung von Restholz und die Vergärung von Abfällen.

Es wäre auch möglich, dass die jüngere Erinnerung an die Symbolik von Natur, die bei der Debatte um Getreideverbrennung zu Tage tritt, gar nicht so sehr gegen diese Nutzung der Pflanzen votiert, sondern vielmehr gegen eine Technikkultur, die die Natur im Zuge einer Rationalisierung des Menschen ungeachtet ihrer Form nutzt, wenn es sich aus ökonomischen Gründen anbietet. Meines Erachtens ist es eine ähnliche Motivation, die einige Gegner der Grünen Gentechnik antreibt. Im Zuge dessen wird dann auch die Nachhaltigkeit als Gesamtkonzept angezweifelt, da die Entscheidungsfindung auf Basis lediglich von Stoffstromanalysen technokratischen Charakter hat. Der Verweis auf die Symbolik steht damit im Zeichen der Ideologiekritik. Hier ist die Politik gefordert, eindeutige Kriterien zur Begründung für oder gegen eine bestimmte Forschungs- und Technikpolitik zu benennen, damit Entscheidungen für alle Mitglieder einer Gesellschaft nachvollziehbar und ggf. streitbar werden. In unterschiedlichen Regionen sind auch die Symbolgehalte von Natur unterschiedlich, was eine Entscheidung für die Nachhaltigkeit bestimmter Technologien »von oben« erschwert.

Eine Ethik, die in pluralen Gesellschaften wirksam werden möchte, kann sich diesem Problem dadurch stellen, dass sie die verschiedenen Handlungsempfehlungen, die in Gesellschaft, Politik, Wirtschaft und Wissenschaft zur Verfügung stehen, ordnet, ihre Vorannahmen und Bildlichkeiten dekonstruiert und unter Einbeziehung der Menschen vor Ort auf ihre Implikationen hin befragt. Dabei wird auch das eigene Wertesystem berührt, das in Konkurrenz zu anderen, langfristig auch denen in anderen Kulturen, steht. In diesem Sinne ist die Provokation des evangelisch-lutherischen Pfarrers Bernd Reuther konsequent, die er auf dem Symposium »Heizen mit Weizen« am 9. Oktober 2003 an der Volkshochschule Hesselberg zur Diskussion stellte: »Ist es nicht an der Zeit – zumindest hier in den westlichen Industrienationen – das Vater unser an einer Stelle umzuformulieren? ›Unser tägliches Brot‹ zu ›Unsere tägliche Energie gib uns heute.‹ (Ev.-luth. VHS 2003, 5)

Anmerkungen

[1] Vgl. grundlegend: Nida-Rümelin 1993, Karafyllis 1995 sowie im Anschluss daran Vogt 2002, Busch 2003.

[2] Zur Grundidee vgl. von Carlowitz (1713). Vgl. zum forsthistorischen Überblick auch Karafyllis 2001, 137ff. Verschiedene Nachhaltigkeitskonzeptionen zeigen im Hinblick auf umweltethische Gehalte Ott u. Döring 2004.

[3] Ich konzentriere mich hier auf pflanzenbürtige Brennstoffe, die speziell für die energetische Nutzung angebaut werden (etwa im Gegensatz zur Reststoffnutzung wie Biogaserzeugung), vgl. z.B. Kaltschmitt u. Reinhardt (1997), Hartmann u. Strehler (1995), AFAS (1993), ÖAdW (1992).

[4] Die EU hat sich Anfang der 1990er Jahre verpflichtet, ca. 30 Prozent ihrer landwirtschaftlich genutzten Fläche aus der Nahrungs- und Futtermittelproduktion zu nehmen, um Überproduktion zu vermeiden. Für derartige Überschussflächen existiert eine Ausgleichsprämie, die auch beim Anbau von NR fällig wird, obwohl die Flächen bewirtschaftet werden. Mittlerweile sind es noch ca. 10 Prozent Überschussflächen.

[5] Gemäß der Veröffentlichung des Bundesministeriums für Umwelt, Naturschutz und Reaktorsicherheit »Erste vorläufige Abschätzung zur Entwicklung der Erneuerbaren Energien im Jahr 2004 in Deutschland« (Stand: Februar 2005), stieg damit der Anteil der Erneuerbaren Energien am Bruttostromverbrauch, auf den sich der Selbstversorgungsgrad bezieht, von 7,9 Prozent in 2003 auf rund 9,3 Prozent in 2004. Bezogen auf den Primärenergieverbrauch ergab sich eine anteilige Steigerung von 3,1 Prozent in 2003 auf rund 3,6 Prozent in 2004. Im Wärmemarkt deckt die Nutzung von Biomasse über 90 Prozent der Energiebereitstellung aus Erneuerbaren Energien ab.

[6] Vgl. die Forschungen zum EU-Projekt »Medium and long-term opportunities and risks of the biotechnological production of bulk chemicals from renewable resources« (BREW).

[7] Das Protokoll wurde von 141 Staaten unterzeichnet. Nicht unterzeichnet haben z.B. die USA und China.

[8] WBGU: Wissenschaftlicher Beirat der Bundesregierung Globale Umweltveränderungen.

[9] Die jeweils freigesetzten Verbindungen hängen von den Verbrennungsbedingungen wie Kesselarchitektur, Temperatur und Druck hab. In jedem Fall werden Chlorwasserstoff, Schwefel- und Stickoxide sowie Rußpartikel in die Luft emittiert. Der Kalium-, Phosphor- und Magnesiumgehalt schlägt sich in erster Linie in der Konsistenz und Qualität der Asche nieder.

[10] Miscanthus x sinensis stammt aus dem asiatischen Raum und ist im Klima Mitteleuropas schwerlich zur sexuellen Reproduktion fähig. In den gemäßigten Breiten wird dieses Schilfgras daher mittels Rhizomteilung technisch vegetativ vermehrt (Mikropropagation).

[11] Im Klimareport des Intergovernmental Panel on Climate Change (IPCC 2001, Mitigation, Technical Summary, 42) geht man davon aus, dass 10 Prozent der jährlich aus fossilen Brennstoffen freigesetzten CO_2-Emissionen durch die Senken in lebenden Baumbeständen absorbiert werden (0,17 GtC/a in den USA und 0,11 GtC/a in Westeuropa).

[12] Vgl. zum »naturnahen Modellökosystem« Balsiger 2005, 29f.

[13] Vgl. Schmidt-Bleek (1994). MIPS = Material Input per Service Unit.

[14] Dies wird einerseits durch ein Vermeiden von Ressourcenverlusten erreicht, andererseits auch durch reduzierte Entsorgungsgebühren oder das Einhalten von Umweltauflagen.

[15] Getreideganzpflanzen sind Teil einer Nutzungslinie, die die gesamte Pflanze inklusive der Ähre zur Energiegewinnung verbrennt.

[16] Zur Naturwahrnehmung bei Kindern vgl. Gebhard (2003).

[17] Ein Großteil des Widerstandes gegen die Grüne Gentechnik setzt implizit an diesem Punkt an.

[18] In diesem Sinne argumentiert von Seiten der Katholischen Kirche auch M. Vogt (2002).

Literatur

AFAS - Abteilung für angewandte Systemanalyse, Wintzer, D., Fürniß, B., Klein-Vielhauer, S., Leible, L., Nieke, E., Rösch, C. u. Tangen, H. 1993: Technikfolgenabschätzung zum Thema Nachwachsende Rohstoffe. Münster-Hiltrup.

Balsiger, Philipp W. 2005: Transdisziplinarität. Systematisch-vergleichende Untersuchung nicht-disziplinärer Forschungsprozesse. München.

Burschel, Peter 1995: Wald-Forstwirtschaft und globale Ökologie. In: Forstw. Cbl. 114, 80-96.

Busch, Roger J. 2003: Weizen zum Verheizen? Zur ethischen Bewertung der energetischen Nutzung von Getreide. In: KTBL (Hg.): Energetische Nutzung von Getreide in Kleinfeuerungsanlagen, 123-129.

BUND u. Misereor e.V. (Hrsg.) 1996: Zukunftsfähiges Deutschland. Basel.

BMFT 1990: Nachwachsende Rohstoffe. Konzept zur Forschungsförderung 1990-1995. Bonn.

Carlowitz, Hans Carl v. 1713: Silvicultura oeconomica - oder hausswirthschaftliche Nachricht und naturmässige Anweisung zur wilden Baum-Zucht. Leipzig.

Düwell, Marcus 1999: Ästhetische Erfahrung und Moral. Freiburg/München.

Enquete-Kommission »Gestaltung der technischen Entwicklung, Technikfolgen-Abschätzung und -Bewertung« des Dt. Bundestages 1990: Nachwachsende Rohstoffe - Bericht der Enquete-Kommission. Bonn.

Enquete-Kommission »Schutz der Erdatmosphäre« des Dt. Bundestages 1994: Dritter Bericht zum Thema Schutz der Grünen Erde - Klimaschutz durch umweltgerechte Landwirtschaft und Erhalt der Wälder. Bonn.

Ev.-Luth. Volkshochschule Hesselberg (Hrsg.): Tagungsbericht über das Symposium »Heizen mit Weizen« am 9. Oktober 2003 in Kooperation mit der Ev.-Luth. Kirche in Bayern. Gerolfingen.

Filser, Juliane 2001: Redundanz von Arten, funktionellen Gruppen und ganzen Nahrungsnetzen in Abhängigkeit von äußeren Bedingungen: Definitions- und Verständnisproblematik am Beispiel von Bodenorganismen. In: Jax, K. (Hrsg.): Funktionsbegriff und Unsicherheit in der Ökologie. Peter Lang, Frankfurt/M. u.a., 31-44.

Gebhard, Ulrich 2003: Kind und Natur. 3. Aufl. Wiesbaden.

Hartmann, Hans u. Strehler, A. 1995: Die Stellung der Biomasse. Münster-Hiltrup.

Hofmeister, Sabine ; Adam, Barbara u. Spitzner, Meike (Hrsg.) 1999: Zeitlandschaften. Perspektiven öko-sozialer Zeitpolitik. Stuttgart und Leipzig.

Hubig, Christoph 2005: Technomorphe Technikphilosophie und ihre Alternativen. In: Dürr, R.; Gebauer, G.; Maring, M.; Schütt, H.-P. (Hg.): Pragmatisches Philosophieren. Münster, 380-391.

IPCC 1992: Climate Change 1992: The Supplemental Report to the IPCC Scientific Assessment. Cambridge, England, and New York.

IPCC 2001: Climate Change 2001: Mitigation. A Report of Working Group III of the Intergovernmental Panel on Climate Change. (http://www.ipcc.ch)

Janzing, B. 2001: Billiger heizen mit Weizen. In: taz Nr. 6567 vom 6.10.2001 : 22

Jones, Clive G., Lawton, John H. u. Shachak, Moshe 1997. Positive and negative effects of organisms as physical ecosystem engineers. In: Ecology 78, 1946-1957.

Kaltschmitt, Martin u. Reinhardt, Guido A. 1997: Nachwachsende Energieträger. Braunschweig/Wiesbaden.

Karafyllis, Nicole C. 1995: Getreideverbrennung zwischen Akzeptanz und Ethik. In: Tagungsband Biobrennstoffe, 4. Symposium des OTTI, Regensburg, September 1995, 126-135.

Karafyllis, Nicole C. 1996: Ästhetik versus Nachhaltigkeit. Versuch einer umweltethischen Reflexion am Beispiel Windenergie. ETHICA, 4/1996 (2), 183-190.

Karafyllis, Nicole C. 2000: Nachwachsende Rohstoffe - Technikbewertung zwischen den Leitbildern Wachstum und Nachhaltigkeit. Reihe Soziologie+Ökologie, Bd. 5, Opladen.

Karafyllis, Nicole C. 2001: Biologisch, natürlich, nachhaltig. Philosophische Aspekte des Naturzugangs im 21. Jahrhundert. Reihe Ethik in den Wissenschaften, Bd. 14. Tübingen und Basel.

Karafyllis, Nicole C. 2002: Effizienz und Effektivität. Möglichkeiten und Grenzen des Mensch- und Naturseins unter dem Zugang einer ökonomischen Rationalität. In: N.C. Karafyllis u. Schmidt, J.C. (Hrsg.): Zugänge zur Rationalität der Zukunft. Stuttgart, 171-205.

Karafyllis, Nicole C. (Hrsg.) 2003: Biofakte. Versuch über den Menschen zwischen Artefakt und Lebewesen. Paderborn.

Karafyllis, Nicole C. 2005: Reproduktionen des Wachstums in der Kunst. In: G. Engel u. N. C. Karafyllis (Hrsg.): Re-Produktionen. Berlin, 87-101.

Karafyllis, Nicole C. u. Ropohl, Günter 2001: Ökologie und Umwelttechnik. In: Ropohl, G. (Hrsg.): Erträge der Interdisziplinären Technikforschung. Berlin, 57-79.

Kerschbaum, Antje 2001: Der Weizen wird einfach verheizt. Süddeutsche Zeitung vom 27.11.2001

Köchy, Kristian 2003: Perspektiven des Organischen. Paderborn.

Kötter, Rudolf 2001: Experiment, Simulation und orientierender Versuch: Anmerkungen zur Experimentalkultur der Biowissenschaften. In: Wald und CO_2. Hg. v. C. Brunold, P.W. Balsiger, J. B. Bucher, C. Körner zus. m. der Eidg. Forschungsanstalt WSL Birmensdorf. Bern, Stuttgart und Wien, 41-50.

Nida-Rümelin, Julian 1993: Ethische Aspekte. In: Flaig, H. u. H. Mohr (Hrsg.): Energie aus Biomasse - eine Chance für die Landwirtschaft. Heidelberg u.a.

Nussbaum, Martha und Sen, Amartya 1992: The quality of life. Oxford.

Ortega y Gasset, José 1993 : Über die Liebe. München.

Ott, Konrad u. Döring, Ralf 2004: Theorie und Praxis starker Nachhaltigkeit. Marburg.

ÖAdW - Österreichische Akademie der Wissenschaften (Projektleitung: S. Alber). 1992: Technikbewertung erneuerbarer Rohstoffe I. Wien.

Pretzsch, Hans 1992: Zunehmende Unstimmigkeit zwischen erwartetem und wirklichem Wachstum unserer Waldbestände. Forstw. Cbl., 111, 366-382.

Rapp, Wolfgang 2001: Leserbrief, URL: www.getreideheizung.de/info/gegner.php

Rees, William u. Wackernagel, Mathis 1997: Der ökologische Fußabdruck. Basel.

Ropohl, Günter 1996: Ethik und Technikbewertung. Frankfurt am Main.

Ropohl, Günter 1999: Allgemeine Technologie. München und Wien.

Schiemann, Gregor (Hrsg.) 1996: Was ist Natur? München.

Schmidt, Ralf 1994: Die Bedeutung der Wälder und der Waldwirtschaft für die globale Klimapolitik. In Waldökosysteme im globalen Klimawandel, Hg. VWF, Bonn, 19-40.

Schmidt-Bleek, Friedrich 1994: Wieviel Umwelt braucht der Mensch? MIPS - Das Maß für ökologisches Wirtschaften. Basel.

Schmitz, Hermann 1998: Der Leib, der Raum und die Gefühle. Ostfildern.

Schneider, T.W. 1995: Kriterien und Indikatoren für eine nachhaltige Bewirtschaftung der Wälder. Allgemeine Forstzeitschrift (AFZ) (50), 184-187.

Schneider, Stephen H. 1996: Geoengineering: could - or should - we do it? Climatic Change, 33 (3), 291-302.

Schwemmer, Oswald 1997: Die kulturelle Existenz des Menschen. Berlin.

Skorupinski Barbara u. Ott, Konrad 2000: Technikfolgenabschätzung und Ethik. Zürich.

SRU (Rat der Sachverständigen für Umweltfragen) 1996. Sondergutachten »Konzepte einer dauerhaft umweltgerechten Nutzung ländlicher Räume«. Stuttgart.

Stephan, Gunter u. Ahlheim, Michael 1996: Ökonomische Ökologie. Berlin u. a.

Ulrich, Bernhard u. Pühe, Jürgen 1993: Auswirkungen der zukünftigen Klimaveränderung auf mitteleuropäische Waldökosysteme und deren Rückkopplungen auf den Treibhauseffekt; Hg. Enquete-Kommission »Schutz der Erdatmosphäre« des Dt. Bundestages, Bonn.

Unnerstall, Herwig 1999: Rechte zukünftiger Generationen. Würzburg.

Vogt, Markus 2002: Ethische Aspekte nachwachsender Rohstoffe. In: Ministerium für Ernährung und Ländlichen Raum (Hg.): Nachwachsende Rohstoffe für Baden-Württemberg. Karlsruhe, 1-12.

VWF - Verband Weihenstephaner Forstingenieure (Hrsg.) 1994: Waldökosysteme im globalen Klimawandel. Bonn.

WBGU (Wissenschaftlicher Beirat der Bundesregierung Globale Umweltveränderungen) 1994: Welt im Wandel - die Gefährdung der Böden. Bonn.

WBGU 1998: Die Anrechnung biologischer Quellen und Senken im Kyoto-Protokoll: Fortschritt oder Rückschlag für den globalen Umweltschutz. Bremerhaven.

WCED (World Commission on Environment and Development) 1987: Our Common Future. Oxford. (Brundtland-Report)

Weber, Jutta 2003: Umkämpfte Bedeutungen. Naturkonzepte im Zeitalter der Technoscience. Frankfurt am Main.

Weizsäcker, Ernst Ulrich v., Lovins, A.B. u. Lovins, L.H. 1995: Faktor Vier. Doppelter Wohlstand - halbierter Naturverbrauch. Basel.

Thomas Potthast

Konfliktfall Prozessschutz: Der Streit um Eingreifen oder Nichteingreifen im Nationalpark Bayerischer Wald

Blick von der Himmelsleiter, wenn man auf den Lusen wandert (© Pixelquelle). Diese in der Kernzone des Nationalparks Bayerischer Wald stehenden Bäume wurden vom Borkenkäfer zerstört.

Dokumentation

Dokument 1:

Position der Prozessschutzgegner

Über den Ökofaschismus

Die größte ökologische Waldkatastrophe Europas hat im Nationalpark Bayerischer Wald seit einigen Jahren ihren Anfang genommen. Ein gewaltiger Baumfriedhof tritt an die Stelle unserer grünen Wälder. Es handelt sich um eine rein menschengemachte Katastrophe, die aus ideologischer Verblendung entstanden ist. Unsere alten Kulturwälder an Lusen und Rachel, im Nationalpark also, sind zur Brutstätte des Borkenkäfers geworden und werden unaufhaltsam samt ihrer Vogel- und Pflanzenwelt untergehen, und sie haben zum Teil schon oder werden noch den Käfertod übers ganze bayerische und böhmische Waldland bringen.

Ideologien sind Bilderwelten (griechisch: idon = Bild), die sich Menschen von der Wirklichkeit machen. Bilder sind immer eine Verkürzung der Wirklichkeit. Einfache Bilder und Vorstellungen treten an die Stelle der komplexen Wirklichkeit. Die Vertreter von Ideologien sind die Ideologen, und sie versprechen immer einen paradiesischen Endzustand, der sich in Zukunft einstellen wird, wenn ihre Bilderwelt an die Stelle der Wirklichkeit gesetzt wird. Die bestehenden, als nicht befriedigend erachteten Realitäten müssen beseitigt werden, um zum paradiesischen Endzustand zu gelangen.

Faschismus. Dieser Begriff hat in den letzten Jahrzehnten eine starke Bedeutungserweiterung erfahren. Ursprünglich stand er nur für die Form der Diktatur Mussolinis in Italien (1922–1945). Später belegte man damit alle nationalsozialistischen Versuche den totalen Staat als Einparteienstaat zu errichten. Heute versteht man darunter jede Aufoktroyierung (Aufzwingung) einer Ideologie auf bestehende Realitäten. Die bestehenden Realitäten der menschlichen Gesellschaft, der Natur usw. werden als unbefriedigend erachtet und werden durch bewußt durchgeführte Maßnahmen, sehr häufig durch Staatsgewalt, zerstört, um zu einem paradiesischen Endzustand, der angeblich ewig dauern soll, zu gelangen.

Brauner Faschismus oder Rassenfaschismus. Über die Vernichtung von sogenannten »minderwertigen« Rassen gelangt man zum paradiesischen Endzustand der reinen Volksgemeinschaft.

Roter Faschismus oder Klassenfaschismus. Über die Vernichtung einer gesellschaftlichen Klasse, z.B. der Kapitalisten, gelangt man zum paradiesischen Endzustand der klassenlosen Gesellschaft.

Grüner Faschismus oder Ökofaschismus. Über die Vernichtung der von Menschen geschaffenen Kulturlandschaft gelangt man zum paradiesischen Endzustand der echten, wahren Urnatur und der Urwildnis.

Konzeptphasen im Nationalpark Bayerischer Wald

Die ursprüngliche Zielsetzung

1970 gründete man den Nationalpark Bayerischer Wald. Die Zielsetzung war: Durch Herausnahme der Holzwirtschaft wollte man einen Wald wachsen lassen, der wieder Bäume von 1–2 m Durchmesser und 50 m Höhe hat, und der in 300 bis 400 Jahren schrittweise abstirbt und sich stufenweise regeneriert. Diese Zielsetzung implizierte, dass der Mensch bei sich zeigenden Kalamitäten, wie z.B. Windwürfe, Borkenkäfervermehrung usw. eingreifen mußte.

Das ideologische Experiment
1983 setzte der Leiter des Nationalpark Dr. Hans Bibelriether eine Änderung der Zielsetzung durch: »Natur Natur sein lassen«. Man begann ein Vabanquespiel mit unserem Wald. So ließ man ab 1. August 1983 Windwürfe liegen, obwohl man als studierter Forstmann oder als Bayerwald-Bauer vieltausendfach wußte, was passieren würde: Der Borkenkäfer geht in all diese Windwurfbäume und benutzt sie als Nährsubstrat für den Aufbau einer gewaltigen Käferpopulation. Hat der Käfer eine große Population geht er in alles, was Fichte heißt und räumt den Wald großflächig ab. Mit dieser Konzeptänderung wurde plötzlich nicht mehr der Baum geschützt, sondern der Borkenkäfer. Als die Situation sich im Park immer mehr zuspitzte und außer Kontrolle geriet, begann die Phase des Herunterspielens, der Beruhigung und des Vertuschens: »Die Borkenkäfervermehrung wird spätestens 1990 ein Ende finden. Der Käfer geht nicht über 800 m Höhe hinaus«, usw.
Die ökofaschistische Konsequenz
Als das Menetekel nicht mehr wegzureden und zu verheimlichen war, da der Käfer die zum Lusen und Rachel führenden Wanderwege fast erreicht hatte, sich tief in die Wälder Böhmens und in die am Dreisessel vorgefressen hatte, trat man die Flucht nach vorn an und kreierte ab 1992 den Begriff »Prozessschutz« und trat damit in die dritte Phase, die ökofaschistische Phase des Nationalparkkonzepts: Alle Prozesse, auch die, die zur Vernichtung der von Menschen geschaffenen Kulturlandschaft führen, sind geschützt. Das Sterben oder Töten für den paradiesischen Endzustand ist zum Programm erhoben. Auch diese Prozesse sind ein Weg, um zum paradiesischen Endzustand der echten, wahren Urnatur und Urwildnis zu gelangen. Um von den wahren Ursachen der Katastrophe abzulenken, streute man noch eine dicke Lüge auf den Weg: Der Waldzusammenbruch ist eine Folge der Luftverschmutzung. Der Käfer räumt nur ab, was sowieso dem Untergang geweiht ist. Aber warum ist dann der Vorwald entlang der Donau oder sind alle Wälder links und rechts des Nationalparks grün? Sie bekommen doch die gleichen Immissionen ab. Es müßten dann auch alle anderen Baumarten sterben und nicht nur die Fichte, wenn die Schadstoffeinträge die Ursache wären. Die Fichten sterben, weil der Käfer Fichten befällt.
Rousseau'sche Traumvorstellungen
Was der französische Philosoph Rousseau (1712–1778) als Konzept für den Menschen entworfen hatte, das soll im Nationalpark Bayerischer Wald als Konzept für die Natur durchgesetzt werden: die Romatik des »Zurück zur Natur« die Botschaft vom »edlen Wilden«. Nicht der gepflanzte Baum ist Natur, sondern nur der, der zufällig als Same angeflogen ist und dort aufwachsen konnte. Damit haben wir die Unterscheidung zwischen Gut und Böse, zwischen guten und bösen Bäumen. Und damit haben wir eine Handlungsgrundlage für das, was vernichtet werden muß. Nachdem der Ideologe so eine Unterscheidung zwischen gut und Böse treffen kann, kann er anfangen, auf das paradiesische Endziel hinzuarbeiten.

Aber wir können in unserem dichtbesiedelten Land nicht Rousseau'sche Träumereien verwirklichen. Man kann in unserer Gesellschaft mit ihren Anforderungen nicht Kinder als »edle Wilde« ohne Wissen und Bildung erziehen. Ebenso können wir die Natur nicht mehr sich selbst überlassen. Der Entwicklungszustand der Zivilisierung, bzw. der Kulturlandschaft ist nicht mehr rückläufig machbar. Wir brauchen keine Nationalparks. Über diesen Entwicklungsstand sind wir hinaus. Wir brauchen eine KULTURNATUR MIT REDUZIERTEN EINGRIFFEN des Menschen in die Abläufe, wenn wir ein Refugium für die Natur schaffen wollen, wenn wir keine Naturzerstörung wie im Nationalpark wollen. Wenn Kalamitäten entstehen, müssen wir jederzeit entschlossen eingreifen, denn nur so können unsere Bäume 300–400 Jahre alt werden. Und solch ein Wald ist eine wirkliche Attraktion und ein schönes Erbe für kommende Generationen. Das Nationalparkkonzept ist so primitiv, wie wenn jemand meint, wenn er eine Rinderherde freisetzt, dass sich dann daraus eine Herde von Urochsen oder Auerochsen bildet.

Die ideologische Verlockung und die Wirklichkeit

Man meint, gerade wir Deutschen sollten ein feines Gespür für Ideologien und Faschismen entwickelt haben, zumal wir in der Tat gebrannte Kinder sind. Wenn man uns einen paradiesischen Endzustand vorgaukelt, sollten wir hellhörig werden. Wenn man uns erzählt, dass man dafür leider die Vernichtung von als nicht befriedigend erachteten Realitäten in Kauf nehmen muß, um zum paradiesischen Endzustand zu gelangen, dann müßten bei jedem von uns die Alarmglocken schrillen. Der Braune Faschismus hinterließ Millionen von toten Menschen, ein zerstörtes Land und vom paradiesischen Endzustand keine Spur. Der Rote Faschismus hinterließ Millionen von zerstörten Lebensläufen, eine zerstörte Volkswirtschaft und vom paradiesischen Endzustand keine Spur. Der Grüne Faschismus hinterläßt Millionen von toten Bäumen, einen räudigen Bayerischen Wald und vom paradiesischen Endzustand keine Spur.

Baumfriedhof – keine Touristenattraktion

Jahrhundertelang waren wir Waldler die Parias der deutschen Gesellschaft, weil wir Waldler arme Leute waren. Jetzt nachdem das Leben in unserer Waldheimat nicht mehr sofort mit dem Begriff Armut assoziiert wird, und »im Wald« leben ein positives Image hat, kommen landfremde Ideologen und machen mit unserem Wald ein Experiment, berauben uns des gewohnten Bildes der Heimat, vernichten eine großartige Natur und assoziieren das Wort Bayerischer Wald auf Jahrzehnte hinaus mit Borkenkäferplage und gewaltigen Totholzflächen. Solch ein räudiger Bayerischen Wald, der verschlissen ist wie ein Bettelmanns Rock lockt keine Urlauber an, denn wer will im Urlaub mit Bildern konfrontiert werden, die ihn mit ihrer Häßlichkeit abstoßen und depressiv stimmen?

(Geiss 2000)

Dokument 2:

Position der Nationalparkverwaltung Bayerischer Wald

Wilde Waldnatur

(...)

Argumente gegen ein Eingreifen

Aus herkömmlicher Sichtweise erscheint es zwingend logisch, einzugreifen – »um zu retten, was zu retten ist«. Was sonst sollte »Naturschutz« bedeuten, als den Fortbestand der Waldlandschaft im Bayerischen Wald in ihrer Schönheit, Unversehrtheit und Ursprünglichkeit dauerhaft zu sichern?!

Und dennoch zielen selbst gut gemeinte Rettungsversuche am spezifischen Auftrag eines Nationalparks oftmals vorbei: Wer Natur in ihrer ureigenen Charakteristik schützen will, muss nicht nur akzeptieren, dass sie in stetem Fluss ist – ohne Halt und ohne Rast sich permanent verändert; man muss auch erkennen, dass die Natur aus der Erfahrung ihrer viele Millionen Jahre währenden Entwicklung schöpfen kann – und über eine Vielzahl erprobter »Rezepte« zur Bewältigung von Katastrophen verfügt! Schließlich haben auch Waldgesellschaften über viele Millionen Jahre erfolgreich überlebt, mit und ohne Borkenkäfer, mit und ohne Waldbrand, mit und ohne Sturmgewalt, Hochwasser, Bergrutschung, Wildverbiss – oder was auch immer den Fortbestand von Wäldern gefährden könnte.

Deshalb sollten wir in die aktuelle Massenvermehrung des Borkenkäfers nicht eingreifen, um die in riesigen Zeiträumen erprobten Wege der Evolution vor Ort beobachten und kennenlernen zu können! Deshalb »Hände weg« von den Wäldern im Nationalpark, wo ähnliche Ereignisse durch Borkenkäfer und Co. Seit Menschengedenken natürlicherweise immer wieder aufgeflammt, aber – ebenso natürlich – auch immer wieder von selbst abgeklungen sind. Genauso, wie »Bäume nicht in den Himmel wachsen«, weil sie vorher altern, morschen oder von »Schädlingen« befallen werden, gibt es auch für Borkenkäfer, Eichenwickler, Kieferneule, Nonne, Schwammspinner, Blattwespen, Blattläuse, Prachtkäfer und Maikäfer immer nur kurze Perioden, in denen sie den Waldbäumen gefährlich werden können: Denn erstens wissen sich gesunde Bäume meist ausreichend zu wehren; zweitens treten spezifische Konstellationen (mit trocken-warmer Witterung bzw. Wassermangel, mit reichlich Sturmholz bzw. gestressten Fichten, mit milliardenfacher Fortpflanzungsrate bei den sogenannten Schadinsekten) sehr selten auf und drittens gibt es eine Reihe von Nutznießern, für die ein Borkenkäfer und seine Brut eine willkommene Beute darstellen.

Der Nationalpark bietet die Chance, natürliche Entwicklungen zu beobachten – direkt und vor Ort.

Vertrauen in die »Selbstheilung«

Die Natur bewältigt die Krise mit evolutionserprobten Mitteln

Aus dem Blickwinkel des wirtschaftenden Menschen ist die Versuchung nur zu verständlich, das Naturgeschehen nach »gut« und »böse«, die Tier- und Pflanzenarten in »nützlich« und »schädlich« zu gliedern, denn – ob Forstmann oder Landwirt, Viehzüchter, Jäger, Fischer oder Gärtner – der Hagel, der die Ernte vernichtet, der Borkenkäfer, der ein Lebenswerk an Waldbau zerstört, der Wolf, der den Zuchtstamm an Schafen vertilgt, der Kormoran, der den Forellenteich aberntet, – sie alle müssen dem Geschädigten geradezu teuflisch erscheinen; im Gegensatz zum gottgefälligen Wachstum von Korn und Kuh, von Buche und Bache! Auch eine auf nachhaltige Nutzbarkeit der Naturgüter ausgerichtete Naturbetrachtung folgt deshalb – üblicherweise – der Devise, das Schöne bewahren, das Hässliche bekämpfen.

Für einen ganzheitlichen Naturschutz kann es eine solche Spaltung nicht geben, denn Leben und Tod, Licht und Schatten, Sonnenschein und Schneesturm, Frühling und Winter sind gleichwertige Facetten ein und desselben Systems! Voraussetzung für diese naturgemäße Betrachtungsweise ist die Einbeziehung großer Räume und langer Zeitspannen. Denn sobald wir uns vom herkömmlichen Schutzziel einer Erhaltung von möglichst ungestörtem Wachstum einzelner Bäume, von möglichst dauerhaften Waldstrukturen bzw. möglichst gleichbleibend konstanten Zuständen in den Waldlebensräumen auf engstem Raum ablösen und unsere Aufmerksamkeit dem fortwährenden Wandel im naturbelassenen Waldgefüge zuwenden, werden wir – unschwer – zu einer ganz anderen, wirklichkeitsnäheren Naturbetrachtung finden: Die Dynamik aus Wachstum und Verfall, aus der Konkurrenz um Standorte, um Nährstoffe, Sonnenlicht, aus Sieg und Niederlage gegenüber Fressfeinden, Krankheitserregern zeigt sich allgegenwärtig, zu jeder Zeit und an jedem Ort. »Mut zur Wildnis« heißt demnach der Appell, mit dem ein »Naturorientierter« Naturschutz zu neuen Wegen aufruft. Denn sobald wir anerkennen, dass auch »Natur-Katastrophen« wichtige Ereignisse im evolutiven Geschehen darstellen, wäre es nur folgerichtig, wenn wir Natur in ihrer Gesamtheit zu schützen versuchen – zumindest in den großen Schutzgebieten.

Das Schutzkonzept eines Nationalparks setzt daher Vertrauen in die Wege der Natur, denn sie birgt die Erfahrung aus zig-tausendjähriger Entwicklung – und diese ist wesentlich älter als die Menschheit.

Entsprechend bleiben rund ¾ der Nationalpark-Fläche frei von menschlichen Eingriffen – und die Wald-Natur sich selbst überlassen. Nur in einem wenigstens 500 m breiten »Randbereich« erfolgt eine Bekämpfung des Borkenkäfers durch Fällung befallener Fichten – aus Rücksicht auf benachbarten Waldbesitz. *(Nationalpark Bayerischer Wald 2000, 13–15)*

Der Konflikt um den Prozessschutz im Nationalpark Bayerischer Wald: Worum geht es?

Was soll oberstes Ziel des Naturschutzes in einem Nationalpark sein: Soll es die Erhaltung einer seit Jahrhunderten vertraut gewordenen »Kulturnatur« sein, im konkreten Fall verbunden mit einem langsamen Wandel vom Altersklassen-Nutzwald zur allmählichen Naturverjüngung? Oder soll man konsequent »Natur Natur sein lassen«,[1] selbst wenn die natürlichen Prozesse ohne Eingreifen des Menschen den Wald und das Landschaftsbild radikal verändern? Dieser Konflikt um Ziele und damit verbundene Mittel des Naturschutzes hat mit Bezug auf den Nationalpark Bayerischer Wald zu großer Empörung, heftigem politischem Streit und extremen moralischen Vorwürfen geführt. Sind die konsequenten Prozessschützer wirklich als »Ökofaschisten« zu bezeichnen, weil sie jeden menschlichen Eingriff ablehnen und den Selbstwert der (unbearbeiteten) Natur höher als Interessen von Menschen setzen? Und haben die Gegner des Prozessschutzes einfach nicht verstanden, wie gut die Natur funktioniert und was wirklicher Naturschutz im Nationalpark ist, nämlich der Natur zu vertrauen?

Der Anlass für den Konflikt ist augenfällig, im Wortsinne weithin sichtbar und vielleicht deshalb so folgenreich: Es wurde ernst gemacht mit der Devise, die Natur vollständig sich selbst zu überlassen und nicht mehr einzugreifen. Absterbende oder umgeknickte Bäume im Fichtenbergwald blieben liegen, und nicht zuletzt in diesem »Totholz« konnten sich Borkenkäfer ansiedeln. Diese verbreiteten sich mehrere Jahre hintereinander in Massen und zerstörten den Fichtenwald auf großer Fläche. Das entstehende Landschaftsbild entspricht der Vorstellung eines »Waldsterbens« (vgl. das Bild in der Dokumentation). Vor allem in Teilen der lokalen Bevölkerung hat für helle Empörung gesorgt, dass ausgerechnet dort, wo Natur konsequent geschützt werden soll - nämlich im Nationalpark - das Ergebnis in einem flächenhaften Absterben der Bäume besteht, welches man von weither sehen kann und was das Gegenteil von intakter Natur zu sein scheint. Daher wurde gefordert, den Borkenkäfer auch im Nationalpark durch Entfernung betroffener Bäume und weitere Maßnahmen zu bekämpfen, um weitere Zerstörungen durch Käferfraß zu stoppen und den Wald zu erhalten.[2]

Wie bereits die eingangs dokumentierten Stellungnahmen zeigen, beinhaltet dieser scheinbar einfache Konflikt - Eingreifen oder Gewährenlassen bei einer Borkenkäferkalamität im Nationalpark - eine Vielzahl unterschiedlicher Ebenen, die ganz unterschiedliche Fragen, Motive, Ziel-, Wert- und Normenkonflikte betreffen. Im Folgenden will ich diese Ebenen zunächst identifizieren und anschließend aufzeigen, wie sie sich gegenseitig beeinflussen. Dabei strebe ich sowohl eine Darstellung allgemeiner Aspekte des Prozessschutzes als auch eine Beurteilung des konkreten Falls an.

Die unterschiedlichen Sach- und Wertebenen des Konflikts

Anhand des Fallbeispiels sollen die verschiedenen Sach- und Wertebenen benannt werden. Dabei geht es in diesem Abschnitt nicht darum, zu entscheiden, ob ein Eingreifen erforderlich ist oder nicht, sondern um die Struktur des Konflikts.

Sachebene

Situationsbeschreibung

Zwischen allen Beteiligten unstrittig sind folgende Beobachtungen: Als Resultat großflächiger Windwürfe 1983/84 entstanden erhebliche Mengen »Totholz«, die auf Beschluss der Bayerischen Staatsregierung nicht mehr, wie im Wirtschaftswald üblich, aus dem Nationalpark abtransportiert wurden. Sogenannte »Borkenkäfernester« im Totholz wurden zunächst aber überall im Nationalpark entfernt. In den Randbereichen innerhalb des Nationalparks, die als »Waldschutzzonen« bezeichnet werden,[3] sowie in den Erweiterungsbereichen des Nationalparks, die 1997 hinzukamen, werden die Borkenkäfer weiterhin aktiv bekämpft: Befallene Bäume werden gefällt, die Rinde (in der die Borkenkäferentwicklung vom Ei über die Larve zum Käfer stattfindet) entfernt und verbrannt, oder die ganzen Bäume werden abtransportiert. In der eigentlichen Kernzone des Nationalparks verzichtet man allerdings seit Beginn der 1990er Jahre zunehmend auf alle forstlichen Maßnahmen. Auf bestimmten Flächen der Kernzone kam es dann ab Mitte der 1990er Jahre fast schlagartig zu extrem starkem Borkenkäferbefall und in seiner unmittelbaren Folge zum flächenhaften Absterben von Wald im Nationalpark.

Doch bereits auf der Sachebene ist einiges strittig:

Ursachenanalyse

Ist der Verzicht auf Eingriffe die alleinige und unmittelbare Ursache der massenhaften Ausbreitung des Borkenkäfers und damit der Waldzerstörung, oder sind die Borkenkäfer nur ein Symptom tiefer liegender Ursachen? Die BefürworterInnen des Prozessschutzes weisen darauf hin, dass die Bäume bereits aufgrund der Umweltverschmutzung durch die Luft und die Bodenveränderungen sowie einige Jahre mit extremer Sommertrockenheit vorgeschädigt gewesen wären, so dass die Borkenkäfer gewissermaßen nur der »Sargnagel« seien (Nationalparkverwaltung 2000, 4). Zudem seien die ehemaligen Nutzwälder - einheitliche Monokulturen aus Fichten mehr oder weniger gleichen Alters - besonders anfällig für die schnelle und massenhafte Ausbreitung. Unstrittig ist, dass Gegenmaßnahmen das Ausmaß des Befalls hätten bremsen oder begrenzen können. Doch genau hier setzt der normative Dissens ein, nämlich *ob* und *aus welchen Gründen* eingegriffen werden soll - oder eben nicht.

Folgeprognosen

a) Übergreifen der Borkenkäfer vom Nationalpark auf umliegende Gebiete

Hier geht es darum, ob die Maßnahmen in den Randzonen des Parks ausreichend waren und sind, um ein Übergreifen der Borkenkäfer auf benachbarte Wirtschaftswälder zu verhindern. Der von Prozessschutzgegnern beschworene Untergang des gesamten Fichtenbestands im Bayerischen und Böhmerwald (Geiss 2000, 1) hat nicht stattgefunden und dürfte in der Tat unwahrscheinlich sein. Andererseits zeigte sich, dass von den bestehenden Totholzbeständen in der Kernzone immer wieder Gefahr für die Flächen in der Randzone und damit auch der Waldflächen außerhalb des Nationalparks ausgeht, was überall eine intensive und umfangreiche Beobachtung sowie Maßnahmen in der Randzone erfordert (Nationalparkverwaltung 2005a). Bei der Frage nach einem möglichen Ausgreifen der Borkenkäfer geht es nicht zuletzt auch darum, ob die Nationalparkverwaltung und letztlich der Bayerische Staat rechtlich und ökonomisch für Schäden oder Bekämpfungsmaßnahmen in angrenzen Privatforsten aufkommen muss.

b) Dauer der Borkenkäferkalamität, Ausweitung der Bestandszusammenbrüche innerhalb des Nationalparks und Regeneration der Totholzflächen

Die ProzessschutzgegnerInnen betonen, dass die anfänglich beruhigenden Aussagen der Nationalparkvertreter sich nicht bewahrheitet hätten. Die Massenvermehrung der Borkenkäfer sei nicht bereits nach wenigen Jahren zum Stillstand gekommen und das Ausmaß der flächenhaften Ausbreitung sei unter-, die natürliche Selbstregulierung dagegen überschätzt worden. Diese Kritik ist zumindest für einen Zeitraum von nunmehr etwa fünfzehn Jahren zutreffend. Die Naturverjüngung auf den Totholzflächen dagegen zeigt, dass der von den Gegnern beklagte »Tod« des Waldes kein Endzustand ist, sondern sich wieder Jungwald bildet. Ebenfalls nicht haltbar ist die Behauptung, dass sich die Fichten nur mit pflegerischen Eingriffen des Menschen bis zu einem Alter von 300-400 Jahren entwickeln könnten (Geiss 2000, 2), denn auch unter Bedingungen im Naturwald finden sich solche Bäume.

Zusammenfassend sei für die letzten beiden Unterpunkte die empirische Ungewissheit betont: VertreterInnen eines konsequenten Prozessschutzes müssen einräumen, die zukünftigen Entwicklungen nicht im Detail prognostizieren zu können, da ökologische Prozesse nicht deterministisch verlaufen, sondern stets von zufälligen, variablen lokalen Ausgangsbedingungen sowie unvorhersehbar wechselnden biotischen und abiotischen Faktoren abhängen (vgl. Pickett et al. 1992 und Potthast 2000). Dieser Einwand gilt aber genauso für die ProzessschutzgegnerInnen, wenn sie behaupten, dass Menschen stets genau und in jedem Detail die Natur gezielt in bestimmte Zustände bringen könnten.

Der folgende Unterpunkt ist nicht ausdrücklich Gegenstand des Konflikts, aber er betrifft wichtige Hintergrundannahmen.

c) Möglichkeiten und Grenzen unbeeinflusster Prozesse in einem Gebiet mit bestehenden externen menschlichen Einflüssen

Ist es überhaupt möglich natürliche Prozesse ablaufen zu lassen, wenn beispielsweise aus Artenschutzgründen zugleich zur Vermeidung forstlicher Schäden »gehegtes« Wild zwischen Wirtschaftswäldern und dem Nationalpark wechselt? Im Nationalpark Bayerischer Wald besteht ein diesbezügliches Management des Rotwilds, was dem Prinzip »Natur Natur sein lassen« also nicht vollständig gerecht wird.[4] Dieselbe Frage ist auch zu stellen mit Bezug auf Neobiota, also so genannte gebietsfremde Tier- und Pflanzenarten aus anderen Kontinenten, die sich nur aufgrund der Einwirkung des Menschen im Nationalpark ansiedeln und ausbreiten (vgl. den Beitrag von Eser in diesem Band). Und schließlich kann man auch auf Einträge von Stoffen aus der Luft verweisen, die nicht natürlicher Herkunft, sondern von Menschen gemacht sind (Schadstoffe, veränderte Gaskonzentrationen in der Atmosphäre usw.).

Wertebene

Ästhetische Bewertung der Situation

Das Erschrecken über den Verlust des vertrauten Wald- und damit Landschaftsbildes ist mit Sicherheit der wichtigste Grund für die Kritik an der Prozessschutzkonzeption im Nationalpark Bayerischer Wald. Es verbindet sich mit einer eindeutig negativen Bewertung. Dabei kommen durchaus unterschiedliche Motive zusammen: das bedrohliche Bild des »Waldsterbens«, der Verlust eines geschlossenen, ordentlichen und gepflegten Waldes zugunsten eines »räudigen« (Geiss 2000, s.o.), der Verlust des vom Bild einer bestimmten Waldlandschaft abhängigen Heimatgefühls der »Wäldler«, also der autochthonen Bevölkerung. Auf der anderen Seite steht das Bemühen, auch die Absterbeprozesse als notwendigen Teil des stetigen Werdens und Vergehens (in) der Natur zu vermitteln. Einigkeit besteht offenkundig darin, dass niemand das *flächenhafte* Absterben wirklich als schön bezeichnen will. Ein ästhetischer Zugang zu Natur bedeutet aber nicht bloß, sie »schön« zu finden. Ein ästhetischer Grund, auf ein Eingreifen zu verzichten, ist etwa auch, dass man die neu entstehenden Aufwuchsflächen mit der Kombination aus totem Holz und jungem Grün gern betrachtet, weil man sie als neu, interessant oder faszinierend empfindet.

Ökonomische Beurteilung der Situation

Bei den KritikerInnen des Prozessschutzes im Nationalpark steht, gerade mit Bezug auf die Ästhetik, der negative Effekt auf den Tourismus im Vordergrund, da niemand sterbende Wälder sehen wolle (Engelstädter und Handlos 2001). Ob der Rückgang des Tourismus allerdings erstens wirklich vor allem durch den Waldverlust entstanden ist und nicht aufgrund der allgemeinen wirtschaftlichen Situation und des Trends zu Fernreisen sowie ob zweitens nicht der Besucherzuspruch zum Nationalpark davon unabhängig ist, sind empirische Fragen, die ohne spezielle Erhebungen nur sehr schwer zu beantworten sind.

Naturschutzfachliche Bewertung der Situation

Ist das flächenhafte Absterben des Waldes mit dem Verlust wichtiger Naturschutzgüter verbunden und entstehen in der Folge eher weniger wertvolle Gebiete? Da der Naturschutz auch die Schönheit der Landschaft zu berücksichtigen hat, kann man sicherlich diesbezüglich von einem Verlust sprechen. Dasselbe würde gelten, wenn die lokale Mittelgebirgsrasse der Bergfichten durch den Borkenkäfer komplett aussterben oder sich der Bergwald als ganzer überhaupt nicht mehr regenerieren würde. Dies ist allerdings eher unwahrscheinlich, wie die bestehenden Untersuchungen andeuten (Nationalparkverwaltung 2005b). Mit Bezug auf den Verlust, die Erhaltung oder die Förderung einzelner Arten kann wenig Generelles ausgesagt werden, dazu fehlen derzeit die empirischen Daten. Klar ist allerdings, dass alle Arten, die Totholzes bedürfen (u.a. Spechte und zahlreiche Holz bewohnende Insektenarten jenseits der Borkenkäfer) eher profitieren. Da es im Wirtschaftswald wenig Totholz gibt, gehören solche Arten oftmals eher zu den seltenen, z.T. auch bedrohten Spezies. Positiv schlägt der Gewinn von Prozessschutzflächen aus naturschutzfachlicher Sicht auch zu Buche, weil diese, sozusagen als Freilandmodell natürlicher Dynamik, für Anschauungs- und Erkenntniszwecke zur Verfügung steht.

Moralische Bewertung der Handelnden und ihrer Kommunikation

Der Verlust des geschlossenen Waldes an markanten Punkten der Landschaft hat zu massiven Vorwürfen gegen die Verantwortlichen des Nationalparks geführt.[5] Dabei unterstellen KritikerInnen nicht nur Verantwortungslosigkeit mit Bezug auf das Ergebnis, sondern auch die moralische Verwerflichkeit des Ziels ‚Prozessschutz' als solchem, wie der maßlos polemische Vorwurf eines »Ökofaschismus« am deutlichsten markiert. Der Vorwurf der Verantwortungslosigkeit bezieht sich darauf, dass Bedürfnisse von Menschen im Konzept des Prozessschutzes keinen oder nur extrem untergeordnet Platz fänden, so wie eben auch im Faschismus Interessen einzelner Menschen der Idee eines übergeordneten Ganzen geopfert werden. Weiter wird den Verantwortlichen der Nationalparkverwaltung unterstellt, eigenmächtig die Naturschutzziele geändert und die Entscheidungsträger in der Politik nicht richtig informiert zu haben: Der Wechsel zum Ziel eines konsequenten Prozessschutzes sei eigenmächtig erfolgt (Geiss 2000; s.o.), die Politiker vor der Erweiterung des Nationalparks falsch beraten worden (Engelstädter u. Handlos 2001). Und schließlich wird der Vorwurf erhoben, vor allem die lokale Bevölkerung nicht einbezogen und die geäußerten Bedenken ignoriert zu haben. Die meisten Aspekte verweisen auf bestehende - und laut Kritik verletzte - *Normen* des menschlichen Umgangs (Gefahrenabwehr, Wahrhaftigkeit), des politischen Prozedere (Demokratieverständnis, Beteiligung aller Betroffenen) und bestimmter Grundwerte (Menschenwürde, moralischer Unterschied zwischen Mensch und bloßem natürlichem Prozess). Ein Punkt kann rein faktisch mit Blick auf die bestehende Forschung zur Akzeptanz des Nationalparks geklärt werden: In der Tat haben entsprechende Untersuchungen ergeben, dass die lokale Bevölkerung bis vor einigen Jahren zu wenig informiert und einbezogen wurde (Rall o. J.). Hingewiesen sei allerdings darauf, dass dieser Mangel allein die Beurteilung der Maßnahmen und Zielsetzungen des Prozessschutzes weder widerlegt noch begründet.

Bewertung der Situation mit Bezug auf Heimat und Heimatverlust

Eng verbunden mit ästhetischen und touristisch-ökonomischen Bewertungskonflikten, aber weit darüber hinausgreifend, ist die Debatte über den Verlust von Heimat. »Heimat« betrifft hier nicht allein eine anschauliche Qualität von Natur, sondern auch ein Gefühl von Verbundenheit mit dem vertrauten Wald, wozu bestimmte überlieferte Nutzungsformen gehören, beispielsweise Holzsammeln, forstliche Gestaltung, Jagd, Waldbau mit Weidevieh oder auch Köhlerei. Der Prozessschutz »vertreibt« alle diese Bestandteile von Heimat aus dem Wald - zumindest in der Kernzone des Nationalparks. Damit stellt sich die Frage, wer eigentlich, mit Bezug auf rechtliche und politische Normen, über das zukünftige Schicksal der Heimat bestimmen darf und soll. Man kann also den Konflikt um die »Heimat« auch als denjenigen »ums Ganze« interpretieren, weil sich darin fast alle evaluativen und normativen Dissense bündeln. Dies schließt die Möglichkeit nicht aus, dass mit der Betonung auf »Heimat« vor allem eine strategische Absicht verfolgt wird, um private Interessen möglichst gut mit Bezug auf Allgemeineres durchsetzen zu können (vgl. dazu unten).

Normebene

Rechtlicher Rahmen und juridische Normen- und Auslegungskonflikte

Der rechtliche Rahmen ist für das Verständnis des Konflikts sehr erhellend, wobei allgemeine nationale und bundesstaatliche, für den Nationalpark spezifische sowie internationale Regelungen von Bedeutung sind.

a) Übergeordnete nationale und bundesstaatliche Gesetze

Ziele des Naturschutzes sind allgemein im Bundesnaturschutzgesetz vorgegeben. Seit seiner Novellierung im Jahre 2002 fordert es:

> »Natur und Landschaft sind auf Grund ihres eigenen Wertes und als Lebensgrundlagen des Menschen auch in Verantwortung für die künftigen Generationen im besiedelten und unbesiedelten Bereich so zu schützen, zu pflegen, zu entwickeln und, soweit erforderlich, wiederherzustellen, dass [...] 4. die Vielfalt, Eigenart und Schönheit sowie der Erholungswert von Natur und Landschaft auf Dauer gesichert sind.«[6]

Der Freistaat Bayern hat ebenfalls ein Naturschutzgesetz, das zu berücksichtigen ist. Wichtig ist dabei, dass die allgemeinen gesetzlichen Formulierungen allein offenbar keine eindeutige Handhabe für oder gegen Prozessschutz im konkreten Fall geben können. Für die Einrichtung von Nationalparken erlassen die Bundesländer spezifische eigene Landesgesetze.

b) Die Nationalparkverordnung

Aus den Nationalparkgesetzen werden wiederum konkrete Verordnungen entwickelt, die den Naturschutz im Nationalpark regeln. Die Verordnung für den Bayerischen Wald sei hier ausführlicher zitiert, weil sie wiederum zeigt, dass bestimmte Interpretationskonflikte bereits im Gesetz selbst angelegt sind.

§ 3 Zweck

(1) Der Nationalpark bezweckt vornehmlich, eine für Mitteleuropa charakteristische, weitgehend bewaldete Mittelgebirgslandschaft mit ihren heimischen Tier- und Pflanzengesellschaften, insbesondere ihren natürlichen und naturnahen Waldökosystem zu erhalten, das Wirken der natürlichen Umweltkräfte und die ungestörte Dynamik der Lebensgemeinschaften zu gewährleisten sowie zwischenzeitlich ganz oder weitgehend aus dem Gebiet zurückgedrängten Tier- und Pflanzenarten eine artgerechte Wiederansiedlung zu ermöglichen.

(2) Im Rahmen des Absatzes 1 bezweckt der Nationalpark zudem,

1. die bisher forstwirtschaftlich geprägten Wälder unter Anwendung wissenschaftlicher Erkenntnisse langfristig einer natürlichen, vom Menschen unbeeinflussten Entwicklung zuzuführen,
2. vom Wald umschlossene Lebensräume wie Moore, Felspartien und Wasserflächen sowie Quellen als feste Teile in der natürlichen Landschaft zu erhalten oder wiederherzustellen und Störungen von ihnen fernzuhalten,
3. kulturhistorisch wertvolle Flächen und Denkmale wie Weideschachten, ehemalige Glashüttenstandorte, Triftklausen und Triftkanäle in ihrer typischen Ausprägung zu erhalten,
4. die ungestörte Dynamik der Lebensgemeinschaften des Waldes wissenschaftlich zu beobachten,
5. das Gebiet der Bevölkerung zu Bildungs- und Erholungszwecken zu erschließen, soweit es der Schutzzweck erlaubt.

(3) Außerdem dient der Nationalpark der Strukturförderung in seinem Umfeld, soweit sie den in Absätzen 1 und 2 genannten Zwecken nicht widerspricht.

(...)

§ 14 Hochlagenwald

(1) Der Hochlagenwald hat besondere Schutzfunktionen für den Wasserhaushalt und ist als genetisches Potential einer autochthonen Kaltklimafichtenrasse der Mittelgebirge schützenswert.

(2) Durch geeignete naturnahe Maßnahmen der Walderhaltung ist der Hochlagenwald in seiner Substanz zu erhalten und in seiner Funktion zu sichern.

(3) In einem Zeitraum bis zum Jahr 2017 ist die Ausbreitung des Borkenkäfers auf die Wälder der Hochlagen zwischen Falkenstein und Rachel zu verhindern.
(4) In den Waldbeständen, die bereits bisher durch Borkenkäferbefall großflächig abgestorbenen oder befallen sind, soll der Prozess der natürlichen Walderneuerung ungestört ablaufen. Soweit die natürliche Walderneuerung flächig und längerfristig ausbleibt, soll die Entwicklung einer standortgerechten, natürlichen Waldzusammensetzung unterstützt werden.
(5) Die Maßnahmen nach den Absätzen 2 bis 4 sind im Nationalparkplan (§ 7) gesondert darzustellen.
(6) Die Entwicklung der Hochlagenwälder ist wissenschaftlich zu dokumentieren.«[7]

Sowohl die Prozessschutzorientierung als auch die Borkenkäferbekämpfung sind also ausdrückliche Ziele der Verordnung, so dass Konflikte, aber auch Kompromisse unausweichlich sind. Es geht also rechtlich gar nicht generell um die Alternative »Eingreifen oder Gewährenlassen«, sondern um die Frage, wo welche Maßnahme angemessen durchzuführen ist. Es ist allerdings auch klar, dass der Prozessschutz hier rechtliche Priorität genießt und das aktive Eingreifen die Ausnahme bleiben soll. Wer also den Prozessschutz als oberstes Ziel im Nationalpark grundsätzlich ablehnt, muss politisch auf eine Änderung der Gesetzes- und Verordnungslage drängen.

c) Internationale Schutzgebietskategorien

Wie bereits angedeutet, sind die Nationalparkgesetze in Deutschland Ländersache. Jeder Park kann mittels seines eigenen Gesetzes auch unterschiedliche Zielsetzungen erhalten und über die Verordnungen sind auch die konkreten Maßnahmen in bestimmtem Umfang flexibel. Dies konfligiert zum Teil mit dem internationalen Bemühen um einheitliche Schutzgebietskategorien. Die »World Conservation Union« (IUCN, früher: International Union for the Conservation of Nature) fordert für Nationalparke, dass 75 Prozent der Fläche des Parks frei von menschlichen Eingriffen sein soll (vgl. IUCN 1994).[8] Zugleich ist aber dort eine sehr eingeschränkte touristische Nutzung auf wenigen vorgegeben Wegen erlaubt. Der Nationalpark Bayerischer Wald war seit 1972 durch die IUCN als Schutzgebiet der Kategorie II anerkannt, weil er das 75 Prozent-Kriterium erfüllte. Nach seiner Erweiterung 1997 auf 24.250 Hektar sind es derzeit lediglich noch 40 Prozent. Zur Wiedererlangung der IUCN Kategorie II müsste man also bestrebt sein, so schnell wie möglich größere Flächenanteile konsequent eingriffsfrei zu halten, was wiederum u.a. dem Gebot zur Borkenkäferkontrolle in der Nationalparkverordnung widerspricht.

Naturschutzethische Normenkonflikte

a) Priorität unbeeinflusster Natur

Ist von Menschen beeinflusste Natur immer zweitrangig – und ist es das oberste Ziel des Naturschutzes, Natur sich stets und überall möglichst ohne Eingriffe des Menschen entwickeln zu lassen? Der Konflikt um den Prozessschutz ist vor allem ein Konflikt darüber, ob von Menschen möglichst unbeeinflusste (»natürliche« i.e.S.) Prozesse für den Naturschutz grundsätzlich Priorität gegenüber Prozessen haben sollen, die in der Kulturlandschaft von menschlichen Eingriffen abhängen.

b) Moralischer Selbstwert (»Wert an sich«) natürlicher Prozesse
Will man Gründe für eine solche Priorität angeben, so kann auf eine fundamentalere Ebene der Natur(schutz)ethik verwiesen werden. Hat die unbeeinflusste Natur - haben also natürliche Prozesse - einen moralischen Selbstwert, gar ein eigenes moralisches Recht, so dass es Menschen mit Bezug auf Natur stets abverlangt ist, nicht oder höchstens minimal einzugreifen? Oder besteht die moralische Aufgabe im Gegenteil darin, für die Natur Maßnahmen zu ergreifen, so dass kulturhistorisch gewachsene Landschaften mit ihren Tier- und Pflanzenarten aktiv erhalten werden, die ohne solche Eingriffe zu verschwinden drohen? Stehen sich hier Eigenrecht der Natur und Interessen »des« Menschen gegenüber? Oder sind es vielmehr zwei Gruppen von Menschen, die unterschiedliche naturschutzethische Ziele formulieren und daher auch unterschiedliche Maßnahmen fordern? Und inwiefern kann der Schutz natürlicher Prozesse auch anthropozentrisch, also mit Bezug auf moralische Interessen von Menschen, begründet werden?

Die Antwort - oder die möglichen unterschiedlichen Antworten - auf diese Fragen löst allerdings nicht unmittelbar das Problem auf der Ebene a), der grundsätzlichen Bevorzugung entweder der unbeeinflussten Prozesse oder aber bestimmter Landschaftsformen, Tier- und Pflanzenarten. Darauf werde ich später zurückkommen.

Die Interessenkonflikte der Beteiligten: Einheimische Wäldler versus zugereiste Naturschützer?

Im Streit um die Zerstörung des Waldes gerade auch als Heimat lassen sich sehr konkrete Interessenkonflikte der Beteiligten identifizieren, die von einer Seite in einer polemischen Gegenüberstellung von einheimischen »Wäldlern« und von auswärts zugezogenen Naturschützern zugespitzt wird. Die Interessen der Prozessschutzbefürworter beziehen sich auf die auch rechtlich sanktionierte Zielsetzung des Nationalparks allgemein sowie auf die konkrete Option, beispielsweise die Anerkennung als IUCN Schutzgebiet der Kategorie II wieder zu erlangen. Zudem besteht wissenschaftliches Interesse an einer Erforschung der Prozesse gerade auch auf den großen vom Borkenkäfer befallenen Flächen. Das Interesse an einem weiteren Ausbau des Nationalpark- und »Wildnistourismus« gehört ebenfalls dazu.

Auf der Sachebene wird dagegen eingewandt, dass der Tourismus in der Region aber durch den »toten Wald« geschädigt werde, was für viele lokale AnwohnerInnen des Nationalparks negativ wäre. Zudem besteht ein Interesse daran, dass der Borkenkäfer nicht auf benachbarte Wirtschaftswälder übergreift, seien sie in Privat- oder auch in Staatsbesitz.

Die Frage der Rechte von Eigentümern im Nationalpark selbst ist weitgehend unproblematisch, da dies der Freistaat Bayern ist und zumindest anderweitige Rechtsansprüche nicht bestehen. Doch haben die AnwohnerInnen des Gebietes hier ein Anrecht darauf, dass ihre Interessen am Allgemeinbesitz bevorzugt zu berücksichtigen sind? Auf diese sehr weitgehende Interesseartikulation zielt die ausgesprochene oder zumindest implizite politische Forderung, dass die »WäldlerInnen« moralisch und konkret politisch größere Berechtigung bei der Entscheidung haben sollten als die »Zugereisten«. Dieses Anrecht wird nicht zuletzt historisch begründet, weil der als schützenswert erachtete Wald ja Resultat der Jahrhunderte langen Nutzung durch die lokale Bevölkerung sei. In einer Demokratie sollte aber jede Stimme gleich zählen; in einer repräsentativen Demokratie entscheiden nicht die lokalen und regionalen Anlieger allein, selbst wenn sie zur heutigen Gestalt der Landschaft entscheidend beigetragen haben. Kritisch muss zudem gefragt werden, inwiefern der

»heimische« eigene Beitrag nicht immer schon Teil umfassenderer Entscheidungen der überregionalen Politik gewesen ist, wenn man an die langjährige Praxis der staatlichen Förderung »strukturschwacher« Regionen an den Grenzen zu den früheren Staaten des Warschauer Pakts denkt, zu denen auch das Gebiet des Bayerischen Waldes zählt. Bereits der Name »Nationalpark« zeigt ferner an, dass hier Interessen und Ziele des Bundeslandes Freistaat Bayern und des Bundesstaates Deutschland betroffen sind, die wiederum eingebettet in europäische und weltweite Systeme des Naturschutzes sind. Die *Berücksichtigung* lokaler Interessen ist dabei zwingend, nicht aber deren alleinige politische *Entscheidungsbefugnis*.[9]

Allgemeine Analyse und Kritik der Prozessschutzkonzeption

Zum Begriff und seiner Geschichte

Was ist genau unter »Prozessschutz« zu verstehen und wie ist die Konzeption entstanden? Hier sind sowohl Entwicklungen in den Umweltnaturwissenschaften als auch im Naturschutz zu berücksichtigen.

Das Wort »Prozessschutz« tauchte im deutschsprachigen Raum erstmals in einem publizierten Vortrag von Anton Fischer (1992) auf, der unter dem Thema »Sammeln und Pflegen von Schutzgebieten« die bisherige Naturschutzarbeit einer kritischen Beurteilung unterzog. Er kam zu dem Fazit: »Ein Prozess-Schutz ist das der Natur wohl am besten entsprechende Verfahren, naturadäquate Ökosysteme einschließlich ihrer Dynamik langfristig zu sichern.« Ein Jahr später erschien die Publikation von Knut Sturm (1993), der den Prozessschutzgedanken auf die Forstwirtschaft übertrug und die These entwickelte, »ökologische Waldnutzung« brauche sich nur an die walddynamischen Prozesse der Natur zu halten, um geradezu zwangsläufig nachhaltig zu wirtschaften: Erstens sollten überall von Eingriffen freie Referenzflächen entstehen, anhand derer man die natürlichen Prozesse beobachten könne. Die forstliche Nutzung sollte zweitens dann so vorgehen, dass sie die natürlichen Prozesse und Strukturen möglichst weitgehend imitiert.

Als Anfang der 90er Jahre die Idee des Prozessschutzes in der Naturschutzliteratur begeistert diskutiert wurde, haben nicht wenige Naturschützer diese Vision – »Natur Natur sein lassen« (Bibelriether 1992) – als einen Durchbruch begrüßt. Es scheint so, als sei in der historischen Entwicklung von der Naturdenkmalpflege über den Artenschutz, Biotopschutz und Ökosystemschutz mit dem Prozessschutz ein vorläufiger Höhepunkt erreicht. Naturschutzansätze werden so implizit in eine Art »Überwindungs-Modell« einsortiert, in dem neue Konzepte die alten jeweils ablösen – gleichsam eine »Klimaxtheorie« von Konzepten des Naturschutzes. Diese Vorstellung einer fast zwangsläufigen Sequenz von fünf Phasen kollidiert allerdings mit der tatsächlichen historischen Entwicklung, und sie ist darüber hinaus wenig geeignet, Widersprüche, Defizite und Fehlentwicklungen zu erkennen und zu analysieren.

In den letzten 30 Jahren hatte sich die naturwissenschaftliche Ökologie immer weiter davon entfernt, Gleichgewichte in der Natur und stabile Endzustände in der Entwicklung von Lebensgemeinschaften und Ökosystemen zu suchen. Vielmehr geht ökologische Theorie und Praxis heute davon aus, dass sich Ökosysteme fluktuierend und im Detail unvorhersehbar ändern.[10] Zeitgleich mit dieser Veränderung der Theoriegrundlagen zeigten sich im Naturschutz praktische Fehlschläge bei der Erhaltung von Populationen und der Sicherung zu kleiner oder falsch zugeschnittener Schutzgebiete. Dies wurde auch auf naive Gleichgewichtszielsetzungen und falsche menschliche Erhaltungsmaßnahmen zurückgeführt (Beispiele in Botkin 1990). Zunächst erwuchs daraus die

Gegenüberstellung von konservierendem Eingreifen und dynamischem Gewähren lassen, von statischem Artenschutz und prozessorientiertem Schutz von Lebensgemeinschaften und Ökosystemen (White u. Bratton 1980, 241f. und Scherzinger 1990, 293f.). Als anschauliche Beispiele galten immens aufwendige Schutzmaßnahmen für spektakuläre Vogel- oder Säugetierarten, bei denen weitere Interaktionen in Lebensgemeinschaften zuweilen völlig ausgeblendet blieben. Zudem bänden die Maßnahmen, selbst wenn sie nicht fehlschlagen, das begrenzte Geld und Engagement im Naturschutz (zu) einseitig. Ob »der Artenschutz« tatsächlich in den meisten Fällen dieser kritischen Karikatur entsprochen hat oder noch entspricht, sei hier nicht weiter erörtert. Wichtig bleibt festzuhalten, dass das Unbehagen am klassischen Artenschutz sich auf unterschiedliche Aspekte bezieht: zum einen auf die Misserfolge aufgrund unangemessener Theorien und Maßnahmen, zum zweiten auf das Ausblenden biozönotischer und ökosystemarer Aspekte, zum dritten aber auch auf die politisch-rechtliche Festlegung auf An-/Abwesenheit oder Gefährdungsstatus von Arten als maßgebliches Kriterium im Vollzug des Naturschutzes.

All diese naturschutz- und ökologiebezogenen Aspekte greift nun der Prozessschutzgedanke gebündelt auf. Die ersten fünf in Tabelle 1 aufgeführten Punkte werden als neue oder ergänzende Aspekte ökologischer Theorie ausgewiesen, mit deren Hilfe Zielvorstellungen zu revidieren und Naturschutz angemessener zu betreiben sei. Demgegenüber besitzen die letzten beiden Punkte eine andere, moralisch normative Ausrichtung: In den Entwürfen von Scherzinger (1990) und Sturm (1993) gelten ausschließlich »natürliche« Prozesse als Ziel, beziehungsweise als Leitlinie. Dabei macht die stets möglichst vollständige Abwesenheit *jeder* menschlichen (Ein)Wirkung diese Natürlichkeit aus. Der Schutz der Natur bezieht sich mithin auf natürliche *Prozesse* und darüber hinaus auf ein Potential für *zukünftige* Veränderung unter der Prämisse des Natürlichen.

Tabelle Nr. 1: Unterschiedliche Bedeutungen des Prozessbegriffs im Kontext des Naturschutzes, zusammengestellt nach Scherzinger (1990), Sturm (1993) und Plachter (1996). In den ersten fünf Bedeutungen zeigt sich Kritik an sachlich unangemessenen Konzepten und Zielsetzungen; die letzten beiden richten sich normativ gegen Unerwünschtes (verändert und erweitert nach Potthast 1999, 197).

Bedeutung von »Prozess«	**kritisierte Idee/unerwünschter Aspekt**
Dynamik und Nicht-Gleichgewichtszustände in und von ökologischen Systemen	statische, balancebetonende Naturkonzepte
Veränderung/Veränderlichkeit von ökologischen Einheiten allgemein	statische, ahistorische Naturkonzepte
Evolution i.e.S. (Artbildung, Phylogenie)	kein Bezug zur Interaktion evolvierender Organismen(gruppen) mit der Umwelt
Ökosystemare Funktion	funktionslose Muster (z.B. der Flora/Fauna)
Unsicherheit i.e.S. und Unbestimmtheit in (der Prognose von) ökologischen Prozessen; »Stochastizität«	Kausaldeterministische oder mit exakten Wahrscheinlichkeitswerten arbeitende (»probabilistische«) Modelle ökologischer Prozesse
Unbeeinflusste Interaktionen: »Natürlichkeit«/»Wildnis«	Alle (?) vom Menschen modifizierten Ereignisse
Potential der Landschaftsentwicklung nur bei Natürlichkeit der Veränderung	»Devolution«, zerstörerische Veränderungen

Stock et al. (1999) weisen darauf hin, dass Prozessschutz die kurzfristig unvermeidlichen, meist überregionalen und globalen Einwirkungen menschlicher Aktivitäten - beispielsweise Nährstoffeinträge durch die Luft oder über das Wasser sowie die anthropogen mitbedingte Klimaveränderung - quasi als »Rahmen« akzeptieren kann. Natürlichkeit sei erzielbar, solange der Landschaft die Fähigkeit zu natürlicher Entwicklung innewohne (Scherzinger 1990).[11]

Die Beschränkung auf nicht anthropogen beeinflusste natürliche Prozesse beruht zumeist auf der theoretischen Prämisse, dass allein natürliche Prozesse ein optimales Funktionieren der Interaktionen - und damit Erhaltung der Lebensmöglichkeiten für Arten - gewährleisten.

> »Bei diesen grundsätzlichen Zielvorstellungen [des Prozessschutzes; T.P.] wird davon ausgegangen, dass alle in unseren heimischen Wäldern überlebensfähigen Arten eine ökologische Nische vorfinden. Diese wird jedoch nicht [wie im eingreifenden Naturschutz; T.P.] inszeniert, sondern entsteht quasi von selbst immer wieder neu« (Sturm 1993, 186).

Auch der langjährige Mitarbeiter des Nationalparks Bayerischer Wald, Wolfgang Scherzinger (1990), betont, dass Prozessschutz auf genügend großer Fläche ein sozusagen komplettes Arteninventar der jeweiligen Lebensgemeinschaft langfristig sicherstelle. In stark anthropogen veränderten Gebieten funktioniere dies allerdings nur, wenn der Entwicklung »Starthilfe« gegeben werde. Solchen Praxisvorschlägen gemeinsam ist die Überzeugung, dass das Zulassen und die Förderung natürlicher Prozesse auch die Funktion erfüllt, Arten langfristig optimal im Gebiet zu erhalten. »Dynamische Prozesse« gewährleisten die Interaktionen in einem Nebeneinander mehr oder weniger kleiner, dynamisch sich verändernder Sukzessionsflecken. Weil somit alle Funktionen gesichert sind, erhalten sich sowohl die Lebensgemeinschaften als auch das ökologische System als ganzes, allerdings nicht in einem stationären Zustand.

Je nach gesetztem Ziel und nach der Auffassung von Prozessen bietet sich ein buntes Spektrum von Varianten und Begründungen des Prozessschutzes. Sieht man sich die Praxisfelder an, so sind es weitgehend vertraute Argumentationen, die vom Prozessschutz aufgenommen und transformiert werden. So unterscheidet (Jedicke 1999: 233) einen

- Prozessschutz »anthropogen ungesteuerter Dynamik« als »Prozessschutz im engeren Sinne oder segregativer Prozessschutz« mit dem Ziel »naturnäherer Stadien« von dem
- »Nutzungsprozessschutz oder integrativem Prozessschutz« mit dem Ziel der Kulturlandschafts-Dynamik sowie den klassischen Arten-, Biotop- und Kulturlandschaftsschutzzielen als »Nebeneffekt [...], ohne dass gezielt betriebene Pflegeeingriffe stattfinden«.

Offenkundig wollen Protagonisten des Prozessschutzes Natur nicht als Freilichtmuseum bestimmter Zustände konservieren, weil dabei geschützte Natur gleichsam nur durch ständige Eingriffe von Menschenhand entsteht. Der Streit um die Frage, ob Eingreifen oder Gewährenlassen das geeignetere Mittel zur Erreichung von Naturschutzzielen ist, prägt die Geschichte des Heimat- und Naturschutzes seit seiner Entstehung in immer neuen Konstellationen. Gerade Kulturlandschaften haben seit jeher den Blick auf die historische und lokale Komponente viel stärker geschärft (Beispiele in Konold 1996, 1998) als »Wildnis«, die als Paradigma eher ahistorischer, großräumig wenig veränderlicher Fließgleichgewichte galt. Naturschutz ohne Berücksichtigung dynamischer Prozesse ist schlicht unzweckmäßig, da die bisherigen Grundlagen rund um Vorstellungen von natürlichen »Gleichgewichten« sich als nicht angemessen erwiesen haben.

Dennoch bedeutet die Berücksichtigung des Prozesscharakters der Natur nicht notwendig, dass die Erhaltung bestimmter Zustände aufgegeben werden sollte. Betrachtet man Prozesse

»funktionell« im Sinne von instrumentell, dann kann Prozessschutz auch »musealen« Zielen im Naturschutz dienen. Genau diejenigen ökologischen Interaktionen wären zweckmäßig zu sichern, die ein bestimmtes Muster, eine bestimmte Struktur erzeugen. Im Falle eines klaren, und über die Kriterien Artenmannigfaltigkeit, Seltenheit oder Landschaftsbild begründeten, Ziels ist zunächst unerheblich, ob diese Muster natürlicherweise oder anthropogen zustande kommen; dies gilt beispielsweise für Restaurierungs- und Renaturierungsmaßnahmen. Genau die gegenteilige Position vertreten Felinks u. Wiegleb (1998) am Beispiel des Prozessschutzes in der Bergbaufolgelandschaft. Dort gehe es darum, die vollständig anthropogene Situation nach Ende der Nutzung gerade nicht zu »renaturieren«, sondern bestimmte Flächen völlig sich selbst zu überlassen - mit buchstäblich ungewissem Ausgang. »Prozessschutz«, der mit natürlicher Sukzession, Bodenbildung und Evolution inhaltlich konkretisiert ist, zähle als Naturschutzziel dabei *neben* »Minimierung der Nutzungsintensität« und dem »wildromantischen Erleben« zum Grundmotiv der »Naturnähe« (Felinks u. Wiegleb 1998, 299).

Diese Unterscheidung von (dynamischen) Prozessen, Nicht-Eingreifen und ästhetischer Komponente erscheint mir sehr hilfreich zur Strukturierung und Operationalisierung des übergeordneten Motivs »Naturnähe«. Sie findet sich jedoch eher selten in der Literatur, und auch in der genannten Veröffentlichung ist unklar, was »natürlich« in der Definition von Prozessschutz anderes bedeutet als Ausschluss anthropogener Eingriffe. Der Übergang von »ökologischen Prozessen« zu »natürlichen Prozessen« bleibt offenkundig terminologisch - und normativ - ebenso bedeutsam wie undeutlich.

Was ist also konzeptionell neu an der Idee ökologischer Prozesse und am Prozessschutz? (vgl. Piechocki et al. 2004)

- Prozessschutz entstand unmittelbar als naturschutztheoretischer und -politischer Sammelbegriff. Er ermöglicht es, alle genannten Aspekte gewandelter Naturvorstellungen zu integrieren und anschaulich zu verbreiten, und zwar *zunächst* trotz sehr verschiedener Schwerpunktsetzungen innerhalb verschiedener ökologischer Konzepte und Naturschutzziele.
- Prozessschutz betont die prinzipielle Offenheit aller natürlichen Entwicklungen, die sich von Seiten der wissenschaftlichen Ökologie nicht mit einfachen Stabilitäts- und Gleichgewichtsmodellen darstellen lassen.
- Prozessschutz *kann* daher auch Kulturlandschaftsschutz sein, wenn man Prozesse (»Nutzungsprozessschutz«) entsprechend umfassend einschließlich anthropogen beeinflusster Prozesse definiert.
- Zugleich, und in gewissem Widerspruch zu den ersten drei Punkten aber beruht die Idee des Prozessschutzes auf einer moralischen Bewertung, die wiederum auf einem moralisch bedenklichen Dualismus - unbeeinflusste Natur ist gut, von Menschen gemachte Natur ist schlecht(er) - gründet.

Ausschließlich »natürliche« Prozesse als Schutzgut?

Im Zusammenhang mit der Bedeutungsvielfalt von »ökologischen« und »natürlichen Prozessen« müssen auch die mit dem Wort »natürlich« verbundenen wertenden Nebenbedeutungen genauer betrachtet werden. Im Gegensatz zur produktiven Integrationskraft des Terminus »ökologische Prozesse« scheint mir die Rede von »der Natürlichkeit« problematisch in ihrer Unschärfe - und in einer bestimmten Zuspitzung sogar kontraproduktiv. Der griechische Philosoph Aristoteles

(384–322 v. Chr.) verstand unter Natur all das, was nicht als von Menschen hergestelltes Artefakt, sondern aus sich selbst heraus existiert (Aristoteles 1987, 51). Wenn dieses Verständnis von Natur auch heute noch gilt, muss geklärt werden, was alles dazugehören soll: Selbstverständlich laufen auch in der Kulturlandschaft Prozesse ab, die natürlich sind, insofern sie nicht direkt vom Menschen betrieben werden. Wenige würden beispielsweise wohl soweit gehen, die Anwesenheit der Gottesanbeterin *Mantis religiosa* als unnatürlich zu bezeichnen, weil sie auf Halbtrockenrasen existiert, die wiederum nur aufgrund bestimmter menschlicher Nutzungs- oder Landschaftspflegeformen so in Deutschland bestehen. Abgesehen von der Mahd laufen nämlich allein »natürliche« Prozesse dort ab. Die Zuordnung von Dingen und Prozessen als »natürlich« erweist sich als mitnichten trivial. Eine Dichotomie von natürlich oder unnatürlich ohne Berücksichtigung der Skala fließender Übergänge zwischen den Extremen ist unangemessen. Ausgehend von der skandinavischen Ökologie wurde schon seit längerem versucht, diesem Phänomen mit einer Stufenfolge von Naturnähe, dem vegetationskundlichen Hemerobiekonzept, gerecht zu werden (Jalas 1955), das in der Naturschutzplanung auch weitgehende praktische Anwendung findet. Trotz der gewonnenen Differenzierung des »Natürlichen«liegt aber auch im Hemerobiekonzept ein Übergang von deskriptivem zu wertendem Verständnis der Gradierung nahe (siehe auch Meixner 1999). Die Skala der Naturnähe wird zuweilen umstandslos in eine *Hierarchie moralischer Relevanz* übersetzt. Mithin liegt die Abwertung von Kulturlandschaft der Idee natürlicher Prozesse nicht fern. Wenn (segregativer) Prozessschutz *nur* das schützt, was ausschließlich aus sich selbst heraus ist, dann ist die stets und ausnahmslos möglichst große Abwesenheit menschlicher Einflüsse das konsequent ableitbare Ziel.

Dabei ergibt sich die Problematik einer übersteigerten Vorstellung des Natürlichen, wenn jede menschliche Aktivität und alle ihre Produkte auf Ökosystem- oder Landschaftsebene generell als nicht natürlich gelten *und deshalb* jedes anthropogene ökologische System naturethisch als zweitrangig bewertet wird. Auch der in der politischen Praxis häufig zu beobachtende Trick, je nach Bedarf bestimmte, aus ganz anderen Gründen gewünschte Objekte oder Prozesse als »natürlich« zu deklarieren, überzeugt nicht. Natürlichkeit im Sinne der früheren und aktuellen Abwesenheit jeglicher menschlicher Einwirkung in einem Gebiet oder ökologischen System kann kein hinreichendes moralisches Kriterium für Naturschutzprioritäten sein – die Kombination von Seltenheit und Bedrohung solcher Objekte aber sehr wohl.

Das absolute Primat des Natürlichen wird insbesondere dann problematisch, wenn das Mensch-Natur-Verhältnis als klare Dichotomie gedacht wird. Im Gegensatz dazu sprechen sowohl biologische als auch historische und naturphilosophische Gründe für die Konzeption eines dialektischen Wechselverhältnisses, welches naturethisch weder einseitig in Richtung »Natur« (Physiozentrik) noch »Mensch« (Anthropozentrik) auflösbar ist (Potthast 1999, 246ff.). Ferner ist es gerade notwendig, angemessene menschliche Eingriffe und Nutzungen von weniger angemessenen zu unterscheiden, um Kriterien »ökologischer Nachhaltigkeit« zu entwickeln.

Urteilsfindung und Urteilsbildung im konkreten Konfliktfall: Plädoyer für einen konsequenten Prozessschutz in der Kernzone des Nationalparks Bayerischer Wald

Bevor ich eine eigene Urteilsbildung für den konkreten Fall vorstelle, möchte ich noch einmal stichpunktartig das bisherige Vorgehen und die damit verbundenen Fragen rekapitulieren. Folgende Fragen habe ich bislang behandelt:

- Was ist passiert, wie wird die Situation beschrieben?
- Sind die Ursachen des derzeitigen Zustands klar?
- Sind die Folgen unterschiedlicher Handlungsoptionen sicher voraussagbar?
- Wie lauten die Bewertungen des derzeitigen Zustands? Hier sind unterschiedliche Aspekte zu unterscheiden, hier ästhetische, ökonomische, naturschutzfachliche, personen- und institutionsbezogene sowie übergreifende Fragen
- Auf welchen rechtlichen und moralischen Zielsetzungen, Kriterien und Prioritäten beruhen die Bewertungen?
- Welche übergeordneten rechtlichen und ethischen Normen liegen den Zielen, Kriterien und Prioritätensetzungen zugrunde; mit welchen Gründen und auf Grundlage welcher Normen werden die Ziele, Kriterien und Prioritäten bestimmt?

Im auf den konkreten Fall bezogenen Durchgang dieser Fragen möchte ich meine Bewertung des Konflikts um die Borkekäferbekämpfung im Nationalpark Bayerischer Wald vornehmen, um abschließend einen Beurteilungsvorschlag zu machen, der sich für eine konsequente Umsetzung des Prinzips »Natur Natur sein lassen« in der Kernzone des Nationalparks ausspricht.

Sachebene

Situationsbeurteilung

Wie oben bereits ausgeführt, besteht kein Dissens in der Beschreibung der Ausbreitung der Borkenkäfer und ihrer Folgen, dem flächenhaften Absterben von Bergfichtenbeständen. Sachlich festgehalten werden muss zudem, dass der Eindruck falsch ist, es gebe gar keine Bekämpfung der Ausbreitung von Borkenkäfern im Nationalpark.

Ursachenanalyse

In der Ursachenanalyse lässt sich keine eindeutige Antwort formulieren, weil der *Anteil* der Vorschädigungen durch Umweltverschmutzung, Witterung und mögliche frühere Misswirtschaft durch forstliche »Monokultur« nicht eindeutig bestimmbar ist. Klar ist aber zugleich, dass sich das *Ausmaß* der unmittelbaren Effekte durch die Borkenkäfer aufgrund der reduzierten Bekämpfungsmaßnahmen erhöht hat.

Folgeprognosen

a) Übergreifen der Borkenkäfer vom Nationalpark auf umliegende Gebiete

Bis zum heutigen Zeitpunkt konnte ein massives Übergreifen des Borkenkäfers auf Waldbestände jenseits des Nationalparks verhindert werden, wobei der ursächliche Anteil der »natürlichen« Populationsdynamik auf der einen sowie der aktiven Maßnahmen auf der anderen Seite nicht eindeutig quantifizierbar ist.

b) Dauer der Borkenkäferkalamität, Ausweitung der Bestandszusammenbrüche innerhalb des Nationalparks und Regeneration der Totholzflächen
In gewisser Weise zeigen sich bei diesem Punkt die Stärken und die Schwächen der Prozessschutztheorie gleichermaßen. Die Dynamik der Borkenkäferausbreitung, gerade im Kontext nicht vorhersehbarer Witterungsbedingungen und ihrer Folgen, zeigt, dass natürliche Prozesse in ihren quantitativen Folgen schwer oder gar nicht exakt vorhersehbar sind, was zugleich die Gegner des Prozessschutzes zu bestätigen scheint. Andererseits ist es aber auch nicht zu einem großen Übergreifen auf die gesamte Region des Bayerischen und Böhmerwaldes gekommen.

Das kurzfristige Potenzial natürlicher Selbstregulation der Prozesse wurde also von den BefürworterInnen überschätzt, die Erwartung einer langfristigen Verlangsamung und Begrenzung der Ausbreitung sowie insbesondere einer Regeneration der Totholzflächen mit Jungwuchs jedoch bestätigt.

c) Möglichkeiten und Grenzen unbeeinflusster Prozesse in einem Gebiet mit bestehenden externen menschlichen Einflüssen
Auf der empirischen Ebene ist vollkommen klar, dass es illusionär ist, alle menschlichen Einwirkungen auf ein Gebiet vollständig ausschließen zu können. Dies ist aber kein Gegenargument gegen das Ziel möglichst wenige Eingriffe zuzulassen und die damit verbundenen Maßnahmen. Ein weniger deskriptiver als evaluativer und normativer Schritt besteht in der Entscheidung, welches Mittel man zur Erreichung von mehr Natürlichkeit für geeigneter hält: Aktive Regulierung von »unnatürlichen« Wildpopulationen und Neobiota oder konsequentes Nichteingreifen, selbst wenn der Ausgangszustand keinesfalls »natürlich« ist. Das Problem ist nur lösbar, wenn man zunächst klärt, ob man unter »Natürlichkeit« entweder das – im Detail offene – Resultat des konsequenten Nichteingreifens bezeichnet, oder aber einen bestimmten historischen Referenzzustand. Doch wer soll und kann diesen festlegen und mit welchen Gründen? Ist es der Zustand Mitteleuropas nach der letzten Eiszeit, nach Etablierung von Ackerbau und Viehzucht, oder der Zustand vor der Industrialisierung im 19. Jahrhundert? Mir scheint die Antwort eindeutig: Es kann nur der Zustand sein, der sich nach Aufgabe möglichst jedes menschlichen Eingriffs aktuell einstellt. Damit ist nicht gesagt, dass nicht auch anthropogene Landschaften Natur beinhalten, aber das deskriptive Kriterium für Natürlichkeit im eigentlichen Sinne kann allein die Abwesenheit menschlicher Bearbeitung sein.

Wertebene

Ästhetische Bewertung der Situation
Die alte Redewendung, dass sich über Geschmack nicht streiten lässt, ist selbstverständlich falsch, denn streiten kann man sehr wohl, aber nicht mit zwingendem und eindeutigem Ergebnis. Die Bewertung des borkenkäferbedingten Baumsterbens als eine Katastrophe im ästhetischen Sinn kann zwar kulturhistorisch und umweltpsychologisch analysiert und erklärt werden, doch ändert dies nichts daran, dass es sich hier um ein vormoralisches Urteil handelt, das jeder und jedem selbst überlassen bleiben muss. Solche Urteile können sich mit zunehmendem Wissen über die Hintergründe verändern – so hofft die Umweltpädagogik der Nationalparkverwaltung, sie können sich aber auch im Laufe der Jahre verstärken – worauf die ProzessschutzgegnerInnen setzen. Dieser Bewertungskonflikt kann nicht entschieden werden. Man muss zur Kenntnis nehmen, dass die Borkenkäferkalamität die Lebensqualität, also das »gute Leben«, mancher AnwohnerInnen beeinträchtigt, bei anderen jedoch positive Gefühle der Spannung und Überraschung weckt.

Ökonomische Bewertung der Situation
Hier bleibt festzuhalten, dass eine eindeutige Bewertung nicht nur aufgrund fehlender Daten schwierig ist. Die Vernetzung lokaler, regionaler und globaler Wirtschafts- und Konjunkturphänomene ist ausgesprochen diffizil. Darüber hinaus wäre festzulegen, ob es um die ökonomischen Konsequenzen für einzelne Personen, Familien und Betriebe bzw. eine Kosten-Nutzen-Analyse der Nationalparkverwaltung selbst geht oder um eine volkswirtschaftliche Bilanz der Region oder sogar darüber hinaus. Für meine Argumentation entscheidend ist die Einschätzung, dass die im Nationalpark weniger gebremste Ausbreitung der Borkenkäfer zumindest keine eindeutig nachweisbaren großen ökonomischen Schäden angerichtet hat.

Naturschutzfachliche Bewertung der Situation
Mit Blick auf die einsetzende Regeneration kann geschlossen werden, dass durch die Borkenkäfer zumindest kein irreversibler Verlust des Fichtenbergwaldes aufgetreten ist. Zudem scheint dies durch die Förderung Totholz bewohnender und tendenziell eher seltener Arten sowie das Hinzukommen von Flächen als Anschauungsmodell natürlicher Dynamik mehr als kompensiert zu sein, so dass die Gesamtbeurteilung dieses Punktes eindeutig für den Prozessschutz spricht.

Moralische Bewertung der Handelnden und ihrer Kommunikation
Die Kritik, dass die lokale Bevölkerung bis vor einigen Jahren eindeutig zu wenig informiert und einbezogen wurde, ist berechtigt, wobei sie nicht ein Abrücken von der Konzeption des Prozessschutzes erfordert, sondern vielmehr die aktive Einbeziehung aller Interessengruppen einschließlich der lokalen Bevölkerung.

Bestimmten Formen der Auseinandersetzung sei eine weitere Bemerkung gewidmet: Den Konfliktstil mit der »Faschismuskeule« sollten – so lautet wohl nicht allein meine Beurteilung – alle Beteiligten als inakzeptabel anerkennen und zukünftig darauf verzichten. Er ist sachlich eine Verhöhnung der im Faschismus Ermordeten, bezüglich der Umgangsformen obsolet und führt ferner zu keinerlei produktivem Diskussionsergebnis.

Beurteilung der Situation mit Bezug auf Heimat und Heimatverlust
Wer über Heimatverlust spricht, den kann man nicht im strengen Sinne argumentativ widerlegen. Wenn viele oder die Mehrheit einen solchen beklagen, dann sollte dies für die Entscheidungsfindung nicht ignoriert werden. Doch gerade aufgrund des oben Ausgeführten, ist fraglich, was aus dem Gefühl des Heimatverlusts normativ folgt.

Beispielsweise ist auf einer konkreten Ebene zu diskutieren, ob oder inwiefern die Waldheimat wirklich dadurch *endgültig* verloren geht, dass an topographisch und symbolisch bedeutsamen Orten der Wald für einige Jahre bis Jahrzehnte – nicht für immer – verschwindet. Es muss zumindest rückgefragt werden, inwieweit hier strategische Effekte bezweckt werden, wenn der Eindruck erweckt wird, dass die vertrauten Wälder und Landschaften auf ewig verloren sind, wenn man den Borkenkäfer nicht bekämpft. Der Heimatbegriff, gerade im Naturschutz und seinen Begründungen (vgl. Ott 2005), ist meines Erachtens zu vielschichtig, um im Streit um die Totholzflächen im Nationalpark ein entscheidendes Argument gegen den Prozessschutz zu sein. Dabei will ich hier ausdrücklich offen lassen, ob und inwiefern die entstehende »wilde Waldnatur« zu einer neuen Heimat werden kann. Auszuschließen ist dies zumindest nicht.

Normebene

Rechtlicher Rahmen und juridische Normen- und Auslegungskonflikte

Die Gesetzes- und Verordnungslage ist eindeutig: Im Nationalpark soll die natürliche Entwicklung Priorität genießen und Eingriffe sind auf das Nötigste zu beschränken. Dies scheint mir im Nationalpark Bayerischer Wald insofern angemessen umgesetzt zu sein, als Maßnahmen ergriffen wurden und werden, die die Ausbreitung des Borkenkäfers auf den Nationalpark begrenzen, auch um heimatbezogene und ökonomische Probleme in den angrenzenden Gebieten zu vermeiden. Zugleich ist freilich die ebenfalls naturschutzrechtlich relevante Erhaltung einer »schönen« Landschaft und ihrer vormaligen Eigenart des geschlossenen Waldbestands eingeschränkt - sie unterliegt in einer Abwägung gegenüber dem übergeordneten Ziel des Nationalparks.

In dem Zusammenhang ist gerade auch die Wiedererlangung der IUCN Schutzgebietskategorie II, also 75 Prozent nicht genutzte und gemanagte Fläche, angemessen für diesen Nationalpark und seine Zielsetzung.

Naturschutzethische Normenkonflikte

Strukturelle Ansätze im Naturschutz nehmen Bezug auf ein bestimmtes als schützenswert erachtetes Landschaftsbild und bestimmte Ausstattungen von Fauna und Flora. Diese Strukturorientierung muss von der Sache her *notwendig* um die Prozessaspekte von Funktion, Interaktion und Veränderlichkeit ergänzt - nicht aber aufgegeben - werden. Unrealistisch ist es, Artenzu- und Abwanderung gänzlich ausschließen und jedes Taxon auf jeder Fläche in jedem Jahr antreffen zu wollen. Insofern ist es - vor jedem *moralischen* Konflikt - schlichtweg unrealistisch, ein ganz bestimmtes Waldbild - nämlich den überall geschlossenen Alterklassen-Hochwald, wie er in den letzten 100 Jahren charakteristisch im Bayerischen Wald zu finden ist - für immer so konservieren zu wollen. Man kann dies zwar zum obersten Ziel erheben, wird aber stets aufgrund der natürlichen Dynamik erhebliche Abstriche an diesem Idealzustand machen müssen und sich der Kritik an allzu musealen Naturschutzzielen und -konzepten zu stellen haben. Aufgrund dessen sind solche starren Zielsetzungen wenig überzeugend.

Anders verhält es sich, wenn ausdrücklich die Abwesenheit aller Eingriffe von Menschen, also in diesem Sinne »Natürlichkeit« der Prozesse, als oberstes Ziel ausgewiesen ist. »Prozessschutz« ist dann ein neues Wort für die alte Forderung nach Unberührtheit in Reservaten, etwa eben in Kernzonen von Nationalparken. Er ist eine der Sache nach unproblematisch umsetzbare, aber eben nicht neue Formulierung alter Naturschutzziele in solchen Gebieten. Sind aber tatsächlich die Prozesse selbst Gegenstand des Schutzes oder sind es nicht gleichzeitig zumindest auch die natürlichen Muster, also Arten und Lebensgemeinschaften sowie - in anderem Kontext - Landschaftsbilder als ästhetische Objekte? In vergleichsweise nur reversibel veränderten Gebieten stellt sich durch Zulassen »natürlicher Dynamik« ein fluktuierendes Muster ein, das nicht zuletzt als solches wertgeschätzt wird. Aber:

> »Ein Treibenlassen irgendwelcher Prozesse, eine ungelenkte Entwicklung ohne Sicherstellung ihrer Natürlichkeit bergen ein hohes Risiko zur Fehlentwicklung, wofür Lorenz (1973) - im Kontrast zum Begriff der natürlichen Evolution (= Entfaltung) - das drastische Wort Involution (= Abbau, Einschmelzen) geprägt hat. Wenn durch ›freies Laufenlassen‹ auch interessante Wildnisgebiete entstehen können, so heißt ungelenkt nicht automatisch auch natürlich; letztlich werden ja auch Entwicklungen zugelassen, die zum Verlust der Phänomene

(Naturschönheit, seltene Arten, ursprüngliche Artenvielfalt, seltene Ökosysteme) führen können, die einst Motiv zur Schutzgebietsgründung waren. Hier kann die angestrebte Dynamik deshalb nur im Sinne einer natürlichen/naturnahen Entwicklung, gleichsam einer nicht gelenkten Evolution gemeint sein.« (Scherzinger 1990, 294; Hervorh. i. Orig.).

Im konkreten Konflikt um die Borkenkäferbekämpfung im Nationalpark Bayerischer Wald besteht das Problem darin, dass ein bestimmtes Ziel – nämlich die Erhaltung eines ganz bestimmten Waldbildes – in dieser Form durch Prozessschutz offenbar nicht erreicht wird, sondern man das Ziel anders definieren muss, wenn man sein Mittel anwenden will. Zumindest in den Kernzonen des Nationalparks sollte man also nicht zu bald einen artenreichen und auch sonst vielfältigen Wald erwarten, sondern sich auf die Offenheit der Entwicklung wirklich einlassen. Das heißt, man sollte auf jeden Eingriff in der Kernzone verzichten, selbst wenn damit bestimmte Arten und Waldbilder zeitweise verschwinden würden. Genau dies hat sich die Nationalparkverwaltung vorgenommen, dafür plausible Argumente geliefert und inzwischen konsequent umgesetzt. Die Argumente umfassen dabei das allgemeine Naturschutzziel der Schaffung (auch) von Menschen unbeeinflusster Bereiche ökologischer und evolutiver Dynamik, deren aktuelle Seltenheit, das ästhetische, wissenschaftliche, auf Umweltbildung ausgerichtete sowie touristische Interesse an solchen Gebieten (Nationalparkverwaltung 2000). Es sei darauf hingewiesen, dass alle genannten Argumente Teil einer anthropozentrischen Umweltethik sind und nicht auf der Annahme von Menschen vollständig unabhängiger Selbstwerte (»Werte an sich«) von natürlichen Prozessen beruhen müssen.

Auch wenn mancher konkrete Zielkonflikt zwischen Kulturlandschafts-, Prozess- oder Artenschutz bei genauerer Betrachtung lösbar wird, führt der Prozessschutz eine fundamentale Zweideutigkeit in der Naturschutzdebatte fort. Prozesse sind einerseits Grundlage für *jede* Art von wertgeschätzten Strukturen, andererseits aber sollen *allein* »natürliche« Prozesse schützenswert sein. Formuliert man dies als generelle Alternative für die Ausrichtung des Naturschutzes, so müsste tatsächlich der Naturschutz in/von Kulturlandschaften komplett abgeschafft werden. Das große Nichtstun bräche aus, denn überall überließe man die Natur sich selbst, auf dass natürliche Prozesse dort walteten. Offenkundig handelt es sich bei diesem Szenario um eine überzogene Karikatur.

Für die Naturschutzpraxis in Deutschland gilt, dass Eingreifen und Gewährenlassen sich ergänzen und nicht ausschließen sollen (Plachter 1996, Nickel 1998). Nichts anderes besagt auch Jedickes (1998) oben genannte Einteilung in Prozessschutz im engeren Sinne und Nutzungsprozessschutz. Für problematisch halte ich dagegen die undifferenzierte Forderung, auf *allen* vorhandenen Vorrangflächen für den Naturschutz das Verhältnis von »gepflegt« generell in Richtung »wild« zu verschieben. Letzteres vertritt Schuster (1998) unter dem Motto: »Dynamik statt Käseglocke. Ein Plädoyer für mehr Wildnis«. Eine solche Redeweise erfordert es eigentlich, sich zu vergegenwärtigen, dass auch Wildnis ein schillernder Begriff ist. »Wildheit« oder »Wildnis« verweisen alles andere als eindeutig auf unberührte Natur, sondern vielmehr auf eine innige Verknüpfung von Natur- und Kulturgeschichte (siehe Nash 1967 und Schama 1996). Sowohl segregativer Prozess- oder Wildnisschutz als auch integrativer Nutzungsprozessschutz haben kulturelle Hintergründe ihrer Begründung, die es als falsch erscheinen lassen, den ersteren überall bevorzugen zu sollen. Gleichwohl sei auch hier wieder auf grundlegende umweltethische Ansätze verwiesen: Ein Selbstwert (»Wert an sich«) natürlicher Prozesse, wie er in einem holistischen physiozentrischen Ansatz vertreten wird, würde für die Praxis tatsächlich die Folgerung nach sich ziehen, überall die Eingriffe von Menschen so weit wie möglich zu minimieren (vgl. Piechocki et al. 2004, 56).

Unabhängig von der Wahl eines bestimmten umweltethischen Ansatzes aber gilt: Gerade die Kernzonen von Nationalparken bilden die wenigen Bereiche, in denen möglichst von Menschen unbeeinflusste Prozesse überhaupt ermöglicht werden können. Daher ist die Ausweitung von Kernzonen nach auf 75 Prozent gemäß IUCN-Kategorie II in deutschen Nationalparken durchaus gut begründet. Die Forderung nach Abwesenheit aller Eingriffe richtet sich hier pragmatisch vor allem gegen massive Interessen zur Ressourcennutzung, welche erhebliche Beeinträchtigungen mit sich bringen, und wo bisherige Nutzer geplante Kernzonen oder deren Erweiterungen nicht akzeptieren wollen.

Fazit

Großflächiger Reservatsschutz und völlige Aufgabe der Eingriffe haben zu einem zuweilen dramatischen Streit um den Nationalpark Bayerischer Wald geführt. Eine konsequente Anwendung des Mottos »Natur Natur sein lassen« hatte zunächst zu einer im Ausmaß unerwarteten Ausbreitung des Borkenkäferbefalls an prominenten Orten in der Kernzone geführt und damit unter anderem für ein umfassend zu verstehendes Heimatbild des vertrauten Waldes problematische Konsequenzen gezeitigt. Die Nationalparkverwaltung hat darauf zum einen mit erheblichem Einsatz zur Begrenzung der Borkenkäfer auf die Kernzonen, zum anderen zugleich mit umfassendem argumentativen Aufwand für die Aufrechterhaltung eines konsequenten Prozessschutzes reagiert. Einerseits scheint der Verlauf der populistisch aufgeladenen Debatte Botkins (1990) These zu bestätigen, nach der Natur immer noch fälschlicherweise mit Stabilität und gewohnten Bildern assoziiert wird. Andererseits scheint der Streit um »ordentliche« versus »unordentliche« und bedrohliche Natur auch Vehikel von Interessenkonflikten zu sein, die mit Ärger über mangelnden Einbezug der lokalen Bevölkerung zusammenhängen und in deren Folge allerdings auf Seiten der ProzessschutzgegnerInnen erheblich überreagiert wurde, vielleicht um die politisch längst beschlossene Erweiterung des Nationalparks aus Partikularinteressen heraus noch verhindern zu können (vgl. Engelstädter und Handlos 2001).

Bei aller berechtigten Kritik über Defizite in der Kommunikation sollte jedoch der Erfolg nicht unterschätzt werden, welcher in der Vermittlung des Naturschutzgedankens sowie der Idee des Prozessschutzes in Totalreservaten erzielt wurde. Die Nationalparkverwaltung Bayerischer Wald führt inzwischen beispielgebend für andere Nationalparke vor, wie Naturschutztheorie und Naturerleben anschaulich vor Ort vermittelbar sind. Für den Naturschutz außerhalb solcher Totalreservate bleibt das Konzept des Prozessschutzes jedoch ambivalent: Es muss stets genau angegeben werden, welche Prozesse in welcher Weise und mit welchem Ziel gesichert werden sollen. Für den konkreten Konfliktfall aber lautet meine Beurteilung: Der Prozessschutz ist als eines unter mehreren obersten Naturschutzzielen naturschutzfachlich, ethisch, rechtlich und politisch berechtigt. Angesichts der in Deutschland verschwindend geringen Flächen, auf denen konsequenter Prozessschutz überhaupt möglich ist, ist die Kernzone des Nationalparks Bayerischer Wald dafür gut geeignet und angemessen. Die Verwirklichung eines Waldschutzes im Sinne des Kulturlandschaftsschutzes kann auf den durchaus vorhandenen Flächen außerhalb des Nationalparks umgesetzt werden. Insofern es keine Schutzgüter außerhalb der Nationalparkflächen massiv schädigt, ist die zugelassene Ausbreitung des Borkenkäfers in der Kernzone ein interessantes Experiment der Natur, das zu beobachten sich wissenschaftlich und ästhetisch lohnt, vor allem weil es kaum Orte sonst gibt, für die überhaupt gelten könnte: »Natur Natur sein lassen«.

Anmerkungen

[1] Geprägt und popularisiert vom langjährigen Leiter des Nationalparks, Hans Bibelriether (1992).

[2] Die Geschichte des Nationalparks Bayerischer Wald und seiner Konflikte ist inzwischen im Internet sehr gut dokumentiert. Daher werden im Folgenden vor allem Internetquellen angegeben, auf die allesamt im Januar 2006 letztmalig zugegriffen wurde. Unter http://www.waldwildnis.de/ sowie http://www.nationalpark-bayerischer-wald.de/ finden sich auch zahlreiche Verweise auf Publikationen und Forschungsarbeiten. Hingewiesen sei zudem auf eine unveröffentlichte wissenschaftsethische Diplomarbeit zu Interessenkonflikten in Nationalparken aus ethischer Perspektive von Meixner (1999).

[3] Die Terminologie der unterschiedlichen Zonen ist verwirrend: Grundsätzlich unterscheidet man im Nationalpark a) die Kernzone (neuerdings auch als Naturzone bezeichnet), in der im Prinzip keine Managementmaßnahmen durchgeführt werden sollen und deren Betreten nur auf einigen markierten Wegen erlaubt ist, b) die Managementzone, in der Eingriffe zum Artenschutz erlaubt sind, sowie c) die Randzone (= Waldschutzzone), in der beispielsweise Einrichtungen zur Besucherinformation liegen können und die als Puffer zwischen der eigentlichen Schutzzone und dem Umland fungieren soll. Dagegen gehören die Begriffe Pflegezone, die der Erhaltung naturnaher Kulturlandschaften gilt, sowie Entwicklungszone, die der nachhaltigen Nutzung und Entwicklung dienen soll, eigentlich zu einer anderen Art von Schutzgebiet, nämlich den Biosphärenreservaten. Im Bayerischen Wald erfüllen der großräumige Naturpark (http://www.naturpark-bayer-wald.de) und der sehr viel kleinere Nationalpark Bayerischer Wald gemeinsam die Konzeption eines Biosphärenreservats. Formell wurde allerdings bisher nur ein Teil des Nationalparks (Rachel-Lusen-Gebiet) als Biosphärenreservat ausgewiesen. Zu rechtlichen Fragen im Zusammenhang mit der Zonierung siehe auch unten im Abschnitt 2.3.1.

[4] Ziel des Managements ist sowohl die Erhaltung einer möglichst naturnahen Rotwildpopulation im Nationalpark und den angrenzenden Gebieten als auch die Vermeidung von forstlichen Schäden an Wirtschaftswäldern aufgrund zu hoher Populationsdichten. Ein entsprechender Abschuss von Tieren erfolgt in den für das Rotwild eingerichteten Wintergattern und den Randzonen, nicht aber den Kernzonen des Nationalparks (Baierl o. J.).

[5] Die Arbeitsgemeinschaft Waldwildnis, die Waldnaturschutz und Nationalparke im Länderdreieck von Bayern, der Tschechischen Republik und dem österreichischen Waldviertel unterstützt, hat solche Gegenstimmen ebenfalls auf ihrer Homepage dokumentiert, vgl. http://www.waldwildnis.de/cd/nationalpark/contranp/index.htm

[6] Gesetz über Naturschutz und Landschaftspflege (Bundesnaturschutzgesetz - BNatSchG) vom 25. März 2002. Bundesgesetzblatt III/FNA 791-8, § 1.

[7] Verordnung über den Nationalpark Bayerischer Wald in der Fassung der Bekanntmachung vom 12. September 1997; http://www.waldwildnis.de/cd/nationalpark/iucn/nationalparkverordnung.htm. Es sei darauf hingewiesen, dass diese Verordnung mit § 16 einen «Kommunalen Nationalparkausschuss« und mit § 17 einen »Beirat« vorsieht, der die lokalen Politiker sowie Interessengruppen der Bevölkerung ausdrücklich mit einbezieht.

[8] Eine gute Übersicht über die zahlreichen Schutzgebietkategorien findet sich unter http://www.europarc.org/international/data/definition_iucn.htm.

[9] Vgl. oben Abschnitt 2.3.1 und Fußnote 7 zur Partizipation. Eine noch schärfere Konfliktlinie besteht beispielsweise im NP Schleswig-Holsteinisches Wattenmeer, weil dort sogar auch im Nationalparkgebiet bestimmte Nutzungen erlaubt sind, die von »den Friesen« erbittert gegen Prozessschutzansprüche des Nationalparks verteidigt werden (Bogner 2004).

[10] Zu Details vgl. Pimm 1991; Potthast 1999, 2004.

[11] Vgl. den Punkt der Sachebene zu Folgeprognosen.

Literatur

Aristoteles 1987: Physik. Vorlesungen über Natur. Übersetzt, mit einer Einleitung und mit Anmerkungen hg. v. Hans Günter Zekl. Meiner, Hamburg.

Baierl, Franz o.J.: Rotwildmanagement im Nationalpark. URL: http://www.nationalpark-bayerischer-wald.de/de/left/waldmanagement/schalenwildmanagement.htm.

Bibelriether, Hans 1992: Natur Natur sein lassen. In: Prokosch, P. (Red.): Ungestörte Natur. Tagungsbericht 6 der Umweltstiftung WWF-Deutschland. Husum, 85-104.

BnatSchG 2000: Gesetz über Naturschutz und Landschaftspflege (Bundesnaturschutzgesetz - BnatSchG) vom 25. März 2002. Bundesgesetzblatt III/FNA 791-8, § 1.

Bogner, Thomas 2004: Zur Bedeutung von Ernst Rudorff für den Diskurs über Eigenart im Naturschutzdiskurs. In: Fischer, Ludwig (Hrsg.) Projektionsfläche Natur. Hamburg University Press, Hamburg, 105-124.

Botkin, Daniel B. 1990: Discordant harmonies - a new ecology for the 21st century. Oxford University Press, New York.

Engelstädter, Ehrhard u. Handlos, Franz 2001: Öko-Verbrechen. So wird der Bayerische Wald zerstört. Information an alle Landtagsabgeordneten 2001. http://www.waldwildnis.de/cd/nationalpark/contranp/oekoverbrechen.htm.

Eser, Uta 2006: Konfliktfall »Amerikanischer Stinktierkohl«: Gebietsfremde Arten zwischen xenophoben Klischees und Naturidealen. In: Eser, U. u. Müller, A: (Hrsg.): Umweltkonflikte verstehen und bewerten. oekom, München, 149-164.

Felinks, Birgit u. Wiegleb, Gerhard 1998: Welche Dynamik schützt der Prozeßschutz? Aspekte unterschiedlicher Maßstabsebenen - dargestellt am Beispiel der Bergbaufolgelandschaft. Naturschutz und Landschaftsplanung 30, 298-303.

Fischer, Anton 1992: Sammeln und Pflegen von Schutzgebieten. In: Landesamt für Umweltschutz Baden-Württemberg (Hrsg.): Landschaftspflege - Quo vadis. Karlsruhe, 11-21.

Geiss, Andreas 2000: Über den Ökofaschismus. URL: http://www.waldwildnis.de/cd/nationalpark/contranp/oekofaschismus.htm.

IUCN (Hrsg.) 1994: Guidelines for protected area management categories. IUCN Commission on National Parks and Protected Areas with the assistance of the World Conservation Monitoring Centre. IUCN, Gland/Switzerland, Cambridge, UK.

Jalas, J. 1955: Hemerobe und hemerochore Pflanzenarten. Ein terminologischer Reformversuch. Acta Societatis pro Fauna et Flora Fennica 72 (11), 1-15.

Jedicke, Eckhard 1998: Raum-Zeit-Dynamik in Ökosystemen und Landschaften. Kenntnisstand der Landschaftsökologie und Formulierung einer Prozeßschutz-Definition. Naturschutz und Landschaftsplanung 30(8/9), 229-236.

Konold, Werner (Hrsg.) 1996: Naturlandschaft - Kulturlandschaft. Die Veränderung der Landschaften nach der Nutzbarmachung durch den Menschen. Ecomed, Landsberg.

Konold, Werner 1998: Raum-zeitliche Dynamik von Kulturlandschaften. Was können wir für den Naturschutz lernen? Naturschutz und Landschaftsplanung 30(8/9), 279-284.

Lorenz, Konrad 1973: Die acht Todsünden der zivilisierten Menschheit. Piper, München.

Meixner, Frank 1999: Interessenkonflikte in Nationalparken aus ethischer Perspektive. Mit Beispielen aus dem Bayerischen Wald, Hainich und Kellerwald. Diplomarbeit, Universität Tübingen, Fakultät Biologie. (Nachgewiesen in der Bibliothek des Interfakultären Zentrums für Ethik in den Wissenschaften der Universität Tübingen, Signatur umw H. 32).

Nash, Roderick 1967: Wilderness and the American mind. Yale University Press, New Haven, London.

Nationalparkverwaltung Bayerischer Wald 2000: Wilde Waldnatur - Der Nationalpark Bayerischer Wald auf dem Weg zur Waldwildnis. URL: http://www.nationalpark-bayerischer-wald.de/de/left/veroeffentlichungen/wilde-waldnatur.htm.

Nationalparkverwaltung 2005a: Pressemeldung vom 10.06.2005. URL: http://www.nationalpark-bayerischer-wald.de/de/left/waldmanagement/aktuelle-situation.htm.

Nationalparkverwaltung 2005b: Ergebnisse der Hochlageninventur 2004/05. http://www.nationalpark-bayerischer-wald.de/de/left/forschung/hochlageninventur.htm

Nickel, Elsa 1998: Wildnis und Kulturlandschaft - Wie gepflegt wollen wir die Natur? Fachdienst Naturschutz - Naturschutz-Info, 8-12.

Ott, Konrad 2005: »Heimat«-Argumente als Naturschutzbegründungen in Vergangenheit und Gegenwart. Schriftenreihe des Deutschen Rates für Landespflege 77: 24-32.

Pickett, Steward T. A., Parker, V. Thomas u. Fiedler, Peggy L. 1992: The new paradigm in ecology: implications for conservation biology above the species level. In: Fiedler, P. L. u. Jain, K. (Hrsg.): Conservation biology. The theory and practice of conservation, preservation and management. Chapman & Hall, New York, 65-88.

Piechocki, Reinhard, Thomas Potthast, Norbert Wiersbinski u. Konrad Ott 2004: Vilmer Thesen zum »Prozessschutz«. Natur und Landschaft 79(2): 53-56.

Pimm, Stuart L. 1991: The Balance of Nature? Ecological issues in the conservation of species and communities. Chicago University Press, Chicago.

Plachter, Harald 1996: Bedeutung und Schutz ökologischer Prozesse. Verh. Ges. Ökologie 26, 287-303.

Potthast, Thomas 1999: Die Evolution und der Naturschutz. Zum Verhältnis von Evolutionsbiologie, Ökologie und Naturethik. Campus, Frankfurt a.M.

Potthast, Thomas 2000: Funktionssicherung und/oder Aufbruch ins Ungewisse? Anmerkungen zum Prozeßschutz. In: Jax, K. (Hrsg.): Funktionsbegriff und Ungewißheit in der Ökologie. Peter Lang, Frankfurt a. M., 65-81.

Potthast, Thomas 2004: Die wahre Natur ist Veränderung. Zur Ikonoklastik des ökologischen Gleichgewichts. In: Fischer, Ludwig [Hg.] Projektionsfläche Natur. Hamburg University Press, Hamburg, 193-221.

Rall, Heinrich o.J.: Zur Akzeptanz von Totalreservaten in der Öffentlichkeit. Erfahrungen aus dem Nationalpark Bayerischer Wald. http://www.waldwildnis.de/cd/archiv/rall/h_rall.htm.

Schama, Simon 1996: Der Traum von der Wildnis. Natur als Imagination. Kindler, München.

Scherzinger, Wolfgang 1990: Das Dynamik-Konzept im flächenhaften Naturschutz. Zieldiskussion am Beispiel der Nationalpark-Idee. Natur und Landschaft 65, 292-298.

Schuster, Siegfried 1998: Dynamik statt Käseglocke. Ein Plädoyer für mehr Wildnis. Fachdienst Naturschutz - Naturschutz-Info, 13-15.

Stock, Martin, Eskildsen, Kai, Gätje, Christiane u. Kellermann, Adi 1999: Evaluation procedure for nature conservation in a national park, a proposal for the protection of ecological processes. Z. Ökologie u. Naturschutz 8, 81-95.

Sturm, Knut 1993: Prozeßschutz, ein Konzept für naturschutzgerechte Waldwirtschaft. Z. Ökologie u. Naturschutz 2, 181-192.

White, Peter S. u. Bratton, Susan P. 1980: After preservation: philosophical and practical problems of change. Biological Conservation 18, 241-255.

Hauptseiten der Internetquellen (letztmalige Zugriffe: 31. Januar 2006):

Arbeitsgemeinschaft Waldwildnis, Wald zwischen Donau und Moldau:
http://www.waldwildnis.de/

Europarc, »Federation of Nature and National Parks of Europe:
http://www.europarc.org/international/europarc.html

Nationalparkverwaltung Bayerischer Wald:
http://www.nationalpark-bayerischer-wald.de/index.htm

Uta Eser

Konfliktfall »Amerikanischer Stinktierkohl«: Gebietsfremde Arten zwischen xenophoben Klischees und Naturidealen

Lysichiton americanus (© Pixelquelle)

Dokumentation

Dokument 1: Zeitungsbericht in der Frankfurter Rundschau vom 4. 3. 2003

Der Stinktierkohl ist so schön wie gefährlich

Naturschützer und Wissenschaftler bekämpfen gebietsfremde Pflanzenarten

von Sabine Steghaus-Kovac

Sie werden »grüne Würger« genannt und als »botanische Bomben« gefürchtet – nicht alles, was grünt und blüht, erfreut Ökologen und Naturschützer. Willentlich oder auch unwissentlich verschleppt der Mensch gebietsfremde Pflanzen- und Tierarten in neue Lebensräume und bringt damit nicht selten einheimische Arten zum Aussterben. Auch im Taunus breiten sich eingebürgerte Pflanzen als »aggressive Besatzer« aus.

Die vorbeikommenden Spaziergänger haben nicht immer Verständnis für praktischen Naturschutz: »Wir haben Probleme, manchen Leuten zu erklären, warum wir diese schönen Pflanzen entfernen« berichtet Hans-Walter Herpel vom Naturpark Hochtaunus. Seit zwölf Jahren versuchen Mitarbeiter des Naturparks, die Weilquelle vom Stinktierkohl zu befreien. »Die Spaziergänger finden, dass die herrlich gelb blühenden Pflanzen die Landschaft verschönern« erzählt der Naturschützer von Amts wegen. Genau dies war nicht selten ein Motiv, exotische Pflanzen und Tiere in der Natur auszusetzen. Früher hat manch einer geglaubt, das sei eine Bereicherung der Landschaft. »Aber heute weiß man, dass es in vielen Fällen ein Schaden ist«, umreißt Rüdiger Wittig, Professor für Ökologie und Geobotanik an der Frankfurter Universität, das Problem der Einbürgerung gebietsfremder Tier- und Pflanzenarten. Sie gilt weltweit als einer der wichtigsten Gründe für das Artensterben.

Seit einiger Zeit wird das Thema »Florenverfälschung«, wie es in der Fachsprache heißt, auch in der Öffentlichkeit wahrgenommen. In den letzten Jahren hat die Problematik durch mehrere nationale und internationale Vereinbarungen einen Schub bekommen. Sie verpflichten Deutschland zu Vorsorge und raschem Handeln gegen gebietsfremde Arten, die natürliche Lebensräume schädigen.

So haben Biologen der Frankfurter Universität gemeinsam mit Naturschützern und einem Vertreter des Naturparks Hochtaunus im Botanischen Kolloquium über die grünen Einwanderer im Taunus informiert. Bei ihrer Bestandsaufnahme haben die Botaniker dort über hundert so genannte »Neophyten« gefunden. Einige dieser Arten müssen im Interesse des Naturschutzes in ihre Schranken gewiesen werden. Dies sind vor allem die Herkulesstaude, der amerikanische Stinktierkohl, das Indische Springkraut, der Japanische und der Sachalin-Knöterich.

Doch längst nicht alle eingebürgerten Pflanzen sind gefährlich: Viele von ihnen verschwinden von selbst wieder. Andere siedeln sich dort an, wo heimische Pflanzen nicht Fuß fassen können. Ein Beispiel dafür sind die Nachtkerzen, die auf Industrie- und Verkehrsbrachen ihren gelben Flor entfalten.

Als verdächtig gilt den Wissenschaftlern eine gebietsfremde Pflanzenart, wenn sie sich länger als 25 Jahre halten kann. Manche Neophyten sind regelrechte Zeitbomben: sie sind schon viele Jahre in ihrem Lebensraum vorhanden und beginnen plötzlich, sich explosionsartig zu vermehren.

Schon oft sind im Taunus Naturschützer den wuchernden Eindringlingen mit Hacken und Spaten zu Leibe gerückt. So ist im vergangenen Sommer die Friedrichsdorfer Gruppe des Bunds für Umwelt- und Naturschutz (BUND) ausgezogen, um den Japan-Knöterich und das Indische Springkraut von den Ufern des Erlenbachs zurückzudrängen. Die Wehrheimer BUND-Gruppe beschäftigt sich schon seit fast einem Jahrzehnt mit Herkulesstaude und Indischem Springkraut. Sie drohen weite Flächen der Bachauen im Naturschutzgebiet Röllbachtal zu überwachsen. An der Quelle des Erlenbachs konnten die Naturschützer den Stinktierkohl bisher erfolgreich beseitigen.

Diese amerikanische Sumpfstaude haben die Biologen im Taunus bereits an 78 Standorten, besonders in der Feldbergregion, am Haidtränkbach und am Heuchelbach gefunden. »Wir gehen davon aus, dass die Feuchtgebiete im Taunus durch den Stinktierkohl gefährdet sind«, warnt Botanikerin Beate Alberternst.

Vor allem für den Hintertaunus mit seinen bis zu 50 km langen Bächen stellt dieser Neophyt ein großes Risiko dar: seine Samen treiben mit dem Wasser talwärts und können an feuchten Ufern zu neuen Pflanzen heranwachsen. »Wenn man nicht gegensteuert, besteht die Gefahr, dass sich die Art invasiv ausbreitet und auch in die Mittel- und Unterläufe der Gewässer gelangt« bestätigt Matthias Kuprian vom Hessischen Ministerium für Umwelt, Landwirtschaft und Forsten. »Wir schätzen die Gefahr einer Florenverfälschung durch den Amerikanischen Stinktierkohl sehr hoch ein«, sagt Kuprian. »Wir stehen hier in einer besonderen Verantwortung, weil diese Art in Hessen als einzigem Bundesland aufgetreten ist«.

So drängen viele Vertreter der Forstbehörden auf schnelle Handlungsanweisungen. Wer erfolgreich gegen Neophyten einschreiten will, muss zuvor ihre Lebensweise kennen. Um verschiedene Gegenmaßnahmen und Methoden zu erproben, haben die Frankfurter Wissenschaftler bisher zwei Aktionen gegen den Stinktierkohl begleitet. Auf dieser Basis haben sie ein Bekämpfungskonzept erarbeitet. In der Arbeitsgruppe »Stinktierkohl« wollen sie alle verfügbaren Daten sammeln und auswerten. An deren Ergebnissen ist auch das hessische Umweltministerium interessiert. »Es ist gut, dass sich hier Experten zusammenfinden, um effiziente Bekämpfungsmethoden zu erproben«, lobt Kuprian, denn »im Moment besteht noch die Möglichkeit, die Bestände einzudämmen«.

Botaniker Stefan Nawrath sieht im gemeinsamen Vorgehen von Behörden, Naturschützern und Wissenschaftlern die beste Methode, den Stinktierkohl in den Griff zu bekommen. Die Forschung eröffne die Möglichkeit, auch in Zukunft besser mit unerwünschten Eindringlingen fertig zu werden: »Das Problem der invasiven Arten wird zunehmen«, gibt er zu bedenken. »Wir sollten die Chance nutzen, über den Umgang mit ihnen etwas zu lernen«.

Dokument 2: Leserbrief von Rainer Brämer

Grüner Terrorismus

»Grüne Würger«, »botanische Bomben«, »invasive Arten«, »aggressive Besatzer« – laut FR vom 4.3. hat der internationale Terrorismus auch Deutschlands Flora unterminiert. Heimlich haben sie sich eingeschlichen, jahrclang als grüne Schläfer in harmlosen Gewand bunter Blüten- und satter Blätterpracht überdauert, und auf einmal »beginnen sie sich plötzlich explosionsartig zu vermehren« und bedrohen massenhaft unsere heimische Natur: Invasoren aus der Fremde.

Das geht sogar denen zu weit, die sich sonst um jedes Pflänzchen sorgen: Spätestens wenn eine gebietsfremde Pflanzenart nach 25 Jahren noch nicht untergegangen ist, sondern sich im Gastland sogar richtig wohlzufühlen beginnt, hat sie sich »verdächtig« gemacht, und die Naturschützer beginnen, »effiziente Bekämpfungsmethoden« zu erfinden. Eindrucksvoll als Naturwächter kostümiert, stürzen sie sich in den Kampf gegen die »Unterdrücker heimischer Arten«. Das FR-Foto zeigt die Truppe von der botanischen Heimatfront in Siegerpose mit der erlegten Trophäe – einem schon vom Namen her widerlichen Stinktierkohl.

All das spielt sich im Taunus ab – bis mitten in die schönsten deutschen Wälder sind die »Florenverfälscher« also schon vorgedrungen. Auf dem Bild besteht dieser Wald ausschließlich aus Buchen – ausgewiesenen Vertretern standortgerechten Pflanzentums. Bekanntlich haben sie sich in Hessen im Lauf von Jahrhunderten gegen alle anderen Baumarten radikal durchgesetzt. Genau deshalb gelten sie ja auch als heimisch, weil sie in der Lage sind, ohne jede Unterstützung von außen die meisten anderen Pflanzen- und speziell auch Baumarten zu überwuchern und am Ende plattzumachen – große grüne Würger also, denen wir in Hessen sogar einen ganzen Nationalpark widmen wollen.

Mithin sind sich der Stinktierkohl und die Buchen gar nicht so unähnlich – beide äußerst durchsetzungsfähig, und beide irgendwann – wenn auch zu unterschiedlichen Zeiten – zu uns eingewandert. In einem Nationalpark dürften unter dem Gebot des Prozessschutzes beide überleben, weil echte Natur halt einem ständigen Veränderungsprozess unterliegt. Im Taunus haben dagegen nur Alteingesessene – und seien sie noch so dominant – Überlebensrecht, Ausländer nicht. Und damit alles seinen korrekte ökologische Rechtfertigung bekommt, wird den »grünen Einwanderern« vorgeworfen, »die natürlichen Lebensräume zu schädigen«, womit ihnen letztlich abgesprochen wird, selber Natur zu sein. Das Vokabular, die Bilder und Denkmuster – irgendwie kommt einem das alles bekannt vor.

Am selben Tag wie der FR-Artikel erschien im britischen »The Independent« ein Leserbrief, in dem die von der Royal Society for the Protection of Birds unterstützte Ausrottung der fremdländischen »ruddy duck« zugunsten der weißköpfigen englischen Ente als »ethnische Säuberung« und »Anorak-Faschismus« klassifiziert wird. »This whole debate about what is or not ›natural‹ and ›native‹ is highly complex« mahnt der dortige Leserbriefautor – wohl wahr. Und hinzufügen möchte man die Frage: Welche Natur schützt eigentlich der Naturschutz?

Dokument 3: Selbstdarstellung des Forschungsprojekts

Projekt Stinktierkohl

Lysichiton americanus, der Amerikanische Stinktierkohl, ist eine attraktive Sumpfstaude aus der Familie der Aronstabgewächse, deren Heimat im westlichen Nordamerika liegt. Vor etwa 25 Jahren wurde der im Gartenhandel angebotene Stinktierkohl im Taunus an verschiedenen Bächen angesalbt und breitet sich seit dieser Zeit auf Feuchtstandorten aus. Anfangs nur mit wenigen Exemplaren vorkommend, zeigen Kartierungen, die zwischen 1999 und 2003 durchgeführt wurden, dass die Art heute mit 78 Beständen im Taunus vertreten ist.

Seit 1999 beschäftigt sich die Arbeitsgruppe Ökologie und Geobotanik, Botanisches Institut der J.W. Goethe-Universität Frankfurt am Main, intensiv mit der Ausbreitung des Stinktierkohls und den damit verbundenen Auswirkungen auf die betroffenen Ökosysteme im Taunus. Folgende Untersuchungen wurden bzw. werden von uns durchgeführt:

- Kartierung und Dokumentation der aktuellen Verbreitung des Stinktierkohls
- Populationsbiologische Untersuchungen (Größe der Bestände, Untersuchung verschiedener Altersstadien, Keimungsversuche)
- Vegetationsuntersuchungen
- Untersuchungen zur Biologie und Ökologie von Lysichiton americanus
- Verschiedene Versuche zur Kontrolle des Stinktierkohls (...).

Die Versuche zur Kontrolle von Lysichiton americanus wurden in enger Zusammenarbeit mit Mitgliedern des BUND Friedrichsdorf/Hochtaunuskreis, der Schutzgemeinschaft Deutscher Wald, dem Forstamt Königstein und verschiedenen engagierten Privatpersonen durchgeführt.

Eine wesentliche Fragestellung unserer Untersuchungen bestand darin, festzustellen, ob die Art eine Gefahr für die einheimische Artenvielfalt darstellt und eine Bekämpfung erforderlich ist.

Hierzu wurde eine Gefährdungsanalyse auf Basis der oben genannten Untersuchungen vorgenommen. Wir kamen zu dem Ergebnis, dass der Stinktierkohl eine Gefahr darstellt und ein Handeln dringend geboten ist, da

- die Art im Taunus als eingebürgert anzusehen ist, also mit einem natürlichen Verschwinden z.B. durch starken Frost nicht mehr zu rechnen ist,
- der Stinktierkohl einer der wenigen Neophyten ist, der in naturnahe Vegetation eindringt, während die meisten anderen nichteinheimischen Pflanzenarten anthropogen stark veränderte Standorte wie Bahnanlagen, ausgebaute Flussufer oder Wegränder besiedeln,
- die üppig wachsenden Stauden Blätter mit Längen bis zu 1,5 m entwickeln können und verschiedene einheimische Pflanzenarten, darunter auch seltene bzw. Rote-Liste-Arten wie Kleines Wintergrün (Pyrola minor), Sumpf-Veilchen (Viola palustris), Wald-Hyazinthe (Platanthera chlorantha) oder Torfmoosarten, verdrängen, und
- sich die Art weiter ausbreitet.

Im Rahmen unserer Versuche zu Bekämpfungsmöglichkeiten haben wir eine effektive Methode zur Entfernung der Art aus dem Taunus erarbeitet, die im kommenden Jahr an mehreren Bächen angewendet werden wird. Ziel ist es, langfristig den Stinktierkohl wieder aus dem Taunus zu verdrängen, damit die Taunus-Vegetation ihre Einzigartigkeit behält bzw. wiedererlangt.

Im Februar 2003 wurde in einer Vortragsveranstaltung der Abteilung Ökologie und Geobotanik unter Leitung von Prof. Dr. R. Wittig im Botanischen Institut der Universität Frankfurt, zu dem unter anderem die Untere Naturschutzbehörde, Kommunen, Forstverwaltung, Naturschutzverbände und Naturpark Hochtaunus eingeladen waren, über den derzeitigen Forschungsstand informiert und Handlungserfordernisse diskutiert.

Alle am Projekt Interessierte sind herzlich eingeladen, sich mit uns in Verbindung zu setzen (...).

Um was geht es?

WissenschaftlerInnen der Universität Frankfurt untersuchen im Taunus das Ausbreitungsverhalten einer neuen Art. Der ursprünglich in Nordamerika heimische Amerikanische Stinktierkohl *Lysichiton americanus* aus der Familie der Aronstabgewächse erfreut sich bei Gärtnern wegen seiner attraktiven Blüte und Gestalt als Zierstaude großer Beliebtheit. Vermutlich aus ästhetischen Gründen wurde er vor ca. 25 Jahren an mehreren Bachläufen im Taunus ausgebracht und vermehrt sich seither selbständig. Da die Ausbreitung gebietsfremder Tier- und Pflanzenarten weltweit schon vielfach zum Aussterben heimischer Arten beigetragen hat, wollen die ForscherInnen feststellen, ob diese Gefahr auch im Fall von *Lysichiton americanus* besteht. Sie kommen zu dem Schluss, dass die Ausbreitung der Art mit Naturschutzzielen konfligiert und raten daher zu Bekämpfungsmaßnahmen. Dieses Ergebnis ihrer Untersuchung stellen sie in einer Pressekonferenz der Öffentlichkeit vor. Die Medien greifen das Thema mit plakativen Überschriften auf.[1] Die dabei gewählten Formulierungen setzen das Projekt bzw. die daraufhin ergriffenen Maßnahmen dem Verdacht heimattümelnder und fremdenfeindlicher Gesinnung aus, von dem sich die beteiligten WissenschaftlerInnen energisch distanzieren.

Offenkundig hat dieser Konflikt, der hier beispielhaft für wiederholte Auseinandersetzungen um die sog. Neophytenproblematik analysiert werden soll, unterschiedliche Ebenen:

1. Sprache: Das ideologiekritische Anliegen der Leserzuschrift von Rainer Brämer bezieht sich in erster Linie auf die von den Medien verwendete Sprache, die erkennbar Parallelen zu gesellschaftlichen Vorgängen nahe legt, wo es ursprünglich um eine vegetationskundliche Fragestellung geht.

2. Wissenschaft: Den beteiligten WissenschaftlerInnen liegt zunächst an einer sachlich angemessenen Beurteilung der Einwanderung von *Lysichiton americanus*: Wird die Art sich hier auf Dauer etablieren? Wie (schnell) breitet sie sich aus? Welche Folgen hat ihre Etablierung für die Vegetation, das Ökosystem, die Biodiversität? Die Klärung dieser Sachfragen ist notwendig, aber noch nicht hinreichend für die Bewertung des Phänomens im Hinblick auf den Naturschutz. Diese setzt Ziele voraus, die weder innerhalb des Naturschutzes noch in der gesamten Gesellschaft als unstrittig ergelten können.
3. Naturschutz: Welche Ziele der Naturschutz primär zu verfolgen hat, ist nach wie vor Gegenstand kontroverser Debatten: Geht es um den Schutz aller Arten, den Schutz heimischer Arten, den Schutz natürlicher Prozesse, den Schutz der Biodiversität oder den Schutz traditioneller Landschaften? Offensichtlich hängt die Antwort auf die Ausbreitung fremder Arten vom jeweiligen Schutzziel ab.
4. Recht: Die Bundesrepublik Deutschland hat verschiedene internationale Abkommen ratifiziert, durch die sie - unabhängig vom Wünschen und Wollen Einzelner - zur Einhaltung bestimmter Rechtsnormen verpflichtet ist.

Selbstverständlich hängen diese Ebenen miteinander zusammen. Für die ethische Sondierung ist es jedoch hilfreich, sie zunächst zu unterscheiden. Erst nach einer eingehenden Betrachtung der unterschiedlichen Aspekte ist es möglich, abschließend zu konkreten Handlungsempfehlungen zu kommen.

»Irgendwie kommt einem das alles bekannt vor«

Sprache transportiert mehr als die Tatsachen (oder Tatsachenbehauptungen), um die es explizit geht. Implizit bringt sie auch Wertungen des Sprechenden zum Ausdruck. Die Kritik an der Neophytenforschung bzw. der aus ihr resultierenden Politik, die der Leserbriefautor exemplarisch äußert, betrifft weniger die faktische als die wertende Dimension des Artikels: Niemand würde bestreiten, dass der Stinktierkohl neu im Taunus ist und sich dort ausbreitet. Der Satz »Irgendwie kommt einem das alles bekannt vor« bezieht sich nicht auf diese Tatsachen, sondern auf »Vokabular, Bilder und Denkmuster«, die bei ihrer Beschreibung und Bewertung Verwendung finden. Die Kritik richtet sich gegen die problematischen Parallelen, die durch die unsachliche Darstellung evoziert werden. »Grüne Würger«, »botanische Bomben«, und »aggressive Besatzer« sind Begriffe, die erkennbar auf einen gesellschaftlichen Kontext referieren - und die seriöse WissenschaftlerInnen zu Recht (und auch in diesem Fall) meiden.[2]

Kann man also sagen, dass die Wissenschaft - getreu ihrem eigenen Anspruch - objektiv und sachlich ist, und Wertungen erst durch die Medien ins Spiel kommen? Nein, denn so berechtigt dieses Ideal für die Wissenschaft ist, so schwer ist es praktisch einzulösen. Forschung wird von Menschen gemacht, deren Denken, Sprechen und Werten von der Gesellschaft geprägt sind, in der sie leben. Das gilt auch für die Neophytenforschung. Selbst wenn sie sich um Sachlichkeit bemüht, kann sie nicht gänzlich vermeiden, dass in den von ihr gewählten Formulierungen Wertungen mitschwingen. Die Aussage, dass der Stinktierkohl »in naturnahe Vegetation *eindringt*« ist ebenso wenig wertneutral wie die Aussage, dass die Stauden »verschiedene *einheimische* Pflanzenarten (...) *verdrängen*«. Daraus ist den Beteiligten kein Vorwurf zu machen. Wer ein Problem in allgemein verständlicher Art beschreiben will, kommt nicht umhin, bekannte (und daher assoziativ besetzte) Wörter zu verwenden. Gerade wenn es um eine naturschutzfachliche *Bewertung* geht, ist es aber erforderlich, aufmerksam zu registrieren, wo welche Werturteile bereits unterschwellig durch die Sprache provoziert werden - damit man sich entweder explizit von ihnen distanzieren oder aber sie begründet bestätigen kann.

Welch unterschiedliche Bewertungen bereits durch die Benennung der in Frage stehenden Art provoziert werden können, lässt sich an unserem »schon vom Namen her widerlichen« Beispiel sehr schön illustrieren. *»Lysichiton americanus«* lautet der Fachbegriff - er ist frei von umgangssprachlichen Assoziationen, dafür aber auch jedem Laien unverständlich. »Stinktierkohl«, oder auch einfach Stinkkohl, ist die Übersetzung des amerikanischen »skunk cabbage«. Der Name rührt daher, dass die Pflanze, wie viele insektenbestäubte Arten, während der Blüte einen intensiven, für die menschliche Nase unangenehmen Geruch verströmt, der ihre Bestäuber anlockt. Als »Kohl« wird die Art möglicherweise bezeichnet, weil ihre Blätter in Notzeiten - nach hinreichend langem Kochen zur Zerstörung der eingelagerten Oxalat-Kristalle - als menschliche Nahrung gedient haben sollen. Freilich hat die Art auch umgangssprachliche Namen, die auf den ersten Blick weniger »widerlich« sind und eher auf ihre ästhetischen Reize abheben: im Englischen »Yellow Arum« oder »Swamp Lantern«, im Deutschen »Gelbe Schein-Calla« oder »Amerikanischer Riesenaronstab«. Letztere Bezeichnung scheint mir für die naturschutzfachliche Debatte am ehesten geeignet: Sie kommt der lateinischen am nächsten, kennzeichnet die botanische Zugehörigkeit ebenso wie das Herkunftsgebiet und ist weitestgehend frei von positiven wie negativen Assoziationen. Ich werde sie daher im weiteren verwenden.

Was für etwas so Harmloses wie den Namen der fraglichen Art gilt, gilt umso mehr für die Beschreibungen ihres Verhaltens: Begriffe wie »Verdrängung«, »Aggressivität« und »Dominanz« sind bloß formal beschreibend, inhaltlich enthalten sie deutlich normative Elemente. Wer solche »dicken« Begriffe[3] benutzt, muss sich darüber im Klaren sein, dass die Ausdrücke es nahe legen, mit ihrer Verwendung ein moralisches Urteil zu verbinden. Nun wird niemand neophytische Arten wegen der genannten Eigenschaften moralisch verurteilen. Gleichwohl suggeriert die Verwendung der angeführten Begriffe eine moralische Verwerflichkeit, die zwar auf der Sachebene offensichtlich unsinnig, auf der Bewertungsebene aber durchaus einflussreich ist. Denn der Naturschutz bezieht sich häufig auf ein Naturbild, mit dem die genannten Eigenschaften nicht vereinbar scheinen. So kommt es, dass der Eindruck entsteht, diesen Arten würde das Natur-Sein abgesprochen (mehr zur Bedeutung des jeweiligen Naturverständnisses für Unterschiede in der Bewertung von Neophyten im übernächsten Abschnitt).

Aus ethischer Perspektive ist an dieser Stelle also die Forderung nach größtmöglicher Sensibilität im Hinblick auf den eigenen Sprachgebrauch und Offenlegung der eigenen Wertvorstellungen festzuhalten. Diese ist freilich beiden Seiten abzuverlangen - der Forschung wie ihren Kritikern. Denn die Leserreplik bedient sich selbst des sprachlichen Mittels, das sie an der Neophytenforschung kritisiert: Indem sie der »Truppe von der botanischen Heimatfront« eine »Siegerpose mit der erlegten Trophäe« unterstellt, attestiert sie eine Gesinnung, die aus dem bloßen Ausgraben bestimmter Pflanzen nicht abzuleiten ist - und von den Betroffenen zu Recht zurückgewiesen wird.[4]

»... einer der wichtigsten Gründe für das Artensterben«?

Naturschutzforschung im Allgemeinen wie das Projekt Stinktierkohl im Speziellen müssen sich mit einem methodologischen Problem herumschlagen, das aus ihrer Handlungsorientierung erwächst. Sie wollen nicht lediglich - wie dies die empirischen Naturwissenschaften programmgemäß tun - Phänomene beschreiben und nach Möglichkeit kausal erklären, sie wollen (und sollen) darüber hinaus diese Phänomene als gut oder schlecht bewerten und Handlungsempfehlungen abgeben. Sie machen also Aussagen auf verschiedenen Ebenen, die zwar voneinander abhängen, aber dennoch unterschieden werden müssen:

1. auf einer deskriptiven Ebene: »Der Stinktierkohl breitet sich seit seiner Ansalbung vor 25 Jahren auf Feuchtstandorten aus.« und »Die üppig wachsenden Stauden verdrängen verschiedene einheimische Pflanzenarten, darunter seltene und Rote-Liste-Arten.«[5]
2. auf einer evaluativen Ebene: »Der Stinktierkohl stellt eine Gefahr für die einheimische Artenvielfalt dar.«
3. auf einer normativen Ebene: »Die Art muss bekämpft werden.«

Wer nun die Bekämpfungsmaßnahmen kritisiert, kann auf allen drei Ebenen Widerspruch anmelden. Er kann (a) der Ansicht sein, dass die Sachlage falsch beschrieben ist, etwa, dass die Bestände gar nicht zunehmen, dass sie sich nicht langfristig halten werden, dass ein lokales Verdrängen nicht das Aussterben der betroffenen Art bedeutet usw. Er kann (b) aber auch den Sachverhalt anders bewerten, den er als richtig beschrieben anerkennt, wie etwa die Spaziergänger, die finden, dass die ästhetisch ansprechenden Pflanzen die Landschaft verschönern, oder der Leserbriefautor, der argumentiert, dass Verdrängung ein natürlicher Prozess sei, gegen den nichts einzuwenden sei. Er kann (c) sowohl der Beschreibung als auch der Bewertung zustimmen, nicht aber der normativen Schlussfolgerung, etwa wenn er der Auffassung ist, dass es noch größere Gefahren für die Artenvielfalt gibt, deren Abwehr vorrangig ist.

Die Neophytenforschung ist also herausgefordert, über die angestammte Domäne der Wissenschaft hinauszugehen und Bewertungen zu wagen. Damit setzt sie sich der Kritik aus, denn evaluative Aussagen (b) sind wesentlich schwieriger objektivierbar als rein deskriptive (a). Die Frage, wie viele Stinktierkohlbestände es mittlerweile im Taunus gibt, lässt sich durch Zählen ebenso zweifelsfrei beantworten wie die Frage, welche anderen Arten in welcher Anzahl mit, neben und unter diesen Beständen vorkommen. Dass die bis zu 1,50 m hohen Blätter des Amerikanischen Riesenaronstabs durch ihre Schattwirkung kaum einen Unterwuchs zulassen und dass dadurch seltene und bedrohte Arten untergehen können, scheint mir unstrittig. Anders sieht es mit der Frage aus, ob der Riesenaronstab eine Gefährdung der einheimischen Artenvielfalt darstellt: Die Mehrzahl der Aussagen, die für eine solche Bewertung erforderlich sind, hat allenfalls probabilistischen Charakter. Ob, wie schnell und wie dauerhaft sich die Art weiter ausbreiten wird, kann niemand mit Gewissheit sagen. Ob das (lokale) Verdrängen ohnehin bedrohter Feuchtgebietsarten tatsächlich zu deren Aussterben führt, ist ebenfalls nicht zweifelsfrei zu beantworten. Immer wieder werden in der Neophytenliteratur Stimmen laut, die bestreiten, dass Konkurrenz durch eingeführte Arten die Artenvielfalt gefährdet.[6] – Diesem strittigen und immer unter dem Vorbehalt neuerer Erkenntnisse stehenden Charakter wissenschaftlicher Befunde werden die MitarbeiterInnen des Projekts gerecht, wenn sie vorsichtig formulieren: »Wir *gehen davon aus*, dass die Feuchtgebiete im Taunus durch den Stinktierkohl gefährdet sind.« Angesichts des »dicken« Charakters des Begriffs »Gefährdung« verbindet sich mit dieser Bewertung beinahe zwangsläufig die Aufforderung zur Gefahrenabwehr.

Bemerkenswert ist dabei aus umweltethischer Perspektive der Wechsel in der Begründung, der durch das Subjekt »Wir« signalisiert wird: Nicht weil der Riesenaronstab die Artenvielfalt gefährdet, muss er bekämpft werden, sondern weil Menschen, denen die von seiner Ausbreitung betroffenen Feuchtgebiet wichtig sind, dies befürchten und für höchstwahrscheinlich halten! Es handelt sich also um eine anthropozentrische Begründung, die nicht das (vermeintliche) Wohlergehen des betroffenen Stücks Natur in den Mittelpunkt stellt, sondern die Wertschätzung, die Menschen für dieses Naturstück haben. Denn dass die Projektmitarbeiter die Ausbreitung von *Lysichiton ameri-*

canus als Gefährdung einschätzen, hat eben nicht nur mit den empirischen Tatsachen, sondern auch mit persönlichen Werten zu tun. Je höher wir etwas wertschätzen, desto eher werden wir ein Risiko als Gefahr bewerten. Und je höher der befürchtete Schaden, desto mehr werden wir auf Schadensvermeidung oder -begrenzung drängen.

Heißt das nun, wem die Feuchtgebiete des Taunus hinreichend wichtig sind, der wird für eine Bekämpfung des Amerikanischen Stinktierkohls sein? Nicht unbedingt. Denn für die Aufstellung einer solchen Handlungsempfehlungen wäre noch interessant, welche anderen, womöglich bedeutsameren Ursachen der Rückgang der Feuchtgebiete und der dazugehörigen Arten hat. Wenn es in einer Publikation des Projektteams heißt, die Ausbreitung des Riesenaronstabs sei ein *zusätzlicher* Bedrohungsfaktor für feuchte- und nässegebundene Arten, die durch Meliorationsmaßnahmen *ohnehin* rückläufig sind (Alberternst u. Schmitz 2002), möchte man gerne wissen, welches Gewicht dieser Gefährdung im Vergleich zu anderen zukommt. Denn zur Rettung als schützenswert eingestufter Arten sollte doch an deren wesentlichster Gefährdungsursache angesetzt werden.

Dass gebietsfremde Arten das ursprüngliche Artenspektrum verändern, liegt auf der Hand. Auch, dass große und dichte Bestände einer neuen Art lokal zum Erlöschen einer (u.U. seltenen oder bedrohten) Art führen können, ist unstrittig. Bekannt ist auch, dass die absichtliche oder unbeabsichtigte Einfuhr neuer Arten im Zuge der Kolonisierung und Globalisierung in zahlreichen Regionen der Welt (vor allem auf ozeanischen Inseln mit ihrem hohen Endemiten-Anteil) zum Aussterben ursprünglich dort ansässiger Arten geführt haben.[7] Wegen der bekannten schlechten Erfahrungen wird nicht nur von den Mitarbeitern des Projekts Stinktierkohl, sondern auch von den zuständigen Bundesbehörden wie Umweltbundesamt und Umweltamt für Naturschutz vertreten, die Ausbreitung gebietsfremder Arten sei »einer der wichtigsten Gründe für das Artensterben«.[8] Allerdings sind in Mitteleuropa noch andere bedeutende, wenn nicht bedeutendere Ursachen für den Rückgang der Artenvielfalt und das Aussterben einzelner Arten zu berücksichtigen: Flächenversiegelung und -zerschneidung durch Siedlung und Verkehr, Trockenlegungen, Schadstoffimmissionen sowie vor allem Düngemittel- und Pestizideintrag durch die Intensiv-Landwirtschaft. So sieht etwa der Zoologe Josef Reichholf in den »indirekten Folgen des übermäßigen Einsatzes von Düngemitteln (...) die Hauptursache für den Artenrückgang in Mitteleuropa« (Reichholf 1995:11). Wenn dies zutrifft, könnte eine allgemeine Priorisierung der Eindämmung von Neophyten dem Vorwurf symbolischer Umweltpolitik[9] ausgesetzt sein: Maßnahmen zu ergreifen, die sich zwar großer allgemeiner Zustimmung erfreuen (etwa, weil die Bekämpfung fremder Arten mehr Applaus in der Öffentlichkeit finden wird als Preissteigerungen für Lebensmittel und Benzin), die eigentlichen Ursachen, die in der hiesigen Produktions- und Lebensweise liegen, aber unangetastet lassen. Gegen diese Mutmaßung lässt sich wiederum einwenden, dass die genannten Ursachen so komplex und so eng mit unterschiedlichen ökonomischen und politischen Interessen verknüpft sind, dass gezielte Gegenmaßnahmen ungleich schwerer zu realisieren sind. Eine hinreichend breite Umstellung auf umweltverträglichere Produktions- und Konsummuster könnte so lange auf sich warten lassen, dass es für besonders gefährdete Arten und Standorte zu spät ist. Diese müssten daher auch dann vor der Ausbreitung neuer Arten geschützt werden, wenn diese nicht die Hauptursache für ihre Gefährdung wären.

»Welche Natur schützt eigentlich der Naturschutz?«

»Welche Natur schützt eigentlich der Naturschutz?« fragt Rainer Brämer am Ende seines Leserbriefs - und benennt damit den aus umweltethischer Sicht zentralen Punkt im Streit um die Legitimität und Notwendigkeit einer Bekämpfung von *Lysichiton americanus* und anderen Neophyten. Denn dem Naturschutz ist es längst nicht nur darum zu tun, das Aussterben von Arten zu verhindern. Es geht ihm ganz wesentlich um die Schönheit und Eigenart von Natur und Landschaft. Diese Kriterien spiegeln sich auch in den vorgestellten Dokumenten (»attraktiv«, »herrlich gelb blühend« und »Bereicherung der Landschaft« vs. »Florenverfälschung« und »Einzigartigkeit der Taunusvegetation«). Unübersehbar ist in der Debatte der hohe Stellenwert vermeintlicher »Natur«: Die ForscherInnen sorgen sich um das Vordringen der Art in »naturnahe« Vegetation, während Brämer für »echte Natur« das Recht auf Veränderung reklamiert und kritisiert, dass Neophyten »abgesprochen wird, selber Natur zu sein«.

In der Diskussion argumentieren also beide Seiten mit »Natur«, freilich mit umgekehrten Vorzeichen: Unter dem Stichwort »Florenverfälschung« wird die Bewahrung einer möglichst ursprünglichen Natur gefordert, während unter dem Stichwort »Veränderung« der natürlichen Dynamik ihr Lauf gelassen werden soll. Die beiden sich widersprechenden Argumente lassen sich wie folgt skizzieren:

1. Vom Menschen eingeführte Arten verfälschen das ursprüngliche (= natürliche) Arteninventar. Dadurch büßen die betroffenen Lebensräume ihr naturräumliche Eigenart und Besonderheit ein. Um sie zu schützen, muss der weiteren Ausbreitung fremder Arten durch prophylaktische- und Bekämpfungsmaßnahmen begegnet werden.
2. Die Ausbreitung neuer Arten unter Verdrängung der vorher dort wachsenden ist ein natürlicher Prozess. Natürliche Prozesse stellen in der weitgehend geplanten und genutzten Landschaft der Bundesrepublik Deutschland eine Seltenheit dar und sollten als solche - unabhängig von ihrem Ergebnis - geschützt werden.

Das beide - vordergründig physiozentrischen - Argumentationen nur dann einen Sinn ergeben, wenn man sie anthropozentrisch reformuliert, werde ich in den beiden folgenden Abschnitten zeigen.

»Florenverfälscher«

Die Frage, »ob die Art eine Gefahr für die einheimische Artenvielfalt darstellt«, wird in der Selbstdarstellung des Projekts Stinktierkohl als wesentliche ausgewiesen. Damit wird vorausgesetzt, dass der Schutz der einheimischen Artenvielfalt ein, wenn nicht *das* Ziel des Naturschutzes darstellt. Diese Voraussetzung ist keinesfalls unstrittig. Bereits die Frage, welche Arten überhaupt als einheimisch (und damit natürlich und schützenswert) gelten dürfen, ist nicht geklärt. Auf diesen Einwand bezieht sich Brämer, wenn er darauf hinweist, dass Buchen sich ebenfalls - wenn auch vor langer Zeit - auf Kosten anderer Baumarten als Dominanzart etabliert haben. Die Rote Liste der gefährdeten (und in der Regel als schützenswert erachteten) Arten enthält zahlreiche Spezies, die in Mitteleuropa ursprünglich nicht heimisch waren, sondern erst mit dem Ackerbau hier eingeführt wurden. Als sog. Archäophyten sind sie schon seit langer Zeit Bestandteil unserer Vegetation. Wenn diese - bedingt durch veränderte Anbaumethoden - verschwinden, geht weniger ein Stück Natur als ein Stück Kultur verloren. Diese Erkenntnis bedeutet selbstverständlich nicht, dass es für den Schutz der althergebrachten Ackerwildkräuter keinen guten Grund gäbe! Sie bedeutet vielmehr, dass »Natur« nicht in jedem Fall das beste Argument zum Schutz der Vielfalt uns vertrauter und wertvoller Arten und Landschaften ist. Für eine angemessene Diskussion sind Begriffe wie »landschaftliche Eigenart«, »Kultur« und »Heimat« unverzichtbar.

»One place looks like the next and no one cares« - dieses pessimistische Szenario des US-amerikanischen Büros für Technikfolgenabschätzung (US Congress 1993) bringt die zentrale Sorge vor einer weiteren Ausbreitung fremder Arten auf den Punkt: die zunehmende Vereinheitlichung zuvor unterschiedlicher Regionen, Länder und Kontinente. Diese Sorge wird heute nicht nur im Hinblick auf die Biologie geäußert. Auch die Vielfalt der Kulturen, Sprachen, Religionen, Wirtschaftsweisen usw. sieht sich vom Schreckgespenst einer weltweiten Uniformität bedroht. Damit stellt die Invasionsbiologie gewissermaßen die biologische Variante einer immer lauter werdenden Globalisierungskritik dar.[10] Worum geht es dieser Kritik? Es geht ihr um einen weltweiten Handel mit Waren und Dienstleistungen, der keine Grenzen mehr kennt, und um seine Folgen für Menschen und Natur, Wirtschaft und Politik. Die Besorgnis, fremde Einflüsse würden eigenen Traditionen zunehmend verdrängen, ist ein Element dieser Kritik, dem es um den Wert des Besonderen im Unterschied zum Allgemeinen geht. Was McDonald's und H&M den Innenstädten, ist der Amerikanische Stinktierkohl den Feuchtgebieten des Taunus: Sie sind nicht mehr das, was sie früher waren. Ob es durch die Ansiedelung der neuen Art langfristig mehr oder weniger Arten dort geben wird als vorher, spielt dabei gar keine so große Rolle. Entscheidend ist, dass die betroffenen Landschaften nicht länger mehr eigen-artig sind, sondern anders, und - so zumindest die Sorge - bald jede wie alle anderen. So gesteht der Evolutionsbiologe Stephen Jay Gould in einer kritischen Auseinandersetzung mit dem Begriff »einheimischer« Arten: »I would certainly be horrified to watch the botanical equivalent of McDonalds' uniform architecture and cuisine wiping out every local diner in America« (Gould 1998, 9).

Worauf ich mit diesen Überlegungen hinaus will, ist die These, dass die Bewahrung naturräumlicher wie kulturell geprägter Eigenart als zentrales, wenn nicht sogar vorrangiges Anliegen in der Diskussion um Neophyten eingestuft werden muss. Neophyten stellen nicht einen Schaden für »die Natur« dar, sondern für bestimmte Naturzustände, die Menschen kennen und schätzen. Den (dicken) Begriff der »Florenverfälschung« solcherart als Gefährdung der Eigenart umzuinterpretieren, ist aus umweltethischer Perspektive folgenreich. Denn damit steht nicht mehr die (vermeintliche) Natur im Mittelpunkt der Sorge, sondern die Menschen, für die deren Eigenart Bedeutung hat. Wenn auf ehedem bunten Blumenwiesen wegen der anhaltenden Eutrophierung nur noch Löwenzahn und Hahnenfuß wachsen, wenn verwunschene Hohlwege asphaltierten Autopisten weichen oder ein Einkaufszentrum an die Stelle des früheren Froschtümpels getreten ist, verlieren Menschen subjektiv Räume positiven Naturerlebens und der Identifikation. Auch die Veränderung einer vertrauten Landschaft durch die flächige Ausbreitung einer neuen Pflanzenart kann einen solchen Verlust darstellen. Freilich ist mit diesen zunächst nur subjektiven und wesentlich ästhetischen Urteilen für das Ziel verbindlicher Handlungsempfehlungen erst wenig gewonnen. Gleichwohl: Sie stellen zwar nicht das Ende der moralischen Urteilsfindung dar, wohl aber deren legitimen und unentbehrlichen Anfang.

»Weil echte Natur halt einem ständigen Veränderungsprozess unterliegt«

Der Begriff der Florenverfälschung verweist auf die Vorstellung einer ursprünglichen (und damit »echten«, »reinen«) Natur, die ohne menschliches Zutun so bliebe, wie sie ist. Was von Menschen in diese Natur eingebracht wird, erscheint damit als Verfälschung des natürlichen Originals oder als Verunreinigung.[11] Demgegenüber betont der »Prozessschutz« den dynamischen Charakter der Natur. Vom vielzitierten »panta rhei«[12] der Griechen über die Evolutionsbiologie bis zum »Dynamik-Konzept für den Naturschutz« (Scherzinger 1990) gilt Veränderung als die wahre Natur der Natur. »Die Natur wieder zulassen«, fordert etwa der Zoologe Josef Reichholf (1995), und Wolfgang Scherzinger, langjähriger Leiter des Nationalpark Bayerischer Wald, fordert mit dem Dynamik-Konzept einen völlig neuen Denkansatz für den Naturschutz, »da weder Qualität noch Richtung der Schutzgebietsentwicklung präzise vorhersagbar sind, geschweige denn verordnungsgemäß definiert werden können« (Scherzinger 1990, 292).[13]

Nur auf den ersten Blick ist dieser Streit auf der Ebene der Tatsachen anzusiedeln. Wie die Natur *ist* - stabil oder dynamisch - interessiert hier ja in erster Linie für die Klärung der Frage, wie Natur sein *soll* bzw. wie Menschen mit ihr umgehen *sollen*. Dass die Geschichte der biologischen Evolution eine des permanenten Aussterbens und neu Entstehens von Arten ist, lässt sich mit Hilfe paläontologischer Funde eindrucksvoll belegen. Was aber bedeutet das für Fälle, in denen Menschen durch ihr Handeln die Ausbreitung oder das Aussterben einer Art herbeiführen? Aus ethischer Perspektive zunächst einmal: Gar nichts! Egal ob Biber ganze Ökosysteme umgestalten, Bakterien Teile ihres Genoms miteinander austauschen oder Blitze Menschen erschlagen: Nichts davon vermag es zu rechtfertigen, dass Menschen dasselbe tun. Für die ethische Bewertung macht es einen erheblichen Unterschied, ob Ereignisse in der Natur - seien es neue Krankheitserreger, Hochwässer oder Klimaveränderungen - spontan auftreten oder Ergebnis menschlichen Handelns sind. Für unseren Fall heißt das: Die Ausbreitung des Amerikanischen Riesenaronstabs ist weder allein deshalb verwerflich, weil sie menschlichen Ursprungs ist, noch allein deshalb gerechtfertigt, weil sie einen natürlichen Prozess darstellt. Sie ist überhaupt nur insofern Gegenstand ethischer Erwägungen, als Menschen sie durch ihr Handeln ermöglichen und verhindern können. Den Aronstab kann niemand zur Verantwortung ziehen, wenn seinetwegen ein Standort des Sumpfveilchens erlischt. Sowohl für seine Ansalbung als auch für seine Bekämpfung aber lassen sich Gründe benennen und Folgen beurteilen - und genau darin liegt die »besondere *Verantwortung*«, von der Matthias Kuprian spricht. Sie ergibt sich nicht aus der Natur - sei sie nun statisch oder dynamisch. Sie ergibt sich vielmehr aus der menschlichen Befähigung, mögliche Folgen des eigenen Handelns zu reflektieren und diese im weiteren Handeln zu berücksichtigen.

Der Natur ihren Lauf zu lassen, kann und darf also nicht bedeuten, menschliches Handeln naturhaft als bloßes Verhalten aufzufassen und dem von anderen Organismen in der Bewertung gleichzustellen - eine solche Auffassung würde tatsächlich der Ethik jeglichen Boden entziehen. Der Natur ihren Lauf zu lassen, unbeeinflusst von menschlichen Eingriffen, kann aber durchaus eine Handlungsmaxime sein, zu der sich Menschen aus ethischen Gründen entscheiden - freilich nicht, weil »die Natur« das von ihnen verlangt, sondern weil sie selbst es für richtig halten.

Rechtliche Verpflichtungen

Als Vertragspartei der Konvention zur Bewahrung der Biologischen Vielfalt (CBD) hat sich Deutschland verpflichtet - »soweit möglich und sofern angebracht« - »die Einbringung nichtheimischer Arten, welche Ökosysteme, Lebensräume oder Arten gefährden, [zu] verhindern, diese Arten [zu] kontrollieren oder [zu] beseitigen« (CBD, Art. 8h). Die Vertragsstaatenkonferenz, das entscheidungsgebende Organ der CBD, hat diese Verpflichtung bei ihrem 6. Treffen 2002 in Den Haag konkretisiert.[14] Die Entscheidung VI/23 benennt 15 »Guiding Principles for the prevention, introduction and mitigation of impacts of alien species that threaten ecosystems, habitats or species«, die den nationalen Regierungen helfen sollen, den Artikel umzusetzen. Zu diesen Leitlinien zählen:

- an vorderster Stelle die Anwendung des Vorsorgeprinzips,[15]
- ein dreistufiges Vorgehen, das vorbeugenden Maßnahmen Priorität einräumt,[16]
- Forschungs- und Monitoring-Maßnahmen, die Geschichte, biologische Eigenschaften und Auswirkungen neu eingeführter Arten erforschen und dokumentieren[17] sowie
- Öffentlichkeitsarbeit und Bewusstseinsbildung in der Bevölkerung.[18]

Das Projekt Stinktierkohl arbeitet also ganz im Sinne dieser Leitlinien, indem es sich nicht nur der Untersuchung von *Lysichiton americanus* und seiner Ausbreitung widmet, sondern auch die Ergebnisse an die breite Öffentlichkeit bringt und bei der Bekämpfung lokale Naturschutzverbände einbezieht. Allerdings sind die genannten Leitlinien nicht bindend, sie enthalten Spielräume für nationale Interpretationen. Die Einschränkung »soweit möglich und sofern angebracht« lässt bewusst offen, für welche Arten und unter welchen Bedingungen die angeführten Maßnahmen zu gelten haben. Nimmt man allerdings die Verpflichtung zu einer vorsorglichen Politik ernst, so sind die Hinweise, die im Projekt Stinktierkohl gesammelt wurden, ernsthaft genug, um eine Bekämpfung zu legitimieren.

Ethisches Urteil

Sprache

Wer über Probleme im Zusammenhang mit der Einbürgerung fremder Pflanzen und Tiere redet, sollte sich der Tatsache bewusst sein, dass er dies in einem gesellschaftlichen Kontext tut, in dem die Einwanderungsfrage ein politisch brisantes Thema ist. Dramatisierungen und plakative Aussagen sind hier unangebracht - auch wenn sie das ehrenwerte Ziel verfolgen, die öffentliche Aufmerksamkeit auf ein für drängend gehaltenes Problem zu lenken. Dass das Thema Neophyten politisch aufgegriffen, vielleicht auch instrumentalisiert wird, können die beteiligten ForscherInnen sicher nicht verhindern. Umso wichtiger ist es, dass sie die Gründe, die sie zur Bekämpfung neu eingebürgerter Arten veranlassen, unmissverständlich formulieren. Die Sorge um den Bestand gefährdeter Arten oder die Wertschätzung eines traditionellen Landschaftsbildes mit einer spezifischen Artenzusammensetzung sind legitime und gewichtige Argumente in der Diskussion über den Umgang mit neuen Arten. Je weniger dabei über »Einwanderer« und über »Natur« geredet wird und je mehr stattdessen über die Frage, wer was aus welchen Gründen tut oder unterlässt, desto weniger ist eine Projektionsfläche für unreflektierte Werturteile geboten und desto näher kommt man einer qualifizierten Urteilsbildung.

Wissenschaft

In der Tradition Max Webers erwartet man von einer empirischen Wissenschaft, dass sie sich jeglichen Werturteils enthält (vgl. Weber 1917). Sie soll sagen, was der Fall ist, oder - aller Voraussicht nach - der Fall sein wird, aber sie kann ihrem Wesen nach nicht sagen, ob das gut oder schlecht ist. Diesem Ideal steht der »dicke« Charakter der verwendeten Begriffe im Wege: Wer sagt, dass bei einer weiteren Verbreitung des Riesenaronstabs verschiedene, ohnehin als gefährdet geltende Arten verdrängt oder lokal ausgelöscht werden, sagt damit auch: »- und das ist schlecht so!«. Gegen ein solches Werturteil spricht solange nichts, wie es deutlich als Wertung des Sprechenden gekennzeichnet wird. Verfehlt wäre es meines Erachtens, wenn WissenschaftlerInnen sich unter

Berufung auf die Wertfreiheit jeglichen Urteils enthalten würden. Als WissenschaftlerInnen überschauen sie die ökologischen Folgen menschlicher Handlungen besser als andere Bürger – und sind deshalb als Bürger in besondere Weise gefordert, ihre Sorge zu artikulieren. Gleichwohl ist ihre Stimme nur eine unter vielen. Sie kann normative Einsichten nicht *ex cathedra* verkünden, sondern sie allenfalls argumentativ herbeiführen.

Naturschutz

Im Hinblick auf den Schutz gefährdeter Arten sind Neophyten nur eine unter vielen Bedrohungen. Hier gilt es, eine umfassende und aufrichtige Ursachenanalyse zu betreiben und konkrete Hemmnisse für eine naturverträglichere Politik zu benennen. Gleichwohl muss davon ausgegangen werden, dass man dem motorisierten Individualverkehr, der Ausbreitung der Wohn- und Gewerbegebiete und der landwirtschaftlichen Effizienzsteigerung, denen der Großteil der bedrohten Arten zum Opfer fällt, unter den gegebenen Bedingungen nicht in hinreichend kurzer Zeit wirksam entgegentreten kann. Unter dieser Voraussetzung kann die Sicherung der letzten verbliebenen Standorte durch Bekämpfung einwandernder Arten als Ultima Ratio gelten, die unwiederbringliche Auslöschung einer Art zu verhindern. In Anbetracht der mit der Unterzeichnung internationaler Abkommen eingegangenen Verpflichtungen gibt es hierzu kein Alternative. In der Verantwortung der Beteiligten liegt es dabei darauf zu achten, dass die Schäden, die durch die Bekämpfungsmaßnahmen entstehen, nicht größer sind als der durch Lysichiton verursachte Schaden. Damit meine ich nicht nur ganz konkret den ohnehin selbstverständlichen Verzicht auf chemische Bekämpfungsmethoden. Ich meine vor allem den Verzicht auf eine Rhetorik, die das Anliegen des Naturschutzes als menschen- oder fremdenfeindlich diskreditiert.

Aus ethischer Perspektive scheint es mir geboten, bei der Bekämpfung neu eingebürgerter Arten auch andere Ursachen für den Rückgang der Artenvielfalt klar zu benennen und nach Alternativen zu suchen. Wenn in Hessen einige Feuchtgebietsarten vom Aussterben bedroht sind, dann liegt das nicht daran, dass ein Liebhaber einige Schmuckstauden im Wald ausgesetzt hat. Sondern es liegt an Lebens- und Wirtschaftsweisen, die auf die natürlichen Gegebenheiten zu wenig Rücksicht nehmen. Wenn der Naturschutz sich auf die Bekämpfung einwandernder Arten fokussierte, während er andere Ursachen des Artensterbens verschwiege oder vernachlässigte, würde er kritikwürdige gesellschaftlichen Verhältnisse lediglich bekräftigen, und sich damit der Herausforderung entziehen, neue Weisen des Lebens mit und von der Natur zu (er)finden, die Menschen und Natur weniger abträglich sind.

Anmerkungen

[1] Wie die FAZ vom 19.5.2004 titulierten zahlreiche Zeitungen den Artikel mit »Amerikanischer Stinktierkohl macht sich im Taunus breit«.

[2] Laut Auskunft von Dr. Beate Alberternst, Mitarbeiterin des Projekts Stinktierkohl, wurden die inkriminierten Begriffe bei der Pressekonferenz explizit als Negativbeispiele für einen nicht sachgerechten Umgang mit der Neophytenproblematik dargestellt.

[3] Begriffe, die beschreibend sind, aber eine moralische Wertung transportieren, nennt der englische Moralphilosoph Bernard Williams »dicke ethische Begriffe«. Beispiele wären etwa »Lüge« oder »Mord«. Es ist nicht möglich, etwas als »Lüge« oder als »Mord« zu bezeichnen, ohne es zugleich als moralisch falsch zu beurteilen – das würde der Bedeutung solcher Wörter widersprechen.

[4] »Wir entfernen Lysichiton nicht, weil die Art fremd ist, sondern weil wir ihre Ausbreitung und dichte Bestandsbildung als ökologisches Problem für die besiedelten Feuchtstandorte ansehen. Wichtig ist mir, herauszustellen, dass wir nicht in Verbindung gebracht werden möchten mit jeglicher Form von Rassismus!!« (Beate Alberternst, pers. Mitteilung).

[5] Zur evaluativen Dimension dieser zunächst faktischen Aussage vgl. den vorigen Abschnitt

[6] »Yet there is no evidence that even a single long-term resident species has been driven to extinction (...) because of competition from an introduced plant species«, fasst Mark Davis die Diskussion zusammen (Davis 2003, 481). Und der Evolutionsbiologe Michael Rosenzweig konstatiert »[H]omogenizing the world into a single province will have no impact on its global steady-state species diversity« (Rosenzweig 2001, 362). Man beachte freilich, dass beide nicht bestreiten, dass es andere negative Auswirkungen biologischer Invasionen gibt - ihnen ist es lediglich um die wissenschaftliche »Sauberkeit« der Argumente zu tun - und da scheiden sie die Sorge um die Artenvielfalt aus.

[7] Eindrucksvoll dokumentiert sind solche Erfahrungen erstmals in Elton 1958 sowie in den Publikationen aus dem SCOPE Forschungsprogramm Biological Invasions (Drake et al. 1989, Di Castri et al. 1990, Groves u. Burdon 1986, MacDonald et al. 1986 Mooney u. Drake 1986 u.v.a.m.)

[8] So haben etwa aus Anlass des internationalen Tags der biologischen Vielfalt am 22.5. 2003 das Bundesamt für Naturschutz und das Bundesumweltministerium in einer gemeinsamen Presseerklärung gewarnt: »Eine der wichtigsten Gefährdungsursachen« für die natürliche Vielfalt der Tier- und Pflanzenwelt sei »das Einschleppen und Einführen gebietsfremder Tiere und Pflanzen durch den schrankenlosen weltweiten Handel und Tourismus« (BfN 2001).

[9] Zu den unterschiedlichen Akzentuierungen und Absichten, die sich mit dem Begriff einer symbolischen Umweltpolitik verbinden, vgl. den gleichnamigen Tagungsband (Hansjürgens u. Lübbe-Wolff 2000).

[10] So warnt etwa Jens Jürgen Böhmer unter dem Titel »Globalisierung am Mühlbach« vor den Folgen eines »unabweisbaren Trends zur Globalisierung unserer Ökosysteme« (Böhmer 2004, 77).

[11] »Biological pollution« lautet der Titel eines Sammelbands über invasive exotische Arten (McKnight 1993). Er verweist damit auf die Vorstellung einer »reinen« Natur, die durch die Tätigkeit des Menschen verunreinigt und beschmutzt wird.

[12] »Alles fließt«: Es gibt keine bleibendes Sein, alles Sein ist dauerndes Werden

[13] Zur Kritik des Prozessschutzgedankens vgl. auch den Beitrag von Thomas Potthast in diesem Band.

[14] Alle Entscheidungen dieser »Conference of the parties« (COP) sind auf der offiziellen Internetseite der CBD www.biodiv.org dokumentiert und abrufbar.

[15] Guiding principle 1: »Given the unpredictability of the pathways and impacts on biological diversity of invasive alien species, efforts to identify and prevent unintentional introductions as well as decisions concerning intentional introductions should be based on the precautionary approach [...]The precautionary approach should also be applied when considering eradication, containment and control measures in relation to alien species that have become established. Lack of scientific certainty about the various implications of an invasion should not be used as a reason for postponing or failing to take appropriate eradication, containment and control measures.«

[16] »Three-stage hierarchical approach«, Leitlinie 2 sowie 13, 14, und 15

[17] »Research and Monitoring«, Leitlinie 5

[18] Education and public awareness, Leitlinie 6: »Raising the public's awareness of the invasive alien species is crucial to the successful management of invasive alien species. Therefore, it is important that States should promote education and public awareness of the causes of invasion and the risks associated with the introduction of alien species. When mitigation measures are required, education and public-awareness-oriented programmes should be set in motion so as to engage local communities and appropriate sector groups in support of such measures.«

Literatur

Alberternst, Beate u. Schmitz, Gregor 2002: Vorkommen von Lysichiton americanus camtschatcensis (L.) Schott im Taunus. Floristische Rundbriefe 36(1-2), 113-118.

Alberternst, Beate u. Nawrath, Stephan o.J.: Projekt Stinkierkohl. URL: http://web.uni-frankfurt.de/fb15/botanik/Projekt-Stinktierkohl/Stinktierkohl.htm

BfN 2001: Eingewanderte Tier- und Pflanzenarten können zur Gefahr werden. Pressemitteilung des deutschen Bundesamts für Naturschutz 21.5.2001; URL: http://www.bfn.de/07/pm_01_33.htm

Böhmer, Hans Jürgen 2003: Globalisierung am Mühlbach. Die Auswirkungen von biologischen Invasionen. Politische Ökologie 85, 76-77.

Brämer, Reiner 2003: Grüner Terrorismus. Unveröffentlichter Leserbrief zum Artikel »Der Stinktierkohl ist so schön wie gefährlich« von Sabine-Steghaus-Kovac. URL: http://staff-www.uni-marburg.de/~braemer/Pflanzenkrieg.htm

Davis, Mark A. 2003: Biotic globalization: Does competition from introduced species threaten biodiversity? BioScience 53(5), 481-489.

Di Castri, Francesco; Hansen, A.J. u. Debussche, M. (Hrsg.) 1990: Biological Invasions in Europe and the Mediterranean Basin Kluwer, Dordrecht.

Drake, James A.; Mooney, Harold A.; Di Castri, Francesco; Groves, Richard H.; Kruger, Fred J.; Rejmanek, Marcel u. Williamson, Mark (Hrsg.) 1989: Biological invasions. A global perspective 37. John Wiley & Sons, Chichester, New York, Brisbane.

Elton, Charles S. 1958: The ecology of invasions by animals and plants. Methuen, London.

Gould, Stephen Jay 1998: An evolutionary perspective on strengths, fallacies, and confusions in the concept of native plants. Arnoldia 58, 2-10.

Groves, Richard H. u. Burdon, J. J. (Hrsg.) 1986: Ecology of biological invasions. Cambridge University Press, Cambridge, London, New York.

Hansjürgens, Bernd u. Lübbe-Wolff, Gertrude (Hrsg.) 2000: Symbolische Umweltpolitik. Suhrkamp, Frankfurt/M.

MacDonald, Ian A. W.; Kruger, Fred J. u. Ferrar, A.A. (Hrsg.) 1986: The ecology and management of biological invasions on Southern Africa .Oxford University Press, Cape Town.

McKnight, Bill N. (Hrsg.) 1993: Biological Pollution: The control and impact of invasive exotic species. Indiana Academy of Science, Indianapolis.

Mooney, Harold A. u. Drake, James A. (Hrsg.) 1986: Ecology of biological invasions of North America and Hawaii. Ecological Studies 58. Springer, New York, Berlin, Heidelberg.

Potthast, Thomas 2006: Konfliktfall Prozessschutz: Der Streit um Eingreifen oder Nichteingreifen im Nationalpark Bayerischer Wald. In: Eser, U. u. Müller, A: (Hrsg.): Umweltkonflikte verstehen und bewerten. oekom, München, 121-147.

Reichholf, Josef H. 1995: Die Natur wieder zulassen (Hrsg.): Einwanderer. Neue Tierarten erobern Österreich. Stapfia 37, zgl. Katalog d. OÖ. Landesmuseums N.F. 84. 7-15.

Rosenzweig, Michael L. 2001: The four questions: What does the introduction of exotic species do to diversity? Evolutionary ecology research 3, 361-367.

Scherzinger, Wolfgang 1990: Das Dynamik-Konzept im flächenhaften Naturschutz, Zieldiskussion am Beispiel der Nationalpark-Idee. Natur und Landschaft 65(6), 293-298.

Steghaus-Kovac, Sabine 2003: Der Stinktierkohl ist so schön wie gefährlich. Naturschützer und Wissenschaftler bekämpfen gebietsfremde Pflanzenarten. Frankfurter Rundschau vom 3.2.2003.

U.S. Congress, Office of Technology Assessment (OTA) 1993: Harmful Non-Indigenous Species in the United States. U.S. Government Printing Office, Washington, D.C.

Weber, Max 1917: Der Sinn der 'Wertfreiheit' der soziologischen und ökonomischen Wissenschaften. In: Winckelmann, J. (Hrsg.): Max Weber: Gesammelte Aufsätze zur Wissenschaftslehre. Mohr, Tübingen, 489-540.

Marcus Düwell

Umweltethik und normative Ethik

Vorbemerkungen

Im vorliegenden Buch werden eine Reihe von Umweltkonflikten so präsentiert, dass zugrundeliegende moralische Probleme transparenter und damit diskutierbarer gemacht werden. Dabei war es nicht das Anliegen, große moralphilosophische Abhandlungen zu verfassen. Vielmehr wurde versucht, die verschiedenen Umweltkonflikte vorsichtig so zu interpretieren, dass einige mögliche ethische Problempunkte sichtbar werden. Nur wenige Autoren (so etwa W. Sachs und A. Müller) greifen explizit auf Theorien der Moralphilosophie oder politischen Philosophie zurück. Ein solches Vorgehen hat viele Vorzüge, zumal es hier um Themengebiete geht, bei denen nicht unmittelbar deutlich ist, was überhaupt moralisch diskussionswürdig ist. Ob nun Weizen verheizt wird oder mit welchem Transportmittel der Müll von Tübingen nach Stuttgart gebracht wird, sind Fragen, die in den klassischen Lehrbüchern der Ethik kaum thematisiert werden. Insofern fehlen ein wenig die Beurteilungsschemata. Im vorliegenden Beitrag soll es daher auch nicht darum gehen, eine große ethische Theorie gewissermaßen nachzuliefern, sondern deutlich zu machen, in welcher Hinsicht normativ-ethische Theorien für die angesprochenen Themen überhaupt wichtig sind. Das will ich anhand einiger aktueller Diskussionen in der Ethik tun und dabei stets auf die Beiträge dieses Bandes zurückgreifen. Ich trete also gewissermaßen einen Schritt zurück, schaue mir alle Debatten an und frage mich: Was hat nun die normative Ethik dazu zu sagen? Da sich dieses Buch jedoch nicht in erster Linie an Fachphilosophen richtet, will ich erst in aller Kürze erläutern, was es mit der normativen Ethik überhaupt auf sich hat. Wer sich in der philosophischen Ethik bereits auskennt, kann daher den folgenden Abschnitt einfach überspringen.

Was ist normative Ethik?

Im Allgemeinen wird das Gebiet der Ethik in drei Teilgebiete gegliedert: Metaethik, normative Ethik und Angewandte Ethik.[1] In der Metaethik werden auf grundlegender Ebene die Voraussetzungen moralischer Kommunikation untersucht. Hier wird gefragt: Was sind überhaupt Kennzeichen moralischer Kommunikation oder moralischer Urteile? Was unterscheidet moralische Urteile von Geschmacksurteilen? Kann man überhaupt moralisches Wissen erlangen? Können wir moralische Urteile allgemein verbindlich begründen? Es erübrigt sich darauf hinzuweisen, dass es hier ein ganzes Spektrum von unterschiedlichen Positionen gibt. Je nachdem, wie man die genannten Fragen beantwortet, kommt man zu ganz unterschiedlichen Aufgaben für die normative Ethik und die Angewandte Ethik. Wenn man etwa der Meinung ist, dass sich zwischen moralischen Urteilen und Geschmacksurteilen keine wesentlichen Unterschiede feststellen lassen, so stellt sich natürlich die Frage, inwiefern es überhaupt sinnvoll ist, für moralische Urteile zu argumentieren.

Während die Metaethik lediglich den Rahmen zu bestimmen sucht, innerhalb dessen man über moralische Fragen überhaupt nachdenken kann, versucht die normative Ethik der Frage nachzugehen, was denn nun moralisch richtig ist. Im Allgemeinen versuchen die verschiedenen Theorien der normativen Ethik ein Moralprinzip als gültiges Prinzip aufzuweisen. Die berühmtesten Beispiele dafür sind etwa das utilitaristische Prinzip des größten Glücks der größten Zahl (vgl. etwa den Beitrag von Birnbacher 2002). Der Utilitarismus versucht, religiöse und weltanschauliche Annahmen zu vermeiden. Man geht davon aus, dass wir - so unterschiedliche Überzeugungen wir ansonsten auch haben mögen - es moralisch als vorzugswürdig ansehen, wenn der Nutzen für jedermann vermehrt wird. Dabei wird das moralisch Richtige von einem nicht-moralischen Gut (Nutzen, Glück) abhängig gemacht. Der moralphilosophisch relevante Gesichtspunkt ist allerdings, dass es geboten ist, dieses nicht-moralische Gut für alle zu mehren oder zumindest das Entstehen von Schädigungen zu vermeiden. Das andere Standardbeispiel eines Moralprinzips finden wir in der Ethik Kants (vgl. den Beitrag von Steigleder 2002). Kant lehnt es nun gerade ab, das moralisch Richtige von nicht-moralischen Gütern abhängig zu machen, also in der Glücksvermehrung oder Schadensvermeidung das zentrale moralische Kriterium zu sehen. Vielmehr ist er der Auffassung, dass der moralische Gesichtspunkt ein ganz eigenständiger Wertgesichtspunkt ist. Moralisch geboten ist demnach nicht dasjenige, was als nützlich oder klug erscheint. Bei moralischen Urteilen müssen wir uns vielmehr fragen, ob wir eine Handlungsmaxime als für jedermann verpflichtende Norm wollen könnten. Dieses Moralprinzip betrachtet Kant als verbindlich, insofern es mit unseren Möglichkeiten als handlungs- und vernunftfähige Wesen intern vermittelt ist. Insofern wir vernunftbegabte Wesen oder Personen sind, müssten wir uns daher als Selbstzwecke ansehen - damit begründet Kant für die moderne Ethik die zentrale Stellung der Menschenwürde. Im Hinblick auf die damit verbundene besondere Stellung der Person, die Nutzenerwägungen entzogen bleibt, unterscheidet sich die Kantische Ethik wesentlich vom utilitaristischen Moralprinzip.

Es sei angemerkt, dass dieses Profil der normativen Ethik, die nach moralisch ge- oder verbotenen Handlungen fragt, sich wesentlich von der vormodernen Ethik unterscheidet, die über weite Strecken eher eine Ethik des guten Lebens darstellte. In einer auf die Antike zurückgehenden Tradition wurde Ethik wesentlich als Richtschnur zu einem gelingenden Leben aufgefasst, während die moderne Ethik sich eher mit der Frage beschäftigt, ob wir universalisierbare Handlungsverpflichtungen haben, in erster Linie Verpflichtungen gegenüber einander. In der aktuellen ethischen Debatte wird häufig dafür plädiert, normative Ethik und Ethik des guten Lebens als komplementäre Bereiche der Ethik aufzufassen (vgl. Krämer 1992).

Schließlich gibt es die Angewandte Ethik, in der konkrete moralische Diskurse zur Debatte stehen. Die Angewandte Ethik gliedert sich in Teildisziplinen auf, wie Bioethik, Umweltethik, Tierethik, Medizinethik, Medienethik, Technikethik etc. Innerhalb dieser verschiedenen Bereichsethiken werden dabei ganz unterschiedliche normativ-ethische und metaethische Ansätze verfolgt. Das bedeutet, dass etwa in der Medizinethik sowohl Utilitaristen als auch Kantianer das Wort ergreifen. Diskussionen in der Angewandten Ethik können daher nie unabhängig von den theoretischen Diskussionen in der philosophischen Ethik geführt werden.

Wer sich zum ersten Mal mit diesen Diskussionen beschäftigt, findet das vielleicht alles ein wenig verwirrend. Aber unsere moralischen Diskussionen sind auch komplex. Wir sind in der Ethik mit dem Problem konfrontiert, dass wir normative Ansprüche an andere richten (wenn wir Menschen etwa dafür verurteilen, dass sie Menschenrechte missachtet haben), dass wir aber zugleich einigermaßen hilflos sind, wenn wir Gründe nennen sollen, warum alle diesen normativen Ansprüchen verpflichtend sein sollen. Das ist noch viel verwirrender, wenn wir es - wie im Fall umweltethischer Diskussionen - mit Fragen zu tun haben, bei denen nicht einmal klar ist, ob es sich überhaupt um moralisch relevante Fragen handelt. Wenn wir also ethisch etwas darüber sagen sollen, ob es moralisch vertretbar ist, mit Weizen zu heizen oder ob Klima- oder Naturschutz den Vorrang verdienen etc. Um zu diesen Fragen als Ethiker einen substantiellen Beitrag zu liefern, müssen wir die moralphilosophischen Voraussetzungen solcher moralischen Urteile deutlich machen können. Das setzt voraus, dass wir die normative Theorie angeben können, von der aus solche Urteile begründet werden.

Grundbegriffe der Umweltethik

Wenn wir jetzt versuchen, die möglichen Wege zu beschreiben, auf denen man in der Umweltethik zu moralischen Urteilen kommt, so ist zunächst die Frage, in welchen Begriffen wir diese Diskussion überhaupt führen. Den Beiträgen des vorliegenden Bandes liegt ein breites Spektrum an ethischen Grundbegriffen zugrunde: So werden etwa bei W. Sachs umweltethische Fragen als Konflikte um Ressourcen und Natureinheiten beschrieben, die moralisch darum relevant sind, weil sie Menschen- und Grundrechte betreffen. A. Müller nimmt Bezug auf Fragen des Schutzes von Gesundheit und natürlicher Lebensgrundlage, Verteilungsgerechtigkeit und Effizienz. Bei Bartholomäus/Ott und Karaphyllis werden Abwägungen von moralischen Gütern beschrieben. C. Zinser nimmt ebenfalls Bezug auf Rechte, sieht aber auch Fragen der Entscheidungsverfahren als ethisch relevant an. U. Eser schließlich rekonstruiert Werturteile, die in ethischen Diskussionen unterschwellig eine Rolle spielen und durch die normative Fragen auf mehr suggestive Weise gelöst werden.

Das sind natürlich ganz unterschiedliche Grundbegriffe und damit verbundene Zugangsweisen. Ich will die Unterschiede kurz andeuten. Wenn wir moralische Fragen als Fragen von Gerechtigkeit und Rechten beschreiben, dann sind wir scheinbar in einer politischen oder rechtlichen Diskussion. In der Tat sind etwa die Menschenrechte in langwierigen politischen Prozessen erkämpft wurden. Allerdings liegt Diskussionen um Menschenrechte stets eine moralische Dimension zugrunde. Wir verurteilen es moralisch, wenn Menschenrechte irgendwo auf der Welt missachtet werden. Das bedeutet, dass wir der Auffassung sind, dass jeder Mensch moralisch einen Anspruch darauf besitzt, dass bestimmte Dinge mit ihm nicht gemacht werden (Töten, Foltern) oder dass jeder einen Anspruch hat, etwa bestimmte Unterstützung zu erhalten. Welche Rechte das genau sind, ist Gegenstand von Auseinandersetzungen, aber auf jeden Fall ist mit der Rede von Menschenrechten ein universalisierbarer moralischer Anspruch verbunden (vgl. die Diskussion in Waldron 1984).

Wenn umweltethische Diskussionen in Begriffen von Rechten und Gerechtigkeit geführt werden, so werden hinter Diskussionen um Umwelt- und Naturschutz auch die Konflikte zwischen den Ansprüchen verschiedener Menschen und verschiedener Gruppen von Menschen deutlich. Zugleich aber ergeben sich eine Reihe von Fragen: Zum einen haben wir es bei umweltethischen Fragen mit dem Schutz von Kollektivgütern zu tun, während Rechte in erster Linie Individualrechte sind. Das bedeutet, das deutlich gemacht werden muss, wie man den Zusammenhang zwischen Kollektivgütern und Individualrechten denken muss. Zum zweiten scheint die Diskussion um Rechte und Gerechtigkeit bereits eine anthropozentrische Vorentscheidung zu treffen. Traditionell haben Diskussionen um Rechte und Gerechtigkeit damit zu tun, dass die Ansprüche und Forderungen handlungsfähiger Individuen in ein Verhältnis gesetzt werden. Man spricht inzwischen zwar auch von »Tierrechten« (etwa Sunstein/Nussbaum 2004), aber man kann doch zu Recht fragen, ob der

Begriff »Recht« damit nicht überstrapaziert wird. Insofern scheint eine umweltethische Diskussion in Begriffen von Rechten und Gerechtigkeit auf den ersten Blick den Gedanken einer moralischen Schutzwürdigkeit außermenschlicher Natur um ihrer selbst willen auszuschließen.

Wenn sich dagegen die umweltethische Diskussion auf Begriffe wie Werte und Güter konzentriert, muss diese anthropozentrische Vorentscheidung nicht unbedingt gefallen sein. Wir können auch Landschaften wert-schätzen. Die ästhetische oder symbolische Dimension der umweltethischen Diskussion, auf die N. Karaphyllis hinweist, ist offenbar einfacher in Wertbegriffen zu thematisieren (dazu: Kemper 2001, Düwell 1999, Siep 2004). Auch im Hinblick auf Tiere ist es einfacher vorstellbar, ihnen einen intrinsischen Wert zuzuschreiben (Dol 1999). Ferner ist es auf den ersten Blick einfacher, hier von Kollektivgütern auszugehen und es scheint auch leichter möglich zu sein, eine Vielfalt von Gütern und Werten gegeneinander abzuwägen. Bei Rechten dagegen sind wir viel stärker mit Forderungen konfrontiert, bei denen es schwer fällt, Abwägungen vorzunehmen. Allerdings ist im Hinblick auf Werte weniger deutlich, warum wir uns durch sie in unserem Handeln verpflichtet sehen sollten. Wir können eine Landschaft ästhetisch wertschätzen, Klimaschutz kann für uns ein Gut sein, aber warum sind wir dann auch moralisch verpflichtet, dieses Gut zu schützen? Und warum haben wir Gründe anzunehmen, dass auch andere bei ihrem Handeln verpflichtet sind, den Wert einer Landschaft oder den symbolischen Wert des Weizens - im Beispiel von Karaphyllis - zu berücksichtigen? Im Allgemeinen wird hier unterschieden zwischen instrumentellem Wert, also dem Wert, den etwas hat im Hinblick auf etwas anderes (Geld um etwas kaufen zu können), und intrinsischem oder inhärentem Wert, wenn etwas um seiner selbst wertgeschätzt wird (die Begriffe werden allerdings uneinheitlich verwendet). Doch auch wenn wir etwas um seiner selbst willen wertschätzen (wie eine Landschaft), ist es näher zu begründen, warum uns diese Wertschätzung in moralischer Hinsicht verpflichtet.

Im Folgenden werde ich anhand der Begriffe »Rechte/Gerechtigkeit«; »Werte/Güter« versuchen, die umweltethischen Diskurse dieses Bandes näher zu besprechen.

Umwelt- und Naturschutz als Frage nach Rechten und Gerechtigkeit

Wenn wir umweltethische Fragen als Konflikte um Rechtsansprüche und Gerechtigkeitsfragen diskutieren, dann geht es nicht um die Frage nach den Rechten von Tieren und der nicht-menschlichen Natur (vgl. dazu Taylor 1986, Warren 1997). Ohne hier diskutieren zu wollen, ob wir möglicherweise moralische Verpflichtungen haben, die sich aus dem Eigenwert nichtmenschlicher Natur ergeben, unterstelle ich hier, dass Rechte mit unserer Handlungsfähigkeit zusammenhängen, und Tiere und Pflanzen daher nicht als Rechtsträger in Frage kommen. Ebenso sei vorangestellt, dass Fragen nach Rechten nicht ausschließlich ein juridisches Problem darstellen. Vielmehr unterstelle ich, dass sich moralische Konflikte als Konflikte um moralische Ansprüche verstehen lassen. Solche moralischen Ansprüche werden auch moralische Rechte genannt, über deren Legitimation in der normativen Ethik diskutiert wird.

W. Sachs stellt Umweltkonflikte als Auseinandersetzungen um legitime Ansprüche verschiedener Individuen oder unterschiedlicher ethnischer, politischer und kultureller Gemeinschaften in Bezug auf Natur dar. Dabei ist Natur hier zu verstehen als Ressource zur Gewinnung von Gütern (Nahrung, Energie etc.) sowie als Lebens- und Kulturraum von Menschen. Angesichts der globalen Vernetzung der Wirtschaft sind Diskussionen um internationale Gerechtigkeit ganz wesentlich mit der Frage verbunden, wem welche Nutzungsrechte an (welchen) Teilen der Natur zugestanden werden. Diese Frage ist umso dringlicher, als Rechte und Belastungen in der Regel sehr ungleich verteilt sind. Gerade in den armen Gebieten der Welt haben Menschen die Umweltschäden in stärkerem Maße zu ertragen, während die Vorzüge aus der Naturnutzung in den reicheren Regionen genossen werden. Nun ist allerdings die moralphilosophische Basis einer Rede von moralischen Rechten in mehrfacher Hinsicht umstritten, weshalb jeder Bezug auf diese Rechte erst einige Überlegungen im Zusammenhang der normativen Ethik voraussetzt:

1. Wenn wir von Menschenrechten reden, so unterstellen wir eine universalistische Perspektive. Wir gehen dann davon aus, dass jedem Menschen diese Rechte zukommen. Es ist dann unerheblich, ob dieser Mensch unser Nachbar ist oder ein Bauer in Argentinien. Zwar ist es mit der Rede von Menschenrechten vereinbar, dass man von unterschiedlichen Ansprüchen ausgeht (etwa verschiedenen Schutzbedürftigkeiten), aber im Ansatz hat der Bedürftige in fernen Landen nicht weniger Anspruch auf moralische Rücksichtnahme als ein Landgenosse etc. Diese Idee einer Universalität von Menschenrechten wird heftig diskutiert. Nicht wenige Philosophen sind der Meinung, dass sich Moral nur als Konsensfindung vor dem Hintergrund konkreter moralischer Traditionen verstehen lässt. Wenn wir also globale Umweltkonflikte als Konflikte um Rechte interpretieren, müssen wir diesen universalistischen Gedanken verteidigen können.
2. Die Reichweite universalisierbarer Rechte ist umstritten. Traditionelle Menschenrechtsdiskurse drehten sich in erster Linie um den Schutz von Freiheitsrechten (Verbot von Folter und Tötung, Freiheit von Meinungsäußerung etc.). A. Müllers Rekurs auf den Schutz von Gesundheit und der natürlichen Lebensgrundlage bezieht sich auf diesen klassischen Menschenrechtsdiskurs. Die Rede von Rechten ist hier sicher auch geeigneter als das abstraktere Schädigungsverbot, auf das sich C. Zinser bezieht. Dieses ist lediglich ein sehr unbestimmter Begriff, der erst dann einen konkreten Inhalt bekommt, wenn man konkrete Rechte benennen kann, die geschädigt werden. Im umweltethischen Diskurs wird allerdings der traditionelle liberale Grundkonsens deutlich überschritten, wenn die Legitimität von weiter gehenden Ansprüchen diskutiert wird, etwa das Recht auf Nutzung bestimmter Ressourcen, das Recht auf kulturelle Güter oder Rechte auf eine bestimmte Form von natürlicher Umgebung. Es ist umstritten, inwiefern solche Ansprüche überhaupt Gegenstand universalisierbarer moralischer Rechtsansprüche sein können, die von allen anderen respektiert werden müssen. Ferner ging man in der liberalen Tradition in der Regel davon aus, dass universalisierbare Rechte nur mit dem Schutz unserer negativen Freiheit zu tun haben. Demnach wären Freiheitsbeschränkungen nur dann legitim, wenn sie Handlungen untersagen, die ihrerseits die äußere Bewegungsfreiheit der anderen beschränken. Wir dürfen also alles tun, so lange die Ausübung unserer Freiheit mit der Freiheit der anderen noch vereinbar ist. Nun ist aber umstritten, wie weit der Schutz negativer Freiheitsrechte reicht. T. Pogge (2002) hat dafür argumentiert, dass der Schutz negativer Freiheitsrechte eine sehr weitgehende Revision der internationalen Wirtschaftsordnung erfordern würde. Es gibt aber auch Philosophen, die die Auffassung vertreten, dass wir nicht allein Verpflichtungen gegenüber negativen Rechten haben, sondern ebenfalls gegenüber positiven Rechten (Gewirth 1996, vgl. auch Nussbaum 2000). Das bedeutet, dass wir nicht allein andere in ihrer Freiheit nicht beeinträchtigen dürfen, sondern auch verpflichtet sind, sie in ihren grundlegenden Entwicklungsmöglichkeiten zu unterstützen. Allerdings kann man den Schutz positiver Rechte nicht in erster Linie als Verpflichtung für einzelne Individuen ansehen, sondern dies setzt Gemeinschaftsinstitutionen voraus, die dem Schutz dieser Rechte verpflichtet sind.

3. Diese Idee von recht weitgehenden Menschenrechten wird in den letzten Jahren in Anlehnung an Überlegungen von A. Sen und M. Nussbaum vielfach unter dem Begriff des »capabilities approach« diskutiert, auf den auch W. Sachs verweist. Demnach ergeben sich Menschenrechte daraus, dass jeder Mensch den Anspruch hat, bestimmte Grundfähigkeiten zu entwickeln und zu erhalten, die zur Möglichkeit eines guten Lebens erforderlich sind. Nussbaum hat hierzu eine Liste von grundsätzlichen Aspekten des menschlichen Lebens (Zugang zu Nahrung, Kleidung, Möglichkeit von Ausbildung, Spiel, sexueller Entfaltung etc.) vorgelegt, deren Verwirklichung jedem und jeder offen stehen muss, um ein gelingendes Leben zu ermöglichen. Die Menschenrechte haben entsprechend den Schutz dieser Lebensmöglichkeiten zum Gegenstand. Nun muss man sicherlich zugeben, dass dieser Ansatz moralphilosophisch noch nicht wirklich gut ausgearbeitet ist. So haben Nussbaum und Sen bislang nicht überzeugend gezeigt, warum die Tatsache, dass wir alle bestimmte Fähigkeiten für ein gelingendes Leben benötigen, auch schon einen Grund darstellt, dass wir eine moralische Verpflichtung haben, diese Grundfähigkeiten für alle zu schützen. Ferner ist die Liste von Grundfähigkeiten zwar nicht willkürlich zusammengestellt, aber für konkrete moralische Diskurse noch wenig geeignet. Da die Liste der Grundbedürfnisse keine Hierarchie aufweist, ist nicht deutlich, welche der genannten Gesichtspunkte wichtiger sind als andere. Genau das ist aber für unser Anliegen die relevante Frage. Wenn wir beurteilen wollen, ob der Verbrauch von Natur für die Erfüllung einzelner Bedürfnisse von Menschen Einschränkungen von Lebensmöglichkeiten und Naturqualitäten für andere legitimieren kann, dann benötigen wir zumindest in Ansätzen eine Hierarchie von moralisch relevanten Gesichtspunkten. Nur am Rande sei vermerkt, dass eine solche Hierarchie implizit hinter jedem moralischen Urteil steht. Nehmen wir etwa den deutschen Atomkonsens, bei dem es um die Diskussion ging: Abschalten der Atomkraftwerke oder Energiegewinnung, die CO_2 einspart. Dabei werden Sicherheitserwägungen im Vergleich mit Klimaschutz gewertet. Die meisten energiepolitischen Diskussionen setzen zudem eine Hierarchie zwischen den Interessen der heutigen und zukünftiger Generationen voraus. Solche Hierarchien oder Gewichtungen kann man also gar nicht vermeiden. Aufgabe der normativen Ethik ist es jedoch, solche Hierarchien kritisch auf ihre Legitimation hin zu prüfen.

Einen alternativen Vorschlag zum capabilities approach hat A. Gewirth vorgelegt, der vorschlägt, diejenigen Güter zum Gegenstand moralischen Schutzes zu machen, die jeder Handlungsfähige zum Erhalt und zur Erweiterung seiner Handlungsfähigkeit benötigt. Das Kriterium zur Angabe, welche Güter dringlicher sind als andere, hinge davon ab, wie dringlich Güter für die Handlungsfähigkeit sind. Da die Handlungsfähigkeit zudem die Grundlage dafür ist, dass wir überhaupt moralische Gesichtspunkte berücksichtigen und moralisch handeln können, ist hier auch eine Begründung in Sicht, warum dieses Kriterium eine moralische Verpflichtung begründen kann (vgl. Gewirth 1978, 1996, Düwell 2002). Dass der Schutz der Bedingungen der Handlungsfähigkeit für den Schutz der natürlichen Lebensgrundlage unmittelbar relevant wird, dürfte evident sein.

Trotz aller angedeuteten Diskussionen um moralische Rechte scheint es mir aussichtsreich, Umweltkonflikte in Begriffen von moralischen Ansprüchen oder Rechten zu diskutieren. Für die Umweltethik wäre es hilfreich, wenn wir uns dabei zunächst einmal von scheinbaren moralischen Selbstverständlichkeiten lösen würden. Ob das Eigentum unserer Nachbarn wichtiger ist als Bäume im tropischen Regenwald, wissen wir nicht. Ob der symbolische Wert, den der Weizen für Bauern im Allgäu hat, einen moralischen Rechtsanspruch begründet, dass der Weizen nicht massenweise verbrannt wird, wissen wir auch nicht. Mir scheint es schon möglich, dass man darüber etwas wissen kann. Aber die Möglichkeit hat man nur, wenn man unsere moralischen Vorurteile zur Diskussion stellt und unsere normativen Basisannahmen einer Prüfung unterzieht. Das ist genau die Aufgabe der normativen Ethik.

Es sei noch darauf hingewiesen, dass sich mit dem Begriff moralischer Rechte, den ich hier angedeutet habe, ein sehr viel weiter gehendes Konzept von Gerechtigkeit ergibt als das einer Verteilungs- oder Verfahrensgerechtigkeit. Dieses Konzept ist allerdings in moralischer Hinsicht primär. A. Müller diskutiert den Aspekt der Verteilungsgerechtigkeit hinsichtlich der Frage, wer für den Mülltransport von Tübingen nach Stuttgart bezahlen soll. Er weist diese Aufgabe aus Gründen der Verteilungsgerechtigkeit dem Verbraucher zu. Nun berührt diese Frage mehrere Ebenen. Wenn die Erhöhung des Preises für die Müllentsorgung bei einem Transport durch die Eisenbahn erfolgt, um ein kollektives Ziel des Naturschutzes zu realisieren, dann gibt es auch Gründe die entsprechenden Mehrkosten als kollektive Kosten umzulegen. Wir wollen - sehr verkürzt gesprochen - den CO_2-Ausstoß reduzieren, weil alle ein Recht auf saubere Luft haben. Es ist nicht unmittelbar ersichtlich, warum dann die Mehrkosten nicht als Gemeinschaftsaufgabe anzusehen sind. Warum soll derjenige, der 5 km von der Müllverbrennungsanlage weg wohnt, deutlich weniger für die Müllentsorgung zahlen müssen als derjenige, der 50 km davon entfernt wohnt? Allerdings ist diese Frage nicht unabhängig davon, wer die entsprechende Entscheidung getroffen hat. Im vorliegenden Fall hat der Landkreis Tübingen sich für eine Verbrennung in Stuttgart entschieden, insofern gibt es auch Gründe, dass die Tübinger die Mehrkosten bezahlen. Das Beispiel zeigt allerdings, dass Fragen der Verteilungsgerechtigkeit erst im Rahmen einer deutlich umfassenderen Analyse von moralischen Rechten und Ansprüchen diskutiert werden können, im konkreten Fall also vor der Frage, wie zentral das Ziel der Reduktion der Luftverschmutzung Rechte und Ansprüche tangiert.

Werte und Güter in der Umweltethik

Ich hatte bereits erwähnt, dass umweltethische Fragen nicht nur als legitime Ansprüche oder moralische Rechte von Menschen im Hinblick auf Nutzung, Erhalt und Zugang zur Natur diskutiert werden, sondern weit häufiger als Fragen nach Werten und Gütern. Dabei dominiert ein wenig die Debatte darüber, ob der Natur ein Eigenwert zukomme, der sie auch unabhängig von menschlichen Interessen als schützenswert erscheinen lässt. Nun ist allerdings auch die Zuschreibung von Werten an die Natur eine humane Tätigkeit, also ebenfalls nicht unabhängig vom Menschen, und zudem enthebt die Zuschreibung von intrinsischem Wert noch nicht von der Notwendigkeit, auch anzugeben, warum eine solche Wertzuschreibung moralische Schutzverpflichtungen enthält. Hilfreich ist in dieser Hinsicht die Unterscheidung zwischen Fakten, Werten und Normen, die U. Eser vorgeführt hat. Esers Beitrag bietet zunächst eine Sprach- und Ideologiekritik eines konkreten Umweltdiskurses. Der Beitrag macht zudem deutlich, dass Wertzuschreibungen an bestimmte Naturelemente, in diesem Falle Neophyten, anthropogene Wertungen darstellen. Weit wichtiger scheint mir jedoch noch, dass damit zwischen der Ebene einer ökologischen Beschreibung von faktischen Eigenschaften und Wirkungszusammenhängen einer bestimmten Pflanzenart, einer Be-Wertung dieser Art im Gesamt eines ökologischen Gefüges und der normativen Frage, was man mit dieser Art nun zu tun habe, unterschieden wird. Eser macht anhand der Sprachkritik deutlich, dass in der Diskussion, wie sie sich faktisch in den Medien abgespielt hat, die normative Frage auf suggestive Weise beantwortet wurde, indem sich in die Faktenbeschreibung Wertannahmen eingeschmuggelt haben, die dem Leser bereits bestimmte normative Schlussfolgerungen aufdrängen. Wenn eine Pflanze als »aggressiver Besatzer« bezeichnet wird, dann scheint es keiner ausgiebigen Diskussion mehr zu bedürfen, wie man mit dieser Pflanze umzugehen habe. In ihrem Buch über Neophyten hat Eser dies ja noch ausführlicher besprochen (Eser 1999). Für die Möglichkeit eines sachangemessenen ethischen Diskurses scheint es insofern eine conditio sine qua non, dass zwischen diesen drei Ebenen überhaupt unterschieden wird. Erst wenn es möglich wird, die Diskussion um Beschreibungen, Bewertungen und Handlungsverpflichtungen als Diskussionen um unterschiedliche Fragestellungen zu begreifen, wird ein ethischer Diskurs überhaupt möglich. Das bedeutet natürlich nicht, dass diese drei Diskussionsebenen völlig unabhängig voneinander sind. Wenn man über den Wert einer Art im ökologischen Zusammenhang etwas aussagen will, dann nimmt man natürlich Bezug auf bestimmte beschreibbare Eigenschaften dieser Pflanze, aber die Beschreibung und Bewertung sind zwei verschiedene Dinge; und die normative Frage, was nun zu tun sei, ist davon noch einmal unterschieden.

In dieser Hinsicht verbindet sich nun auch unser Diskurs über Güter und Werte mit dem bereits angeführten Diskurs um Rechte und Gerechtigkeit. Wenn sich – wie angedeutet – die moralische Frage darauf richtet, ob wir moralische Verpflichtungen haben, und wenn diese Verpflichtungen mit Rechten auf Lebensmöglichkeiten aller Menschen zusammenhängen, dann ist es für die nähere Bestimmung dieser Lebensmöglichkeiten unverzichtbar, dass wir auch darüber nachdenken, was für den Menschen Werte und Güter darstellen. Dann sprechen wir darüber, dass ästhetische Naturerfahrung, Tier- und Klimaschutz (Bartholomäus/Ott), Zugang zu Landschaft (Zinser) und die symbolische Bedeutung von Natur als Lebensraum (Karaphyllis) für den Menschen wertvoll sind und auch potentielle Schutzgüter darstellen. Natur ist also nicht nur eine Ressource für den Menschen, sondern auch ein Feld von Symbolen und ästhetischen Erfahrungsräumen, in dem es für uns vielleicht sogar zentral ist, dass sich daran etwas nicht-humanes äußert. Die Natürlichkeitsvorstellungen spielen im Hinblick auf die symbolische Dimension unserer Wahrnehmung vielleicht sogar eine wesentliche Rolle. So ist unsere eigene Leiblichkeit, der Zugang zu uns selbst, in hohem Ausmaß mit der Wahrnehmung der Außenwelt und der Möglichkeit zum Aufbau symbolischer Weltorientierungen verbunden (vgl. M. Merleau-Ponty 1966 und andere Phänomenologen). In der Möglichkeit zum Aufbau solcher Weltorientierungen spielen Vorstellungen über Natürlichkeit eine wichtige Rolle (ausführlich dazu Kemper 2001). Das alles wirft natürlich eine ganze Reihe von anthropologischen Fragen auf, die ich hier nicht besprechen kann. Jedoch ist es wesentlich zu betonen, dass die oben genannte Vorrangigkeit von Fragen der Gerechtigkeit Wertdiskurse nicht überflüssig macht. Wenn Menschenrechte grundlegende Lebensmöglichkeiten des Menschen schützen sollen, dann gehört zu diesem Schutz in gewisser Hinsicht neben dem Klima- und Ressourcenschutz auch der Schutz von einer als wertvoll erfahrenen Natur, in der Weizen nicht einfach nur einen Rohstoff darstellt, sondern ein symbolisch geladenes Element der Natur ist, um das Beispiel von Karaphyllis aufzugreifen. Aber diese Natursymbolik ist kulturell vermittelt. Es geht nicht darum, jenseits oder außerhalb des Kulturraums eine Ebene ursprünglicher Natürlichkeit zu entdecken.

Noch weniger suspendiert die Entdeckung der Werthaftigkeit von Natur von jeder moralischen Abwägung. Bartholomäus/Ott haben ja zu Recht Konflikte von Schutzgütern vorgeführt, wenn sie anhand der Windenergie aufzeigen, wie hier der ästhetische Zugang zur Landschaft, die ökonomische Nutzung von Natur, das Erfordernis des Schutzes von Vogelzügen und der Klimaschutz miteinander konfligieren können. Doch eine Abwägung zwischen verschiedenen Schutzgütern wird erst dann erforderlich, wenn wir zuvor gezeigt haben, dass all die genannten Güter überhaupt so wertvoll sind, dass hier etwas abgewogen werden muss. Das setzt bereits voraus, dass wir zeigen können, dass es z.B. bei der ästhetischen Wertschätzung der Natur nicht nur um eine etwas esoterische Präferenz einiger Naturliebhaber geht, sondern um eine Wertschätzung, die in zentraler Weise mit Lebensmöglichkeiten des Menschen zusammenhängt.

Methodische Fragen - ein Ausblick

Mit den bisherigen Überlegungen habe ich mich besonders mit jenen Fragen beschäftigt, die sich stellen, sobald man über die Kriterien einer moralischen Beurteilung nachdenkt. Im Rahmen einer ethischen Urteilsbildung stellen sich jedoch auch einige andere Fragen, wie man an den Beiträgen des Bandes sehen kann. Bevor man über evaluative und normative Fragen nachdenken kann, gilt es zunächst einmal, das Feld moralisch relevanter Gesichtspunkte näher zu bestimmen. Das ist nun in umweltethischen Fragen in der Regel ausgesprochen schwierig. Das Problem beginnt bereits bei der Einschränkung des Themengebietes. Dazu hier noch einige Bemerkungen.

Nehmen wir etwa Müllers Überlegungen zur moralischen Beurteilung des Mülltransports. Diese Überlegungen können natürlich nur einen Ausschnitt aus einem breiten Aspekt ethisch relevanter Gesichtspunkte diskutieren. So setzen seine Überlegungen erst an, nachdem bereits grundlegende politische Entscheidungen zur Müllentsorgung auf verschiedenen politischen Ebenen getroffen wurden. Seine Abwägung stellt diese grundlegenden Weichenstellungen nicht mehr zur Debatte, was auch im Hinblick auf die diskutierte Fragestellung kaum möglich wäre. Ferner finden sich in seinem Beitrag einige wirtschaftsethische Erwägungen, bei denen es um die Frage geht, inwiefern überhaupt erwartet werden kann, dass moralische Erwägungen im Rahmen des Handelns einzelner ökonomischer Akteure eine Rolle spielen. Es ist also klar, dass sich die Argumentation angesichts einer konkreten umweltethischen Fragestellung aus pragmatischen Gründen beschränken muss. Gleichwohl wird an dem Beispiel ein methodisch grundlegendes Problem deutlich: Die moralische Abwägung macht Voraussetzungen hinsichtlich der grundsätzlichen Legitimität müllpolitischer Entscheidungen und wirtschaftsethischer Grundannahmen, die als solche ethisch diskutiert werden können. Bei den meisten umweltethischen Fragen ist man mit solchen komplexen Zusammenhängen konfrontiert, die die Diskussionen in der Umweltethik außerordentlich unübersichtlich gestalten. Das zeigt sich auch an der Diskussion von Bartholomäus/Ott um die moralische Beurteilung der Windräder. Diese werden eben nicht allein unter Aspekten des Klimaschutzes diskutiert, sondern es wird zwischen Tierschutz, Klimaschutz, Sicherheitserwägungen, ökonomischen Erwägungen und naturästhetischen Gesichtspunkten eine komplexe Diskussion geführt. Für konkrete umweltethische Diskussionen ist es notwendig und alternativlos, diese Komplexität zu reduzieren. Allerdings ist es für die Umweltethik eine methodische Herausforderung, sich der damit gegebenen Begrenzung bewusst zu werden. Abhängig davon, wie wir etwa in wirtschaftsethischer oder politischer Hinsicht die Verantwortung von Unternehmern und die Verantwortung des Staates für Energiepolitik bestimmen, kann dies zu sehr unterschiedlichen moralischen Beurteilungen führen. Viele moralische Beurteilungen stehen insofern unter bestimmten Vorbehalten, etwa dass grundlegende energiepolitische Weichenstellungen moralisch überhaupt vertretbar sind. Konkrete umweltethische Diskussion müssen mit diesen Beschränkungen umgehen können.

Ein weiteres Beispiel für die Komplexitätserhöhung in der Umweltethik zeigt der Beitrag von Karaphyllis. Sie wendet sich einer technischen Option der Energiepolitik zu, der Energiegewinnung durch nachwachsende Rohstoffe. Dabei macht sie auch deutlich, welche Gesichtspunkte bei einer ethischen Diskussion dieser technischen Option eine Rolle spielen müssen. Dabei zeigt sie u.a. auf, dass es nicht nur darum gehen kann, die Ziele dieser technischen Option moralisch zu beurteilen und nach Folgen, Nebenfolgen und der Qualität der zur Realisierung der technischen Option erforderlichen Mittel zu fragen. Sie macht ferner zu Recht darauf aufmerksam, dass auch die Alternativen vergleichend hinzugezogen werden müssen. Auch forschungs- und technologiepolitische Optionen müssen daher in der umweltethischen Diskussion eine Rolle spielen, insofern sich hier die Frage stellt, welche möglichen alternativen Pfade der Technologieentwicklung überhaupt weiter verfolgt werden.

Eine auf konkrete Fälle bezogene Umweltethik kann nicht zu einfacheren moralischen Urteilen führen, sondern sie erhöht zunächst die Anzahl der betrachteten moralischen Gesichtspunkte. Berücksichtigt man dann noch die Vielfalt an Diskussionen um moralische Kriterien in der normativen Ethik, von denen oben nur einige Beispiele vorgeführt wurden, so ist Umweltethik keine Methode, um moralische Fragen einfacher zu gestalten, sondern macht moralische Diskussionen im Gegenteil noch viel komplexer. Das ist für die Alltagsmoral einigermaßen erstaunlich. Schließlich ist man von der traditionellen Moral doch eher gewöhnt, dass die Handlungsalternativen sehr übersichtlich sind und recht eindeutige Handlungsanweisungen erfolgen: Du sollst nicht töten, man soll nicht schädigen, man soll die Selbstbestimmung anderer respektieren, Abtreibung ist schlecht, Euthanasie ist gut und Mutter Theresa ist ein guter Mensch. All diese moralischen Orientierungen scheinen recht einfach gestrickt zu sein, gut und böse übersichtlich verteilt. Doch man soll sich nicht darüber hinwegtäuschen: Antworten auf moralische Fragen in komplexen technologischen und globalisierten Industriegesellschaften sind nicht einfacher zu haben. Die moralischen Diskussionen der Tradition sind darauf ausgerichtet gewesen, das Verhältnis von Menschen untereinander, das Verhältnis des Menschen zu sich selbst (und ggf. auch gegenüber Gott) zu regeln. Wie wir mit der Natur, Energieversorgung und Müll umzugehen haben, waren keine moralisch relevanten Fragen (solange der Müll nicht in Nachbars Garten landete). Eine Umweltethik, die in einer modernen Gesellschaft konkrete Orientierungen leisten will, muss aber genau angesichts dieser Fragestellungen zeigen, inwiefern sie in der Lage ist, mit der Komplexität der moralisch relevanten Gesichtspunkte umzugehen. Sie hat daher zu zeigen, inwiefern in komplexen Handlungskontexten überhaupt noch moralische Ansprüche konkret formuliert und vernünftig vertreten werden können. Ob das gelingt oder nicht, entscheidet darüber, ob Forderungen nach Humanität, Menschenrechten und Gerechtigkeit in modernen Gesellschaften zur bloßen Rhetorik verflachen oder ernsthafte Orientierungsansprüche erfüllen können. Die wichtigste Voraussetzung, um ernsthafte moralische Diskussionen um Umwelt- und Naturschutz überhaupt möglich zu machen, besteht aber darin, die angedeutete Komplexität des Gegenstandes anzuerkennen. Umweltethische Fragen erfordern anspruchsvolle wissenschaftliche Diskussionen, die der Komplexität des Gegenstandsbereiches gerecht wird, und sind nicht lediglich Fragen politischer Verhandlungen.

Dieser Appell, die Komplexität umweltethischer Diskussionen seriös zu nehmen, hat nun nichts mit einem moralischen Relativismus zu tun. Ich gehe davon aus, dass Menschen moralisch strikt verpflichtet sind, die Rechte anderer zu achten und dass dies die Verpflichtung mit sich bringt, die natürlichen Grundlagen zu schützen, die wir als handlungsfähige, verletzliche und von Natur abhängige Wesen benötigen. Umweltzerstörungen sind insofern moralisch außerordentlich problematische und rechtfertigungsbedürftige Handlungen. Die angedeutete Komplexität von Zusammenhängen macht diese Rechtfertigung jedoch zu einer schwierigen und anspruchsvollen Tätigkeit. Eine Gesellschaft, die den damit verbundenen moralischen Anspruch ernst nimmt, wäre insofern eine Gesellschaft, die die Kosten nicht scheut, eine Diskussion möglich zu machen, die der Komplexität des Gegenstandes Rechnung trägt. Dass die meisten westlichen Gesellschaften bislang nicht erkannt haben, dass eine solche anspruchsvolle umweltethische Diskussion moralisch erforderlich ist, weckt Zweifel, ob die moralische Herausforderung überhaupt wahrgenommen wurde.

Anmerkung

[1] Eine ausführlichere Einführung findet sich in Düwell/Hübenthal/Werner 2002, 1-23.

Literatur

Birnbacher, Dieter 2002: Utilitarismus. In: Düwell, M, Hübenthal, C., Werner, M. (Hrsg.) 2002: Handbuch Ethik. Metzler, Stuttgart, 95-107.

Dol, Marcel et al. (Hrsg.) 1999: Recognizing the Intrinsic Value of Animals. Beyond Animal Welfare, Van Gorcum, Assen.

Düwell, Marcus 1999: Ästhetische Erfahrung und Moral. Zur Bedeutung des Ästhetischen für die Handlungsspielräume des Menschen, Alber, Freiburg/München.

Düwell, Marcus; Hübenthal, Christoph u. Werner, Micha (Hrsg.) 2002: Handbuch Ethik, Metzler, Stuttgart.

Düwell, Marcus 2002: Handlungsreflexive Moralbegründung. In: Düwell, M, Hübenthal, C., Werner, M. (Hrsg.): Handbuch Ethik. Metzler, Stuttgart, 152-162.

Eser, Uta 1999: Der Naturschutz und das Fremde. Ökologische und normative Grundlagen der Umweltethik. Campus, Frankfurt/M.

Gewirth, Alan 1978: Reason and Morality. Chicago University Press, Chicago.

Gewirth, Alan 1996: The Community of Rights. Chicago University Press, Chicago.

Kemper, Anne 2001: Unverfügbare Natur. Ästhetik, Anthropologie und Ethik des Umweltschutzes. Campus, Frankfurt/M., New York.

Krämer, Hans 1992. Integrative Ethik. Suhrkamp, Frankfurt/M.

Krebs, Angelika (Hrsg.) 1997: Naturethik. Grundtexte der gegenwärtigen tier- und ökoethischen Diskussion. Suhrkamp, Frankfurt/M.

Merleau-Ponty, Maurice 1966. Phänomenologie der Wahrnehmung, Walter de Gruyter, Berlin.

Nussbaum, Martha 2000: Women and Human Development. The capabilities approach. Cambridge University Press, Cambridge.

Pogge, Thomas (Hrsg.) 2001: Global Justice, Blackwell, Oxford.

Pogge, Thomas 2002: World Poverty and Human Rights. Cosmopolitan Responsibilities and Reforms. Polity, Cambridge.

Siep, Ludwig 2004: Konkrete Ethik. Grundlagen der Natur- und Kulturethik. Suhrkamp, Frankfurt/M.

Steigleder, Klaus 2002: Kant. In: Düwell, M, Hübenthal, C., Werner, M. (Hrsg.) 2002: Handbuch Ethik. Metzler, Stuttgart, 128-39.

Sunstein, Cass R. u. Nussbaum, Martha C. (Hrsg.) 2004: Animal Rights. Current Debates and New Directions, Oxford University Press, Oxford.

Taylor, Paul W. 1986: Respect for Nature. A Theory of Environmental Ethics, Princeton University Press, Princeton, NJ.

Waldron, Jeremy (Hrsg.) 1984: Theories of Rights, Oxford University Press, Oxford.

Warren, Mary Anne 1997: Moral Status. Obligations to Persons and Other Living Things, Oxford University Press, Oxford.

Julia Dietrich

Zur Methode ethischer Urteilsbildung in der Umweltethik

Dieser Beitrag stellt nicht einen einzelnen Umweltkonflikt, sondern die Methode umweltethischer Urteilsbildung in den Mittelpunkt: Was muss ich beachten, wenn ich ein umweltethisches Problem zu lösen habe? Ich möchte zunächst einige Vorbemerkungen zu meinem Verständnis von »Ethik« bzw. einer »Methode«« ethischer Urteilsbildung machen. Vor dem Hintergrund eines allgemeinen ethischen Urteilsbildungsmodells erstelle ich dann eine Checkliste, um umweltethische Fragestellungen gezielt zu erschließen und eine Handlungsempfehlung ethisch zu begründen.

Ich werde mich in meinen Überlegungen immer wieder auf die Beiträge dieses Bandes beziehen, da sie uns viele aufschlussreiche Beispiele und Hinweise bieten, worauf wir bei der ethischen Urteilsbildung achten müssen.

Zum Begriff der Ethik und der Methode ethischer Urteilsbildung

Ich möchte zunächst erläutern, was ich unter »Ethik« und einer »Methode« ethischer Urteilsbildung verstehe.

Zum Begriff der Ethik

Wie auch z. B. Düwell, Eser und Müller in diesem Band unterscheide ich zwischen Ethik und Moral und verstehe Ethik als »philosophische Reflexion auf Moral« (Düwell et al. 2002, 2). Unter »Moral« kann das vorfindliche und handlungsorientierend wirksame, sozusagen gelebte System aus Normen und Werten eines Individuums oder einer Gruppe bzw. Gesellschaft verstanden werden. Durch die deskriptive Ethik wird dieses System als solches beschrieben. Mit dem Ziel der begründeten Handlungsorientierung kann es aber auch kritisch-argumentativ geprüft werden, und zwar im Hinblick auf »Fragen des normativ Richtigen (Gesollten)« oder auf »Fragen des evaluativ Guten« (a.a.O.). Diesen zwei Fragetypen entspricht die Unterscheidung zwischen einer Sollensethik, die danach fragt, ob Handlungen richtig sind, und einer Strebensethik, die fragt, ob eine Handlung zum Gelingen des Lebens beiträgt. Beide zusammen machen eine nicht lediglich beschreibende (deskriptive), sondern vorschreibende (präskriptive) Ethik aus (vgl. Krämer 1992, insbesondere S. 371 f.).

Die präskriptive Ethik kann als *Allgemeine* Ethik Probleme der Handlungsorientierung behandeln, die unabhängig von bestimmten Personen bzw. Personengruppen oder raumzeitlichen Situationen sind. Oder aber sie kann sich als *Angewandte* Ethik auf konkrete ethische Probleme beziehen, das heißt auf Probleme, die bestimmten Akteuren und Situationen zuzuordnen sind und die bereits eingetreten sind oder mit hoher Wahrscheinlichkeit eintreten werden. Sie lassen daher einen mehr oder minder unmittelbaren Entscheidungs- und Handlungsdruck entstehen. Umweltethische Fragen gehören zu diesen Fragen einer konkreten, angewandten Ethik.

Vermutlich weniger in Abgrenzung, sondern vielmehr in Ergänzung zu den Definitionen der o.g. AutorInnen möchte ich den Begriff der Umweltethik nicht nur auf eine akademische Disziplin beziehen, sondern daran erinnern, dass sie auch in unserem Alltag zuhause ist: Ich gehe davon aus, dass z. B. »NormalbürgerInnen«, LandschaftsplanerInnen oder Ethik-ProfessorInnen zwar unterschiedliche fachliche Kenntnisse, unterschiedliche Stile des Nachdenkens und Diskutierens sowie unterschiedlich viel Übung und Erfahrung haben mögen, dass aber die logischen Grundstrukturen ethischen Reflektierens für alle gleich gelten. Ich werde daher im Folgenden die Begriffe der ethischen Urteilsbildung, der Ethik, der ethischen Reflexion etc. in einem integrativen Sinne verwenden, der verschiedene Formen der Professionalisierung und Spezialisierung umfasst.[1]

Zum Begriff der Methode ethischer Urteilsbildung

Angesichts der Komplexität umweltethischer Konflikte kann der Wunsch entstehen, eine griffige Methode ethischer Urteilsbildung zu kennen, *wie* man ein umweltethisches Problem lösen kann. Um eine solche Methode zu entwickeln, müssen wir drei unterschiedliche Fragen lösen, eine logische, eine empirische und eine didaktisch-ethische:

In einem ersten Schritt ist zu bestimmen, welche Gedankenschritte überhaupt zu berücksichtigen sind, um zu einem gültigen ethischen Urteil zu kommen. Eine entsprechende logische Theorie ethischer Urteilsbildung versucht zu klären, welche logischen Elemente für die Bildung eines ethischen Urteils notwendig sind. Gegenstand, Geltungsgrund und Methodik einer solchen Theorie sind nicht tatsächliche Ereignisse und deren Erforschung, sondern eine mögliche, logisch konsistente Systematisierung ethischer Fragestellungen und Urteilsformen. Einschlägige Disziplinen sind die Philosophie und Metaethik bzw. Logik.

In einem zweiten Schritt ist zu eruieren, in welcher Reihenfolge, mit welchen Medien und in welchen Diskursformen Menschen diese Gedankenschritte tatsächlich vollziehen können. Die empirische Theorie ethischer Urteilsbildung versucht daher mit Hilfe quantitativer und qualitativer Forschungsmethoden zu beschreiben und zu erklären, wie moralische bzw. ethische Urteile vom Individuum oder von Gruppen gebildet werden können, sei es in einem bestimmten Zeitraum, z.B. im Rahmen eines Bürgerforums, oder im Laufe des Lebens bzw. einer historischen Zeitspanne. Einschlägig ist die moralpsychologische und hier derzeit vor allem die entwicklungspsychologische sowie die moralsoziologische Forschung (Bobbert 2002).

Und schließlich muss begründet werden, welche empirisch möglichen Formen ethischen Reflektierens für welche Ziele geeignet sind und wie diese Ziele zu legitimieren sind. Hier wird eine Theorie der Umsetzung und Vermittlung, eine Art Didaktik ethischen Reflektierens benötigt, welche die Angemessenheit der gewählten Verfahren ethischen Reflektierens begründet.[2] Einschlägig sind hier z.B. die Moralpädagogik bzw. -didaktik (vgl. Dietrich 2002) oder auch die Debatte um angemessene Verfahren der Technikfolgenabschätzung (vgl. Skorupinski u. Ott 2000).

Meine Überlegungen in den folgenden Kapiteln gehören der ersten, logischen Theorie an: Ich versuche, systematisch zu bestimmen, welche Denkschritte bei der umweltethischen Urteilsbildung überhaupt zu berücksichtigen sind, schreibe aber nicht vor, in welcher Reihenfolge und Form sie zu gehen sind. Ich biete weder Rezepte noch ein Modell »guter« ethischer Diskurse, sondern eine Checkliste, worauf man in jedem Fall zu achten hat: Mit Hilfe eines Basismodells ethischer Urteilsbildung, systematisiere ich, wie umweltethische Konflikte entstehen und dementsprechend auch gelöst werden können.

Ethische Urteilsbildung

Um eine erste grobe Orientierung zu bieten, stelle ich zunächst eine Art Basismodell ethischer Urteilsbildung vor; es kann uns helfen, das Wechselspiel zwischen Wahrnehmung und Bewertung bzw. die ethische Relevanz von biologischen Fakten zu erklären und verschiedene, zweckrationale, strebens- und sollensethische Varianten umweltethischer Argumentationen zu unterscheiden. In diesem Abschnitt gehe ich bewusst gerade nicht auf mögliche Konfliktquellen ein, sondern stelle die Grundstrukturen ethischer Urteilsbildung in den Vordergrund.

Das Basismodell

Als Basismodell ethischer Urteilsbildung kann uns der praktische Syllogismus, eine klassische logische Schlussfigur, dienen.[3] Schauen wir uns folgendes Beispiel an:

1. Natur »soll« nicht zerstört werden. (vorschreibende - präskriptive - Prämisse)
2. Durch die Umgehungsstraße wird Natur zerstört. (beschreibende - deskriptive - Prämisse)
3. Also »soll« die Umgehungsstraße nicht gebaut werden. (Schluss).

Ungeachtet all der Schwierigkeiten, mit der eine solche Argumentation verbunden ist, macht sie doch folgende Grundstruktur deutlich: Eine bestimmte Tatsache oder Situation, die deskriptive Prämisse (hier: Durch die Umgehungsstraße wird Natur zerstört), wird als *Fall* einer präskriptiven, d.h. wertenden oder normativen Prämisse (hier: Natur »soll« nicht zerstört werden) gedeutet und führt zu einem konkreten präskriptiven Schluss (hier: Also »soll« die Umgehungsstraße nicht gebaut werden).

Diese »Standardversion« kann je nach Kontext abgewandelt (Rohbeck 2005), ausgebaut oder aber verkürzt werden. Sehr häufig wird die präskriptive Prämisse weggelassen:

2. Durch die Umgehungsstraße wird Natur zerstört. (beschreibende - deskriptive - Prämisse)
3. Also »soll« die Umgehungsstraße nicht gebaut werden. (Schluss).

Formallogisch betrachtet handelt es sich bei einem solchen Schluss um einen Verstoß gegen das Hume'sche Gesetz, welches besagt, dass ohne eine normative Prämisse nicht vom Sein auf das Sollen geschlossen werden kann (in anderer Terminologie: um einen naturalistischen Fehlschluss); für einen formal gültigen Schluss wäre die vorschreibende Prämisse, dass Natur nicht zerstört werden soll, zu ergänzen. Eine noch stärkere Verkürzung liegt vor, wenn die Argumentation allein durch die beschreibende Prämisse ausgedrückt wird. Dann heißt es im Brustton der Überzeugung, mit dem Faktum schon ein Argument dafür angeführt zu haben, dass die Umgehungsstraße nicht gebaut werden darf:

2. Durch die Umgehungsstraße wird aber Natur zerstört! (beschreibende - deskriptive - Prämisse)

Aus formallogischer Perspektive ist diese Aussage lediglich beschreibend. Doch ihre volle Bedeutung beruht im Gespräch darauf, dass man die vorschreibende Prämisse und die Schlussfolgerung sozusagen mitdenkt. Übersetzt man Gestik, Betonung und Emphase in die logische Struktur des praktischen Syllogismus' zurück und ergänzt die fehlenden Elemente, so wird deutlich, dass die beiden Prämissen des praktischen Syllogismus' im Grunde nur umgedreht worden sind. (Die deskriptive Prämisse behält dabei die logische Funktion, den vorliegenden Fall als Fall der präskriptiven Prämisse auszuweisen.)

2. Durch die Umgehungsstraße wird Natur zerstört! (beschreibende - deskriptive - Prämisse)
1. Natur »soll« aber nicht zerstört werden. (vorschreibende - präskriptive - Prämisse)
3. Also «soll« die Umgehungsstraße nicht gebaut werden. (Schluss)

Dem wahrgenommenen Sachverhalt, dass die Umgehungsstraße Natur zerstört, wird unmittelbar moralische Relevanz zugeschrieben, indem ihm eine einschlägige vorschreibende Prämisse und ein vorschreibender Schluss zugeordnet werden. Der/die Wahrnehmende trägt Deutungsmuster an das Wahrgenommene heran, die u.a. auch aus Werten und Normen bestehen können und die Wahrnehmung eines Sachverhalts oder einer Situation moralisch »aufladen«. Diese »Ladung« wird häufig durch Aussagen ausgedrückt, die sowohl eine beschreibende als auch eine vorschreibende »Schicht« haben, welche unmittelbar miteinander verbunden werden: ich nenne sie »dichte deskriptive Aussagen«.[4] Sie lassen sich aber analytisch unterscheiden und in der o. g. Weise zu einem praktischen Syllogismus mit umgekehrter Reihenfolge der Prämissen ausbauen.[5]

Halten wir als Zwischenergebnis fest, dass die ethische Urteilsbildung auf drei Basiselementen aufbaut, einer präskriptiven und einer deskriptiven Prämisse sowie einem präskriptiven Schluss, und merken wir uns für unsere Checkliste, dass wir im Gespräch vermutlich nicht immer alle Elemente ausdrücklich benennen und diese im Konfliktfall erläutern werden müssen.

Zum Wechselspiel zwischen Wahrnehmung und Bewertung bzw. zur ethischen Relevanz biologischer Fakten

Eine der Pointen des oben skizzierten ethischen Urteilsbildungsmodells besteht darin, dass ethische Reflexion nicht auf die Begründung von Normen und Werten (den präskriptiven Prämissen) reduziert wird, sondern auch so etwas wie ethische Wahrnehmung umfasst, in der Fakten, Informationen oder Sachverhalte auf präskriptive Prämissen bezogen werden. Ethische Wahrnehmungskompetenz stellt das Bindeglied zwischen naturwissenschaftlichen und ethischen Fragestellungen dar und kann als Kernkompetenz einer Ethik *in* den Wissenschaften angesehen werden.

In umweltethischen Debatten wird häufig darüber gestritten, welche Rolle biologischer und ethischer Expertise zukommt bzw. welche Rolle »die Fakten« für die ethische Bewertung spielen. Wenn wir uns das Wechselspiel von deskriptiver und präskriptiver Prämisse sowie Schluss vor Augen halten, wird deutlich, dass die ethische Relevanz einer biologischen bzw. ökologischen Aussage auf zwei Weisen entstehen kann:

Die erste Möglichkeit besteht darin, dass eine biologische Aussage auf eine Norm oder einen Wert bezogen, d.h. als Fall einer präskriptiven Prämisse interpretiert wird. Dabei beruht ihre Gültigkeit als Aussage auf ihrer sachlichen Richtigkeit (die durchaus umstritten sein kann). Gleichwohl ist aber ihre *Auswahl* als einschlägige Information und als deskriptive Prämisse in einem praktischen Syllogismus durch *ethische* Gesichtspunkte geleitet. Wer sich wie in unserem Beispiel vom Wert der Natur leiten lässt, wird untersuchen, ob und wie die Vegetation, die Tierwelt oder die ökosystemaren Prozesse beeinflusst werden. Wer den Gesichtspunkt »Gesundheit« berücksichtigen will, wird erheben, welche Lärmbelastung, Unfallgefahr etc. durch die Umgehungsstraße hervorgerufen oder verhindert wird; wer

»Wirtschaftlichkeit« in den Mittelpunkt stellt, wird u.a. wissen wollen, ob der Bau der Umgehungsstraße die Transportkosten senkt oder den Wert der angrenzenden Immobilien verändert etc.

Die zweite Möglichkeit, dass eine biologische Informationen ethisch relevant wird, entsteht dadurch, dass sie für die Handlungsoptionen, zwischen denen zu wählen ist, wichtig ist: Ist es z.B. technisch möglich, die Umgehungsstraße so abzuschirmen, dass die Lärmbelastung gesenkt wird? Oder kann sie auf einer anderen Route (die ökosystemverträglicher ist) geführt werden? Die ethische Beurteilung ist darauf angewiesen zu wissen, ob es Handlungsoptionen gibt, die den verschiedenen, für einschlägig gehaltenen Normen und Werten, mehr oder minder entsprechen. Sollen setzt Können voraus, und was gekonnt werden kann, ist eine empirische Frage. Welche der Handlungsoptionen aber ethisch wünschenswert und herbeizuführen sind, setzt wiederum ethische Begründungsarbeit voraus.

Die ethische Relevanz der deskriptiven Prämisse entsteht also nicht dadurch, dass die Aussage selbst auf geheimnisvolle oder manipulative Weise normativ oder wertend würde (selbst wenn ihre Begriffe moralisch aufgeladen sind). Es wird auch kein direkter Schluss von einer Tatsache auf eine konkrete Handlungsanweisung vorgenommen; dies wäre in der Tat eine Verletzung des Hume'schen Gesetzes. Fakten - so können wir für unsere Checkliste vormerken - Fakten »sprechen nicht für sich«, sondern werden dadurch relevant, dass man sie auf eine ethische Prämisse bezieht, oder dass man ausweist, inwiefern sie die Handlungsoptionen verändern.

Zweckrationale, strebensethische oder sollensethische Deutung des Praktischen Syllogismus'

In unserem Beispiel habe ich das Wörtchen »soll« vorsichtshalber in Anführungsstriche gesetzt. Dies soll darauf hinweisen, dass das »Sollen« unterschiedliche Bedeutungen haben kann: Es kann ausdrücken, dass eine Handlung als Mittel zu einem Zweck geeignet (d.h. zweckrational) ist, dass sie zum Gelingen des Lebens beiträgt oder aber dass sie geboten, erlaubt oder verboten ist. Diese Unterscheidung ist vor allem deshalb wichtig, weil das ethische Urteil dann jeweils einen unterschiedlichen Verbindlichkeitsgrad hat.

Ursprünglich wurde der Praktische Syllogismus als zweckrationale Überlegung eingeführt: In unserem Beispiel würde die (nicht zerstörte) Natur als Mittel zum Zweck z. B. der Naherholung der AnwohnerInnen eingestuft. Der Schluss hätte eine nur hypothetische Verbindlichkeit, d.h. er gilt nur dann, wenn man den Zweck, die Naherholung, teilt.

Man könnte die präskriptive Prämisse und den präskriptiven Schluss aber auch als strebensethische Ratschläge der Klugheit verstehen, die davon ausgehen, dass Naturerlebnisse z. B. über ihre ästhetische Wirkung oder ihre Verbundenheit mit einem bestimmten Lebensstil für die Identität von Menschen bzw. das Gelingen des Lebens wichtig sind (vgl. das sog. ästhetische und Heimat-Argument für den Schutz der Natur bei Krebs 1997, 369-375). Solche Ratschläge sind ebenfalls lediglich hypothetisch, das heißt, sie setzen voraus, dass man sich über die Form des Gelingen des Lebens einig ist. Entgegen dem weit verbreiteten Vorurteil, hier sei alles beliebig, ist auch die Frage eines gelingenden Lebens durchaus einer intersubjektiven und argumentativen Verständigung zugänglich, kann aber keine strengen, universalen Verbindlichkeiten bzw. Rechte und Pflichten begründen.

Eine dritte, sollensethische Lesart besteht darin, eine strenge, für alle verbindliche Verpflichtung zum Naturschutz zu konstruieren, z. B. dadurch, dass von Rechten der Natur ausgegangen wird, die mit Rechten von Menschen konkurrieren.

Ob man den Praktischen Syllogismus zweckrational, strebens- oder sollensethisch versteht, ist, wie diese Beispiele zeigen, nicht durch seine Form vorgegeben, sondern hängt davon ab, wie die präskriptive Prämisse begründet ist. In der ethischen Ausgangsfrage, was ich tun »soll«, behält das »›Sollen‹ einen unspezifischen Sinn, solange nicht das einschlägige Problem bestimmt ist und der Aspekt, unter dem es gelöst werden soll« (Habermas 1991, 101). Habermas' Formulierung können wir für unsere Checkliste festhalten: Bei einer umweltethischen Frage ist zu prüfen bzw. zu unterscheiden, ob sie zweckrationale, strebens- oder sollensethische Dimensionen hat.

Die zweckrationale, strebens- und sollensethische Deutung ist auch dann möglich, wenn der Praktische Syllogismus mit dem Verweis auf Güter bzw. Werte formuliert wird. Man hört z. B. auch Argumentationen, die wie folgt aufgebaut sind:

1. Die Natur ist (mir/uns) viel wert. (präskriptive Prämisse)
2. Durch die Umgehungsstraße wird Natur zerstört. (deskriptive Prämisse)
3. Also »soll« die Umgehungsstraße nicht gebaut werden. (Schluss)

In zweckrationaler Lesart entsteht der Wert der Natur durch den instrumentellen Bezug auf einen übergeordneten Wert, der ungenannt bleibt, z. B. den Wert der Erholung: Die Natur ist mir viel wert, weil sie mir Erholung bietet - und das ist deshalb von Bedeutung, weil Erholung mir viel wert ist.

Die strebensethische Lesart rückt die Beziehung zum wertenden Menschen in den Mittelpunkt: Die Wertaussage »x schätzt y« oder »y ist für x ein Wert« sagt etwas über eine Beziehung zwischen einem Menschen und einem Gut und zugleich etwas über das Gut wie auch über den Menschen aus: Wir erfahren, dass das Gut mindestens eine Eigenschaft besitzt, die - warum auch immer - für gut gehalten werden kann. Und wir erfahren, dass ein Mensch etwas für gut hält - und damit etwas über die Identität oder die Moral dieses Menschen. Insbesondere dieser Bezug zur Identität macht es verständlich, dass Werte häufig allein mit einer strebensethischen Perspektive verbunden werden.

Die dritte, sollensethische Lesart entsteht, wenn wir die präskriptive Prämisse nicht als Ausdruck einer Beziehung zwischen Mensch und Gut, sondern als ein objektiv Gegebenes verstehen und das »mir« bzw. »uns« einklammern: Weil Natur »ein Wert« ist (und zwar ein hoher), soll daraus für alle und verbindlich folgen, dass die Umgehungsstraße nicht gebaut werden soll.

Eine solche Argumentation hat die Schwierigkeit, dass die allgemeine Prämisse einen Wert benennt, während die Schlussfolgerung aus einer konkreten Handlungsanweisung besteht. Wie ist ein solcher Übergang möglich? Er setzt m.E. zwei Schritte voraus, nämlich die - in unserem Beispiel nicht ausgeführte - Übersetzung des Werts in eine Handlungsempfehlung sowie die Bestimmung des legitimatorischen Rangs von Wert bzw. Handlungsempfehlung. Was bedeutet es denn konkret, dass mir die Natur viel wert ist? Ich muss begründen, warum auf der Grundlage dieses Werts der Natur eine bestimmte Handlung empfohlen oder gefordert wird, und vor allem, *welche* Handlung ganz genau gemeint ist. Ich muss z. B. unterscheiden, ob der Wert der Natur bedeutet, dass ich sie unverändert bewahren oder ihr noch mehr Raum geben möchte (und für beide Fälle wäre eine Umgehungsstraße hinderlich). Zum anderen muss ich diesem Ziel eine vergleichsweise hohe Priorität geben, da ansonsten der unmittelbare Schluss auf das Verbot einer Umgehungsstraße nicht gilt.[6]

Ich muss also – so unser Merkposten für die Checkliste – bei dem Bezug auf »Werte« reflektieren, ob ich ihn mit zweckrationalen, strebens- oder sollensethischen Implikationen verbinde und auf welche Weise ich den Übergang zwischen einem Wert und einer Handlungsempfehlung bewerkstellige.

Worüber man sich streiten kann (und was man unterscheiden sollte): eine Checkliste für die Erschließung umweltethischer Fragen

Die klare Struktur des Praktischen Syllogismus' soll nicht darüber hinwegtäuschen, wie anspruchsvoll und komplex seine Umsetzung und Begründung sind. Während meine bisherigen Überlegungen die Grundstrukturen ethischer Urteilsbildung herausgestellt haben, wende ich mich jetzt der Frage zu, bei welchen Schritten welche Probleme und Auseinandersetzungen entstehen können. Das Grundmodell der ethischen Urteilsbildung kann uns jetzt helfen, verschiedene Quellen des Konflikts oder des Konsenses zu unterscheiden und eine Checkliste zu erstellen, worauf bei der ethischen Urteilsbildung zu achten ist (vgl. Abb. 1).

Ich möchte zunächst einige allgemeine Hinweise geben, die die gesamte Struktur des Praktischen Syllogismus' betreffen, um dann auf die empirischen Grundlagen (die deskriptive Prämisse), die zugrundegelegten Normen und Werte (die präskriptive Prämisse) sowie auf das ethische Urteil (den präskriptiven Schluss) einzugehen.

Allgemeine Voraussetzungen

Schauen wir uns noch einmal eine der Varianten unseres Beispiels an:

2. Durch die Umgehungsstraße wird Natur zerstört. (deskriptive Prämisse)
3. Also »soll« die Umgehungsstraße nicht gebaut werden. (Schluss)

Stellen wir uns vor, jemand würde antworten, dass die deskriptive Prämisse nicht zuträfe und dass, selbst wenn sie zuträfe, die Umgehungsstraße trotzdem gebaut werden solle. Worauf ist zu achten, damit die Auseinandersetzung konstruktiv wird? Ich möchte zunächst drei Hinweise geben, die die Klärung der Begriffe betreffen, und dann darlegen, warum es erforderlich ist, die Argumentation zu einem vollen Syllogismus auszubauen.

Begriffe klären

Die Auseinandersetzung darüber, ob die Umgehungsstraße Natur zerstört oder nicht, ist müßig, so lange beide Parteien nicht geklärt haben, ob sie überhaupt dasselbe unter »Natur« und unter »zerstören« verstehen.

Definitionen und Basiskonzepte klären und begründen

Wer keinen materialen, sondern einen prozessualen Naturbegriff hat, könnte darauf verweisen, dass für den Bau der Umgehungsstraße zwar Bäume gefällt werden müssen, dass aber dies und die weitere Nutzung der Straße die konstitutiven Prozesse des betroffenen Ökosystems nicht beeinträchtigt und insofern keine »Zerstörung« von Natur gegeben ist. Das heißt: Vor jeglicher Prüfung der Prämissen ist zu untersuchen, welche Definitionen bzw. Basiskonzepte vorliegen, ob diese sinnvoll und theoretisch tragfähig sind und ob sie von den KonfliktpartnerInnen geteilt werden. Der Beitrag von

Thomas Potthast (Potthast 2006, in diesem Band) zeigt, dass umweltethische Konflikte bereits auf dieser fundamentalen Ebene des Naturverständnisses verankert sein können; Nicole C. Karafyllis macht auf die konzeptionellen Wechselwirkungen und Ungereimtheiten zwischen den Ideen »Nachhaltigkeit«, »Kreislauf« und »Gleichgewicht« aufmerksam (Karafyllis 2006, in diesem Band).

Dichte moralische Begriffe suchen und auflösen

In unserem Beispiel macht die Wortwahl »Natur zerstören« stutzig: Dass »Natur zerstört« wird, klingt wesentlich drastischer als die Aussage, dass eine bestimmte Anzahl von Bäumen gefällt werden muss; unsere moralischen Intuitionen würden wahrscheinlich ersteres für verwerflich, zweiteres aber für bestimmte Ziele für erlaubt halten. Wir können die Worte »Natur« und »zerstören« nicht hören, ohne »Natur« mit etwas Gutem und »zerstören« mit etwas Verwerflichem zu assoziieren; es handelt sich um so genannte dichte oder dicke moralische Begriffe. Die Beiträge von Eser und Müller in diesem Band betonen, wie wichtig es ist, in der umweltethischen Debatte zwischen der jeweils deskriptiven und der moralischen »Schicht« dieser Begriffe zu unterscheiden, um sich der Suggestion einer vermeintlich alternativlosen Bewertung zu widersetzen (Eser 2006, Müller 2006, in diesem Band). Die Macht der sprachlichen Formulierungen zeigt sich aber, so Eser, noch auf einer weiteren Ebene.

Metaphern prüfen: moralische Implikationen und Symbolgehalte klären

Eser kritisiert an der Sprache, in der über den Umgang mit Neophyten diskutiert wird, nicht nur, dass hier dichte moralische Begriffe eingesetzt werden, sondern auch, dass diese in ihrer Gesamtheit ein rassistisches Bildfeld entstehen lassen, das Dritten - nämlich Menschen anderer Herkunft - schadet und zugleich die Debatte um Neophyten anthropomorph »aufheizt«. Selbst wenn man sich - schwerlich, aber doch - vorstellen kann, dass jemand diese Effekte positiv bewertet, so bleibt doch jedenfalls fest zu halten, dass sie zu benennen und zu diskutieren sind: Es gilt, die moralischen Implikationen unseres Sprechens zu reflektieren. In einer breiteren, kulturwissenschaftlichen Wendung greift auch Nicole Karafyllis die Macht der Sprache auf, wenn sie in ihrem Beitrag darauf hinweist, dass die Debatte um nachwachsende Rohstoffe nicht verständlich wird, wenn man nicht die symbolische Bedeutung, die wir mit »Weizen« verbinden, in Anschlag bringt (Karafyllis 2006, in diesem Band). Hier verbindet sich die sprachliche und mediale Ebene der Darstellung mit einer strebensethischen Deutung der zugrunde liegenden ethischen Fragestellung, wie wir sie latent auch in der Argumentation von Sachs finden, wenn er u.a. auf die religiöse Bedeutung des Flusses hinweist, in dem ein Staudamm errichtet werden soll (Sachs 2006, in diesem Band).

Ethische Argumentationen ausformulieren (Praktischer Syllogismus)

Wir hatten oben gesehen, dass wir im Gespräch häufig verkürzte Formen des Praktischen Syllogismus' einsetzen. Wenn wir aber eingrenzen wollen, worüber genau wir uns auseinandersetzen, ist es erforderlich, diese verkürzten Formen auszuformulieren.

Dichte deskriptive Aussagen suchen und auflösen/Prämissen und Schluss ausformulieren

Eine erste Aufgabe kann darin bestehen, dichte deskriptive Aussagen zu suchen und aufzulösen, d. h. genau zu benennen, warum wir eine Information oder einen Sachverhalt für relevant halten. »Für den Bau der Umgehungsstraße müssen aber Bäume gefällt werden!« Man könnte flapsig gegenfragen: »Na und?«. Dann muss die präskriptive Prämisse offengelegt werden: »Ja, aber Bäume dürfen nicht gefällt werden!« Erst dann kann weiter diskutiert werden: Ist es wirklich haltbar, dass - generell - keine Bäume gefällt werden dürfen? Und mit welcher Begründung? Vielleicht wird man sich darüber einig, dass dies kein kategorisches Verbot darstellt, hat aber unterschiedliche Ansichten darüber, für welche Ziele genau das Fällen von Bäumen legitim bzw. nicht legitim ist (für eine Umgehungsstraße oder für ein Baugrundstück). Oder aber man zieht aus derselben Prämisse verschiedene Konsequenzen, nämlich z. B. dass die Umgehungsstraße gar nicht gebaut werden darf oder aber dass der Verlust der Bäume durch eine Vergrößerung des Waldgebiets an anderer Stelle kompensiert werden soll. Umweltethische Auseinandersetzungen sind häufig davon geprägt, über die Aufzählung von für relevant gehaltenen Informationen mehr oder minder indirekt auch bestimmte präskriptive Vorannahmen anzusprechen (vgl. insbesondere die Materialien und Presseartikel zu den Beiträgen dieses Bandes). Da aber Fakten nur für sich sprechen können, wenn man sich über die moralischen Vorannahmen einig ist, diese aber gerade strittig sind, kann ich das Plädoyer von Düwell, Eser und Müller nur unterstützen, eine klare Trennung der Sach- und Norm- bzw. Wertebene vorzunehmen und zu versuchen, die vorausgesetzten Normen oder Werte bewusst auszuformulieren. Erst dann ist eine gezielte Prüfung aller Prämissen möglich.

Empirische Grundlagen (Deskriptive Prämisse)

Faktenlage prüfen

Die deskriptive Prämisse muss - ihre sprachliche Klarheit vorausgesetzt - im Hinblick auf ihre Stichhaltigkeit geprüft werden. In vielen umweltethischen Debatten löst dies heftige Kontroversen aus: Wie viele Menschen werden durch den Bau eines Staudamms - Achtung: ein dichter moralischer Begriff - verdrängt (Sachs 2006, in diesem Band)? Kreuzen gentechnisch veränderte Kartoffelpflanzen aus (ebd.)? Wie viel kostet der Transport einer Tonne Müll (Müller 2006, in diesem Band)? Wie viel Strom produzieren Off-Shore Windanlagen, und beeinflussen sie das Verhalten von Rast- und Zugvögeln und Meeressäugern sowie die Schifffahrt (Bartolomäus u. Ott 2006, in diesem Band)? etc. Diese Fragen sind im Kern nur durch empirische Forschung zu lösen. Abgesehen davon, dass sie - wie oben skizziert - nur deshalb relevant sind, weil sie auf ethische Kriterien wie soziale Gerechtigkeit, Wirtschaftlichkeit, Naturschutz oder Umweltschutz bezogen werden, ist aber bereits ihre Prüfung mit den *ethischen* Fragen verbunden, wer welche Beweislasten zu übernehmen hat und wie mit Entscheidungen unter Unsicherheit umzugehen ist.

Beweislasten prüfen und Entscheidungen unter Unsicherheit begründen

Ein Beispiel: In der Debatte um den Stinktierkohl bzw. Riesenaronstab ist es empirisch nicht gesichert, »ob der Riesenaronstab eine Gefährdung der einheimischen Artenvielfalt darstellt: Die Mehrzahl der Aussagen, die für eine solche Bewertung erforderlich sind, hat allenfalls probabilistischen Charakter.« (Eser 2006, 156, in diesem Band). Es ist also nicht klar, ob die deskriptive Prämisse - deren ethische Relevanz von allen geteilt wird - empirisch standhält. Man könnte sich vermutlich darauf einigen, dass deshalb eine weitergehende - ethisch induzierte - ökologische Begleitforschung notwendig ist. Zwei Fragen aber werden vermutlich strittig sein, die nicht empirisch, sondern nur durch ethische Argumentation zu lösen sind: Wer trägt die Beweislast, um entweder die Gefährdung der einheimischen Artenvielfalt auszuschließen oder aber nachzuweisen? Und wie lassen sich Entscheidungen unter Unsicherheit begründen? Es wäre einfach möglich, an dieser Stelle jedwede Konfliktlösung auszuhebeln bzw. auf St. Nimmerlein zu verschieben, indem man jeweils utopische Ansprüche an den Umfang und die Sicherheit ökologischer Erkenntnisse stellt. (Wir werden sehen, dass es bei der Begründung der präskriptiven Prämisse vergleichbare Mechanismen gibt.) Will man diese Sackgasse vermeiden, bedarf es einer begründeten Einigung über die Entscheidungsregeln. Selbst bei der Auseinandersetzung um die Prüfung der deskriptiven Prämissen spielen also nicht allein empirische Fragen eine Rolle, sondern sie sind mit ethischen Entscheidungsregeln verbunden, über die - und das ist die Pointe dieses Checklistenpunkts - eigens zu diskutieren ist.

Normen und Werte (Präskriptive Prämisse)

Zweckrationale, strebens- oder sollensethische Relevanz klären

Wie oben dargestellt, macht es für die Verbindlichkeit einer Handlungsempfehlung bzw. für den Zuschnitt eines ethischen Problems einen bedeutenden Unterschied, ob ich sie zweckrational, strebens- oder sollensethisch deute. Eine entsprechende Diskussion, so hatten wir gesehen, ist auch beim Bezug auf Werte oder Güter notwendig und mit den Schwierigkeiten des Übergangs zwischen Werten und Handlungsempfehlungen verbunden.

Genau hier sind die Überlegungen von Düwell anzusiedeln, der herausarbeitet, wie sich sollens- und strebensethische Zugänge unterscheiden, welche Fragen von beiden zu klären sind und warum sie sich nicht widersprechen, sondern ergänzen (Düwell 2006, 165, in diesem Band). Ergänzend möchte ich anmerken, dass sich, wie oben gezeigt, auch in Wertdebatten sollensethische Argumentationen »verstecken« können - so dass eine Klärung des jeweiligen Anspruchs umso notwendiger erscheint.

Die Überlegungen von Zinser zum Flächenverbrauch stellen ein gutes Beispiel dafür dar, wie beide Zugänge interagieren: Die Fragen der Gerechtigkeit, die mit dem Flächenverbrauch verbunden sind, entstehen gerade dadurch, dass der Flächenverbrauch durch einen bestimmten Lebensstil gefördert wird - und eine der Lösungen des Problems könnte darin bestehen, diesen Lebensstil durch politische Kontrolle oder aber - so möchte ich hinzufügen - durch ethische Selbstverständigung zu ändern. Die Frage der Gerechtigkeit erfordert universalisierbare Lösungen - die Frage des Lebensstils basiert auf einer geteilten, aber nicht erzwingbaren Vorstellung über gelingendes Leben. Für eine Befriedung des Konflikts sind vermutlich beide Debatten zu führen.

Gültigkeit der präskriptiven Prämisse begründen

Die explizite Formulierung und die sollens- bzw. strebensethische Einordnung der für einschlägig gehaltenen präskriptiven Prämissen spielen bei der Klärung, worin eigentlich das Problem zu sehen ist, eine entscheidende Rolle - doch sind die Prämissen deshalb noch nicht gut begründet. Hier muss daher eine umfassende Begründungsarbeit ansetzen, die in die Allgemeine Ethik hineinführt. Mir erscheint es wichtig noch einmal darauf hinzuweisen, dass die Allgemeine Ethik nicht nur Ansätze zur Begründung von Rechten und Pflichten kennt, sondern auch - und historisch betrachtet sogar ältere - Überlegungen zum Gelingen des Lebens, die Hintergrundtheorien für die anthropologische Bedeutung von Natur, Natürlichkeit, Körperlichkeit, Bewegung, Wachstum, Gleichgewicht etc. bieten. Es stellt daher eine zu begründende Entscheidung dar, die Wahl des Lebensstils für eine rein »private« Angelegenheit zu halten, in der alles erlaubt sei, solange es niemanden störe; auch diese »private« Angelegenheit kann für eine diskursive Auseinandersetzung zugänglich sein.

Die Gewichtung der präskriptiven Prämissen bzw. den Zuschnitt des Problems diskutieren

Neben der Explikation, Zuordnung und Begründung einschlägiger Prämissen scheint mir eine weitere Frage ein häufiger Auslöser von Umweltkonflikten zu sein, nämlich die Frage, welche der Prämissen bzw. welcher Typus an Prämissen die leitenden sein sollen. So zeichnet Sachs zu Beginn seines Beitrags nach, wie sich der Konflikt um den Narmada-Staudamm von einem lokalen umweltethischen Konflikt zu einer Auseinandersetzung um das politische System Indiens ausgeweitet hat (Sachs 2006, 17, in diesem Band); Sachs eigene Argumentation zielt darauf ab, den Konflikt nicht von seinen ökologischen Aspekten her zu verstehen, sondern ihn als Wirtschafts- und Machtkonflikt zu rekonstruieren. Auch Karafyllis' Beitrag möchte die Problemwahrnehmung verändern und die zugrundeliegenden Denkroutinen bzw. Modelle sichtbar machen und zugleich in ihren Grenzen und Schwächen bestimmen (Karafyllis 2006, 95, in diesem Band). Zinser eröffnet im letzten Abschnitt ihres Beitrags in einer unerwarteten Wendung eine neue Beschreibungsebene, wenn sie die Debatte um den Flächenverbrauch auch als Austragungsort einer demokratietheoretischen Auseinandersetzung interpretiert und für eine Kombination »kooperativer und direkt-demokratischer Beteiligungsverfahren« (Zinser 2006, 57, in diesem Band) optiert. In dieser Tendenz der Umweltethik zur »Rekonfiguration« umweltethischer Fragen sehe ich zugleich Vor- und Nachteile für die Konfliktlösung: Vorteilhaft scheint sie mir zu sein, wenn sie den Blick so weitet, dass die Konfliktparteien u. U. für selbstverständlich gehaltene Konsense - z. B. über Rahmenbedingungen oder Fernziele - wieder wahrnehmen können. Nachteilig scheint sie mir zu sein, wenn sie - ich übertreibe jetzt zugunsten der Klarheit - zu der Haltung führt, dass man sich eh nicht einigen könne, weil alles mit allem zusammenhänge, oder aber wenn sie mit dem Bemühen verbunden ist, festzulegen, welche die »eigentlich« wichtige Frage sei, worin das Problem »eigentlich« bestehe. Die Lösung besteht m. E. darin, den Bezugsrahmen der eigenen Überlegungen jeweils auszuweisen und zu begründen sowie eine Diskussion über eine sinnvolle Reihenfolge bei der Problemlösung zu beginnen. Als Beispiel kann uns hier der Beitrag von Eser dienen: In der Debatte um den Stinktierkohl unterscheidet sie die beiden Problemebenen - die Gefährdung einheimischer Arten durch den Stinktierkohl im Taunus und die Frage nach den Ursachen des Artensterbens insgesamt - und verbindet sie zugleich, indem sie den Handlungsbedarf auf der ersten Ebene konzediert, ohne damit denjenigen auf der zweiten zu negieren. Auch Müller weist aus (Müller 2006, 29, in diesem Band), dass seine Abwägung die Rahmenbedingungen eines konkreten Entscheidungsdrucks der zuständigen Behörde akzeptiert und dass sie daher gegebenenfalls modifiziert werden muss, wenn man - wie es Düwell betont (Düwell 2006, 165, in diesem Band) - diese Rahmenbedingungen hinterfragt. Die Komplexitätserhöhung wird dann konstruktiv, wenn sie mit dem Ausweis und der Vermehrung von Handlungsspielräumen sowie (!) mit dem Ausweis und der begründeten Verortung einer bestimmten Handlungsempfehlung in einem der Handlungsspielräume einhergeht.

Rangfolge verschiedener gültiger präskriptiver Prämissen ausweisen

Verschiedene AutorInnen weisen darauf hin, dass eine Handlungsempfehlung ohne eine Rangfolge der herangezogenen Prinzipien nicht möglich ist. Diese Hierarchisierung wird häufig für eines der Hauptprobleme ethischer Begründung gehalten; die Fundamentalkonflikte der Allgemeinen Ethik scheinen unüberwindbar zu sein und jegliche Begründung zu verhindern. Doch stellen sich bei der Lektüre der Beiträge Zweifel ein, ob diese philosophischen Schwierigkeiten tatsächlich die häufigsten *Ursachen* von Konflikten darstellen (und nicht vielmehr in deren Konsequenz erst deutlich

werden) oder ob nicht die Auseinandersetzung um den richtigen Zuschnitt des Problems eine viel wichtigere Rolle spielt. Vor diesem Hintergrund ist es aufschlussreich zu sehen, wie einige der AutorInnen in diesem Band mit der Hierarchisierungsproblematik umgehen:
Bartolomäus und Ott ergreifen sozusagen die Flucht nach vorn:

> »Abwägen lassen sich die zur Disposition stehenden Werte und Normen nur, wenn sie gewichtet werden. Dabei lässt sich keine Gewichtung als die eindeutig richtige beweisen, es lassen sich lediglich Argumente zugunsten der einen oder der anderen Gewichtung anführen. [...] Es wäre eine Illusion zu glauben, die dargestellten Konflikte ließen sich gänzlich auflösen. [...] Dass zwischen Klima- und Naturschutzzielen unterschiedliche Gewichtungen möglich sind, bedeutet allerdings nicht, dass eine umweltethische Bewertung verschiedener übergreifender Entwicklungsmöglichkeiten ausgeschlossen sind« (Bartolomäus u. Ott 2006, 81, in diesem Band).

Das heißt - so meine Deutung - dass nicht zwischen den einzelnen Zielen, sondern zwischen verschiedenen Handlungsszenarien abgewogen wird. Genauer: Selbst wenn ich das Verhältnis der Ziele untereinander nicht eindeutig klären kann, können sie, zusammen genommen, dennoch dazu beitragen, wünschenswerte von weniger wünschenswerten Entwicklungsmöglichkeiten zu unterscheiden.

Müllers Begründung ist zweistufig aufgebaut (Müller 2006, in diesem Band): In einem ersten Schritt stellt er zunächst drei Kriterien (Schutz von Mensch und Umwelt, Verteilungsgerechtigkeit, Effizienz) und eine Rangfolge zwischen ihnen vor, die ad hoc sehr plausibel erscheinen und vielleicht auch darauf abzielen, zunächst nicht hinterfragt zu werden. Denn unter dem Abschnitt »Begründung« werden sie nicht im engeren Sinne begründet, sondern lediglich erläutert; im folgenden Kapitel werden sie unmittelbar für die Begründung einer Handlungsempfehlung eingesetzt. In einem zweiten, sozusagen nachgereichten Schritt stellt Müller dar, inwiefern er mit seinen Kriterien und ihrer Rangfolge an bestimmte ethische Theorien anschließt und wie er sich zu ihren KritikerInnen verhält. Dieses Vorgehen hat den Vorteil, dass mit dem konkreten Einsatz der drei intuitiv plausiblen Kriterien gezeigt wird, dass ethische Entscheidungen überhaupt kriteriengeleitet möglich sind; in konkreten Konfliktfällen mag es dann überflüssig erscheinen, noch auf die »tiefere« philosophische Ebene zu gehen. Doch wer die intuitive Plausibilität der eingesetzten Kriterien durchbrechen und ihren Geltungsbereich ab- und eingrenzen will, bedarf des Rückgangs auf diese Ebene. Insofern ist Schritt 2 der Müllerschen Argumentation ein unentbehrlicher Schritt, um über den Geltungsbereich seiner Überlegungen aufzuklären.

Das Fazit Esers beruht bei näherer Betrachtung darauf, dass sie voraussetzt, dass die theoretisch einfachste, weil voraussetzungsärmste ethische Basistheorie - die Anthropozentrik - ausreichend ist, den Schutz bedrohter Pflanzenarten zu begründen (Eser 2006, in diesem Band). Die entscheidende Weichenstellung ihrer Begründung erfolgt also nicht durch die Abwägung von einzelnen Naturschutzzielen, Handlungsszenarien oder Kriterien, sondern durch die begründungsstrategisch kluge Wahl einer vergleichsweise prämissenarmen Basistheorie, die den stärkeren Begründungsanforderungen ihrer KontrahentInnen nicht widerspricht.

Die unerwartete Wendung Zinsers zu einer demokratietheoretischen Betrachtung des Entscheidungsverfahrens über den Flächenverbrauch macht auf die wichtige Rolle aufmerksam, die gemeinhin Diskursen für die ethische Urteilsbildung gegeben wird: Hier wäre sorgsam zu reflektieren, ob der Bezug zum Diskurs sozusagen eine Übersprungshandlung angesichts der Schwierigkeiten ethischer Begründung darstellt bzw. welche Funktion genau er für die ethische Begründung übernimmt.[7]

Beweislasten klären und Entscheidungen unter Unsicherheit begründen
Die Schwierigkeiten mit der Begründung der präskriptiven Prämisse führen uns m. E. zu derselben Konsequenz, wie wir sie schon in Bezug auf die Schwierigkeiten mit der Begründung der deskriptiven Prämisse formuliert haben: Es ist auch in Bezug auf die ethische Begründung im engeren Sinne zu klären, wer welche Beweislasten hat und wie mit Entscheidungen unter Unsicherheit zu verfahren ist, deren Unsicherheit eben nicht nur auf der empirischen, sondern auch auf der ethischen Ebene liegen. Anders formuliert: Ich sehe zwei Wege, um zu einer Handlungsorientierung zu kommen. Entweder man erhebt den Anspruch, dass sowohl deskriptive als auch präskriptive Prämisse eindeutig begründet sind - dann würde das Warten auf die Letztbegründung allerdings auch in Bezug auf die deskriptive Prämisse gelten. Oder aber man akzeptiert - wie es meines Eindrucks nach die oben skizzierten Begründungen voraussetzen - , dass Ethik als Arbeit pro Zeit wie jede Leistung auch fehlerhaft und vorläufig sein kann. Dann bedarf es einer Ethik der Entscheidungen unter Unsicherheit, die sich auch auf die präskriptiven Prämissen bezieht, d.h. man müsste begründen, welcher Grad an Plausibilität einer ethischen Argumentation für die Handlungsorientierung ausschlaggebend sein soll bzw. darf.

Handlungsempfehlung aussprechen (Schlussfolgerung)
Angesichts der Auseinandersetzungen um den »Sachstand« oder um die »ethische Letztbegründung« wird manchmal übersehen, dass es auch auf der Ebene der Schlussfolgerung noch Probleme geben kann, die bei einer Konfliktlösung zu beachten sind.

Logische Fehler vermeiden
Der sozusagen einfachste Fall besteht darin, dass die Logik zwischen deskriptiver und präskriptiver Prämisse sowie Schluss nicht eindeutig oder sogar falsch ist, dass also z. B. die deskriptive Prämisse gar keinen Fall der präskriptiven darstellt oder aber dass der Schluss nicht zwingend ist.[8] Letzteres ist häufig dann der Fall, wenn nicht alle Handlungsoptionen, die möglich sind, beachtet wurden.

Handlungsoptionen ausweisen
Der Ausweis der möglichen Handlungsoptionen ist in Bezug auf ihre ›Möglichkeit‹ zunächst eine empirische Frage: So stellt Müller die verschiedenen Transportmittel für Müll mit ihren technischen Voraussetzung vor. Dass die Fokussierung auf die Wahl des Transportmittels andere Handlungsoptionen nachgeordnet hat (z. B. die Möglichkeit, den Müll zu deponieren oder den Lebensstil zu ändern), stellt allerdings bereits eine ethisch zu begründende Einschränkung dar. Hier kehrt also die Frage nach dem angemessenen Zuschnitt des Problems wieder, die z. B. mit der Frage verbunden ist, welche weiteren Handlungsoptionen erforscht bzw. entwickelt werden sollen (z. B. andere Schienenwege oder neue Umladesysteme) oder wie das Problem grundsätzlich vermieden werden könnte (Lebensstil ändern). Auch hier, denke ich, ist dazu zu raten, die verschiedenen Handlungsoptionen nicht gegeneinander auszuspielen, sondern auszuweisen, auf welchen Problemzuschnitt, Kontext und zeitlichen Rahmen sich die eigene ethische Entscheidung bezieht.

Mit den »Nebenwirkungen« von kontraintuitiven und unangenehmen Schlussfolgerungen rechnen

Ein nicht unerheblicher - aber den kritischen Kern ethischer Reflexion widerspiegelnder - Konflikt kann dann entstehen, wenn der Schluss, zu dem man nach reiflicher Überlegung kommt, stark kontraintuitiv oder unangenehm ist. Nehmen wir an, es ließe sich zeigen, dass - um den von Potthast diskutierten Fall aufzugreifen (Potthast 2006, in diesem Band) - die Toleranz der öden Flächen des vom Borkenkäfer niedergefressenen Stücks Walds die einzig schlüssige Konsequenz aus den von uns vertretenen Voraussetzungen ist und dass sich »unser Gefühl« aber standhaft wehrt, dies anzuerkennen. Wir werden dann dazu neigen, diesen Schluss zu verhindern und den Praktischen Syllogismus' quasi von unten wieder aufzurollen und erneut zu prüfen, ob die Prämissen stichhaltig sind.[9] Die gefundene Lösung kann also eine erneute Anfrage an die Gültigkeit der vorausgesetzten Prämissen bewirken - oder aber - so das zutiefst kritische Potential der Ethik - eine Änderung unserer Intuitionen bzw. Wahrnehmung verlangen. In diesem Fall spielt es eine besonders wichtige Rolle, ob der bisherige Verlauf einer Auseinandersetzung nicht nur konsistent, sondern auch menschlich angemessen gestaltet wurde, so dass es keinen Gesichtsverlust, sondern eine Stärkung der Integrität bedeutet, seine Meinung begründet zu ändern.

Anstelle einer Zusammenfassung möchte ich die zu prüfenden Elemente ethischer Urteilsbildung zu der versprochenen Checkliste auflisten:

Abbildung 1: Checkliste

Worüber man sich streiten kann (und was man unterscheiden sollte):

Eine Checkliste für die Erschließung umweltethischer Fragen

➔ **Allgemeine Voraussetzungen**

⇨ Begriffe klären

- Definitionen und Basiskonzepte klären und begründen
- Dichte moralische Begriffe suchen und auflösen
- Metaphern prüfen: moralische Implikationen und Symbolgehalte klären

⇨ Ethische Argumentation ausformulieren (Praktischer Syllogismus)

- Dichte deskriptive Aussagen suchen und auflösen
- Prämissen und Schluss ausformulieren

➔ **Empirische Grundlagen (Deskriptive Prämisse)**

⇨ Faktenlage prüfen

⇨ Beweislasten prüfen und Entscheidungen unter Unsicherheit begründen

➔ **Normen und Werte (Präskriptive Prämisse)**

⇨ Zweckrationale, strebens- oder sollensethische Relevanz klären

⇨ Gültigkeit der präskriptiven Prämisse begründen

⇨ Die Gewichtung der präskriptiven Prämisse bzw. den Zuschnitt des Problems diskutieren

⇨ Die Rangfolge verschiedener gültiger präskriptiver Prämissen ausweisen

⇨ Beweislasten prüfen und Entscheidungen unter Unsicherheit begründen

➔ **Handlungsempfehlung aussprechen (Schlussfolgerung)**

⇨ Logische Fehler vermeiden

⇨ Handlungsoptionen ausweisen

⇨ Mit den Nebenwirkungen von kontraintuitiven und unangenehmen Schlussfolgerungen rechnen

Anmerkungen

[1] Ich schließe mich hier der Position des Philosophen und Didaktikers Ekkehard Martens an (Martens 2003).

[2] Unter »Didaktik« verstehe ich eine Theorie, die versucht zu klären, wer was wie warum lehren oder lernen soll. Ein solcher weiter, integrativer Begriff von Didaktik bezieht sich nicht nur auf die Frage, wie ich etwas lehre oder lerne, sondern auch darauf, was gelehrt bzw. gelernt werden soll und vor allem auch darauf, warum etwas auf eine bestimmte Art und Weise gelehrt bzw. gelernt werden soll.

[3] Der Begriff Syllogismus bezeichnet einen aus zwei Prämissen (Voraussetzungen) gezogenen logischen Schluss vom Allgemeinen auf das Besondere: Unter der Voraussetzung, dass die (allgemeine) Prämisse 1 und die (besondere) Prämisse 2 richtig sind, ist logischerweise auch Schluss 3 richtig. Das klassische Beispiel lautet: 1. »Alle Menschen sind sterblich«, 2. »Sokrates ist ein Mensch« daraus folgt 3. »Sokrates ist sterblich«. Ein Praktischer Syllogismus setzt diese Struktur für die Begründung von Handlungsregeln bzw. Handlungen ein. Zu einer näheren Erläuterung siehe Dietrich 2004.

[4] Meine Benennung zieht eine Analogie zu Bernard Williams' »dichten moralischen Begriffen« (Williams 1999, S. 182), bei denen wie in den o.g. Aussagen vorschreibende und beschreibende Aspekte verbunden werden.

[5] Entgegen der klassischen Deutung halte ich also die Reihenfolge der Prämissen für flexibel, solange die deskriptive Prämisse ihre Funktion behält, den vorliegenden Fall als Fall der präskriptiven Prämisse auszuweisen. Außerdem lassen sich mit den Elementen des Praktischen Syllogismus auch ethische Argumentationen beschreiben, die nicht mit der präskriptiven Prämisse oder der deskriptiven Prämisse, sondern mit der (intuitiv als richtig empfundenen) Handlungsanleitung beginnen.

[6] Mir ist keine Literatur bekannt, die das Verhältnis von Werten und Normen konkret für die ethische Urteilsbildung ›durchbuchstabieren‹ würde (hilfreiche Hinweise finden sich in Werner 2004): Die Diskussion über das Verhältnis von Strebens- und Sollensethik ist zu allgemein und hilft hier nicht weiter.

[7] Ich kann nur in aller Kürze andeuten, dass ein Diskurs sehr verschiedene Funktionen haben kann: Er kann als Ausdruck eines moralischen Rechts der von einer Entscheidung Betroffenen etabliert werden; dann hat er nicht vorrangig die Funktion, die Qualität der ethischen Urteilsbildung zu sichern, sondern die Autonomie der Betroffenen zu gewährleisten. Er kann aber auch als Element der Urteilsbildung verstanden und hier wiederum mit verschiedenen Funktionen versehen werden: Er kann, wie bei Habermas, als Geltungsgrund ethischer Urteile etabliert werden. Ist er nicht allein Geltungsgrund, kann er trotzdem für unentbehrlich gehalten werden, und zwar angesichts der Komplexität der Begründungslage als Mittel der Arbeitsteilung, als Korrektiv der Fehlbarkeit individueller Urteilsbildung oder zur Heuristik individueller Urteilsbildung sowie als (politisches) Mittel der Konsensfindung und der psychosozialen Stabilität. In jedem Fall sind sein Einsatz und seine Formen anders zu begründen.

[8] Dies kann in die Prüfung der Basiskonzepte zurückführen: Wer z. B. den Mensch als Teil der Natur betrachtet, wird die Prämisse, dass Natur nicht zerstört werden darf, auch auf Menschen beziehen. Wer die Prämisse dann noch im Sinne einer Schädigung abschwächt und das Fehlen der Umgehungsstraße als schädigend interpretiert, gewinnt eine völlig andere Problemkonstellation.

[9] Dies betonen vor allem die KasuistInnen und KohärentistInnen unter den EthikerInnen, die der Wahrnehmung der Problemlage ein mindestens ebenso großes Gewicht bei der Begründung von Handlungsempfehlungen einräumen wie Normen und Werten.

Literaturverzeichnis

Bartolomäus, Christian u. Ott, Konrad 2006: Klima- vs. Naturschutz? Zum Konflikt um den Ausbau der Offshore-Windenergienutzung. In: Eser, Uta u. Müller, Albrecht (Hrsg.): Umweltkonflikte verstehen und bewerten: Ethische Urteilsbildung im Natur- und Umweltschutz. oekom, München, S. 81-94 (in diesem Band).

Bobbert, Monika 2002: Moralpsychologie. In: Düwell, Marcus; Hübenthal, Christoph u. Werner, Micha H. (Hrsg.): Metzler Handbuch Ethik. Stuttgart, Weimar, 428-432.

Dietrich, Julia 2002: Moralpädagogik. In: Düwell, Marcus; Hübenthal, Christoph u. Werner, Micha H. (Hrsg.): Handbuch Ethik. Metzler, Stuttgart, Weimar, 423-428.

Dietrich, Julia 2004: Grundzüge ethischer Urteilsbildung. Ein Beitrag zur Bestimmung ethisch-philosophischer Basiskompetenzen und zur Methodenfrage der Ethik. In: Rohbeck, Johannes (Hrsg.): Ethisch-philosophische Basiskompetenz. Universitätsverlag, Dresden, 65-96.

Düwell, Marcus; Hübenthal, Christoph u. Werner, Micha H. (Hrsg.) 2002: Handbuch Ethik. Metzler, Stuttgart, Weimar.

Düwell, Marcus 2006: Umweltethik und normative Ethik. In: Eser, Uta u. Müller, Albrecht (Hrsg.): Umweltkonflikte verstehen und bewerten: Ethische Urteilsbildung im Natur- und Umweltschutz. oekom, München, S. 165-176 (in diesem Band).

Engels, Eve-Marie 2005: Ethik in den Biowissenschaften. In: Maring, Matthias (Hrsg.): Ethisch-Philosophisches Grundlagenstudium 2. Ein Projektbuch. Lit, Münster, 135-166.

Eser, Uta 2006: Konfliktfall »Amerikanischer Sticktierkohl« - Gebietsfremde Arten zwischen xenophoben Klischees und Naturidealen. In: Eser, Uta u. Müller, Albrecht (Hrsg.): Umweltkonflikte verstehen und bewerten: Ethische Urteilsbildung im Natur- und Umweltschutz. oekom, München, S. 149-164 (in diesem Band).

Habermas, Jürgen 1991: Vom pragmatischen, ethischen und moralischen Gebrauch der Vernunft. In: Habermas, Jürgen (Hrsg.): Erläuterungen zur Diskursethik. Suhrkamp, Frankfurt/M., 100-118.

Karafyllis, Nicole 2006: Heizen mit Weizen? Konfliktfalle Nachwachsende Rohstoffe: Welche Natur und welche Technik sind nachhaltig? In: Eser, Uta u. Müller, Albrecht (Hrsg.): Umweltkonflikte verstehen und bewerten: Ethische Urteilsbildung im Natur- und Umweltschutz. oekom, München, S. 95-119 (in diesem Band).

Krämer, Hans 1992: Integrative Ethik. Suhrkamp, Frankfurt/M.

Krebs, Angelika (Hrsg.) 1997: Naturethik: Grundtexte der gegenwärtigen tier- und ökoethischen Diskussion. Suhrkamp, Frankfurt/ M.

Martens, Ekkehard 2003: Methodik des Ethik- und Philosophieunterricht. Philosophieren als elementare Kulturtechnik. Siebert, Hannover.

Müller, Albrecht 2006: Der Müll, der Markt und die Moral. Wie soll der Landkreis Tübingen seinen Müll nach Stuttgart transportieren? In: Eser, Uta u. Müller, Albrecht (Hrsg.): Umweltkonflikte verstehen und bewerten: Ethische Urteilsbildung im Natur- und Umweltschutz. oekom, München, S. 29-56 (in diesem Band).

Potthast, Thomas 2006: Warum sollen und wie können ›natürliche Prozesse‹ geschützt werden? Zur Konzeption des Prozessschutzes in der Naturschutzpraxis. In: Eser, Uta u. Müller, Albrecht (Hrsg.): Umweltkonflikte verstehen und bewerten: Ethische Urteilsbildung im Natur- und Umweltschutz. oekom, München, S. 121-147 (in diesem Band).

Rohbeck, Johannes 2005: Rhetorik und Philosophiedidaktik. In: Zeitschrift für Didaktik der Philosophie und Ethik, Mai 2005, 98-106.

Sachs, Wolfgang 2006: Ressourcenkonflikte: Unterhaltswirtschaften gegen Marktökonomie. In: Eser, Uta u. Müller, Albrecht (Hrsg.): Umweltkonflikte verstehen und bewerten: Ethische Urteilsbildung im Natur- und Umweltschutz. oekom, München, S. 17-27 (in diesem Band).

Skorupinski, Barbara u. Ott, Konrad 2000: Technikfolgenabschätzung und Ethik. Eine Verhältnisbestimmung in Theorie und Praxis. vdf Hochschulverlag AG an der ETH Zürich, Zürich.

Werner, Hans-Joachim 2004: Normen und Werte der philosophischen Ethik im Ethikunterricht. In: Breun, Richard u. Mahnke, Hans-Peter (Hrsg.): Ethik macht Schule II. edition ethik kontrovers, Jahrespublikation der Zeitschrift Ethik und Unterricht 2004, Friedrich, Velber, 18-22.

Williams, Berhard 1999: Ethik und die Grenzen der Philosophie. Rotbuch, Hamburg.

Zinser, Christine 2006: Flächenverbrauch - Warum nicht? Vom Wollen und Sollen hinsichtlich der zunehmenden Bebauung freier Landschaft. In: Eser, Uta u. Müller, Albrecht (Hrsg.): Umweltkonflikte verstehen und bewerten: Ethische Urteilsbildung im Natur- und Umweltschutz. oekom, München, S. 57-80 (in diesem Band).

Die AutorInnen

Christian Bartolomäus,
geboren 1975, hat Landschaftsökologie und Naturschutz an der Universität Greifswald studiert und arbeitet seit 2002 als wissenschaftlicher Mitarbeiter beim Sachverständigenrat für Umweltfragen (SRU). Er promoviert derzeit bei Prof. Konrad Ott zum Thema »Zum normativen Status individueller Präferenzen«.

Publikationen: »Kontingente Bewertung – und was dann?«/mit Beil, T., Bender, u. Karkow, K. In: Döring, R u. Rühs, M. (Hrsg.) 2004: Ökonomische Rationalität und Praktische Vernunft. Gerechtigkeit, Ökologische Ökonomie und Naturschutz. Königshausen & Neumann, Würzburg, 229–246; »Noch fünf Jahre bis 2010 – eine Biodiversitätsstrategie für Deutschland«/zus. mit Doyle, U., von Haaren, C., Ott, K. u. Leinweber, T., Natur und Landschaft 80(8), 2005, 349–354.

Julia Dietrich
M.A., Studium der Philosophie, Neueren Deutschen Literaturwissenschaft und Politikwissenschaft in Bonn und München. Zunächst Stipendiatin und dann Wissenschaftliche Mitarbeiterin am Interfakultären Zentrum für Ethik in den Wissenschaften (IZEW) der Universität Tübingen: Graduiertenkolleg »Ethik in den Wissenschaften« (1992–1995), Forschungsprojekt »Schule Ethik Technologie« (SET) (1996–1999), seit 2000 Koordination des Arbeitsbereichs Ethik und Bildung, seit 2001 Koordination des Ethisch-Philosophischen Grundlagenstudiums (EPG) an der Universität Tübingen. Forschungsschwerpunkte: Ethik, Angewandte Ethik, Didaktik der Ethik, Leiblichkeit, Schmerz.

Ausgewählte Veröffentlichungen: »Moralpädagogik«. In: Düwell, Marcus; Hübenthal, Christoph; Werner, Micha H. (Hrsg.) 2002: Handbuch Ethik. Metzler, Stuttgart u.a., 423–428; »Ethisch-Philosophische Grundlagenkompetenzen – ein Modell für Studierende und Lehrende«. In: Maring, Matthias (Hrsg.) 2005: Ethisch-Philosophisches Grundlagenstudium. Ein Studienbuch. 2. Aufl. LIT, Münster, 15–32; Ethik und Ästhetik der Gewalt/hg. v. Dietrich, Julia; Müller-Koch, Uta. Paderborn: mentis 2006.

Marcus Düwell
war von 1993-2001 wissenschaftlicher Koordinator des Interfakultären Zentrums für Ethik in den Wissenschaften der Universität Tübingen. Seither hat er einen Lehrstuhl für philosophische Ethik an der Universität Utrecht (Niederlande), ist Direktor des Ethik-Instituts in Utrecht und Direktor der Niederländischen Forschungsschule für Praktische Philosophie.

Einige Publikationen: Ästhetische Erfahrung und Moral. Über die Bedeutung des Ästhetischen für die Handlungsspielräume des Menschen, Alber, Freiburg, 1999; Handbuch Ethik/hg. v. M. Düwell, C. Hübenthal u. M. W. Werner, Metzler, Stuttgart, 2001; Bioethik. Eine Einführung/hg. v. M. Düwell u. K. Steigleder, Suhrkamp, Frankfurt/M., 2002.

Uta Eser,
Studium der Biologie in Tübingen, Dissertation über die Grundlagen der Bewertung gebietsfremder Arten im Naturschutz. Forschungsaufenthalte am Institut für Wissenschafts- und Technikforschung der Universität Bielefeld und im History and Philosophy of Science-Programm der UC Davis, USA. Wissenschaftliche Koordinatorin am Interfakultären Zentrum für Ethik in den Wissenschaften (IZEW) der Universität Tübingen. Seit 2001 Mitarbeiterin der Koordinationsstelle Umwelt der Hochschule für Wirtschaft und Umwelt Nürtingen-Geislingen. Arbeitsgebiete: transdisziplinäre Umweltforschung, Umweltethik, Diskurstheorie, Biodiversität.

Ausgewählte Veröffentlichungen: Der Naturschutz und das Fremde. Normative und ökologische Grundlagen der Umweltethik. Campus, Frankfurt/M., 1999; »Einschluss statt Ausgrenzung. Menschen und Natur in der Umweltethik.« In: Düwell, M. u. Steigleder, K. (Hrsg.) 2003: Bioethik. Eine Einführung. Suhrkamp, Frankfurt/M., 344-353; »Der Wert der Vielfalt: »Biodiversität« zwischen Wissenschaft, Politik und Ethik.« In: Bobbert, N., Düwell, M. u. Jax, K. (Hrsg.) 2003: Umwelt - Ethik - Recht. Francke, Tübingen, 160-181.

Nicole C. Karafyllis,

Dr. rer.nat., Diplom-Biologin, Wissenschaftliche Mitarbeiterin für Allgemeine Technologie im Fachbereich Gesellschaftswissenschaften der Goethe Universität Frankfurt am Main. Geboren 1970. Studium der Biologie und Philosophie an den Universitäten Erlangen-Nürnberg, Tübingen und Frankfurt am Main. Auslandssemester mit Schwerpunkt Environmental Management an der University of Stirling (Schottland, UK) 1992. Forschungsaufenthalt an der Ain-Shams-University Kairo (Ägypten) 1997. Promotionsstipendiatin der DFG 1995-1998, Promotion 1999 in Biologie mit Schwerpunkt Ethik am Interfakultären Zentrum für Ethik in den Wissenschaften (IZEW) der Universität Tübingen. Ausgezeichnet 2001 mit dem Preis für Technik und Verantwortung der Franzkeschen Stiftung der TU Berlin.

Veröffentlichungen u.a.: Nachwachsende Rohstoffe - Technikbewertung zwischen den Leitbildern Wachstum und Nachhaltigkeit, Opladen 2000; Natur im Zeitalter technischer Reproduzierbarkeit. Zum menschlichen Selbstverständnis zwischen Funktion und Erfahrung. DIALEKTIK. Zeitschrift für Kulturphilosophie 2 (2001), 79-101; Biologisch, Natürlich, Nachhaltig. Philosophische Aspekte des Naturzugangs im 21. Jahrhundert, Tübingen und Basel 2001; Biofakte. Versuch über den Menschen zwischen Artefakt und Lebewesen (Hg.), Paderborn 2003.

Albrecht Müller

war Kollegiat des Graduiertenkollegs Ethik in den Wissenschaften an der Universität Tübingen, wissenschaftlicher Mitarbeiter am Interfakultären Zentrum für Ethik in den Wissenschaften der Universität Tübingen sowie wissenschaftlicher Mitarbeiter der Akademie für Technikfolgenabschätzung in Baden-Württemberg. Seit 2001 ist er Professor für Umweltinformation und Umweltethik an der Hochschule für Wirtschaft und Umwelt Nürtingen-Geislingen. Dort leitet er die Koordinationsstelle Umwelt. Von März bis September 2004 gehörte er dem Kreistag des Landkreises Tübingen an.

Publikation: Ethische Aspekte der Erzeugung und Haltung transgener Nutztiere. Enke, Stuttgart 1995

Konrad Ott,

geboren 1959, Studium der Philosophie vorwiegend in Frankfurt a. M. Promotion 1989. 1991-1993 Stipendiat am Graduiertenkolleg des Zentrums für Ethik in den Wissenschaften der Universität Tübingen. Von 1993 bis 1994 Lehrstuhlvertretung in Tübingen. 1995 Habilitation an der Universität Leipzig. Seit 1997 Inhaber der Professur für Umweltethik Universität Greifswald. Mitglied im Deutschen Rat für Landespflege (DRL) und im Rat von Sachverständigen für Umweltfragen (SRU) Forschungsschwerpunkte: Diskursethik, angewandte Ethik, Umweltethik, Nachhaltigkeit, Klimawandel, Technikfolgenabschätzung, Naturschutzgeschichte.

Neuere Veröffentlichungen: Umweltethik zwischen Grundlagenreflexion und Politikberatung. In: Angewandte Ethik im Spannungsfeld von Begründungen und Anwendungen. Praktische Philosophie kontrovers, Bd. 2. Europäischer Verlag der Wissenschaft, Frankfurt/M., 2004, 173-195; »Begründungen, Ziele und Prioritäten im Naturschutz«. In: Fischer, L. (Hrsg.) 2004: Projektionsfläche Natur. Zum Zusammenhang von Naturbildern und gesellschaftlichen Verhältnissen. Hamburg University Press, Hamburg, 277-321; »Technikentwicklung und Nachhaltigkeit - Eine ethische Perspektive«. In: Mappus, (Hrsg.) 2005: Erde 2.0 - Technologische Innovationen als Chance für eine nachhaltige Entwicklung? Springer, Berlin u.a., 34-55.

Wolfgang Sachs

ist seit 1993 Wissenschaftler am Wuppertal Institut für Klima, Umwelt, Energie. Er war Mitarbeiter der Technischen Universität Berlin, Visiting Professor an der Pennsylvania State University, USA und Fellow am Kulturwissenschaftlichen Institut, Wissenschaftszentrum Nordrhein-Westfalen, Essen. Heute leitet er das Querprojekt »Globalisierung und Nachhaltigkeit« und das Promovierendenkolleg »Ökologie und Fairness im Welthandelsregime«. Seine Arbeitsschwerpunkte sind: Globalisierung und Nachhaltigkeit, Umwelt und Entwicklung, Neue Wohlstandsmodelle.

Ausgewählte Veröffentlichungen: Fair Future. Begrenzte Ressourcen und globale Gerechtigkeit - ein Report/mit Tilmann Santarius. Beck, München, 2005; Nach uns die Zukunft: der globale Konflikt um Gerechtigkeit und Ökologie. Brandes & Apsel, Frankfurt/M., 2002; Wie zukunftsfähig ist die Globalisierung? Über ökonomische Entgrenzung und ökologische Begrenzung. Heinrich-Böll-Stiftung, Berlin, 2000.

Thomas Potthast,
geb. 1963, studierte Biologie und Philosophie in Freiburg und Tübingen und war nach freiberuflicher Tätigkeit Mitglied des Graduiertenkollegs »Ethik in den Wissenschaften« in Tübingen, Promotion 1998. Von 1998-2001 war er wissenschaftlicher Mitarbeiter am Max-Planck-Institut für Wissenschaftsgeschichte Berlin sowie 2002 Stipendiat der Alexander-von-Humboldt Stiftung an der University of Wisconsin-Madison. Seit Juni 2002 ist er Akademischer Rat am Interfakultären Zentrum für Ethik in den Wissenschaften der Universität Tübingen. Er ist u.a. Mitveranstalter der jährlichen »Sommerakademie Naturschutz« (Internationale Naturschutzakademie/Bundesamt für Naturschutz). Seine Forschungsschwerpunkte sind Ethik, Theorie und Geschichte der Biowissenschaften, Bioethik, Naturethik, Evolutionsbiologie, Ökologie, Gentechnik, Naturschutz.

Wichtige Publikationen: Die Evolution und der Naturschutz. Zum Verhältnis von Evolutionsbiologie, Ökologie und Naturethik. Campus, Frankfurt, 1999; Naturschutzethik. Eine Einführung für die Praxis (zus. mit Uta Eser). Nomos, Baden-Baden 1999. Ökologische Schäden - Begriffliche, methodologische und ethische Aspekte. Peter Lang, Frankfurt, 2005.

Christine Zinser,
geb. 1976, ist Diplom-Geographin und studierte die Fächer Geographie, (Umwelt)Psychologie und Botanik an der Universität Tübingen (1996-2003). Nach dem Studium freiberuflich tätig in der Landschaftsplanung. Seit Ende 2005 als Aushilfe bzw. Praktikantin bei der Planungsgemeinschaft Rheinhessen-Nahe in Mainz im Rahmen des Forschungsprojektes »Fläche im Kreis« des Bundesamtes für Bauwesen und Raumordnung. Das andere Bein steht zeitweise in der Landwirtschaft und an der beruflichen Zukunft wird noch »gebastelt«.

Bildnachweise und Textquellen

Beitrag Müller

__Die Kreisecke, Hansjörg Dipper, SPD-Kreisrat, Schwäbisches Tagblatt vom 2.3.2004
__Die Kreisecke, Gerd Hickmann, Kreisrat Bündnis 90/Die Grünen, Schwäbisches Tagblatt vom 9.3.2004
__Beschlussantrag des Zweckverbands Abfallverwertung Reutlingen-Tübingen vom 12.1.2004

Beitrag Bartolomäus/Ott

__Windturbinen/Windräder im Oeresund vor Kopenhagen. © Paul Langrock/Zenit / Greenpeace
__»Windenergie hat Zukunft«: Greenpeace 20.1.2005, URL: http://greenpeace.de/themen/energie/erneuerbare_energien/artikel/windenergie_hat_zukunft/
__»Tourismusverband Rügen erneuert Forderung: Keine Offshore-Windkraftanlagen!«: Pressemitteilung des Tourismusverband Rügen vom 25.2.2005; Download unter http://www.ruegen.de/fileadmin/user_upload/content/Tourismusverband/Ueber_uns/Pressemitteilungen_TVR/Presse_TVR_2005/25Feb05_TVR_gegen_Offshore.pdf

Beitrag Karafyllis

__Karikatur »Heizen mit Weizen«, © KornFeuerHeizkessel
__»Der Weizen wird einfach verheizt« v. Antje Kerschbaum, Süddeutsche Zeitung vom 27.11.2001
__Leserbrief von Wolfgang Rapp, Süddeutsche Zeitung vom 28.11.2001, URL: www.getreideheizung.de/info/gegner.php

Beitrag Zinser

__Fotos vom Ursrainer Egert, Tübingen, aufgenommen im Mai 1982 und Oktober 2001, © Manfred Grohe, Tübingen

Beitrag Potthast

__Blick von der Himmelsleiter, wenn man auf den Lusen wandert; © Pixelquelle
__»Über den Ökofaschismus« v. Andrea Geiss 2000. Dokumentiert auf URL: http://www.waldwildnis.de/cd/nationalpark/contranp/oekofaschismus.htm
__»Wilde Waldnatur« Nationalparkverwaltung Bayerischer Wald 2000: Download unter: http://www.nationalpark-bayerischer-wald.de/de/left/veroeffentlichungen/wilde-waldnatur.htm

Beitrag Eser

__Bild: Lysichiton americanus, © Pixelquelle (http://www.pixelquelle.de)
__»Der Stinktierkohl ist so schön wie gefährlich« / v. Sabine Steghaus-Kovac, Frankfurter Rundschau vom 4.3.2003
__»Grüner Terrorismus« Unveröffentlichter Leserbrief von R. Brämer, URL: http://staff-www.uni-marburg.de/~braemer/Pflanzenkrieg.htm
__»Homepage Projekt Stinktierkohl«, URL: http://web.uni-frankfurt.de/fb15/botanik/Projekt-Stinktierkohl/Stinktierkohl.htm

Letzter Zugriff auf alle Internetdokumente: 6.6.2006